안전관리시스템

Safety Management System

이근영

북넷

들어가는 말

어릴 때부터 하늘을 나는 새를 보면 즐거웠다. 자유를 만끽하면서 가고 싶은 곳은 어디든지 유유히 날아가는 새들은 참 아름답게 창조된 피조물이라고 생각했고 조류와 유사한 비행기는 또다른 설레임을 주었다. 프로펠러와 엔진의 소음이 귀에 거슬렸지만 엄청난 속도로 하늘을 날아다니는 비행기에 푹 빠졌다.

항공기계공학을 전공하고 항공사에 입사하여 직접 항공기를 만질때도 행복한 직업이라는 생각을 하고 살았다. 국토교통부에서 안전담당을 하면서 항공사고를 경험하게 되었다. 지금까지 아름답게만 생각되던 비행기가 사고가 발생하면 끔찍한 상황으로 돌변한다는 사실을 몸으로 체험했다.

블랙박스 분석기술을 미국 교통안전위원회에서 배워와 우리나라의 항공사고조사조직을 창설하는데 일조했다. 25년의 국토교통부 근무를 마치고 대학으로 옮길때까지 우리나라의 항공은 규모와 내용적인 측면에서 비약적인 발전을 하였다. 그러나 항공의 발전은 안전의 확보없이는 모래위에 집을 짓는 것과 같다는 진리를 깨달았다.

국제민간항공기구(ICAO)도 안전의 중요성을 인식하고 새로운 부속서 19 안전관리를 만들어 내었다. 192개 ICAO 회원국들의 이행을 돕기 위하여 매뉴얼도 만들어졌다.

우리나라도 항공안전법에 안전관리시스템 개념이 도입되었고 항공사들은 안전관리시스템 없이는 운항을 할 수 없도록 되어 있다. 그동안 안전관리시스템 강의는 여러 기관에서 실시하고 있지만 마땅한 교재가 없었다.

ICAO 부속서 및 매뉴얼을 중심으로 안전관리시스템 교재를 만들어 출간할 수 있어 기쁘다. 다만 안전관리시스템의 많은 부분이 철학적인 내용을 포함하고 있어 이번 교재에 충분하게 표현하였는지는 자신이 없다. 그러나 완벽을 기하려고 출간을 늦추는 것보다는 비록 부족한 부분이 있지만 안전관리시스템 교재에 목말라 하는 항공의 선후배들께 기본적인 내용이라도 정리해서 선보이는 것이 도리라고 생각하였다.

본 교재가 항공당국, 항공사, 정비조직은 물론 항공종사자가 되고자 하는 학생들에게 도움이 된다면 더 이상의 바램이 없다. 항공에서 시작된 안전관리개념이 철도, 육상교통, 해운 등 모든 교통수단으로 확대되면 교통사고를 획기적으로 줄여나갈 수 있다고 생각한다. 아울러 항공안전관리 개념에서 확인된 데이터기반의 시스템적 접근방법은 원자력 발전 등 사고가 허용되지 않는 국가기반산업으로 확대 적용될 수 있다고 생각한다.

미국과 유럽 등 안전관리시스템을 조기 도입한 국가들도 시스템의 정착에는 상당한 기간이 소요됨을 고백하고 있다. 안전관리시스템이 정확하게 이해되고, 적용되고 발전되어 성숙된 안전관리시스템이 지배하는 안전한 대한민국으로 탈바꿈하는데 본 교재가 작은 밑거름이 되기를 희망한다.

2019년 2월

연구실에서 저자

차 례

들어가며 안전관리시스템은 왜 필요한가?

Chapter 01 서 론

Chapter 02 안전관리기반

Chapter 05 안전데이터의 수집 및 프로세싱 시스템

Chapter 06 안전분석

Chapter 07 안전데이터, 안전정보와 관련 자료원의 보호

Chapter 08 국가안전관리

Chapter 09 안전관리시스템

들어가며

안전관리시스템은 왜 필요한가?

(Why Safety Management Systems?)

1 항공공운송산업의 성장

민간항공시스템은 전 세계 국가들에 대한 항공연결을 개선하고, 시장에서 보다 경쟁력 있는 비즈니스 기회를 제공하며, 소비자의 선택과 편익을 증대시키고 있다. 항공은 자체활동을 통해 재화, 고용 및 수많은 사회적 에너지를 창출하며, 특히 무역 및 관광과 같은 관련된 경제활동의 광범위한 스펙트럼을 지원한다. 이렇게 확대된 연결성은 항공분야에 대한 재투자로 이어지게 되며 지속가능한 항공과 경제의 건전한 사이클을 형성함은 물론이다.

이러한 역동성은 항공이 진정한 글로벌경제의 지원자로 작용할 수 있도록 돕고 있으며, 1,400개 이상의 정기항공편, 26,000대의 항공기, 3,900개의 공항 및 173개의 항행서비스 공급자를 통하여, 전 세계 구석구석에서 여행자에 대한 서비스와 관련, 글로벌한 네트워크를 형성한다.

역사적인 관점에서 볼 때 항공운송은 매 15년 주기로 두 배로 증가되었으며 거시경

그림 1 년도별 항공운송 증가추이

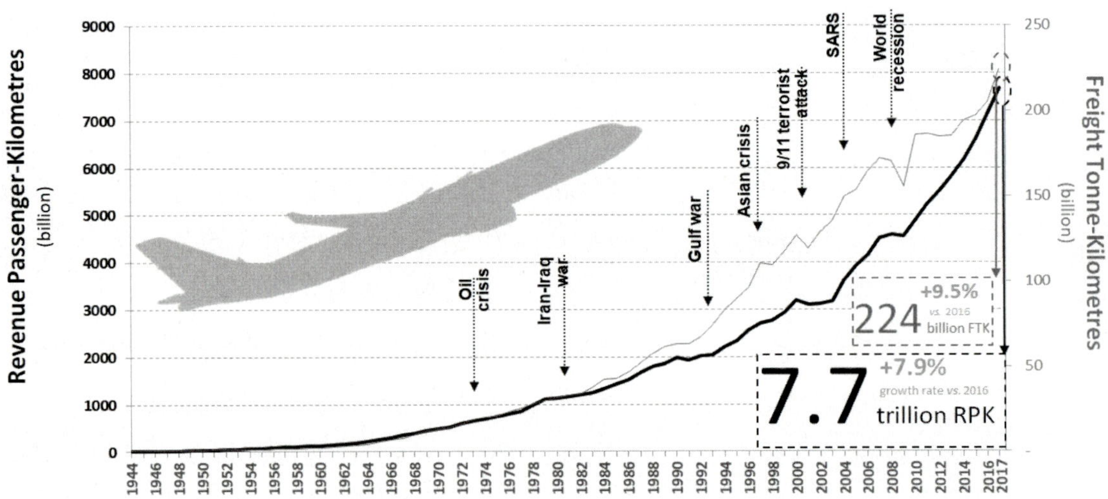

자료원 : ICAO Annual Report of the Council.

제 여건의 변화와 다양한 외부적 위기에도 불구하고 대부분의 다른 산업보다 더 큰 성장을 경험해 왔다.

최초의 상업용항공은 34킬로미터의 짧은 여행에서 시작했지만, 오늘날 항공분야는 괄목할 만하게 증가하여, 승객과 화물은 매년 520억 킬로미터, 즉 지구에서 해왕성까지 거리의 10배가 운송되고 있다.

2017년 전세계항공사는 연간 약 7.7조의 여객킬로미터(RPKs)[1]를 통해 41억명의 승객을 운송했고, 5천 6백만톤의 화물이 항공으로 운송되어 2240억톤-킬로미터 (FTK[2])를 기록하였다. 1,400개가 넘는 정기항공편, 26,000대 이상의 운항항공기, 3,900개의 공항 및 173개의 항행서비스 제공업체를 통해 2014년 기준, 항공산업은 세계 총생산(GDP)의 약 3.5 %를 기여하고 있으며 2.7조 달러를 통해 6천 2백 7십만 개의 일자리를 창출하고 있다.

항공운송 분야의 미래전망 또한 긍정적인데. 최근의 ICAO 장기교통 예측에 따르면, 여객수송 및 항공화물운송은 2035년까지 두 배 이상 증가할 것으로 예상되고 있으며,

그림 2 **향후 항공수송전망**

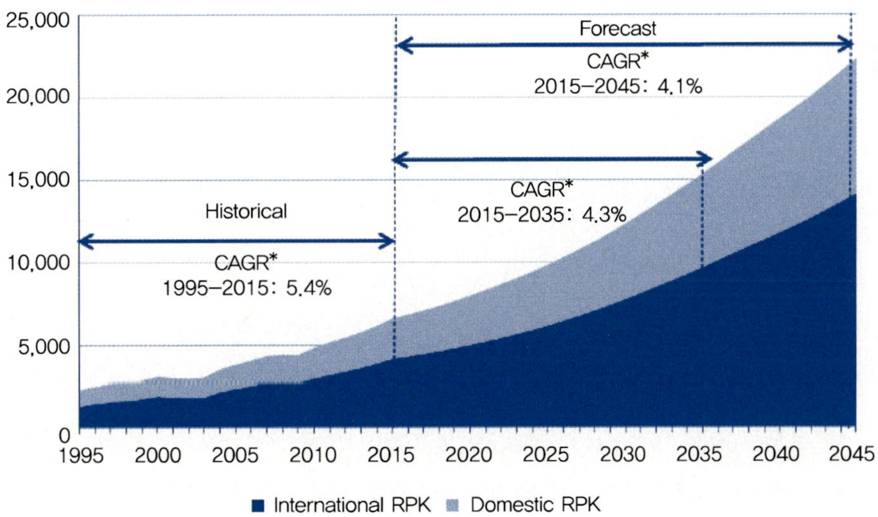

자료원: ICAO Strategic Planning Document for the possible global air transport plan (GATP) concept, August 2018

1) RPK : Revenue Per Kilometers
2) FTK : Freight Tonne Kilometers

여객수송량은 연평균 4.3%, 화물수송량은 3.9% 증가하였다.

이러한 성장은 지속가능한 개발을 겨냥한 UN 2030 Agenda를 달성하기 위한 모든 ICAO 회원국들을 지원할 잠재력을 보유하고 있으며, 2035년에는 항공분야 경제적 이익이 현재의 기여에 비하여 2배 이상 증가할 것으로 예상되고, 1억명 이상의 일자리와 6조달러 이상의 GDP를 창출할 것으로 예상되고 있다.

국내의 경우에도 항공운송산업은 비약적인 발전을 거듭하고 있다. 2017년 기준 항공교통서비스를 이용한 사람은 전년대비 5.2% 증가한 1억 936만명으로 항공운송 1억명 시대를 활짝 열었다.

그림 3 항공여객 증가 및 지연율 추이

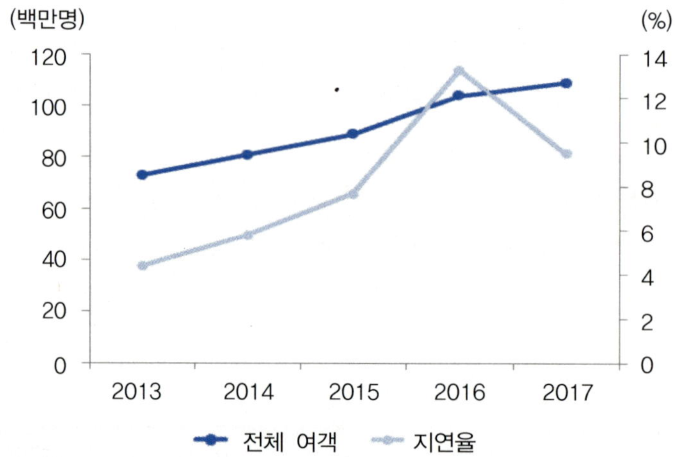

자료원 : 국토교통부 보도자료 (2018.2.23)

이렇게 지속성장하고 있는 항공운송산업은 경제적인 측면에서 세계 및 국가경제에 밝은 미래를 보여 주고 있는 반면, 안전측면에서는 고려하여야 할 요소를 많이 제공한다. 보다 많은 비행기가 하늘을 날아다닌다는 사실은 사고위험성도 그만큼 늘어남을 의미하고 혼잡된 공역 및 공항은 공중충돌위험도 비례하여 늘어남을 의미하기 때문이다.

2 항공과 사고

항공기는 3차원 공간에서 시속 850km까지의 고속으로 운항하기 때문에 사고위험에 다른 운송수단보다는 높게 노출되어 있는 것이 사실이다. 항공기는 수만개의 부품으로 구성되어 있으며, 작은 볼트나 너트의 균열도 대형사고로 이어질 개연성이 있다. 그럼에도 불구하고 항공운송분야 사고율은 다른 교통수단 즉 철도나 도로, 선박운송에 비해서 현저하게 낮다. ICAO 통계에 따르면 5,700kg이 넘는 중량을 가진 정기상업운송용 항공기의 백만비행 횟수당 사고율은 2008년 4.7건에서 2018년 2.14건으로 감소하였다.

그림 4 ICAO 사고통계

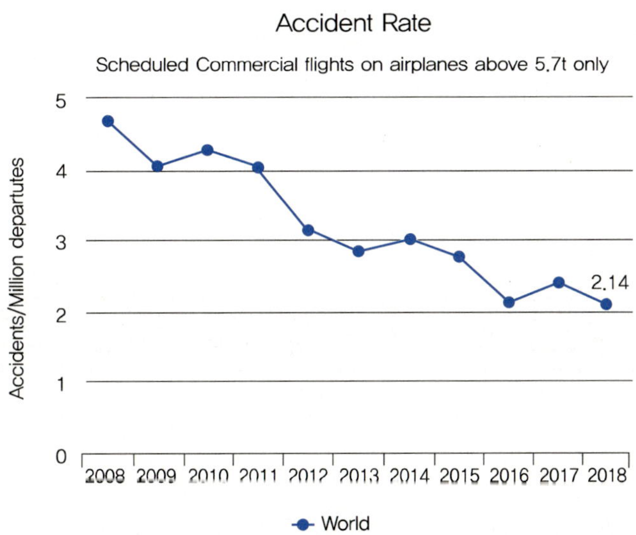

자료원 : ICAO Accident Statistics

국내의 경우에도 지속적인 항공기사고 및 준사고의 감소추세가 이어지고 있는데 2013년 3건, 2015년 1건의 사고가 발생하였으나 2017년 이후에는 사고가 발생하지 않고 있다.

표 1 항공기사고 및 준사고 발생추이

(단위: 건)

	2013년	2014년	2015년	2016년	2017년
사 고	3	0	1	0	0
준사고	3	1	8	2	0
총 계	6	1	9	2	0

자료원: 국토교통부 보도자료(2018.2.23).

그럼에도 불구하고 항공기사고 가능성은 늘 존재하고 사람들을 불안하게 하고 있다. 그 이유는 현대항공기는 수백명의 승객을 운송하고 있으며, 일단 항공사고가 발생하게 되면 항공기에 탑승한 승객 및 승무원 대부분의 사망으로 이어지고 있기 때문이다. 항공기와 자동차사고는 대중이 느끼는 체감이 확실하게 차이가 나며, 항공사고가 발생하게되면 그 책임이 해당 항공사는 물론 그 항공사를 감독하는 당국에게도 돌아가게되며 나아가서는 국가 이미지 전체에도 심각한 훼손을 주는 경향이 있다. 따라서 건전한 항공사들은 전력을 다해 항공안전을 확보하기 위해서 노력하고 있으며 "항공에서 하나의 사고는 비즈니스에서 사라지는 것을 의미 (It only takes one accident to put out of business)"라는 사실을 잘 인식하고 있다. 따라서 ICAO를 포함한 국제항공 사회는 항공안전에 대한 특단의 대책을 마련할 필요를 느끼게 되었다.

3 항공기 사고 및 준사고에 따른 비용

보잉사의 분석에 따르면 20 내지 30%의 비행중 엔진정지(engine－in－flight shutdown)에 따른 비용은 $500,000로, 엔진고장에 따른 비행지연의 50%는 시간당 $9,000, 50%의 엔진고장에 따른 비행편취소는 취소비행편당 $66,000의 비용이 든다고 한다. 그러나 항공사나 공항공사가 최고의 항공안전관리시스템을 수립하고 적용하면, 이러한 이벤트를 예측할 수 있는 능력을 갖게 되고 위험관리전략을 개발할 수 있으며, 이러한 사건을 회피하거나 회복하게 할 수 있다. 최악의 상황에 직면하지 않은 상태에서 이러한 사건들이 운항에 어떻한 영향을 미칠지를 그려보기는 쉽지 않다.

항공관련 이벤트의 간접비용은 다음과 같다.

- 항공보험의 추가적 인상
- 비즈니스 기회의 상실 및 평판의 손상
- 항공기를 서비스에 투입하지 못하게 됨에 따른 수입의 손실
- 벌금

4 항공안전관리시스템의 편익

Tyler Britton은 "SMS Pro Aviation Safety Software Blog4 Airlines & Airports"에서 항공안전관리스템의 편익을 다음과 같이 분류하여 적시하였다.

1) 항공안전관리시스템에 의한 안전측면의 편익

1. 안전문화의 증진
2. 운항환경안전의 개선
3. 이행결과의 개선
4. 사고의 감소
5. 수용 가능하지 않은 인진사긴의 감소
6. 안전－결정의 개선
7. 안전데이터의 증가
8. 안전문서의 개선
9. 검사/감사성능의 개선

2) 항공안전시스템의 비즈니스 차원 편익

10. 소비자 및 언론에 의한 평판의 향상
11. 매출액의 증가
12. 투자자의 신뢰성 향상
13. 안전성 개선
14. 수익구조개선 및 관리비용절감
15. 장기근속 근로자의 증가
16. 구조조정이행의 용이
17. 장기적 의사결정능력 향상
18. 장기계획능력 향상

3) 항공안전시스템의 품질관리측면 편익

19. 생산표준능력의 제고
20. 생산표준개선 능력의 제고
21. 품질관리제고
22. 품질안전성능 제고에 따른 품질목표달성
23. 품질관리시스템 품질향상으로 인도하는 자원관리
24. 종합적인 생산성 향상
25. 도전에 대한 대응능력제고

4) 항공안전시스템의 재무측면 편익

26. 주식가격 상승
27. 장비의 손실/손상에 따른 비용감소
28. 의료비 절감
29. 보험료 절감
30. 법무비용 절감

31. 피해보상비용 절감
32. 벌금, 과징금 감소
33. 직원봉급 절감
34. 직원보상비 절감

5) 항공안전관리시스템의 고용측면 편익

35. 작업장 보건 및 안전의 개선
36. 생산성 향상
37. 팀워크 및 안전문화의 개선
38. 작업품질조건 및 작업자 만족도 개선
39. 사고확률감소
40. 작업장 사고에 따른 손실시간의 감소
41. 직원의 이직율감소
42. 근태관리 향상
43. 자원관리용이

5 항공관련 법령에 의한 안전관리시스템의 이행

대한민국 항공안전법 제58조에 따르면 국토교통부장관은 항공안전프로그램을 제정하여 고시토록 규정하고 있다. 관련 고시내용은 부록에 첨부하였다.

동조 제②항에 따라, 항공사, 공항공사 등은 항공안전관리시스템을 마련하고, 국토교통부장관의 승인을 받아 운용하여야 한다. 이는 법적요구 사항이기 때문에 이행을 하지 않는 경우에는 행정처분의 대상이 된다.

항공안전법시행규칙 제130조에는 항공안전관리시스템의 승인에 대한 사항을 규정하고 있다. 동 규정에 따르면 항공관련 제작 · 교육 · 운항 또는 사업 등을 시작하려는 사람은 동 사업의 시작 30일 전까지 국토교통부장관 또는 지방항공청장에게 승인신청서를 제출하여야 한다. 이는 대한민국에서 항공기관련 사업을 하는 대부분의 사업장에는 항공안전관리시스템이 이행됨을 의미한다. 여기서 한 가지 유의할 점은 안전관리시스템은 데이터에 기반한 위험관리가 기본이 되는데 사업을 시작하기 이전에 어떻게 안전관리시스템을 구축할 수 있는냐는 것이다. 따라서 사업이전에 제출한 항공안전관리시스템에 대하여 정부가 지속적으로 감독활동을 통하여 건강하게 유지되고 있는지를 확인함이 중요하게 된다. 미국과 영국 등 항공선진국들도 안전관리시스템은 정착 초기단계이며 지속하여 보완해 나가야 함을 고백하고 있다.

항공안전법시행규칙 제131조에는 항공안전프로그램의 마련에 필요한 사항을 규정하고 있는데 ICAO 부속서 19 내용과 동일하다. ICAO 부속서 19는 부록을 참고하라.

항공안전법 [법률 제15326호, 2017.12.26., 일부개정]

58조(항공안전프로그램 등) ① 국토교통부장관은 다음 각 호의 사항이 포함된 항공안전프로그램을 마련하여 고시하여야 한다.

1. 국가의 항공안전에 관한 목표
2. 제1호의 목표를 달성하기 위한 항공기운항, 항공교통업무, 항행시설운영, 공항운영 및 항공기 설계 · 제작 · 정비 등 세부분야별 활동에 관한 사항
3. 항공기사고, 항공기준사고 및 항공안전장애 등에 대한 보고체계에 관한 사항
4. 항공안전을 위한 조사활동 및 안전감독에 관한 사항
5. 잠재적인 항공안전 위해요인의 식별 및 개선조치의 이행에 관한 사항
6. 정기적인 안전평가에 관한 사항 등

② 다음 각 호의 어느 하나에 해당하는 자는 제작, 교육, 운항 또는 사업 등을 시작하기 전까지 제1항에 따른 항공안전프로그램에 따라 항공기사고 등의 예방 및 비행안전의 확보를 위한 항공안전관리시스템을 마련하고, 국토교통부장관의 승인을 받아 운용하여야 한다. 승인받은 사항 중 국토교통부령으로 정하는 중요사항을 변경할 때에도 또한 같다. <개정 2017. 10. 24.>

1. 형식증명, 부가형식증명, 제작증명, 기술표준품형식승인 또는 부품등제작자증명을 받은 자
2. 제35조제1호부터 제4호까지의 항공종사자 양성을 위하여 제48조제1항 단서에 따라 지정된 전문교육기관
3. 항공교통업무증명을 받은 자
4. 항공운송사업자, 항공기사용사업자 및 국외운항항공기 소유자등
5. 항공기정비업자로서 제97조제1항에 따른 정비조직인증을 받은 자
6. 「공항시설법」 제38조제1항에 따라 공항운영증명을 받은 자
7. 「공항시설법」 제43조제2항에 따라 항행안전시설을 설치한 자

③ 국토교통부장관은 제83조제1항부터 제3항까지에 따라 국토교통부장관이 하는 업무를 체계적으로 수행하기 위하여 제1항에 따른 항공안전프로그램에 따라 그 업무에 관한 항공안전관리시스템을 구축 · 운용하여야 한다.

④ 제1항부터 제3항까지에서 규정한 사항 외에 다음 각 호의 사항은 국토교통부령으로 정한다.

1. 제1항에 따른 항공안전프로그램의 마련에 필요한 사항
2. 제2항에 따른 항공안전관리시스템에 포함되어야 할 사항, 항공안전관리시스템의 승인기준 및 구축 · 운용에 필요한 사항
3. 제3항에 따른 업무에 관한 항공안전관리시스템의 구축 · 운용에 필요한 사항

「항공안전법 시행규칙」
[시행 2018. 11. 22.] [국토교통부령 제559호, 2018. 11. 22., 일부개정]

제130조(항공안전관리시스템의 승인 등) ① 법 제58조제2항에 따라 항공안전관리시스템을 승인받으려는 자는 별지 제62호서식의 항공안전관리시스템 승인신청서에 다음 각 호의 서류를 첨부하여 제작·교육·운항 또는 사업 등을 시작하기 30일 전까지 국토교통부장관 또는 지방항공청장에게 제출하여야 한다.
1. 항공안전관리시스템 매뉴얼
2. 항공안전관리시스템 이행계획서 및 이행확약서
3. 항공안전관리시스템 승인기준에 미달하는 사항이 있는 경우 이를 보완할 수 있는 대체운영절차

② 제1항에 따라 항공안전관리시스템 승인신청서를 받은 국토교통부장관 또는 지방항공청장은 해당 항공안전관리시스템이 별표 20에서 정한 항공안전관리시스템 승인기준 및 국토교통부장관이 고시한 운용조직의 규모 및 업무특성별 운용요건에 적합하다고 인정되는 경우에는 별지 제63호서식의 항공안전관리시스템 승인서를 발급하여야 한다.

③ 법 제58조제2항 후단에서 "국토교통부령으로 정하는 중요사항"이란 다음 각 호의 사항을 말한다.
1. 안전목표에 관한 사항
2. 안전조직에 관한 사항
3. 안전장애 등에 대한 보고체계에 관한 사항
4. 안전평가에 관한 사항

④ 제3항에서 정한 중요사항을 변경하려는 자는 별지 제64호서식의 항공안전관리시스템 변경승인신청서에 다음 각 호의 서류를 첨부하여 국토교통부장관 또는 지방항공청장에게 제출하여야 한다.
1. 변경된 항공안전관리시스템 매뉴얼
2. 항공안전관리시스템 매뉴얼 신·구대조표

⑤ 국토교통부장관 또는 지방항공청장은 제4항에 따라 제출된 변경사항이 별표 20에서 정한 항공안전관리시스템 승인기준에 적합하다고 인정되는 경우 이를 승인하여야 한다.

제131조(항공안전프로그램의 마련에 필요한 사항) 법 제58조제4항제1호에 따라 항공안전프로그램을 마련할 때에는 다음 각 호의 사항을 반영하여야 한다. <개정 2018. 3. 23.>
1. 국가의 안전정책 및 안전목표
   가. 항공안전분야의 법규체계
   나. 항공안전조직의 임무 및 업무분장
   다. 항공기사고, 항공기준사고, 항공안전장애 등의 조사에 관한 사항

라. 행정처분에 관한 사항
2. 국가의 위험도 관리
가. 항공안전관리시스템의 운영요건
나. 항공안전관리시스템의 운영을 통한 안전성과 관리절차
3. 국가의 안전성과 검증
가. 안전감독에 관한 사항
나. 안전자료의 수집, 분석 및 공유에 관한 사항
4. 국가의 안전관리 활성화
가. 안전업무 담당공무원에 대한 교육 · 훈련, 의견 교환 및 안전정보의 공유에 관한 사항
나. 항공안전관리시스템 운영자에 대한 교육 · 훈련, 의견교환 및 안전정보의 공유에 관한 사항
5. 국제기준관리시스템의 구축 · 운영
6. 그 밖에 국토교통부장관이 항공안전목표 달성에 필요하다고 정하는 사항

제132조(항공안전관리시스템에 포함되어야 할 사항 등) ① 법 제58조제4항제2호에 따른 항공안전관리시스템에 포함되어야 할 사항은 다음 각 호와 같다.
1. 안전정책 및 안전목표
가. 최고경영자의 권한 및 책임에 관한 사항
나. 안전관리관련 업무분장에 관한 사항
다. 총괄 안전관리자의 지정에 관한 사항
라. 위기대응계획관련 관계기관 협의에 관한 사항
마. 매뉴얼 등 항공안전관리시스템관련 기록 · 관리에 관한 사항
2. 위험도 관리
가. 위험요인의 식별절차에 관한 사항
나. 위험도 평가 및 경감조치에 관한 사항
3. 안전성과 검증
가. 안전성과의 모니터링 및 측정에 관한 사항
나. 변화관리에 관한 사항
다. 항공안전관리시스템 운영절차 개선에 관한 사항
4. 안전관리 활성화
가. 안전교육 및 훈련에 관한 사항
나. 안전관리관련 정보 등의 공유에 관한 사항
5. 그 밖에 국토교통부장관이 항공안전 목표달성에 필요하다고 정하는 사항

② 최대이륙중량이 2만킬로그램을 초과하는 비행기를 사용하는 항공운송사업자 또는 최대이륙중량이 7천킬로그램을 초과하거나 승객 9명을 초과하여 수송할 수 있는 헬리콥터를 사용하여 국제항공노선을 취항하는 항공운송사업자는 제1항에 따른 항공안전관리시스템에 다음 각 호의 사항에 관한 비행자료분석프로그램(Flight data analysis program)이 포함되도록 하여야 한다.

1. 비행자료를 수집할 수 있는 장치의 장착 및 운영절차
2. 비행자료와 그 분석결과의 보호에 관한 사항
3. 비행자료 분석결과의 활용에 관한 사항
4. 그 밖에 비행자료의 보존 및 품질관리 요건 등 국토교통부장관이 정하여 고시하는 사항

③ 항공운송사업자는 제2항에 따라 수집한 비행자료와 그 분석결과를 항공기사고 등을 예방하고 항공안전을 확보할 목적으로만 사용하여야 하며, 그 분석결과가 공개되지 아니하도록 하여야 한다.

④ 항공운송사업자는 제2항에 따라 비행자료의 분석 대상이 되는 항공기의 운항승무원에게는 자료의 분석을 통하여 나타난 결과를 이유로 징계 등 신분상의 불이익을 주어서는 아니 된다. 다만, 범죄 또는 고의적인 절차 위반행위가 확인되는 경우에는 그러하지 아니하다.

6 확장성

항공안전관리시스템의 정확한 운영은 현재도 안전한 교통수단으로 자리매김하고 있는 항공운송분야를 보다 더 안전한 시스템으로 만들 것임에는 의심의 여지가 없다. 최근 대한민국에서는 고속철도 선로이탈사고를 비롯한 교통분야 사고에 대한 국민의 우려가 커지고 있다. 항공안전관리시스템은 ICAO를 중심으로 하는 국제기구의 활동에 의해 각 회원국에 전파된 시스템이다. 항공기의 특성상 세계 각국을 운항해야 하기에 모든 회원국이 수용가능한 수준의 안전을 유지해야 한다는 것이 기본개념이다. 따라서 안전관리시스템의 도입은 선택이 아닌 필수사항이 된 것이다. 그러나 철도와 도로는 사정이 상이하다. 철도와 도로는 국제성보다는 개별국가의 개념이 강하므로 항공분야처럼 국제기구의 표준 및 권고를 기대하기는 어렵다. 그러나 안전관리의 기본개념은 크게 상이하지 않다고 보여지기 때문에 항공에 적용되는 안전관리개념을 철도 및 도로

와 같은 교통수단으로 확장하는 것은 매우 필요한 사안이다. 아울러 잦은 사고가 이어지고 있는 해당분야에도 안전관리시스템 도입이 이루어 진다면 다양한 교통모드에 있어 대한민국의 교통사고를 획기적으로 줄일수 있다고 전망된다.

7 구 성

항공안전관리시스템은 ICAO가 여러 부속서에 산재되어 있던 안전관리시스템 관련 국제표준 및 권고를 부속서 19 (안전관리)에 통합하면서 그 면모를 갖추게 되었으며 각 회원국들이 안전관리시스템에 대한 이해와 이행을 돕기 위하여 마련한 안전관리매뉴얼 (Doc 9859 AN/474)이 교재형태로 2018년도에 제4차 개정판으로 발간되었다. 본 교재는 동 매뉴얼의 형태를 손상시키지 않고 번역하여 독자들이 조항별로 참조할 수 있도록 구성하였다. 아울러 부록으로 부속서 19 전문과 대한민국, 미국 및 영국의 국가항공안전프로그램을 첨부하였다.

CHAPTER 01

서 론

(INTRODUCTION)

1.1 안전관리란 무엇인가?

(WHAT IS SAFETY MANAGEMENT?)

안전관리는 항공사고 및 준사고로 귀결되기 이전에 안전위험에 대한 대책의 수립을 적극적으로 추구한다. 안전관리의 이행을 통하여 국가는 안전활동을 보다 통제되고 통합적이고 집중된 방법으로 관리할 수 있다. 안전운항을 위한 역할과 기여에 대한 분명한 이해를 하게되면 국가 및 항공산업계는 안전위험의 우선순위를 정함은 물론 최적의 항공안전유익을 위하여 자원을 보다 효율적으로 관리할 수 있게 한다.

국가안전관리활동의 효율성은 국가안전프로그램(SSP)[1]과 서비스제공자에 대한 안전관리시스템(SMS)[2]을 통하여 공식적이고 제도적인 방법으로 강화된다. 국가안전프로그램은 서비스제공자의 안전관리시스템과 결합되어 안전위험을 시스템적으로 다루고, 각 서비스제공자의 안전성능을 개선하며 종합적으로는 국가안전성능을 개선한다.

국가안전프로그램은 각 국가에 의한 해당 항공안전성과관리를 지원하기 위한 구조적인 접근방법으로 개발되고 유지된다. 현재의 항공안전기록은 전통적인 이행기반 접근방법을 통하여 달성되었으며, 국가안전프로그램의 근간으로 대우받을 수 있도록 반드시 지속되어야 한다. 따라서 국가는 효과적인 안전감독시스템이 작동되고 있음을 확인하여야 한다. 국가안전프로그램에 대한 추가정보는 제8장에서 찾을 수 있다.

국가는 관할 서비스제공자들에 의하여 부속서 19－안전관리에 정의된 대로 위해요인을 확인하고, 데이터를 수집하고 분석하며, 안전위험(안전관리시스템의 세부적용에 대하여는 1.2항을 참조할 것)을 지속적으로 점검하고 관리하는 안전관리시스템이 개발되고 관리되도록 요구하여야 한다. 안전관리시스템의 이행에 대한 추가정보는 제9장에서 찾을 수 있다.

ICAO Global Aviation Safety Plan(GASP, Doc 1004)의 목표는 국가가 강력하고 지속가능한 안전감독시스템을 시행하고 안전성과 관리를 보다 정교한 방법을 사용하여 점진적으로 발전시킬것을 요구하고 있다. 이러한 목표는 국가안전프로그램은 정부가, 안전관리시스템은 서비스제공자가 이행토록하는 ICAO의 요건과 일맥상통하고 있다.

---

1) SSP: State Safety Programme
2) SMS: State Management Systems

이러한 안전에 대한 성능-기반 접근은 국가가 준수하는지 아닌지에만 집중하는 것이 아니라, 요구되는 결과의 달성에 초점을 맞추면서 개선을 제안하고 있다. 그러나 중요한 점은 안전성능 접근의 이행은 항공산업계는 명시된 결과를 달성하기 위하여 적절한 방법을 개발하여야 하고, 정부의 경우에는 각각의 서비스제공자들의 접근방법을 평가하는 노력이 요구됨에 따라 공동의 협력이 필요하다는 것이다.

1) 안전관리의 유익 (Benefits of safety management)

안전관리의 이행은 다양한 유익이 있으며 다음을 포함한다.

(1) 안전문화의 강화 (Strengthened safety culture)

조직의 안전문화는 관리자의 헌신과 안전위험관리와 관련된 인력의 적극적인 참여가 가시화 될 때 강화될 수 있다. 관리자가 안전의 우선순위를 강력하게 높일 때 일반적으로 직원들에게 잘 받아들여지고 정상적인 운영의 일부분이 되게 된다.

(2) 안전을 확신하기 위한 문서, 프로세스 기반접근 (Documented, process-based approach to assure safety)

안전운항을 달성하기 위해서는 구성원에 의하여 이해되고 외부사람들에게도 기꺼이 설명될 수 있는 분명하고 문서화된 접근방법이 수립되어야 한다. 이에 추가하여 기본성능을 분명하게 정의하는 것은 안전프로그램 / 시스템을 지속적으로 개선할 때 변화가 관리되도록 하며, 그렇게 함으로써 변화의 이행에 요구되는 조직의 자원최적화에 도움을 주게 된다.

(3) 안전관련 인터페이스와 관계에 대한 깊은 이해 (Better understanding of safety-related interface and relationships)

문서화 및 안전관리 인터페이스를 정의하는 프로세스는 조직의 내부 프로세스 관계에 대한 이해에 도움을 주고, 처음과 끝을 연결하는 프로세스에 대한 이해를 강화할 수 있도록 하고 효율증가의 기회에 노출되도록 한다.

(4) 안전위해요인의 조기탐지강화 (Enhanced early detection of safety hazards)

국가/서비스제공자에게 급부상하는 안전문제 탐지능력을 개선하여 위해요인의 적극적인 확인과 안전위험의 관리를 통해 사고 및 준사고의 예방을 가능하게 한다.

(5) 안전데이터 기반의사결정 (Safety data-driven decision-making)

안전분석목적의 안전데이터를 수집하는 국가 / 서비스제공자의 능력을 개선한다. 어떤 질문이 답변되어야 하는지에 대한 전략적 사고를 통해 안전정보의 결과는 의사결정 당사자들로 하여금 최단시간에 보다 실질적으로 정보가 제공되고 유효한 결정을 하도록 돕게 된다. 이러한 의사결정의 중요성은 보다 많이 우려되거나 필요가 있는 분야에 자원의 배분이 가능하도록 함에 있다.

(6) 강화된 안전소통 (Enhanced communication of safety)

조직과 산업에 걸쳐 공통의 안전언어를 제공한다. 공통의 안전언어는 조직의 안전목표 및 이에 대한 성취를 공통적으로 이해할 수 있도록 개발하게 하는 핵심수단이다. 특히 이는 조직안전의 방향과 동기를 제공하는 안전목표 및 안전성과지표, 안전성과목표를 공감하게 한다. 직원들은 조직의 성과와 정의된 안전목표를 성취하기 위하여 진행되고 있는 프로세스는 물론 그것들이 조직의 성공에 어떻게 기여하는지를 보다 잘 인식할 수 있게 될 것이다. 공통의 안전언어는 서비스제공자들로 하여금 다양한 항공비즈니스에서 조직의 개체들을 통하여 안전정보가 종합되도록 한다. 항공시스템 전반에 걸친 인터페이스의 관리에 대한 지원도 필요하다.

(7) 안전이 우선시된다는 증거 (Evidence that safety is a priority)

관리가 어떻게 안전을 지원하고 가능하게 하는지, 어떻게 안전위험을 확인하고 관리하는지 등, 안전성능이 지속적으로 개선되는 방법을 보여줌으로써 조직내부 및 외부의 항공커뮤니티에 대한 신뢰가 향상되게 된다. 이는 또한 조직의 안전성능에 확신을 갖게하고 높은 자질을 가진 직원의 조직에 대한 매력을 높이고 유지하게 하는 것으로 귀결된다. 또한 국가 또는 지역안전감독기구 (RSOOs)[3]가 서비스제공자들의 안전성능에 대한 확신을 갖도록 한다.

(8) 예산절감 가능성 (Possible financial savings)

안전관리시스템의 결과에 기초하여 서비스제공자의 보험료 할인 및 직원들에 대한 보상비용의 절감을 가능하게 할 수 있다.

(9) 효율의 개선 (Improved efficiencies)

기존 프로세스 및 시스템이 비효율에 노출되어 발생하게 되는 운영비용의 감축이 가능할 수 있다. 내부 또는 외부관리시스템의 통합은 추가적인 비용절감을 가능하게 할 수 있다.

(10) 비용의 회피 (Cost avoidance)

적극적 위해요인의 확인과 안전위험관리를 통하여 사고 및 준사고발생에 따른 비용이 회피될 수 있다. 이 경우 직접비용은 부상, 물적피해, 장비의 수리 및 스케줄의 지연 등이 포함될 수 있다. 간접비용은 사법적 조치, 비즈니스의 손실과 평판의 손상, 과도한 예비품, 공구 및 교육, 증가된 보험료, 직원 생산성의 상실, 장비의 복구와 정리, 장비활용의 저하로 인한 단기적 대체장비의 사용 및 내부조사 등을 포함할 수 있다.

1.2 안전관리의 적용

(SAFETY MANAGEMENT APPLICABILITY)

국가안전관리책임은 부속서 19, 제3장에 명시되어 있으며 국제표준 및 권고에 따라 서비스제공자에게 안전관리시스템을 이행하도록 요구하는 것을 포함한다. 서비스제공자에 의한 안전관리시스템의 이행과 관련된 조항은 부속서 19의 제4장 및 부록 2에서

3) RSOO: Regional Safety Oversight Organization

찾을 수 있다.

1) 안전관리시스템의 적용 (SMS applicability)

부속서 19의 1차 개정판에 따른 안전관리시스템 적용을 결정하기 위한 평가는 일련의 기준에 기반을 두고 있다.

이러한 기준은 기타 항공조직으로 확대적용할 필요를 재검토하기 위해 ICAO와 안전관리패널 (SMP)[4]에 의해 주기적으로 활용될 것이 기대된다.

2) 전체시스템 안전접근 (Total system safety approach)

전체시스템 안전접근은 전체적인 항공산업을 시스템으로 간주한다. 모든 서비스제공자와 안전관리를 위한 시스템은 하부시스템으로 간주된다. 이는 국가로 하여금 전체적인 시스템전반에 걸쳐 상호작용과 원인 및 영향을 고려할 수 있게 한다. 모든 안전시스템에 대한 시스템을 구축하는 것은 불가능하거나 실질적이지 않을 수 있다. 따라서 국가와 서비스제공자의 주된 관심사는 다양한 상호 작용시스템들 가운데서 어떻게 상호 작용을 최상으로 관리하느냐에 달려있다.

안전관리시스템의 적용을 검토할 때 부속서19에 따른 안전관리시스템 요건을 이미 보유하고 있는 서비스제공자와 기타 항공활동을 수행하고 있는 조직들과의 연계를 고려하여야 한다. 안전관리시스템의 적용은 안전격차 또는 중복의 위험을 감소시켜야 하고, 축소된 호환성 때문에 안전위험이 증가되어서는 안 된다.

3) 하도급의 영향 (Subcontracting implications)

서비스제공자 전반에 걸친 안전위험관리가 효율적이려면 시스템내에서 안전위험과 관련된 위해요인에 대한 확인과 관리가 격차 또는 중복없이 책임을 명확하게 하는 것

---

4) SMP: Safety Management Panel.

이 중요하다. 안전관리시스템 요건을 가진 서비스제공자가 안전관리시스템의 대상이 아닌 조직과 계약을 체결하는 경우 하도급자에 의해 잠재적으로 도입되는 위해요인과 안전위험은 서비스제공자의 안전관리시스템에 의해 처리되어야 한다. 이는 서비스제공자가 하도급자의 활동에 의하여 야기되는 안전위험에 대한 정보가 있음을 확신하도록 추가적인 안전위험관리책임을 부여한다. 안전위험에 대한 추가정보는 제2장을 참조하라.

4) 규정을 통한 안전위험관리 (Safety risk control through regulations)

국가는 현행법령 및 규정이 항공활동에 수반되는 위해요인을 효과적으로 다루고 있는지를 평가하여야 한다. 기존의 요구사항이 충분한 안전위험 경감을 제공하는 경우, 부속서 19를 적용할 수 없는 조직에 대한 안전관리시스템을 요구하는 것이 실질적인 안전상의 이점을 가져오지 않을 수도 있다.

1.3 안전관리시스템 적용재량 확대

(Extension of discretionary SMS applicability)

상기에 언급한 적용요목은 부속서 19에 한정된 안전관리시스템 적용을 넘어서는 또는 자발적인 이행의 확장을 고려할 때 국가의 안내지침으로 작용할 수 있다. 안전관리시스템 적용재량의 적용은 반드시 신중하게 고려하여야 한다. 서비스제공자의 안전관리시스템 확대결정은 국가에서 확인한 안전위험을 반드시 고려하여야 한다. 그리고 만약 그 결정이 이루어지면 안전관리시스템의 이행은 반드시 국가안전프로그램의 일부분으로 감시되어야 한다. 안전관리시스템을 요구하기에 앞서 국가는 다음을 고려할 것이 요구된다.

- 안전성능에 있어 원하는 개선을 달성하기 위한 다른 실용적 옵션은 없는지?
- 안전관련시스템을 이행하고 감시할 수 있는 충분한 자원이 정부 및 산업계에 가용한지, 특히 인사에 대한 영향, 필요한 기량과 지식을 취득하고 통합할 수 있는

잠재적인 도전에 대하여도 고려하여야 한다.

각 국가들은 산업계 전반에 걸쳐 수용가능한 수준의 안전성능을 반드시 고려하여야 한다. 그리고 국가의 안전목표달성을 위하여 안전관리시스템 적용계획을 수립하여야 한다. 안전관리시스템의 적용계획은 국가의 수용가능한 수준의 안전성과와 지속적으로 조율을 통해 진화되어야 함을 유념하여야 한다.

1.4 안전관리책임

(Safety management responsibility)

부속서 19의 어떤 조항도 서비스제공자 또는 운영자의 책임을 국가에 전가시키려는 의도로 만들어지지 않았다. 국가안전프로그램의 일환으로 각 국가는 현행 ICAO 부속서에서 제한하지 않고 신규 또는 새롭게 부상하는 활동에 대한 항공활동에 대하여도 감독 등 최선의 옵션을 반드시 고려하여야 한다.

1.5 정부소유 또는 국방서비스 제공자에 대한 적용

(Applicability for State-owned or military service providers)

몇몇 국가에서는 서비스제공자의 기능이 국가의 민간서비스 또는 군에 의하여 제공된다. 몇몇 민간서비스 제공자는 군에 계약된 서비스를 제공하기도 하며, 몇몇 군조직은 민간서비스를 제공한다. 그 형태와 관계없이 국가내에서 민간서비스를 제공하는 서비스제공자는 조직의 특수한 특성과 관계없이 부속서 19의 안전관리시스템 요건을 포함하여 해당하는 ICAO 국제표준 및 권고의 적용이 요구된다. 국가 또는 서비스제공자의 시스템설명은 반드시 이러한 조직의 기능과 각각의 관계를 포함하여야 한다. 서비스제공자의 최고책임자는 민간 또는 군과 관계없이 이러한 설정과 어떻게 안전위험이 관리되는지를 설명하여야 한다. 간단하게 말하면 서비스제공자는 조직의 특성과 관련 없이 반드시 안전을 관리하여야 한다.

국가가 서비스제공자로 운영되는 경우 서비스제공자의 기능과 국가의 감독기능 사이에 투명한 분리가 있어야 한다. 이는 국가기관과 서비스제공자 인력들의 이해관계의 충돌을 회피하도록 그 역할과 책임을 분명하게 함으로써 달성될 수 있다.

1.6 직장안전보건 및 환경과 항공안전

(Occupational safety, health and environment versus aviation safety)

직장안전보건 및 환경(OSHE)[5]은 작업장에서의 인력에 대한 안전, 보건 및 복지와 관련된 분야이다. 항공안전관리와 직장안전보건 및 환경의 가장 큰 차이점은 그 의도에 있다. 많은 국가에서 사용자는 종업원들의 보건과 안전을 합리적으로 보살필 법적 책임이 있다. 직장안전보건 및 환경프로그램의 의도는 안전 및 보건작업환경을 강화함으로써 사용자의 법적 및 도덕적 책임을 충족함에 있다. 이러한 이슈들은 일반적으로 항공문제를 다루는 단일기관보다는 다양한 기관에서 취급하고 있다. 부속서 19 제2장 적용에서와 같이 안전관리기능은 항공기의 안전운항에 연관되거나 또는 간접적인 지원에 초점을 맞춘다.

1.7 안전관리의 이행

(IMPLEMENTING SAFETY MANAGEMENT)

효과적인 안전관리이행을 달성하기 위하여 단단한 기반의 수립은 필수적이다. 다음

5) OSHE: Occupational Safety, Health and Environment

사항들은 국가안전프로그램 또는 안전관리시스템 요건의 이행을 위하여 첫 발걸음을 디딜 때 반드시 확인해야 할 사안이다.

- **고위급관리자의 헌신** (Senior management commitment): 모든 국가항공기관의 고위급관리자들이 안전관리이행을 효과적으로 하기 위하여 헌신하는 것은 기본이다.
- **규범요건의 이행** (Compliance with prescriptive requirements): 국가는 성숙된 안전감독시스템이 자격을 갖춘 기술인력을 포함하여, 그 국가에서 항공활동을 수행하는 개인 및 조직에 대한 증명, 인증 및 승인과정에서 성숙된 안전감독시스템이 작동하고 있는지를 반드시 확인하여야 한다. 서비스제공자는 수립된 규범요건을 지속적으로 이행하기 위한 프로세스를 가지고 있는지를 반드시 확인하여야 한다.
- **행정처분제도** (Enforcement regime): 국가는 일탈과 경미한 위반에 대하여 담당기관이 관리할 수 있도록 행정처분정책과 프레임워크를 반드시 수립하여야 한다.
- **안전정보의 보호** (Safety information protection): 국가는 안전데이터 및 안전정보의 지속적인 가용성을 확보하기 위하여 보호를 위한 법률적 프레임워크를 설정해야 하며 이는 기본적인 사안이다.

1) 시스템 설명 (System description)

시스템 설명은 안전시스템에 의하여 처리되는 위해요인확인 및 안전위험을 평가하기 위하여 필요한 조직의 프로세스, 활동 및 상호작용에 대한 요약이다. 이는 항공시스템을 설명하는데 조직의 기능내에서 관련된 다양한 기관들과 조직내의 인터페이스를 포함함은 물론 안전한 서비스를 제공을 해야하는 외부조직들과의 인터페이스를 포함한다. 시스템 설명은 국가안전프로그램 / 안전관리시스템의 이행시작점을 제공한다. 국가와 서비스제공자의 시스템 설명에 대한 추가정보는 제8장과 제9장에서 각각 찾을 수 있다.

2) 인터페이스 (Interface)

국가와 서비스제공자는 안전관리이행을 고려할 때 각 부문의 인터페이스로 야기되는 안전위험을 고려하는 것이 중요하다. 인터페이스는 내부(운항과 정비 또는 재무, 인사 또는 법무부서)가 될 수 있고 또는 외부(다른 국가, 서비스제공자 또는 하청업체)가 될 수 있다. 국가와 서비스제공자는 인터페이스가 확인되고 관리될 때 관련 안전위험에 대하여 보다 큰 통제를 할 수 있다. 인터페이스는 시스템 설명의 일부분으로 정의된다.

(1) 안전영향평가 인터페이스 (Interface safety impact assessment)

일단 국가 또는 서비스제공자가 인터페이스를 확인한 후에는 각 인터페이스에 노출된 안전위험은 조직의 기존 안전위험평가 프로세스를 사용하여 평가된다(자세한 내용은 제2장을 참조하라). 안전위험의 확인에 근거하여 국가 또는 서비스제공자는 다른 조직과 적절한 안전위험관리전략을 결정함에 있어 협업을 고려할 수 있다. 협업하는 조직들은 많은 인터페이스로 인한 위해요인을 확인할 수 있고 관련된 위험을 평가하고 함께 적절한 통제를 결정할 수 있다. 협업은 안전위험의 개념이 조직별로 다양할 수 있기 때문에 매우 바람직하다.

조직에 영향을 미치는 것으로 파악된 위해요인을 확인하고 관리하는 책임이 있는 연관된 조직들을 확인하는 것은 매우 중요하다. 인터페이스의 중요도는 각 조직별로 다를 수 있다. 각 조직은 다양한 안전위험의 분류를 합리적으로 적용하고 다양한 안전위험 우선순위(안전성과, 자원, 시간 등)를 가질 수 있다.

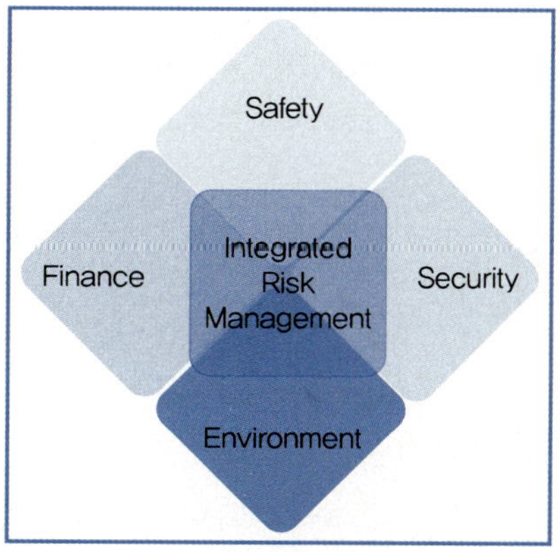

(2) 인터페이스의 관찰 및 관리 (Monitoring and management of interfaces)

국가와 서비스제공자는 인터페이스에 대하여 서비스의 안전조항을 확신할 수 있도록 지속적으로 관찰 및 관리할 책임이 있다. 안전위험관리 인터페이스에 대한 효과적인 접근방법은 명확하게 정의된 모니터링 및 관리책임을 지닌 인터페이스 조직간 정식 협약을 수립하는 것이다. 모든 인터페이스의 안전문제, 안전보고서 및 교훈을 문서화하고 공유하는 것은 물론 조직 간의 인터페이스를 통하여 안전위험을 명확히 이해할 수 있다. 공유를 통해 각 조직의 안전효과를 향상시킬 수 있는 지식 및 작업실무를 이전시킬 수 있다.

3) 이행계획 (Implementation planning)

국가안전프로그램 / 안전관리시스템의 구현을 시작하기 전에 격차분석을 수행하면 조직에서 현재의 조직구조와 프로세스 사이의 격차를 확인하고 효과적인 국가안전프로그램 또는 안전관리시스템 이행에 필요한 격차를 식별할 수 있다. 국가안전프로그램의 경우 국가안전프로그램의 기초로 간주되는 항공안전종합평가 프로그램(USOAP)[6] 프로토콜 질문에 대한 검토를 포함하는 것이 중요하다.

국가안전프로그램 또는 안전관리시스템 이행계획은 그 이름에서 알 수 있듯이 국가안전프로그램 / 안전관리시스템의 이행을 위한 계획이다. 이는 필요한 자원, 작업 및 프로세스에 대한 명확한 설명과 핵심작업 및 책임에 대한 일정의 표시 및 순서의 지정을 제공한다. 국가와 서비스제공자를 위한 안전관리의 이행에 관한 더 많은 정보는 각각 제8장과 제9장에서 찾을 수 있다.

(1) 성숙도 평가 (Maturity assessment)

국가안전프로그램 또는 안전관리시스템의 주요 구성요소와 요소가 이행된 직후, 그것이 얼마나 효과적인지를 모니터링 하기 위해서 정기적인 평가가 수행되어야 한다. 조직은 시스템이 성숙함에 따라 의도된대로 작동하고 명시된 안전목표를 달성함에 효

6) USOAP: Universal Safety Oversight Audit Programme

과적이라는 확신을 추구하여야 한다. 안전관리는 성숙될 때까지 시간이 필요하며 궁극적인 목표는 조직의 안전성과를 유지하거나 지속적으로 향상시키는 것이다.

4) 규모 및 복잡성 고려 (Size and complexity considerations)

국가 및 서비스제공자는 각각 상이하다. 국가안전프로그램 및 안전관리시스템은 각 국가 또는 서비스제공자의 구체적 요구를 충족시킬 수 있도록 맞춤형으로 설계되어야 한다. 모든 구성요소와 국가안전프로그램 / 안전관리시스템의 요소들은 상호연결되고 상호 의존적이며 효과적으로 기능하기 위해 필요하게 된다. 이는 매력적이지만, 국가안전프로그램과 안전관리시스템 요건은 규범적인 방법으로 이행되는 것만은 아니며, 원래의 목적을 달성할 수 없으므로, 성능에 기반을 둔 접근방식으로 전통적인 규범적 요구사항을 보완해야하는 것이다.

이러한 시스템은 과도한 부담없이 각 조직이 원하는 성과를 제공하도록 설계되었다. 잘 이행된 국가안전프로그램과 안전관리시스템은 조직의 기존 시스템과 프로세스를 보완하고 향상시킬 것이다. 효과적인 안전관리는 충분히 검토된 계획과 이행을 통해 이루어지며, 각 요구사항은 조직의 문화 및 운영환경에 적합한 방식으로 조치된다. 국가 및 서비스제공자를 위한 국가안전프로그램, 안전관리시스템을 이행할 때 고려해야 할 사항에 대한 자세한 내용은 각각 제8장 및 제9장에서 찾을 수 있다.

5) 기본요소의 종합 (Integrating the basic elements)

모든 시스템이 사람, 프로세스 및 기술의 세 가지 기본요소로 구성된다는 점이 중요하다. 안전관리에 있어서도 예외는 없다. 서로 다른 프로세스 활동 및 기능을 수립하거나 유지 또는 관리할 때 모든 국가 및 서비스제공자는 각 요구사항의 의도를 고려하여야 하는데, 무엇보다 가장 중요한 것은 조직이 안전목표를 달성할 수 있도록 협업을 고려했는지를 확인하여야 한다. 이러한 안전관리요소들과의 상호관계는 본 교재전반에 걸쳐서 다루어질 것이다.

1.8 종합적 위험관리

(INTEGRATED RISK MANAGEMENT)

항공시스템은 전체적으로 금융, 환경, 안전 및 보안과 같은 다수의 기능적인 시스템을 포함한다. 안전 및 보안은 거대한 항공시스템에 있어 두 가지 기본운영영역이 된다. 이것들은 개념으로서 다양한 중요성을 가지며 중요한 특징이 공유된다. 그럼에도 불구하고 의도된 중요요소는 상이하다. 보안은 시스템의 성능을 저해하려는 악의적, 의도적 행위와 관련이 있다. 안전은 여러 가지 요인의 의도하지 않은 결과로 인해 관련시스템의 성능에 부정적인 영향을 주는 데 초점을 맞춘다.

운영환경에서 모든 기능적 시스템은 부정적인 결과를 줄이기 위해 적절하게 관리되어야만 하는 일종의 위험이 초래된다. 전통적으로 각 시스템은 시스템별 고유한 특성을 다루기 위해 고안된 부문별 위험관리 프레임워크와 실무적 관행이 개발되었다. 이러한 위험관리실무의 대부분은 시스템-내부결과에 대한 종합적인 분석을 포함하며 종종 의도하지 않은 결과에 대한 관리로 간주되기도 한다. 또 다른 측면은 시스템의 구체적 위험관리프로세스에 따른 시스템-내부결과이다. 이는 어떤 구체적 분야의 효과적인 위험관리전략이 다른 항공운영 부문에 악영향을 미칠 수 있다는 사실과 관련된다. 항공분야에서 가장 흔히 강조되는 시스템 간 의존성은 안전 / 보안의 딜레마이다. 효과적인 보안조치는 안전에 부정적인 영향을 줄 수 있으며 그 반대의 경우도 마찬가지이다. 안전 및 보안영역은 기본적으로 의도된 요소와 상이할 수 있지만, 사람들과 자산을 보호하기 위한 공통목표(예: 사이버위협 및 위험대응은 항공안전 및 보안영역 전반에 걸친 조정을 필요로 함)로 수렴된다. 경우에 따라 고유한 위험요소를 관리하면, 예기치 않은 방식으로 다른 영역에 영향을 미칠 수 있다, 다음은 그 예이다.

- 보안위험 때문에 조종석 출입문을 강화하면 항공기운항에 있어 안전상의 영향을 줄 수 있음
- 기내 개인전자장비의 운송에 대한 제한은 보안위험을 객실에서 화물실로 옮겨 안전위험을 높일 수도 있음
- 분쟁이 있는 지역을 비행하지 않도록 노선을 변경하면 혼잡한 항로가 생겨 안전문제가 발생할 수 있음

항공분야의 성공적인 위험관리를 성취하려면 모든 관련된 기능적 시스템을 포함하여 시스템의 전반적인 위험감소를 목표로 하여야 한다. 이 프로세스는 해당 주체 (국가, 지역기구, 서비스제공자)의 최상위 수준에서 전체시스템에 대한 분석적 평가를 필요로 한다. 기능적 시스템요구 및 상호 의존성의 평가 및 통합은 통합위험관리 (IRM)[7]로 불려진다. 통합위험관리는 조직의 전반적인 위험감소에 중점을 둔다. 이는 고유한 위험과 부문별 위험관리프로세스의 효과 및 영향에 대한 정량적 및 정성적 분석을 통해 달성된다. 통합위험관리는 위험감소라는 단일목표로 위기관리 프로세스를 조정, 조화 및 최적화하는 시스템전체에 대한 책임을 맡게된다. 통합위험관리는 기능적 시스템의 운영상 위기관리를 대체할 수 없으며 추가적으로 의무와 책임을 위임할 의도도 없다. 통합위험관리는 부문별 위험관리에 대한 전문적인 조언을 활용하고 사회적으로 수용가능한 수준에서 시스템성능의 최고수준을 달성하기 위한 총체적 피드백을 제공하는 차별화된 고위급개념이다. 안전위험관리와 관련된 보다 자세한 내용은 제2장, 제8장 (국가) 및 제9장 서비스제공자에서 확인할 수 있다.

주. 국가내의 정부구조 및 책임영역은 각 영역의 감독에 영향을 줄 수 있다. 예를 들어 민간항공당국 (CAA)[8]은 항공안전에 책임을 지는 한편, 환경보호기관은 환경에 대한 감독에 책임을 진다. 각 감독기관은 서로 다른 요건과 방법론을 가질 수 있다.

7) IRM: Integrated Risk Management
8) CAA: Civil Aviation Authority

CHAPTER 02

안전관리기반

(SAFETY MANAGEMENT FUNDAMENTALS)

2.1 안전관리의 개념 및 진화

(THE CONCEPT OF SAFETY AND ITS EVOLUTION)

본 장은 안전관리개념과 실무의 기본적 개관을 제공한다. 후속되는 장에서 발견할 수 있는 안전관리의 구체적인 사안에 초점을 맞추기 이전에 이러한 기본을 이해하는 것이 중요하다.

항공의 맥락에서 안전은 "항공기운항과 관련된 또는 항공기운항을 직접 지원하는 것과 관련된 위험이 감소되고 수용가능한 수준으로 통제되는 상태"를 말한다.

항공안전은 역동적이다. 새로운 안전위해요인 및 위험은 지속적으로 발생하며 경감될 필요가 있다. 안전위험이 적절한 통제하에 유지되는 한, 개방적이고 역동적인 항공시스템은 계속해서 안전하게 유지될 수 있다. 수용가능한 안전성능은 종종 국내 및 국제규범 및 문화에 의해 정의되고 영향을 받는다는 점에 유의하여야 한다.

항공안전의 진화는 대략 활동시대와 일치하는 다음 네 가지 접근법으로 설명할 수 있다. 이 접근법은 <그림 2-1>로 설명된다.

그림 2-1 안전의 진화(The evolution of safety)

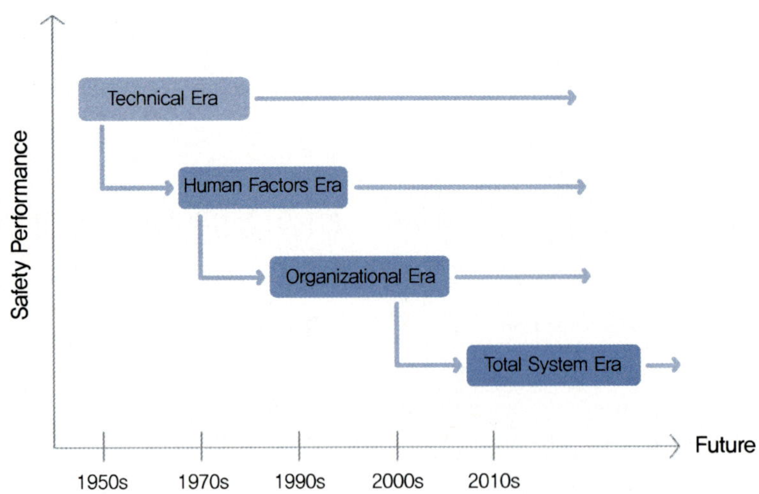

1) 기술적 (Technical)

1900년대 초반부터 1960년대 후반까지 항공은 대중교통수단으로 부상되어 왔으며, 안전결함들은 초기에는 기술적 요소와 기계적인 고장으로 확인되었다. 따라서 안전노력은 기술적 요소(예: 항공기)에 대한 조사와 개선에 초점이 맞추어져 있있다. 1950년대까지 기술적 개선은 사고의 발생주기를 지속적으로 감소하게 하였고 안전프로세스는 규정의 준수 및 감독을 망라하는 것으로 확대되었다.

2) 인적요소 (Human factors)

1970년대 초반까지 항공사고의 빈도는 중요한 기술적 진전과 안전규정의 강화에 따라 상당히 감소되었다. 항공은 보다 안전한 교통수단이 되었으며, 안전노력은 인간/기계 상호작용 같은 것들을 아우르는 인적요소를 포함하는 지경에 이르는 것에 초점이 맞추어졌다. 실수의 경감에 자원을 투자함에도 불구하고 인적요소는 사고의 재발요인으로 지속적으로 인용되어 왔다. 인적요소는 운영 및 조직적 맥락을 충분하게 고려하기 보다는 개인에게 초점을 맞추려는 경향이 있다. 1990년대 초반까지는 개인이 행동에 영향을 미치는 복합적인 요소를 포함하는 복잡한 환경에서 운영되고 있다는 것이 인지되지 못하였다.

3) 조직적 (Organizational)

1990년대 중반에 안전은 시스템적 관점에서 검토되기 시작하였고 인적 및 기술적 요소와 함께 조직적 요소까지 포함하기에 이르렀다. 조직적 사고라는 개념이 도입되었다. 이러한 관점은 안전위험관리의 효과성에 대한 조직적인 문화와 정책의 영향을 고려한다. 이에 추가하여 수동적 및 능동적 방법을 사용하는 일상적인 안전데이터의 수집 및 분석이 조직으로 하여금 알려진 안전위험을 관찰하고 부상하는 안전추세를 감지할 수 있게 한다. 이러한 강화는 현재의 안전관리접근으로 인도하는 기반과 학습을 제공한다.

4) 전체시스템 (Total system)

21세기가 시작되면서 많은 국가와 서비스제공자는 과거의 안전접근방법을 수용하고 보다 성숙된 높은 단계로 발전시키게 된다. 국가안전프로그램과 안전관리시스템을 이행하기 시작하면서 안전의 편익을 거두게 된다. 그러나 지금까지의 안전은 항공전체시스템의 광범위한 개념을 최소화하고 대부분 개별적인 안전성능 및 지역관리에 초점이 맞추어져 왔다. 이는 항공시스템의 복잡성과 항공안전에서 일부분을 수행하는 모든 개별조직들을 보다 잘 인식할 수 있게 하였다. 조직들 간의 상호작용이 부정적인 결과에 기여하였음을 보여주는 사고와 사건의 예는 수없이 많다.

안전에 대한 지속적이고 복잡한 진화로 인해 국가와 서비스제공자는 시스템 구성요소인 사람, 프로세스 및 기술 간의 상호작용과 인터페이스에 대한 중대한 고려사항을 제공하게 되었다. 이는 사람들이 시스템에서 수행하는 긍정적인 역할에 대해 더 큰 찬사를 이끌어 냈다. 안전의 편익은 서비스제공자 간 및 서비스제공자와 국가 간의 협업을 통해 성취할 수 있다. 이러한 관점은 서비스제공자 간의 여러 가지 공동작업을 도모하고 안전문제를 해결할 때 협업의 편익을 인식하도록 도와준다. ICAO의 활주로 안전프로그램은 그 좋은 예가 된다.

협력적인 전체시스템 접근법이 활성화되기 위해서는 조직(국가포함) 간의 인터페이스와 상호작용이 잘 이해되고 관리될 필요가 있다. 국가는 또한 국가안전프로그램의 개발시 전체항공시스템 접근법이 할 수 있는 역할을 인식하기 시작하였다.

2.2 시스템내에서 인간

(HUMANS IN THE SYSTEM)

사람들이 안전에 대하여 어떻게 생각하는가와 직장에서 작업을 수행하기 위해 다른 사람들과 상호작용하는 방식에 대하여 어떻게 생각하는가는 조직의 안전성능에 상당한 영향을 미치게 된다. 조직의 안전에 대한 사람들의 긍정적, 부정적 기여를 모두 다루기 위해 안전관리가 필요하다. 인적요인은 다음과 같은 것들이다. 사람들이 세상과 상호작용하는 방식을 이해, 사람들의 능력과 한계, 사람들이 직장에서 일할 때 일하는 방식의 개선에 영향을 주는 인간의 활동, 결과적으로 인적요소에 대한 고려는 안전관리의 핵심부분으로서 조직의 안전에 대한 인적기여를 최적화할 뿐만 아니라 위험을 파악하고 경감시킨다.

다음은 인적요소를 고려한 안전관리프로세스의 핵심적인 방법이다.

- 인간의 성능을 최적화하기 위하여 작업장 환경을 만들기 위한 고위급관리자의 약속, 그리고 조직의 안전관리프로세스에 적극적으로 참여하고 기여하도록 직원을 격려
- 공통의 이해 및 기대를 확인하도록 안전관리에 대한 개인의 책임을 명확하게 밝힘
- 조직에 의해서 다음 정보가 개인에게 제공됨
  - 조직적인 프로세스와 절차에 대하여 기대되는 행태를 서술
  - 개별행태에 대응하여 조직에서 어떤 조치가 취해질 지를 서술
- 운영요구를 충족하기 위한 충분한 인력이 있는지 확인하기 위하여 인적자원의 수준이 감시되고 조절
- 안전보고를 독려하기 위한 정책, 프로세스 및 절차가 수립됨
- 조직적 및 운영적 요소와 관련하여 특별한 관심이 부여된 가운데 다양한 인적성능 및 인적한계와 관련, 그러한 위험들이 고려될 수 있도록 안전데이터 및 안전정보가 분석됨
- 다음을 겨냥하여 분명하고, 간결하며 작동되는 정책, 프로세스 및 절차가 개발됨
  - 인적성능을 최적화
  - 의도하지 않은 실수를 예방
  - 다양한 인적성능의 원치않는 결과를 감소; 이에 대한 효과성은 정상적인 운영과정에서 지속적으로 감시
- 프로세스와 절차가 준수되고 있는지, 준수되지 않는 경우 그 원인을 결정하기 위하여 조사가 진행되는지 등 정상운영의 지속적인 감시
- 대부분의 경우 사람들은 일을 완료하기 위하여 최선을 다한다는 인식하에 인적요소에 대한 평가, 그러한 양태를 행태만이 아니고 원인이 무엇인지를 포함한 안전조사
- 시스템 내에서 인간의 임무와 역할의 발전을 고려하는 프로세스변화관리

- 개인들은 임무를 수행하기 위한 경쟁력이 있도록 훈련되며, 훈련의 효과성이 검토되고. 훈련프로그램은 변화요구를 충족하도록 채택

안전관리의 효율성은 고위급관리자의 지원정도와 인적성능을 최적화하고 개인들로 하여금 조직의 안전관리프로세스에 적극적으로 참여하고 기여하도록 작업장 환경을 조성하기 위한 관리자의 헌신에 달려있다.

조직이 인적성능에 영향을 미치는 방법을 다루기 위해서는 효과적인 안전관리의 이행을 위한 고위급수준의 지원이 필요하다. 이는 인적요소를 고려한 적절한 작업환경과 안전문화를 만들고자 하는 관리층의 헌신을 포함한다. 이는 조직구성원 모두의 태도와 행태에 영향을 줄 것이다. 안전문화에 대한 추가정보는 제3장에서 찾을 수 있다.

안전성과와 관련한 인적요소평가를 지원하기 위한 여러 가지 모델이 만들어졌다. SHELL 모델은 잘 알려져 있으며, 인간에 대한 다양한 시스템 구성요소들 간의 영향과 상호작용을 도식으로 표현하는데 유용하며, 인적요소를 안전관리시스템의 통합된 부분의 하나로 고려할 필요성이 강조된다.

<그림 2-2>는 인간(모델의 중앙에 위치)과 작업장 구성요소들과의 관계를 보여준다. SHELL모델은 네 개의 위성요소들을 포함한다:

- 소프트웨어(S): 절차, 훈련, 지원 등
- 하드웨어(H): 기계 및 장비
- 환경(E): L-H-S 시스템을 기능하게 만드는 나머지 작업환경

그림 2-2 SHELL 모델(SHELL Model)

■ 사람(L): 작업장에서의 다른 인간

Liveware 모델의 중점적 초점은 운영의 최전선에 있는 사람이며 모델의 중심에 그려져 있다. 그러나 모델의 모든 차원중에서 가장 예측하기 어려우며, 내부(배고픔, 피로, 동기부여 등) 및 외부(온도, 조명, 소음 등) 영향에 가장 많은 영향을 받는다. 인간은 괄목할 만하게 적응할 수 있지만 성능면에서 상당한 차이가 있을 수 있다. 인간은 하드웨어와 같은 정도로 표준화되어 있지 않으므로 이 블록의 단면은 단순하고 직선적이지 않다. 다양한 SHELL 블록과 중앙 Liveware 블록 간의 인터페이스에서 불규칙성의 영향은 인간의 성능을 저하시킬 수 있는 긴장을 피하기 위해 이해되어야 한다. 모듈의 톱날모양의 가장자리는 각 모듈의 불완전한 결합을 나타낸다. 이는 항공시스템의 다양한 구성요소 사이에서 나타나는 인터페이스를 시각화할 때 유용하다.

- ■ Liveware–Hardware(L–H): L－H 인터페이스는 인간과 장비, 기계 및 설비의 물리적 속성 간의 관계를 나타낸다. 이는 작업자가 장비를 조작하는 인간공학을 어떻게 안전정보에 표시되는지, 스위치 및 조작레버에 어떻게 이름표가 붙여지고 조작되는지, 그래서 논리적이고 직관적인 방법으로 어떻게 조작되는지를 고려하게 된다.
- ■ Liveware–Software(L–S): L－S 인터페이스는 작업공간에서 발견되는 인간과 지원시스템 간의 관계이다. 규정, 매뉴얼, 점검표, 문서, 프로세스 및 절차, 컴퓨터소프트웨어 등이 지원시스템이 된다. 여기에는 최근의 경험, 정확성, 형식 및 발표, 어휘, 명확성 및 기호사용과 같은 이슈들이 포함된다. L－S는 프로세스와 절차가 이행하기 용이하고 이해하기 쉬운지를 고려한다.
- ■ Liveware–Liveware(L–L): L－L 인터페이스는 작업환경에서 사람들 간의 관계 및 상호작용이다. 이러한 상호작용 중 일부는 조직(동료, 감독자, 관리자) 내에 있으며, 다른 역할을 하는 다른 조직의 직원(조종사와 항공교통관제사, 조종사와 엔지니어 등) 간에 많은 상호작용이 이루어지게 된다. 이는 소통능력과 대인관계기술뿐만 아니라 인간의 성능을 결정함에 있어 집단역동성의 중요성을 고려한다. 승무원자원관리의 출현과 항공교통서비스(ATS)[1) 및 정비작업까지의 확장은 조직으로 하여금 실수의 관리에 있어 팀의 성과를 고려할 수 있도록 하였다. 또한 인터

1) ATS: Air Traffic Service

페이스의 범위에는 직원/관리상의 관계 및 조직문화가 포함된다.

- Liveware-Environment(L-E): 인터페이스는 인간과 물리적 환경 간의 관계를 포함한다. 여기에는 온도, 작업장 조명, 소음, 진동 및 공기의 품질 등이 포함된다. 또한 날씨, 인프라 및 지형과 같은 외부적 환경요소도 고려한다.

2.3 사고의 원인

(ACCIDENT CAUSATION)

스위스 치즈(또는 Reason)모델은 제임스 리즌(James Reason) 교수에 의하여 개발되었으며 항공업계에 잘 알려져 있고 복수의 방어기재를 계속 통과한 사고를 도식적으로 보여준다. 이러한 통과는 장비의 고장 또는 작동오류와 같은 여러 가지 요인에 의해 유발될 수 있다. 스위스 치즈모델은 항공과 같은 복잡한 시스템이 방어기재("장벽"이라고도 함)에 의해 아주 잘 방어되고 있다고 주장한다. 단일-지점오류는 거의 발생하지 않는다. 안전수칙위반은 조직의 고위층에서 내려지는 결정이 지연된 결과일 수 있으며, 그 잠재적인 영향은 특정 작동조건(잠재적 조건)에 의해 영향을 받거나 손상될 가능성이 있기 전까지는 휴면상태가 될 수 있다. 이와 같이 특수한 상황에서, 운영단계에서의 인간의 실패(또는 "활성화된 실패")는 안전방어기재의 최종방어막을 통과하게 하는 역할을 한다. 리즌모델은 모든 사고는 활성화된 실패와 잠복된 상태의 조합을 포함한다고 말하고 있다.

활성화된 실패는 즉각적으로 부정적 영향을 미치는 실수와 규칙위반을 포함하는 행동 또는 미행동이다. 이들은 불안전한 행동으로 나중에 알려지게 된다. 활성화된 실패는 일선인력(조종사, 항공교통관제사, 항공기 정비엔지니어 등)과 관련되어 있으며, 유해한 결과로 귀결될 수 있다.

잠재된 조건은 손해가 발생하기 한참이전에 시스템내에 존재할 수 있다. 잠재된 조건의 결과는 오랜 기간 동안 휴면되어 있을 수 있다. 초기에는 이러한 잠재조건은 해롭지 않은 것으로 간주되지만 운영단계에서의 방어기재가 뚫리는 어떤 조건하에서는 명백하게 드러나게 될 수 있다. 시스템내에서의 잠재조건은 안전문화, 장비의 선택 또는 절차의 설계, 조직목표의 상충, 조직시스템 또는 정비결심의 결함 등을 포함할 수 있다.

조직관련 사고의 패러다임은 개인에 의하여 활성화된 실패를 최소화하기 위한 국지적인 노력보다는 광범위한 시스템기반에서 이러한 잠재조건의 확인을 통해 지원한다. 조직적인 의사결정을 하는 사람들은 때때로 미세한 자원과 우선순위 및 비용의 잠재적 상충에 대한 균형을 추구한다. 의사결정권자에 의한 의사결정은 거대한 조직에서는 매일 이루어지고 있으며 특정 환경하에서 의도되지 않은 손해를 발생시키는 결과로 인도할 수도 있다.

<그림 2-3>은 스위스 치즈모델의 사고원인에 있어 조직적 및 관리적 요소들이 어떻게 상호작용하는지 이해를 돕게 한다. 다양한 인적성능 또는 조직의 모든 수준에서의 결정으로부터 보호하기 위하여 복수방어기재 겹들이 항공시스템에 구축되었다. 그러나 각 겹은 스위스 치즈조각에 있는 구멍으로 표시되는 일반적인 취약점을 가지고 있다. 때로는 모든 취약점이 일치되어 모든 방어기재를 통과하게되고 비극적인 결과로 귀결되게 된다. 스위스 치즈모델은 잠재된 조건이 어떻게 시스템내에 존재하며 국지적인 도발요소를 통하여 명백하게 들어나는지를 보여준다.

몇몇 결함 또는 뚫림이 관련조직들에 의하여 영향을 받는다는 것을 인지하는 것이 중요하다. 따라서 서비스제공자는 이러한 상호작용에 대하여 검토하는 것이 매우 중요하다.

그림 2-3 **사고원인의 개념**(Concept of accident causation)

2.4 안전관리를 위한 스위스 치즈적용

(Swiss Cheese applications for safety management)

스위스 치즈모델은 국가 및 서비스제공자 모두에 의하여 사고 또는 확인된 위해요인와 관련된 개인과 상황을 명백하게 허용하는 조직적인 상황 등 과거를 살펴보게 하고, 분석지침으로 사용될 수 있다. 또한 안전위험관리, 감독, 내부감사, 변화관리 및 안전조사에 적용할 수 있다. 각각의 모델은 조직의 어떤 방어기재가 효율적이고 어떤 것이 뚫리는지 그리고 추가적인 방어기재로 시스템이 어떤 이익을 가질 수 있는지를 고려하도록 사용될 수 있다. 일단 확인되면 방어기재의 취약점은 향후 사고 및 준사고에 대비하여 보완될 수 있다.

실제로 이벤트는 <그림 2-3>에 나타나 있는 화살(손상으로 인도하는 위해요인) 방향으로 방어기재를 뚫고 나온게 된 것이다. 이러한 상황의 평가는 반대방향으로 실시되며, 이 경우 위해요인이 손상된다. 실제 항공사고는 통상적으로 추가적인 복잡성을 포함한다. 국가 및 서비스제공자에게 사고가 어떻게, 왜 발생했는지를 이해하도록 도와주는 보다 복잡한 모델도 있다.

2.5 실무이탈

(Practical drift)

스콧 스눅(Scott A. Snook)의 실무이탈 이론은 어떤 시스템이 최초의 설계로부터 어떻게 이탈되어 가는지를 이해함에 사용된다. 임무, 절차 및 장비는 때때로 이론적인 환경하에서 이상적인 조건으로 거의 모든 것이 예측되고 관리되며 모든 것이 기대된 대로 기능한다는 절대적인 가정하에 초기에 설계되고 계획된다. 이는 통상적으로 다음 세 가지 기본적인 가정에 기초한다.

- 시스템 생산목표를 달성하기에 필요한 기술이 가용됨

그림 2-4 실무이탈의 개념(Concept of practical drift)

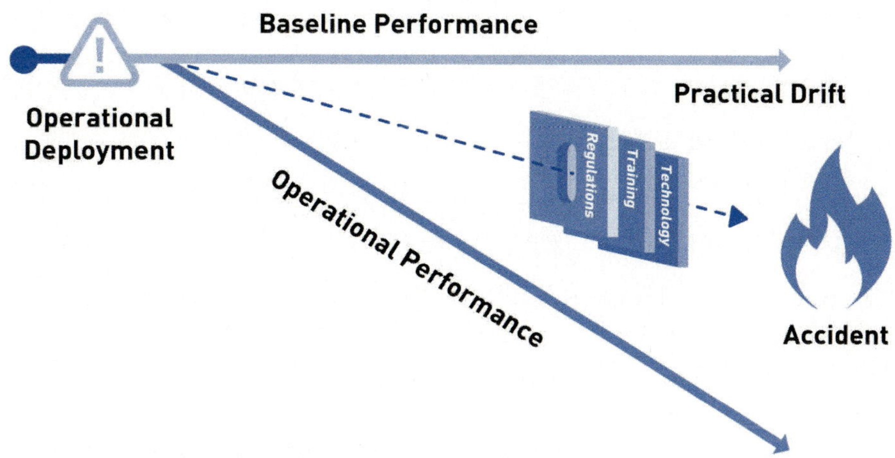

- 기술을 기획된 대로 적적하게 운영하기 위한 인력이 훈련되고, 경쟁력이 있으며 동기가 부여됨
- 정책 및 절차가 시스템과 인간의 행태에 적합

이러한 가정은 <그림 2-4>에서 보듯이 운영이 개시된 지점에서 시작된 직선으로 표시되는 시스템성능의 기준선에 위치한다.

스눅(Snook)은 모든 시스템에서 아무리 정교하게 다루고 설계를 잘했다 할지라도 실무이탈은 피할 수 없다고 주장했다. 실무이탈의 몇 가지 이유는 다음을 포함한다.

- 기술이 예측된 대로 운영되지 않음
- 특정 운영조건에서 절차가 계획된 대로 시행되지 않음
- 부품추가를 포함한 시스템의 변경
- 다른 시스템과의 상호작용
- 안전문화
- 자원(지원 장비 등)의 적정성(또는 비적정성)
- 운영개선을 위하여 성공과 실패로부터의 학습

실제로는 사람들이 일반적으로 시스템의 결함에도 불구하고 지역적 적응(또는 다른

해결책)과 개인적인 전략을 적용하여 시스템이 일상적으로 작동되도록 조치한다. 이러한 별도의 해결책은 기존의 안전위험관리 및 방어기재에 의한 보호를 우회시킬 수도 있다.

안전성과 지표의 감독, 관찰 및 감시와 같은 안전확인활동은 실무이탈이 발생하는 활동을 노출하는데 도움을 줄 수 있다. 왜 이러한 이탈이 발생하는지를 알아내기 위한 안전정보의 분석은 안전위험경감에 도움을 준다. 실무이탈의 확인이 운항개시의 초기 단계에 가까울수록 조직의 개입은 더욱 용이하다. 국가와 서비스제공자의 안전증진에 대한 보다 자세한 정보는 제8장 및 제9장에서 각각 확인할 수 있다.

2.6 관리의 딜레마

(MANAGEMENT DILEMMA)

서비스 생산/이윤의 제공에 연관된 어떤 조직도 안전위협과 연계되어 있다. 조직은 비즈니스에 남아있기 위하여 수용가능한 안전위협(그리고 안전위협관리의 이행과 관련된 비용)과 생산과의 균형을 통하여 흑자기조를 반드시 유지하여야 한다. 안전위협관리는 일반적으로 기술, 훈련, 프로세스 및 절차를 포함한다. 국가의 안전위험관리도 유사한데 즉 인력의 훈련, 기술의 적절한 사용, 효과적인 감독 및 감독을 지원하기 위한 내부프로세스와 절차 등이다. 안전위험관리의 이행에는 금전, 시간, 자원을 치러야 한다. 그리고 안전위험관리의 목표는 통상적으로 안전성능의 개선에 있고 생산성능에 있지 않다. 그러나 "보호"에 투자되는 몇몇 투자는 사고와 준사고를 줄이고 결국 관련된 비용을 절감하게 되어 "생산"을 개선시킬 수도 있다.

안전공간은 조직이 원하는 생산/이윤을 추구하면서 안전위험관리를 통하여 필요로 하는 안전방어를 유지하는 균형을 만들어 가는 공간을 의미한다. 예를 들면 서비스제공자는 새로운 장비에 투자하기를 원할 수 있다. 새로운 장비는 필요로 하는 효율의 개선을 제공하는 동시에 신뢰성과 안전성능을 개선할 수 있다. 그러한 의사결정은 조직에 대한 편익은 물론 관련된 안전위험에 대한 평가와 관련될 수 있다. 안전위험관리에 과도한 자원의 배분은 활동이 흑자를 낼 수 없게 하는 결과를 가져오고 따라서 조직의 활력에 악역향을 미치게 된다.

한편 보호를 희생하면서 생산에 과도한 자원을 배분하게 되면 생산과 서비스에 영향을 미치게 되고 최악의 경우 사고에 이르게 할 수 있다. 따라서 균형잡히지 않은 자원의 배분이 존재하거나 또는 개발되는지를 조기경고로 제공하는 안전지역의 정의는 내우 기본적인 사안이다. 조직은 재무관리시스템을 회사가 부도에 가까워지고 있음을 인지하기 위하여 사용하는데 그들의 안전성과를 감시함에 있어 안전관리도 동일한 논리와 도구로 적용한다. 이는 조직이 흑자기조로 운영되고 안전공간 안에서 안전하게 운영하는 것을 가능하게 한다. <그림 2-5>는 조직의 안전공간 지역을 보여준다.

조직은 자신의 안전공간을 안전위험과 시간의 흐름에 따른 외부의 영향으로부터 지속적으로 감시하고 관리할 필요가 있다.

흑자와 안전(또는 생산과 보호)간 균형의 필요는 서비스제공자 관점에서 이미 이해되고 수용되어 왔다. 이러한 균형은 국가의 안전관리, 인증과 감독을 포함하는 국가의 보호기능에 요구되는 자원의 균형요건에 동등하게 적용될 수 있다.

그림 2-5 안전공간의 개념(Concept of a safety space)

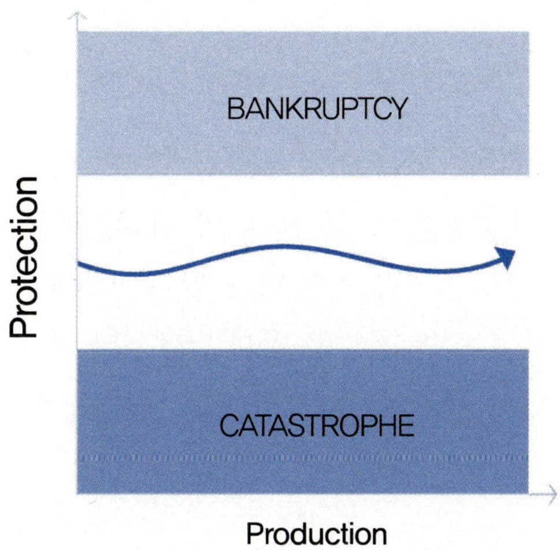

2.7 안전위험관리

(SAFETY RISK MANAGEMENT)

안전위험관리는 안전관리의 핵심요소이며, 위해요인의 확인, 안전위험의 평가, 안전위험의 경감 및 위험의 인정 등을 포함한다. 안전위험관리는 지속적인 활동인데 왜냐하면 항공시스템은 지속적으로 변화하여 새로운 위해요인이 도입되기도 하고 어떤 위해요인과 관련된 안전위험은 시간이 경과함에 따라 변화되기도 하기 때문이다. 이에 추가하여 안전위험경감 전략의 효율성은 추가적인 조치가 필요한지를 결정하기 위하여 감시를 필요로 한다.

1) 위해요인의 도입 (Introduction to hazards)

항공에서, 위해요인은 시스템 또는 그 환경내에서 한 가지 형태 또는 다른 형태로 존재하는 해로울 수 있는 휴면중인 잠재성으로 간주될 수 있다. 이러한 위험잠재성은 자연적 상태(예: 지형) 또는 기술적 상태(예: 활주로 표시)와 같이 상이한 형태로 나타날 수 있다.

위해요인은 항공활동에 있어 불가피한 부분이지만, 위해요인이 안전하지 않은 상태로 결말될 수 있는 잠재성을 억제할 목적의 경감전략을 통해 그들의 징후와 부정적인 결과를 해결할 수 있다. 항공은 통제되는 한 위해요인과 공존할 수 있다. 위해요인의 식별은 안전위험관리 프로세스의 첫 번째 단계이다. 이는 안전위험평가를 우선하며 위해요인 및 그와 관련된 결과에 대한 명확한 이해를 필요로 한다.

2) 위해요인과 그 결과의 이해 (Understanding hazards and their consequences)

위해요인 확인은 항공기 또는 항공안전관련 장비, 제품 및 서비스(항공안전에 직접적으로 영향을 미치는 위해요인과 기타 일반적/산업적 위해요인을 구별하는 것과 관련된 안내지침은 후속조항에 언급되어 있음)의 안전하지 않은 운영, 조건 또는 목표에 초점을 맞춘다.

예를 들면 15노트의 바람을 고려해 보자. 15노트의 바람이 반드시 위협적인 조건은 아니다. 실제로 활주로 정면으로부터 불어오는 15노트의 바람은 항공기의 이륙 및 착륙성능을 개선시킨다. 그러나 15노트의 바람이 활주로 측면에서 불어오는 경우, 측풍조건이 만들어지고 이는 운항의 위해요인이 될 수 있다. 항공기의 안정성에 나쁜 영향을 줄 수 있는 잠재력 때문이다. 조종성능을 감소시켜 활주로 측면이탈같은 사건의 발생으로 인도할 수 있다.

상기 측풍의 예를 볼 때 위해요인의 즉각적인 결과는 횡적 조종성능의 손실과 이에 따른 활주로 이탈로 이어질 수 있으며 최종적인 결과는 사고가 될 수 있다. 위해요인의 손상잠재성은 한 개 또는 여러 개의 결과로 나타날 수 있다. 안전위험평가에 있어 모든 가능한 결과를 확인하는 것이 중요하다. 가장 극단적인 결과인 인명손상은 항공기 준사고, 운항승무원의 업무량증가 또는 승객의 불편같은 중요하지 않은 결과와는 구별되어야 한다. 결과에 대한 서술은 자원의 우선순위 설정과 배분을 통한 위험평가 및 후속 경감 조치의 개발과 이행을 통보하게 된다. 자세하고 철저한 위해요인 확인은 안전위험에 대한 보다 정확한 평가로 인도하게 된다.

(1) 위해요인 확인 및 우선순위설정 (Hazard identification and prioritization)

위해요인은 조직내의 모든 수준에서 존재하며 보고시스템, 검사, 감사, 브레인스토밍 세션 및 전문가판단 등을 포함한 많은 자료원을 통해 탐지가 가능하다. 목표로 하는 것은 위해요인들이 사고, 준사고 또는 기타 안전관련 사건으로 발전되기 이전에 능동적으로 확인하는 것이다. 능동적인 위해요인 확인을 위한 중요한 메커니즘은 자율안전보고시스템이다. 자율안전보고시스템에 대한 추가적인 안내지침은 제5장에서 찾을 수 있다. 그러한 보고시스템에서 수집된 정보는 일상적인 현장점검 또는 조직에 대한 감사에서 기록된 관찰 또는 결과에 의해 보완될 수 있다.

위해요인은 또한 내부 또는 외부조사 보고서의 검토 또는 연구를 통하여 확인될 수 있다. 사고 또는 준사고조사 보고서의 검토시 위해요인의 고려는 조직의 위해요인 확인시스템 강화를 위한 훌륭한 방법이 된다. 이는 조직의 안전문화가 효과적인 자율안전보고를 지원하기에 아직 충분하게 성숙되지 않았을 때, 또는 소형조직에서 사건 또는 보고서의 수량이 한정될 때 특별히 중요하다. 운영활동과 연계된 구체적인 위해요인의 중요한 자료원은 ICAO, 협회 또는 기타 국제기구와 같은 외부자료원이다.

위해요인 확인은 또한 조직외부에서 생성된 위해요인을 고려하여야 하며 이는 극한적인 날씨 또는 화산재와 같이 조직의 직접적인 관리범위 이외의 위해요인이다. 급부상하는 안전위험과 관련된 위해요인은 또한 조직이 궁극적으로 발생할 상황을 준비하게 하는 중요한 방법이다.

위해요인 확인시 다음을 고려하여야 한다.

- 시스템 설명
- 장비와 임무설계를 포함한 설계요소
- 인간성능의 한계(예: 생리학적, 심리학적, 물리적 및 인지적)
- 문서 및 체크리스트, 및 실제 운영조건에서 유효성 확인을 포함한 절차 및 운영실무
- 언론, 용어 및 언어를 포함한 소통요소
- 채용, 훈련 및 인력의 유지, 생산경쟁력 및 안전목표, 자원의 배분, 운영압력 및 회사의 안전문화 등 조직요소
- 운영환경관련 요소(예: 기상, 소음, 진동, 온도 및 조도)
- 법규의 적용성 및 처분성과 장비, 인력 및 절차의 인증을 포함한 법령의 감독요소
- 실무이탈, 운영상 차이 또는 제품신뢰성의 손상 등을 탐지할 수 있는 성능감시시스템
- 인간-기계 상호 작용요소
- 국가안전프로그램/안전관리시스템의 다른 기관들과의 상호작용과 관련된 요소

(2) 직장안전보건 및 환경위해요인 (Occupational safety health and environment hazards)

항공안전에 영향을 미치면서 동시에 직장안전보건 및 환경에 영향을 미치는 복합적인 위해요인과 관계된 안전위험은 항공과 OSHE를 별도의 위험경감프로세스를 통해 관리할 수 있다. 다른 방법은 항공과 OSHE 위험경감시스템을 통합하여 복합적인 위해요인 대처에 사용할 수 있다. 복합적인 위해요인의 예는 항공기환승 게이트에서 항공기에 낙뢰가 있는 경우이다. 이 위해요인은 OSHE 검사관에게는 "작업장 위해요인"(지상요원/작업장안전)으로 보인다. 항공안전 감독관에게 이는 또한 항공기에 손상을 줄 수 있는 위험이 있는 항공 위해요인이며 승객의 안전에 대한 위험이다. 그러한 복합적인 위해요인은 늘 동일하게 발생하지 않기 때문에 OSHE와 항공안전을 모두 고려하는

것이 중요하다. OSHE와 항공안전사건에 대한 예방의 목적과 초점은 상이할 수 있다.

(3) 위해요인 확인방법 (Hazard identification methodologies)

위해요인을 확인하는 두 가지 주요 방법은 다음과 같다.

- 수동적(Reactive): 이 방법은 과거의 결과 또는 사건의 분석과 관련된다. 위해요인은 안전사건의 조사를 통하여 확인된다. 준사고 및 사고는 시스템결함을 나타내며 따라서 어떤 위해요인이 그 사건발생에 기여했는지를 결정하기 위하여 사용될 수 있다.
- 능동적(Proactive): 이 방법은 발생빈도가 낮은 사건에 대한 안전데이터의 수집 또는 안전정보의 처리성능 및 분석 또는 위해요인이 사고 또는 준사고로 인도할 수 있는지를 결정할 수 있는 발생빈도가 있는지와 관련된다. 능동적 위해요인 확인을 위한 안전정보는 주로 비행데이터 분석프로그램, 안전보고시스템 및 안전보증기능으로부터 나온다.

위해요인은 또한 부정적인 추세를 확인하고 부각되는 위해요인에 대한 예측을 가능케하는 안전데이터 분석을 통하여 확인될 수 있다.

(4) 외부조직과의 안전관리시스템 상호작용과 관련된 위해요인

(Hazards related to SMS interfaces with external organizations)

조직은 안전관리 상호작용과 관련된 위해요인을 확인하여야 한다. 이는 가능하다면 상호 관련된 조직간 합동훈련으로 수행되어야 한다. 위해요인확인은 운영환경과 서비스 또는 제품의 가용성, 기능성 또는 성능의 안전한 납품에 기여할 수 있는 다양한 조직적 역량(사람, 프로세스, 기술)을 반드시 고려하여야 한다.

예를 들면 항공기의 재투입에는 많은 조직과 항공기인근에서 작업하는 모든 운영요원이 관련된다. 운영요원, 그들의 장비 및 재투입활동에 대한 인터페이스와 관련된 위해요인이 있을 수 있다.

3) 안전위험확률 (Safety risk probability)

안전위험확률은 발생될 수 있는 안전결과 또는 산출물의 공산 또는 확률이다. 상이한 시나리오를 고려하는 것이 중요하며 따라서 모든 잠재적인 결과가 고려되어야 한다. 확률의 결정은 다음과 같은 질문에 의하여 도움을 받을 수 있다.

- 고려중인 사건과 유사한 사례가 있는가? 또는 이 사건은 고립되어 발생한 사건인가?
- 다른 장비 또는 동일형식의 구성품이 유사한 우려를 가지고 있는가?
- 문제가 되는 절차에 대하여 얼마나 많은 사람들이 추종하는지 또는 구속되는지?
- 고려하고 있는 위해요인에 노출되는 것은 무엇인지? 예를 들면 운영중에 장비 또는 활동이 사용되는 시간의 퍼센트는?

이러한 문제에 내재되어 있는 어떠한 요소들도 모든 예측가능한 시나리오를 고려하면서 위해요인 발생확률을 평가함에 도움을 줄 수 있다.

사건은 만약 합리적인 사람이 동일환경에서 유사한 사건발생이 기대되는 경우 예측되는 것으로 간주된다. 모든 가능한 또는 이론적으로 가능한 위해요인을 확인하는 것은 가능하지도, 바람직하지도 않다. 위해요인확인의 구체성 수준의 적절성을 결정하는 판단이 요구된다. 서비스제공자는 자신의 제품 또는 서비스와 관련된 위해요인의 중요성을 확인하고 합리적으로 예측할 때 반드시 성실하게 임하여야 한다.[2)]

<표 2-1>은 전형적인 안전위험확률 분류표인데 안전하지 않은 사건 또는 조건과 관련된 확률을 나타내는 다섯 개의 범주와 각 범주에 대한 설명 및 각 범주에 지정된 값을 포함한다. 이 예는 정성적 표현을 사용하며 정량적 표현은 보다 정확한 평가를 제공할 때 정의될 수 있다. 이는 적절한 안전데이터의 가용성과 조직 및 운영의 복잡성에 달려있다.

---

2) 제품의 설계관련, "예측"이란 용어는 감항규정, 정책 및 지침에서 사용되는 것과 일치하고 있음을 의미한다.

표 2-1 안전위험 확률테이블(Safety risk probability table)

발생확률	의미	값
자 주	자주 발생할 수 있음(자주발생)	5
종 종	가끔 발생함(자주 발생하지 않음)	4
희 박	발생하기 어렵지만 발생가능(희박하게 발생)	3
적 음	발생할 확률이 거의 없음(발생한지 모름)	2
매우적음	사건발생 확률이 매우 희박	1

주: 이는 예에 불과함. 표와 매트릭스의 자세함과 복잡성 수준은 특정 요구사항 및 각 조직의 복잡성에 적응되어야 한다. 또한 조직은 정량 및 정성기준 모두를 포함할 수 있음을 주지하여야 한다.

4) 안전위험 심각도 (Safety risk severity)

발생확률 평가가 완료되고 나면 다음 단계는 위해요인과 관련된 잠재적인 결과를 고려한 심각도 평가가 된다. 안전위험의 심각도는 확인된 위해요인의 결과 및 산출물로 가끔 발생하는 위해정도에 의해 결정된다. 심각도분류는 다음을 고려하여야 한다.

(1) 결과로 사망 또는 중상의 발생

- 항공기 내부에서 발생
- 항공기로부터 떨어져 나온 부분을 포함, 항공기 일부분과 직접적인 접촉
- 제트후류에 직접 노출

(2) 손 상

- 항공기의 손상 또는 구조손상으로
  - 구조강도, 성능 또는 항공기의 비행특성에 악영향을 미치는 경우
  - 해당 장비품의 대수리 또는 교환이 요구되는 경우
- 항공교통관제시스템 또는 비행장장비의 손상
  - 항공기분리관리에 대한 부적절한 영향
  - 착륙능력의 부적절한 영향

표 2-2 안전위험 심각도 표의 예(Example safety risk severity table)

심각도	의 미	값
재 난	• 항공기 / 장비의 손상 • 다수사망	A
위 험	• 안전마진의 대폭축소, 물리적 위험 또는 운영요원이 임무를 정확하게 또는 완벽하게 수행함에 있어 의지할 수 없는 업무강도 • 중상 • 장비의 중요한 손상	B
중 요	• 안전마진의 상당한 축소, 운영요원이 업무강도의 증가 또는 효율의 손상의 결과로 능력의 축소 • 중대한 준사고 • 상해	C
경 미	• 골치아픈 일 • 운영의 제한 • 비상절차의 사용 • 경미한 준사고 • 발생할 확률이 거의 없음(발생한지 모름)	D
무시가능	• 경미한 사건	E

심각도평가는 최악의 예측상황을 고려하면서, 위해요인과 관련된 모든 가능한 결과를 반드시 고려하여야 한다. <표 2-2>는 전형적인 안전위험 심각도 표를 보여준다. 심각도수준, 각 카테고리의 설명 및 각 카테고리 별 지정된 값을 포함하는 다섯 개의 카테고리를 포함한다. 안전위험발생 빈도표와 마찬가지로 이 표는 예에 불과하다.

5) 안전위험 감내성 (Safety risk tolerability)

안전위험 인덱스등급은 확률과 심각도점수의 조합으로 생성된다. 상기의 예를 보면 알파벳과 숫자의 조합으로 지정된다. 각각의 심각도 / 확률조합은 <표 2-3>의 안전위험평가 매트릭스로 표시된다. 안전위험평가 매트릭스는 안전위험 감내도를 결정할 때 사용된다. 예를 들면 안전위험 확률이 종종 (4)로 평가되고 안전위험 심각도가 위험(B)으로 평가된 경우 결과적으로 안전위험 인덱스는 4B가 된다.

표 2-3 안전위험 매트릭스의 예(Example safety risk matrix)

안전위험 발생확률	심각도				
	재 난 A	위 험 B	중 요 C	경 미 D	무시가능 E
자 주 5	5A	5B	5C	5D	5E
종 종 4	4A	4B	4C	4D	4E
희 박 3	3A	3B	3C	3D	3E
적 음 2	2A	2B	2C	2D	2E
매우적음 1	1A	1B	1C	1D	1E

주: 안전위험 감내도를 결정함에 있어서 위해요인 확인에 사용되는 데이터의 품질과 신뢰도와 안전위험 확률은 반드시 고려되어야 한다.

안전위험평가 매트릭스로부터 얻어진 인덱스는 특정조직을 위한 감내성 기준을 설명하는 형태로 안전위험 감내성 테이블로 보내어져야 한다. <표 2-4>는 안전감내성 테이블의 예를 보여준다. 상기 예를 사용하면 안전위험평가기준인 4B는 감내할 수 없는 범주에 들어간다. 이 경우 안전위험 인덱스의 결과는 수용할 수 없게 된다. 따라서 조직은 위험조절조치를 다음을 감소하기 위하여 취하여야 한다.

- 특정위험에 조직이 노출됨, 예를 들면 위험의 확률요소를 수용할 만한 수준으로 감축
- 위해요인과 관련된 사건의 심각도, 예를 들면 위험의 심각도 요소를 수용할 만한 수준으로 감축
- 위험이 수용할 만한 수준으로 관리될 수 있도록 심각도와 확률 모두 감축

표 2-4 안전위험 감내성 예(Example of safety risk tolerability)

안전위험 인덱스 범위	안전위험 설명	권고된 조치사항
5A, 5B, 5C, 4A, 4B, 3A	감내할수 없음	위험을 경감하기 위하여 즉각적인 조치를 취하거나 활동을 중단 안전위험 인덱스를 감내로 낮출 수 있도록 추가적인 또는 강화된 예방관리를 실시하여 우선순위가 높은 안전위험 경감조치를 취할 것
5D, 5E, 4C, 4D, 4E, 3B, 3C, 3D, 2A, 2B, 2C, 1A	감 내	안전위험 경감에 근거하여 감내할 수 있음. 위험의 수용을 위해서는 관리층의 결심이 요구됨
3E, 2D, 2E, 1B, 1C, 1D, 1E	수용가능	그대로 수용가능. 추가안전위험 경감조치가 필요치 않음

안전위험은 개념적으로 수용가능, 감내 또는 감내할 수 없음으로 평가된다. 안전위험의 평가로 초기에 감내할 수 없는 지역으로 떨어진 경우에는 어떠한 상황에서도 수용가능하지 않다. 위해요인 결과의 확률 및/또는 심각도는 강도 및 안전위협과 같은 위해요인의 손상 잠재성으로 경감조치가 요구되거나 또는 활동을 중단하여야 한다.

6) 위험과 관련된 인적요소의 평가 (Assessing human factors related risks)

인적요소의 고려는 안전위험의 근원과 해법 모두를 사람이 하고 있어 안전위험관리에서는 특별히 사람이 중요하다.

- 인간의 한계로 인하여 다양한 성능을 통해 사고 및 준사고에 기여
- 위험한 상황을 회피하기 위하여 적절한 조치를 기대하거나 취함
- 위험경감을 위해 문제를 해결하고 결심을 하고 조치를 취함

안전위험관리는 인간과 관련된 사항을 포함하여 모든 안전위험의 모습들이 조치되기를 요구한다. 인간의 성능과 관련된 위험의 평가는 기술 또는 환경과 관련된 위해요인보다 복잡하다. 왜냐하면,

- 인간의 성능은 개인의 내부 및 외부영향과 상호작용하면서 매우 폭넓게 변동적이다. 이러한 영향들 사이에서 상호작용효과의 많은 경우 예측하기가 어렵거나 또는 불가능하다.
- 다양한 인간성능의 결과는 시행되는 임무와 내용에 따라 상이하다.

위험의 확률과 심각도를 결정하는 것은 복잡하다. 따라서 안전위험의 확인과 평가에 있어 인적요소 전문가는 중요하다(안전관리시스템 프로세스를 활용한 피로관리는 피로관리접근 감독매뉴얼(Doc 9966)에 나와있다).

7) 안전위험 경감전략 (Safety risk mitigation strategies)

안전위험 경감은 종종 안전위험조정으로 간주되다. 안전위험은 적절한 안전위험조정을 통하여 안전위험을 경감하여 수용가능한 수준으로 관리되어야 한다. 이는 안전위

험의 감소 또는 제거를 위한 조치를 취함에 있어 필요한 시간, 비용 및 난이도에 대하여 균형을 맞추어야 한다. 안전위험의 수준은 잠재적 결과의 심각도를 감소시키거나 사건의 확률을 감소시키거나 안전위험의 노출을 낮추는 방법을 통하여 낮추어 질 수 있다.

안전위험 경감은 종종 운영절차, 장비 또는 기반을 변경한 결과로 나타난다. 안전위험 경감전략은 다음 세 가지 범주로 구분된다.

- 회피(Avoidance): 안전위험이 지속적 활동의 편익을 초과하게 되어 운영 또는 활동이 취소되거나 회피됨, 따라서 안전위험이 전부제거됨
- 감소(Reduction): 운영주기 또는 활동이 감소되거나, 안전위험결과의 규모를 감소시키는 조치를 취함
- 격리(Segregation): 안전위험결과의 효과를 격리하기 위한 조치가 취해지거나, 이에 대한 보호를 하기위한 안전장치를 구성함

인간이 경감 또는 수정조치를 적용하거나 기여하여야 하므로 효과적인 경감조치를 확인함에 있어 인적요소를 고려하여야 한다. 예를 들어 경감은 프로세스 또는 절차의 사용을 포함할 수 있다. "현실" 상황 및/또는 인적요소 전문지식을 가진 개인에게 이러한 정보를 사용할 사람들의 의견개진이 없으면 개발된 프로세스 또는 절차는 의도하지 않은 결과를 낳을 수도 있다. 또한, 인간의 성능제한은 안전위험의 경감, 인간의 성능변동성을 해결하기위한 오류포착, 전략구축의 일부분으로 간주되어야 한다. 이렇게 중요한 인적요소 관점은 보다 궁극적으로 포괄적이고 효과적인 완화를 가져오게 한다.

안전위험경감전략은 위에서 설명된 접근법 중 하나를 포함하거나 여러 가지 접근법을 포함 할 수 있다. 최적의 해법을 찾기위해 모든 가능한 제어수단을 고려하는 것이 중요하다. 결정이 내려지기 전에 각 대안전략의 효용성을 평가해야 한다. 제안된 안전위험 경감대안들은 다음과 같은 관점에서 검토되어야 한다.

- 효용성(Effectiveness): 어떤 대안이 안전위험을 경감하거나 제거할 수 있는지의 정도. 효용성은 안전위험을 경감 또는 제거할 수 있는 기술, 교육 및 법률적 안전기재로 결정될 수 있음
- 비용/편익(Cost/benefit): 인지된 경감편익이 비용을 상회하는지의 정도
- 실현성(Practicality): 어떤 경감조치가 이행될 수 있는지 및 기술, 재정 및 행정적 자원, 법률, 정치적 의지, 운영의 현실성 등 가용정도

- **수용성**(Acceptability): 어떤 대안이 그 대안을 적용할 것으로 기대되는 사람들에게 수용가능한지의 정도
- **행정처분성**(Enforceability): 새로운 규정, 법률 또는 운영절차의 처분이 모니터링되는 정도
- **내구성**(Durability): 경감조치가 지속가능하고 효과적인지의 정도
- **잔존 안전위험**(Residual safety risks): 초기경감 조치의 이행이후 추가적인 안전위험 조정방안을 필요로 하는 안전위험의 정도
- **의도되지 않은 상황**(Unintended consequences): 새로운 위해요인의 도입 및 대체경감조치의 이행과 관련된 안전위험시간(Time) 대체안전위험 경감조치의 이행에 필요한 시간

수정조치는 기존의 방어기재 및 수용가능한 수준의 안전위험을 성취하기 위한 능력을 고려하여야 한다. 이는 수정조치에 의하여 영향을 받는 선행안전위험 평가의 검토로 귀결된다. 안전위험 경감조치 및 조정은 그 효용성이 평가/감사될 필요가 있다. 경감조치의 효용성을 감시하기 위한 또 다른 방법은 안전평가 지표활용을 통해서 이루어질 수 있다. 안전성능관리 및 안전평가 지표와 관련된 추가적인 정보는 제4장을 참조하라.

8) 안전위험관리문서 (Safety risk management documentation)

안전위험관리활동은 확률 및 심각도평가, 의사의 결정 및 취해진 안전위험 경감조치와 관련된 어떠한 추정도 반드시 문서화되어야 한다. 이는 스프레드시트 또는 표를 활용하여 수행할 수 있다. 어떤 조직은 다량의 안전데이터 및 안전정보를 저장하고 분석할 수 있는 데이터베이스 또는 기타 소프트웨어를 활용하기도 한다.

확인된 위해요인의 등록부를 유지하는 것은 조직이 알려진 위해요인 감시를 소홀하게 할 가능성을 최소화한다. 위해요인이 확인된 경우 그 위해요인이 이미 등록되어 있는지 및 어떠한 조치가 경감을 위해 취해졌는지를 등록부에 등재된 알려진 위해요인과 비교할 수 있다. 위해요인 등록부는 통상적으로 표 형태로서 위해요인, 잠재적 결과 및 관련위험평가, 확인일자, 위해요인 카테고리, 분류기준, 언제 또는 어디에서 적용되는

그림 2-6 안전위험관리 결정지원(Safety risk management decision aid)

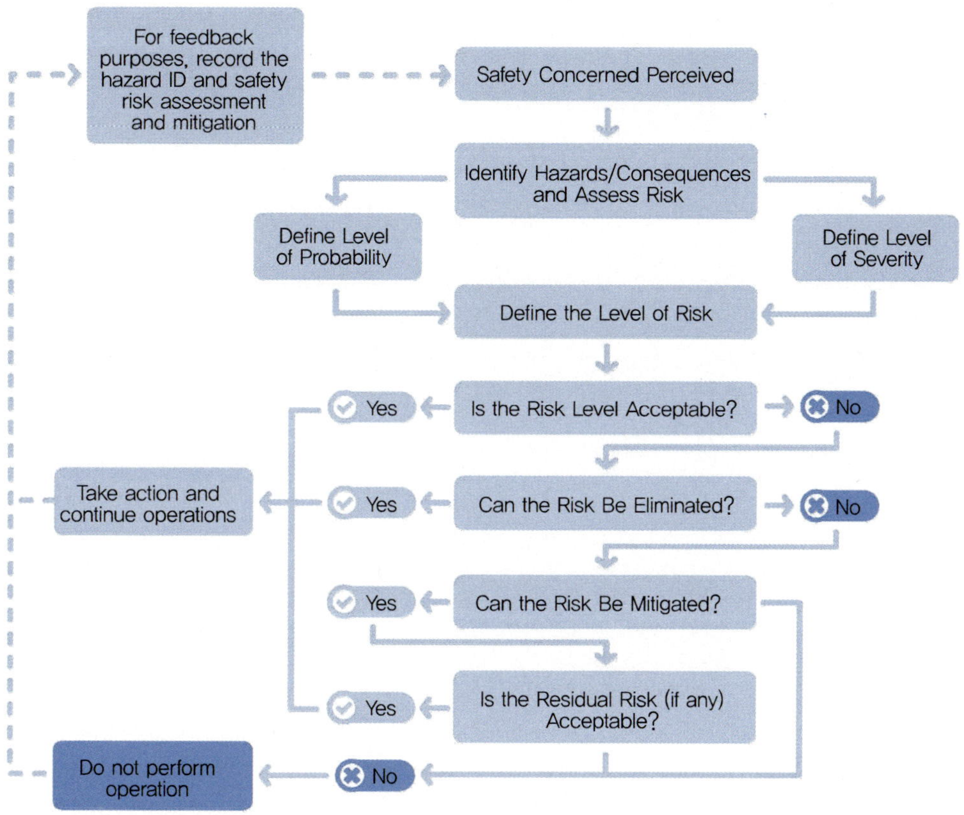

지, 누가 확인했는지 및 어떤 조치가 위험을 경감하기 위하여 취해졌는지 등이 일반적으로 포함된다.

안전위험의사결정도구 및 프로세스는 반복성 개선 및 조직적 안전의사결정권자에 의해 취해지는 결정의 평가를 위하여 사용될 수 있다. 안전위험결정지원의 예는 <그림 2-6>에 나와있다.

9) 비용-편익분석 (Cost-benefit analysis)

비용-편익 또는 비용-효율성 분석은 통상적으로 안전위험경감활동 중 수행된다. 법률적 영향평가 또는 프로젝트관리 프로세스와 같은 사업관리와 공통적으로 관련된다. 그러나 안전위험평가가 상당한 재정적인 영향을 미치는 상황이 있을 수 있다. 그러한 상황에서는 안전위험평가를 지원하기 위한 보충적인 비용－편익분석 또는 비용－효율분석 프로세스가 허용될 수 있다. 이는 비용－효율분석 또는 재정적 영향과 관련하여 권고된 안전위험조정조치의 타당성을 확실하게 할 수 있다.

CHAPTER 03

안전문화

(SAFETY CULTURE)

3.1 개 요

(INTRODUCTION)

안전문화는 항공시스템에서 인간이 있으므로 발생하는 자연스러운 현상이다. 안전문화는 "아무도 보지 않을 때 안전 및 위험과 관련된 인간의 행태"로 서술되어 왔다. 그것은 어떻게 안전이 감지되고, 가치가 매겨지고, 관리자 및 조직의 직원에 의하여 우선순위가 설정되는지에 대한 표현이며 개인과 그룹에 의하여 그 정도가 반영된다.

- 조직의 활동에 직면한 위험과 알려진 위해요인을 인식
- 안전의 보호 및 강화를 위한 지속적 행태
- 안전운영에 요구되는 자원에 대한 평가능력
- 안전이슈에 대처할 때 적응하려는 의지 및 능력
- 안전이슈와 소통하려는 의지
- 조직전체를 통하여 안전관련 행태의 지속적인 평가

부속서 19는 국가 및 서비스제공자가 국가안전프로그램 / 안전관리시스템을 마련하고 효율적인 안전관리이행을 통하여 긍정적인 안전문화를 진흥하도록 요구한다. 본장은 긍정적인 안전문화진흥에 대한 안내지침을 제공한다.

3.2 안전문화 및 안전관리

(SAFETY CULTURE AND SAFETY MANAGEMENT)

조직이 실감하든 그렇지 않든 간에 그룹차원의 태도와 행동을 반영하는 다양한 "안전문화"를 갖게 된다. 동일한 조직은 존재하지 아니하며, 동일한 조직내에서도 서로 다른 그룹이 안전에 대해 생각하고 안전에 대해 말하고 안전문제에 대해 행동하는 다양한 방법을 가질 수 있다. 이러한 변화는 상이한 활동에 각각 적절할 수 있다.

안전가치가 경영진과 직원에 의해 실무로 반영되는 방법은 국가안전프로그램과 안전관리시스템의 핵심요소가 어떻게 설정되고 유지되는지에 직접적으로 영향을 준다. 안전문화는 결론적으로, 안전성과에 직접적인 영향을 미친다. 만약 누군가가 안전이 그다지 중요하지 않다고 생각하면, 위험요소가 낮게 인식되고 명백한 결과 또는 위험이 없는 경우에 의한 안전하지 않은 결정 또는 판단을 내릴 수 있다. 따라서 조직의 안전문화는 국가안전프로그램 또는 안전관리시스템의 개발방식과 효율성에 큰 영향을 미친다. 안전문화는 말할 것도 없이 안전관리에 가장 중요한 영향을 끼친다. 조직이 모든 안전관리요구사항을 제정하지만 긍정적인 안전문화를 가지고 있지 않다면 성과가 저조할 수 있다.

조직이 긍정적 안전문화를 지니고 있고 이것이 고위급 및 중간급 경영진에 의해 가시적으로 지원되는 경우, 일선 담당자는 조직의 안전목표달성에 대한 책임감을 공유하는 경향이 있다. 또한 효과적인 안전관리는 경영지원의 가시성을 높이고 안전위험관리에 능동적으로 참여하는 직원을 지원함으로써 점점 더 긍정적인 안전문화로 나아가는 노력을 지원한다.

긍정적 안전문화는 직원과 경영진 간의 높은 신뢰와 존중에 크게 달려있다. 경영의 사결정 및 행동 또는 비활동으로 인해 쉽게 손상될 수 있는 안전문화를 긍정적으로 구

축하려면 시간과 노력이 필요하다. 지속적인 노력과 보강 또한 필요하다. 리더십이 안전관행을 적극적으로 지지할 때, 일을 제대로하는 정상적인 방법이 된다. 이상적인 상황은 국가안전프로그램 / 안전관리시스템 및 긍정적 안전문화가 효과적으로 완벽하게 실현되는 것이다. 따라서 조직의 안전문화는 국가안전프로그램 / 안전관리시스템의 성숙도를 반영하는 것으로 간주된다. 효과적인 안전관리는 긍정적인 안전문화를 뒷받침하고 긍정적인 안전문화는 효과적인 안전관리를 가능하게 한다.

1) 안전문화 및 안전보고의 영향성 (Safety culture and its influence on safety reporting)

국가안전프로그램 및 안전관리시스템은 직원이 식별한 안전문제를 비롯하여 기존 및 잠재적인 안전결함 및 위험을 해결하는 데 필요한 안전데이터 및 안전정보로 유지된다. 보고시스템의 성공여부는 전적으로 조직과 개인의 지속적인 정보흐름 및 피드백에 달려있다. 정보의 지속적인 가용성을 보장하려면 안전데이터, 안전정보 및 관련자료원의 보호가 필수적이다. 예를 들어, 자발적인 안전보고시스템에서 비밀로 진행되어야 하며, 안전유지 또는 개선 이외의 목적으로 사용되지 않는 시스템을 통해 이행될 수 있다. 직원은 안전위험에 가장 가깝기 때문에 자발적 보고시스템을 통해 이러한 위해요인을 적극적으로 확인하고 실행가능한 솔루션을 제안할 수 있다. 동시에, 규제기관 또는 경영진은 중요한 안전정보를 수집하고 정보를 보고하는 조직 또는 운영요원과 신뢰를 쌓을 수 있다. 안전데이터 및 안전정보보호에 대한 자세한 내용은 제7장을 참조하라.

조직이나 개인이 자신의 경험과 오류를 기꺼이 보고할 것인지 여부는 보고와 관련되어 인식된 장점과 단점에 크게 좌우된다. 안전보고시스템은 익명 또는 비밀로 취급될 수 있다. 일반적으로 익명의 보고시스템에서는 보고자가 신원정보를 제공하지 않는다. 이 경우 보고서의 내용 또는 피드백을 제공할 수 있는 능력을 명확히 할 수 있는 기회가 없게 된다. 비밀보고시스템에서 보고자에 대한 식별정보는 지정된 보관관리자에게만 알려지게 된다, 안전문제를 보고하는 조직 및 개인이 공정하고 일관된 방식으로 보호 및 대우를 받게되면 그러한 정보를 보고하고 규제기관 또는 경영진과 협력하여 관련된 안전위험을 효과적으로 관리할 가능성이 높아지게 된다.

국가는 안전데이터, 안전정보 및 관련 자료원의 보호를 위해 부속서 19에 규정된 조항을 준수하기 위한 법률을 채택할 것이 기대된다. 자발적 보고시스템의 경우 비밀유지가 보장되어야 하며 보고시스템은 안전보호법령에 따라 운영되어야 한다. 나아가서, 조직은 적절한 처분정책을 가질 필요가 있으며, 이는 모든 사람들이 접근할 수 있고 널리 이해될 수 있어야 한다. 처분정책은 어떤 행동이 받아들일 수없는 것으로 간주되는지 그리고 그러한 경우 조직이 대응할 방법을 명확하게 명시해야 한다. 처분정책은 공정하고 합리적이며 일관성 있게 적용되어야 한다. 마지막으로, 조직과 개인은 동료 또는 고용주가 불공정하게 판단하거나 대우하지 않는 환경에서 경험과 실수를 보고할 가능성이 더 크게 된다.

전반적으로, 조직과 개인은 안전을 위해 보고할 때 지원을 받을 것이라는 믿음이 있어야 한다. 이는 조직적, 개인적 실수 및 잘못이 포함된다. 일반적으로 비밀보고서의 증가와 익명보고서의 감소는 긍정적 안전문화에 대한 조직의 발전을 나타낸다.

2) 안전문화 및 문화의 다양성 (Safety culture and cultural diversity)

국가문화는 자원, 책임, 도덕성, 목적 및 법적체계와 관련하여 사회내 개인의 역할, 권한이 분배되는 방식 및 국가의 우선순위를 포함하여 특정 국가의 특성을 차별화 한다.

안전관리 관점에서 국가문화는 조직문화에 영향을 미치며 규제당국의 인사와 산업인력 간의 관계 및 안전정보가 보호되는 범위를 포함하여 규제시행정책의 성격과 범위를 결정하는 데 중요한 역할을 한다. 이것들은 다시 안전문제를 보고하려는 사람들의 의지에 영향을 미친다.

오늘날 대다수의 조직은 다양한 문화적 배경을 가진 사람들을 고용하고 있으며 이들은 국적, 인종, 종교 및 성별로 정의될 수 있다. 항공운영 및 안전은 각기 다른 직업그룹 간의 효과적인 상호작용에 의존하며 각각 자신의 전문화된 문화를 가지고 있다. 따라서 조직의 안전문화는 구성인력의 다양한 문화적 배경에 의해 크게 영향을 받을 수 있다.

그러므로 항공시스템 내에서의 안전관리는 문화적으로 다양한 직원 간의 상호작용 및 관리가 필요하게 된다. 안전관리를 이행할 때 관리자는 문화적으로 다양한 인력을 효과적인 팀으로 구성할 수 있어야 한다. 다양한 문화적 해석에서 파생될 수 있는 안전위험인식의 차이를 제거하고 소통, 리더십스타일 및 감독자와 부하직원 간의 상호작용과 같은 안전관련측면을 강화하는 것이 중요하다. 성공의 정도는 안전에 대한 공통된 이해와 효용성과 관련된 각 개인역할에 대한 경영진의 진흥능력에 달려있다. 개인의 문화적 배경에 관계없이 효과적인 안전관리는 공유된 안전문화에 의존한다. 궁극적으로 조직의 모든 사람들은 "아무도 보고 있지 않더라도" 안전 및 위험과 관련하여 어떻게 행동할 것으로 예상되는지를 이해하게 된다.

3) 안전문화 및 조직의 변화 (Safety culture and organizational change)

조직은 안전관리를 위해서 조직 및 운영상의 변화와 관련된 안전위험을 관리해야 한다. 작업부하, 직업안전성 및 교육에 대한 접근과 관련된 직원의 우려는 조직의 중요한 변화와 관련이 있으며 안전문화에 부정적인 영향을 줄 수 있다. 직원이 변화의 발전에 관여하고 그 과정에서 자신의 역할을 이해하는 정도는 안전문화에 영향을 미칠 것이다.

3.3 긍정적 안전문화의 개발

(DEVELOPING A POSITIVE SAFETY CULTURE)

긍정적 안전문화에는 다음과 같은 특징이 있다.

- 관리자 및 직원은 개인적으로 또는 집단적으로 결정을 내리고, 안전을 증진시키는 조치를 취하기를 원한다.
- 개인과 그룹은 그들의 행동과 과정을 지속적으로 비판하고 환경변화에 따라 변화하고 개선할 기회를 모색하는 다른 사람들에 의한 비판을 환영한다.
- 관리자 및 직원은 조직과 조직의 활동에 직면한 위해요인과 위험을 관리할 필요성에 대한 공통적인 인식을 공유한다.
- 개인은 안전이 사업방식의 일부라는 일반적인 믿음에 따라 행동하고 결정을 내린다.
- 안전에 대해 개인의 가치를 인식하고 다른 사람에게도 알린다.

표 3-1 안전문화를 가능하게 하거나 불가능하게 할 행동의 예
(Examples of actions that will enable or disable a positive safety culture)

요소 / 일반적 설명	인에이블러(Enablers)	디스에이블러(Disablers)
안전에 대한 헌신(Commitment to safety)		
조직내의 적절한 수준에서의 안전에 대한 헌신은 안전에 대한 긍정적 태도와 그 중요성의 인식을 나타낸다. 고위급 관리자는 높은 수준의 안전을 달성하고 유지하기 위한 헌신이 있어야 하고 직원들이 그렇게 하도록 동기를 부여해야 한다.	• 관리자는 안전문화를 선도하여야 하며 직원들이 말뿐만 아니라 행동할 수 있는 모델이 되도록 동기를 유발한다. • 관리자는 안전관련임무(예; 교육)에 자원을 배분한다. • 지속적으로 안전관리감독을 실수하거 거버넌스를 수립한다.	• 관리자는 이윤, 비용절감 및 효율을 우선으로 하는 행동을 취한다. • 사고이후 법규에 의하여 요구될 때에만 안전향상에 투자한다. • 안전관리에 대한 감독 또는 거버넌스를 전혀 수립하지 않는다.
적응성(Adaptability)		
적응성은 직원 및 관리자가 과거경험을 통해 기꺼이 배우려는 정도를 반영하고 조직내 안전수준을 높이기 위해 필요한 조치를 취하게 할 수 있다.	• 안전문제를 해결할 때 직원의 의견이 적극적으로 권장됨. • 모든 사건 및 감사결과가 조사되고 처리됨. • 조직의 프로세스와 절차는 안전영향에 대해 의문을 제기 (높은 수준의 자기비판). • 안전에 대한 사전적 접근방식을 보여주고 준수함.	• 안전문제에 대한 직원의 의견은 직원의 모든 수준에서 찾아지지 않음. • 조치는 종종 사고이후 또는 규정에 의해 요구될 때만 취해짐. • 조직프로세스 및 절차는 사고가 발생하지 않는 한 적절하다고 간주됨 (현실만족 또는 자기비판의 부족). • 심지어 사고가 발생하더라도 조직 스스로 의문을 제기하지 않음. • 안전에 대한 수동적 접근법을 보여주고 준수함.
인식성(Awareness)		
인식성은 직원 및 경영진이 조직 및 활동에서 직면한 항공위험을 인식하고 있는 정도를 나타낸다. 국가의 관점에서 직원은 자신의 활동과 그들이 감독하는 조직에 의해 유발된 안전위험 모두를 인식하고 있다. 직원과 관리자는 안전문제와 관련하여 항상 높은 경계수준을 유지하여야 한다.	• 효과적인 위해요인 확인방법이 수립되었음. • 조사는 근본원인을 수립하기 위해 노력. • 조직은 중요한 안전개선 사항을 파악하고 필요에 따라 적절히 적응. • 조직은 안전개선 사항이 구현되고 의도된 대로 작동하는지를 체계적으로 평가. • 적절한 조직구성원이 개별행동 및 회사운영 / 활동으로 야기된 안전위험을 잘 이해하고 있음	• 위해요인 확인에 아무런 노력도 기울이지 않음. • 조사는 근본원인을 찾기보다는 가능한 최초의 원인에서 멈춤. • 조직은 중요한 안전개선 사항에 머물지 않음. • 조직은 안전향상이 적절하게 수행되는지 평가하지 않음. • 조직의 구성원이 개별조치 및 회사운영에 의해 야기된 안전위험을 인지하지 못함. • 안전데이터가 수집되었지만 분석 및 조치되지 않음

안전관련 행태(Behaviour with respect to safety)		
안전에 관한 행태는 조직의 모든 수준에서 안전수준을 유지하고 향상시키는 것과 같이 행동하는 정도를 반영한다. 안전의 중요성을 인식하고 이를 유지하기 위해 프로세스와 절차를 마련해야 한다.	• 직원들은 자신을 안전하게 행동하고 역할모델로 행동하도록 동기가 부여됨 • 근무환경은 항상 항공안전을 지원함. • 안전한 행동의 지속적인 모니터링이 실행됨. • 의도적인 안전하지 않은 행동은 관리자와 동료가 용인하지 않음.	• 직원은 자신이나 다른 사람의 이익에 대한 의도적인 안전하지 않은 행동으로 처벌받지 않음. • 작업환경은 항공안전에 해로운 행동 및 해결방법을 유발함. • 조직내에서 제품 또는 서비스에 대한 항공안전 모니터링을 실시하지 않음 • 항공안전의 편익에 대한 건설적인 비판은 환영받지 못함.
정보(Information)		
정보는 조직내의 모든 필요한 사람들에게 배포되는 범위를 반영한다. 직원은 항공안전문제를 보고하도록 격려받고 보고서에 대한 피드백을 받을 수 있어야 한다. 항공안전과 관련된 작업정보는 위험한 항공시스템 상황 및 결과로 이어질 수 있는 잘못된 소통을 피하기 위해 적절한 사람들에게 의미있게 전달되어야 한다. 국가는 항공안전과 관련된 정보를 모든 서비스제공자에게 공유하고 있다.	• 개방적이고 공정, 안전한 보고 환경이 존재. • 직원들은 안전한 작업이나 결정을 내릴 수 있도록 적시에 안전관련 정보를 제공받음. • 관리 및 감독자는 안전관련 정보가 이해되고 조치되는지 정기적으로 점검. • 항공안전과 관련한 지식의 이전 및 훈련이 활발히 이루어지고 있음 (예: 교훈의 공유)	• 안전보고를 비난하는 환경이 분명함. • 안전관련 정보의 보류. • 안전소통의 효용성에 대해 모니터링하지 않음 • 지식의 이전이나 교육은 제공되지 않음.
신뢰(Trust)		
직원의 안전에 대한 기여는 신뢰가 강조되는 보고환경에서 활성화 된다. 훈련 및 경험에 비추어 그들의 행동이나 태만이 처벌받지 않을 것이라는 신뢰를 준다. 가능한 접근법은 합리성 테스트를 적용 – 즉, 동일한 수준의 경험과 교육을 받은 사람이 동일하게 일할 것이라는 것이 합리적일까? 이러한 환경은 효과적이고 효율적인 안전보고의 기본이 됨. 효과적인 안전보고시스템은 사람들이 자신의 실수와 경험을 기꺼이 보고할 수 있도록 하여 국가 및 서비스제공자가 기존 및 잠재적 안전결함 및 위해요인을 해결하는 데 필요한 관련데이터 및 정보에 접근할 수 있게 함. 안전데이터 및 안전정보가 안전향상을 위해 배타적으로 사용될 것이라고 사람들이 확신할 수 있는 환경의 조성.	• 모든 직원들에게 알려진 수용가능한 행동과 받아들일 수 없는 행동의 구별. • 사건 (사고 및 준사고 포함) 조사는 개인적 요인과 조직적 요인을 고려. • 우수한 항공안전성능은 정기적으로 인정되고 보상을 받음. • 직원 및 운영요원이 관련된 사건을 보고할 용의가 있음.	• 수용가능한 행동과 받아들일 수 없는 행동을 구분할 수 없음. • 직원은 체계적이고 엄격하게 인간의 실수에 대하여 처벌받음. • 사고 및 발생조사는 개별적 요소에만 초점을 둠. • 좋은 안전성능과 안전한 행동은 당연시 됨.

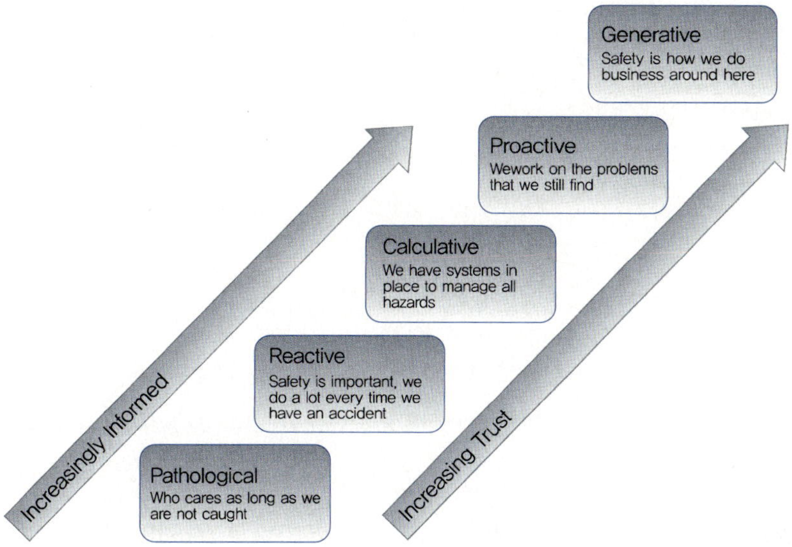

- 개인은 자신의 경험에 대한 정보와 관련동료 및 관리자를 신뢰하며, 실수 및 잘못에 대한 보고는 향후 상황이 어떻게 개선될지를 고려하여 장려한다.

관리자와 직원의 행동은 안전문화를 보다 긍정적으로 이끌 수 있다. <표 3-1>은 조직에서 긍정적 안전문화를 활성화 또는 비활성화할 수 있는 관리자 및 직원행동유형의 예를 제공한다. 조직은 긍정적 안전문화를 장려하고 달성하기 위해 인에이블러(Enablers) 제공 및 디스에이블러(Disablers) 제거에 중점을 두어야 한다.

1) 안전문화의 모니터링 (Monitoring safety culture)

안전문화는 많은 영향을 받을 수 있으며 조직은 자신의 안전문화를 평가하여 다음을 할 수 있다.

- 사람들이 조직에 대해 어떻게 생각하고 안전이 얼마나 중요한지를 이해
- 강점과 약점을 파악
- 조직내의 다양한 그룹 간의 차이점을 확인
- 시간경과에 따른 변화를 조사(예: 사고, 고위경영진의 변경 또는 노사관계의 조정 또는 변경과 같은 중요한 조직변화에 대한 대응)

일반적으로 조합을 통하여 안전문화의 성숙도를 평가하는 데 사용되는 여러 가지 도구가 있다.

- 질문
- 중점그룹 및 인터뷰
- 관찰
- 문헌검토

안전문화의 성숙도를 평가하는 작업은 소중한 통찰력을 제공하여 바람직한 안전행동을 장려하는 경영진의 행동으로 발전될 수 있다. 그러한 평가는 주관성이 있을 수 있으며, 특정순간과 관련된 사람들의 견해와 인식을 반영할 수 있음에 유의해야 한다. 또한 안전문화의 성숙도를 채점하는 것은 안전문화를 이해하고 개선하기 위해 함께 노력하기 보다는 조직이 "좋은" 점수를 얻기 위해 열심히 하도록 격려함으로써 의도하지 않은 결과를 초래할 수도 있다.

CHAPTER 04

안전성과관리

(SAFETY PERFORMANCE MANAGEMENT)

4.1 개 요

(INTRODUCTION)

안전성과관리는 국가안전프로그램과 안전관리시스템 기능의 핵심이다. 적절하게 이행될 경우 조직의 활동과 프로세스가 효과적으로 작용하는지를 결정할 수 있는 수단을 제공할 수 있다. 이는 안전성과를 감시하고 측정함에 사용되는 안전성과지표의 확인을 통해 달성가능하다. 안전성과지표의 확인을 통해 수집된 정보는 고위급관리자로 하여금 현재의 상황을 인식하게 하고 조직이 안전목표를 달성하기 위한 조치를 확실하게 하기 위하여 추가적인 안전위험 경감조치를 취함에 필요한 의사결정을 지원한다.

일반적인 안전성과관리 프로세스는 이들이 제5장과 제6장에서 다루어지는 안전데이터의 수집 및 처리시스템, 안전분석과 어떻게 연계되어 있는지가 <그림 4-1>에 나타나 있다. 안전증진과의 연계는 조직을 통하여 이러한 정보의 소통이 얼마나 중요한지를 극명하게 보여준다. 국가안전프로그램과 안전관리시스템의 중요한 요소이지만 종종 무시되는 안전증진에 대한 추가정보는 제8장과 제9장에서 각각 찾을 수 있다.

그림 4-1 **안전성과 관리 프로세스**(Safety Performance Management Process)

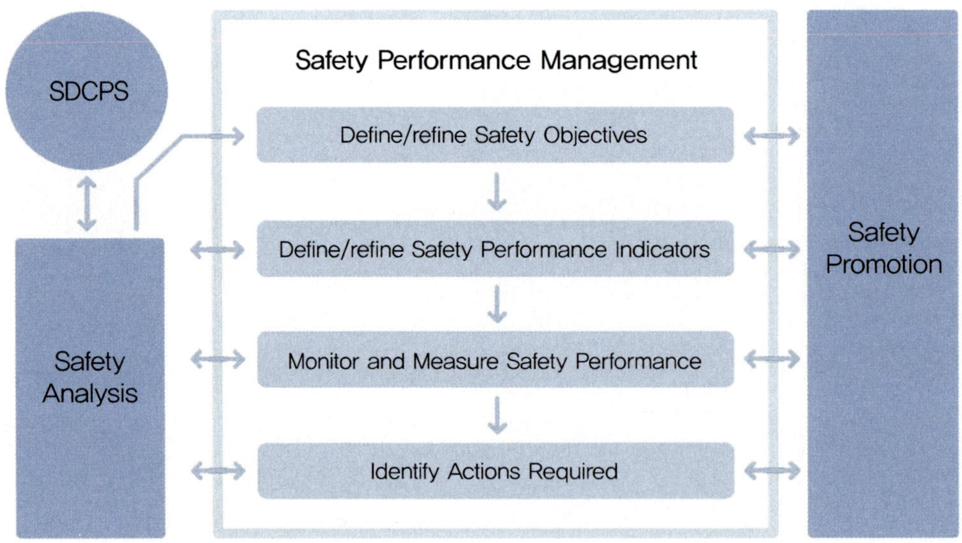

안전성과관리는 조직이 안전관리에 대한 다음 네 가지 중요한 질문에 대하여 묻고 답하는데 도움을 준다.

- 조직에 있어 최고의 안전위험은 무엇인가?
- 조직이 안전이란 이름으로 성취하고자 하는 것은 무엇인가? 조치하고자 하는 최고의 안전위험은 무엇인가? 조직의 안전목표는?
- 안전목표를 향한 개선책을 만들고자 할 때 조직은 어떻게 알게 되는가? 안전성과지표, 안전성과목표 또는 안전트리거를 통하여?
- 안전결정을 만들기 위하여 어떤 안전데이터 또는 안전정보가 필요한가? 조직의 자원배분을 포함하라. 표준편차 SDCPS 및 안전분석

안전성과 관리프로세스는 또한 적정안전성과목표(ALoSP)를 설정하는 데 사용될 수 있다. ALoSP수립에 대한 자세한 내용은 제8장을 참조하라.

1) 국가와 서비스제공자의 관계 (Relationship between States and service providers)

국가와 서비스제공자는 안전성과 기술을 사용하고 적용함에 있어 공통점이 있다. 본 장의 안내지침이 개발될 때 국가와 서비스제공자는 본 섹션에 있어 약간의 차이점이 확인되었다.

국가의 안전성과 개발은 국가가 안전관리에 있어 무엇을 가장 중요하게 고려하는지에 초점을 맞추어야 한다. 국가의 경우 국가안전프로그램의 효율적 이행은 서비스제공자의 안전성과, 국가의 감독능력, 안내지침 수립을 통하여 서비스제공자를 지원하는 등 안전성과 관리의 의사결정도구로 사용된다. 국가는 그 능력을 측정할 수 있다.

- 안전감독시스템의 유지
- 특정 안전조치 및 안전이니셔티브의 도입
- 효율적으로 진행됨을 확인할 수 있는 기존 위험관리의 적용

서비스제공자의 안전성과관리와 관련된 주된 기능은 어떻게 안전위험을 잘 관리하는지를 감시하고 측정하는 것이다. 이는 안전위험관리의 이행 및 자원의 배분을 포함하는 안전관리에 관한 의사결정에 사용되는 안전관리시스템의 효율적인 이행을 통하

여 달성된다.

안전관리의 성공은 국가와 서비스제공자의 헌신에 달려있다. 수용가능한 수준의 안전성과를 수립함과 같이 서비스제공자에 의하여 감시되고 국가와 공유하는 적절한 안전성과지표를 확인하는 것은 국가에도 편익이 될 수 있다. 서비스제공자로부터 제공받은 정보는 항공산업의 안전성과평가와 서비스제공자에게 효율적인 감독과 지원을 제공함에 있어 국가를 지원할 수 있다. 그러나 서비스제공자는 자신들의 입장, 성과이력 및 기대에 적합한 자신만의 안전성과지표를 반드시 확인하여야 한다.

2) 안전성과관리 및 인터페이스 (Safety performance management and interfaces)

국가와 서비스제공자가 안전관리이행을 고려할 때 관련된 기관들과의 관계로 발생되는 안전위험을 고려하는 것이 중요하다. 인터페이스는 내부(예: 운항 및 정비 또는 재무, 인사 또는 법무)이거나 외부(예: 다른 국가, 서비스제공자 또는 계약자)일 수 있다. 국가와 서비스제공자는 서로의 인터페이스가 확인되고 관리될 때 인터페이스와 관련된 위험에 대하여 보다 큰 조정능력을 가지게 된다. 인터페이스는 반드시 조직의 시스템에 대한 서술에 정의되어야 한다.

국가 및 서비스제공자는 안전한 결과를 보장하기 위해 인터페이스의 지속적인 모니터링 및 관리의 책임이 있다. 각 인터페이스에 의해 제기되는 안전위험은 인터페이스 기관들이 공동으로 평가해야 한다. 안전위험에 대한 인식과 그 결과는 인터페이스 조직 간에 상이할 수 있으므로 협업이 매우 바람직하다. 인터페이스 위험관리의 공유는 안전성과지표의 설정 및 모니터링을 통해 무시하거나 또는 잠재적인 일방적 위험관리보다는 안전위험에 대한 상호인식을 강화한다. 이는 또한 각각의 기관에 대한 조직의 안전효율을 향상시킬 수 있는 지식 및 작업실무를 이전할 수 있는 기회를 생성한다.

이러한 이유로 안전성과지표는 반드시 위험과 경감조치의 효율성을 감시하고 측정하도록 합의되고 수립되어야 한다. 인터페이스 기관간의 정식적인 인터페이스관리 협약은 명백하게 설정된 감시와 관리의 책임이며 효율적인 접근의 한 예이다.

4.2 안전목표

(SAFETY OBJECTIVES)

안전목표는 쉽게 말해 안전성취 또는 성취하고자 하는 바람직한 산출물에 대한 고위급선언을 말한다. 안전목표는 조직활동의 방향성을 제공하며 따라서 조직의 고위급 안전선언에 명시된 안전정책과의 일관성이 반드시 필요하다. 그들은 또한 항공사회 전체를 통해 안전우선순위를 소통함에 유용하다. 안전목표의 수립은 안전성과 관리프로세스의 전략방향과, 안전관련의사결정의 견고한 기반을 제공한다. 안전성과의 관리는 정책과 프로세스의 개정 또는 안전성과 개선을 추구하기 위한 조직의 자원배분시 반드시 주된 고려가 되어야 한다.

안전목표는

- 프로세스 관점(process-oriented): 운영요원이 기대하는 안전행태의 형태로 표시되거나, 안전위험을 관리하기 위한 조직의 이행조치 성과로 표시되어야 함
- 결과-관점(outcome-oriented): 사고 또는 운영상 손해에 포함된 조치 및 추세로 표시

안전목표의 적절성은 안전성과지표 및 안전성과목표에 대한 충분한 포용성과 방향성을 제공하기 위하여 프로세스-관점 및 결과-관점 모두를 포함하여야 한다. 자체적인 안전목표는 구체성, 측정성, 성취성, 적시성(SMART, George T. Doran 1981)을 가지고 있지 않으며 안전목표를 제공하고, 조직이 안전성과를 지속하거나 개선하게 할지를 보여주게 하는 패키지형태의 안전성과지표 및 안전성과목표를 달성하게 한다.

조직은 안전목표를 확인하기 위하여 전략적, 운영적 수준 또는 구체적인 프로젝트, 제품 또는 프로세스 수준으로 적용할지를 선택할 수 있다. 안전목표는 또한 다른 유사한 표현 또는 의미(예: goal 또는 target)로 표현될 수 있다.

표 4-1 안전목표의 예(Examples of safety objectives)

안전목표의 예		
프로세스 관점	국가 또는 서비스제공자	안전보고 수준의 증가
결과관점	서비스제공자	주기장 안전사건 발생율의 감소 또는 전년대비 주기장 안전사건 발생건의 감소
결과관점	국가	x 분야의 안전사건 연간 발생건수의 감소

4.3 안전성과지표 및 안전성과목표

(SAFETY PERFORMANCE INDICATORS AND SAFETY PERFORMANCE TARGETS)

1) 안전성과지표의 형태 (Types of safety performance indicators)

(1) 정량 및 정성지표 (Qualitative and quantative indicators)

안전성과지표는 고위급관리자들이 조직에 있어 정량적이던 또는 정성적이던 간에 안전목표를 달성할 수 있는지 또는 없는지를 알기위해 사용된다. 정량적 지표는 품질과 관련없이 정량을 측정하며 정성지표는 서술적이면서 품질로 측정이 된다. 정량지표는 정성지표보다 선호되는데 그 이유는 보다 쉽게 측정되고 비교될 수 있기 때문이다. 지표의 선택은 정성적으로 측정될 수 있는 데이터의 가용성과 신뢰성에 보다 크게 의존된다. 필요한 증거가 비교가능하고 일반화될 수 있는 데이터형태인가 또는 안전상황에 대한 서술적 형상화인지가 질문이 될 수 있다. 각 선택에 따라 정량 또는 정성적인 방법으로 각각 다른 상황에 대한 안전성과지표가 관계되며 안전성과지표 선택과정의 사려깊은 고려에 의해 선택이 가능하다. 복합적인 접근이 많은 경우에 유용하며 단순한 접근에서 발생할 수 있는 문제를 해결할 수 있다. 국가정성지표의 예를 들면 특정분야에서 서비스제공자의 안전문화평가에 대한 성숙도가 될 수 있다.

정량지표는 숫자(건수) 또는 비율(운항횟수 당 건수)로 표현될 수 있다. 때로는 숫자적인 표현으로 충분할 수도 있다. 그러나 숫자만 사용할 경우 활동의 수준이 요동칠 때에는 실제 안전상황은 왜곡된 인상을 줄 수도 있다. 예를 들어 항공교통관제에 있어

고도침범이 7월에는 3건이었는데 8월에 6건인 경우 안전성과에 있어 중대한 결함우려가 있을 수 있다. 그러나 8월에 7월 대비 운항이 두 배였다면 운항당 고도침범은 늘어난 게 아니라 줄었을 수도 있는 것이다. 이는 데이터기반 안전의사결정에 결정적인 영향을 줄수도 있는 것이다.

이러한 이유로 안전성과지표는 반드시 활동의 수준과 관계없이 성과수준을 측정할 수 있는 상대적인 측정형태를 반영하여야 한다. 이를 통하여 활동이 증가되건 감소되건 간에 통상적인 성과의 측정을 제공할 수 있다. 또 다른 예를 들면 안전성과지표로 활주로 침범을 측정할 수 있다. 그러나 감시기간 동안 출발횟수가 줄어든다면 결과는 다른 방향으로 나올 수 도 있다. 보다 정확하고 의미있는 성과의 측정은 출발횟수에 비례한 활주로 침범, 즉 1,000 출발당 활주로 침범 등으로 구체화할 수 있다.

(2) 후행 및 선행지표 (Lagging and leading indicators)

국가와 서비스제공자가 공통적으로 사용하는 두 개의 카테고리는 각각 후행 및 선행지표이다. 후행안전성과지표는 이미 발생된 사건을 측정한다. 그들은 또한 결과 기반안전성과지표로 간주되며 조직이 회피하고자 하는 부정적인 결과이다. 선행안전성과지표는 안전을 개선하거나 유지하기 위하여 이행되는 프로세스와 입력을 측정하는 것이다. 이러한 것들은 또한 안전성과지표의 활동 또는 프로세스로 알려져 있으며 특정 결과를 도출하거나 기여하기 위한 잠재적 조건을 측정하는 것이다.

후행안전성과지표는 조직으로 하여금 과거에 어떤 일이 발생하였는지를 이해하게 하고 장기간에 걸친 추세를 확인함에 유용하다. 이들은 구체적인 발생형태 또는 장소에 대한 지표로 사용되는데 항공기 형식별 사고형태 또는 지역별 준사고형태 등이다. 후행안전성과지표는 안전결과를 측정하기 때문에 안전경감조치의 효율성을 측정할 수 있다. 시스템의 전반적인 안전성과를 검토함에 효과적이다. 예를 들면 주기장 램프표식을 재설계 한 다음 자동차들 간의 운영횟수당 충돌율을 감시하는 경우가 그것이다.

후행안전성과지표 추세는 반드시 해결되어야 할 시스템내 존재하는 조정을 결정하기 위해 분석될 수 있다. 이전의 예를 사용한다면 운항횟수당 주기장에서의 충돌이 증가추세를 보이는 경우, 표준에 미치지 못하는 주기장 표식에 대한 확인이 경감조치로 이어질 수 있다.

후행안전성과지표는 두 가지 형식으로 구분된다.

- **낮은 발생확률 / 높은 심각도**(low probability / high severity): 사고 또는 중대한 준사고로 결말된다. 낮은 발생확률과 높은 심각도 결과는 데이터의 분석(산업부문 수준 또는 지역수준)으로 보다 의미있는 분석으로 결론되어 진다. 이러한 후행안전성과지표 형식의 예는 항공기 그리고/또는 엔진의 손상, 조류충돌 등이다.
- **높은 발생확률 / 낮은 심각도**(high probability / low severity): 심각한 사고 또는 준사고로 반드시 나타나지는 않은 결과는 전조지표라고 불리기도 한다. 높은 발생확률/낮은 심각도 결과에 대한 안전성과지표는 주로 특정 안전문제를 모니터링하고 기존 안전위험경감의 효과를 측정하는 데 사용된다. 이러한 유형의 선행안전성과지표의 예는 실제 조류충돌의 양보다는 조류활동의 수준을 나타내는 "레이더 조류탐지수"이다.

항공안전의 측정은 역사적으로 낮은 발생확률/높은 심각도 결과를 반영하는 안전성과지표와 연계되어 있다. 이는 사고 및 중대한 준사고같은 명확한 사건들이 계수하기 용이하기 때문이다. 그러나 안전성과 관리측면에서 본다면 안전성과의 신뢰할 만한 성과로 사고 및 중대한 준사고에 대하여 지나치게 의존하는 것은 문제가 있을 수 있다. 예를 들면 사고 및 중대한 준사고는 자주 발생하지 않는다(1년에 한번 발생하거나 발생하지 않을 수도 있다). 따라서 추세를 확인하고 통계적인 분석을 실시하는 것을 어렵게 한다. 이는 시스템이 안전하다는 것을 나타낸다고 볼 수 없다. 이러한 종류의 데이터에 대한 의존의 결과는 조직 및 시스템의 안전성과가 효율적이라는 잘못된 확신에 빠지게 할 수 있다.

후행지표는 안전을 개선하거나 유지하기 위하여 이행되는 프로세스와 입력으로 측정된다. 이들은 또한 안전성과지표의 활동 또는 프로세스로 알려져 있다. 왜냐하면 이들은 구체적인 결과를 발생시키거나 기여하게하는 잠재력이 있음을 감시하는 조건을 충족하기 때문이다.

능동적 안전성능관리를 위한 조직역량개발을 주도하는 선도적 안전성과지표의 예로 "안전교육을 성공적으로 완료한 직원의 비율" 또는 "조류퇴치활동의 빈도"를 들 수 있다.

선행안전성과지표는 또한 조직에게 그들의 운항이 변화를 수용하는지를 알려준다. 초점은 약함과 취약성을 예시하거나 변화의 결과로 인한 또는 변화 이후에 성과를 감시함을 통한 결과로 운영에서 변화를 감시하는 안전성과지표의 예는 절차 x의 이행에

그림 4-2 선행 대 후행지표 개념도(Leading vs Lagging indicator concept)

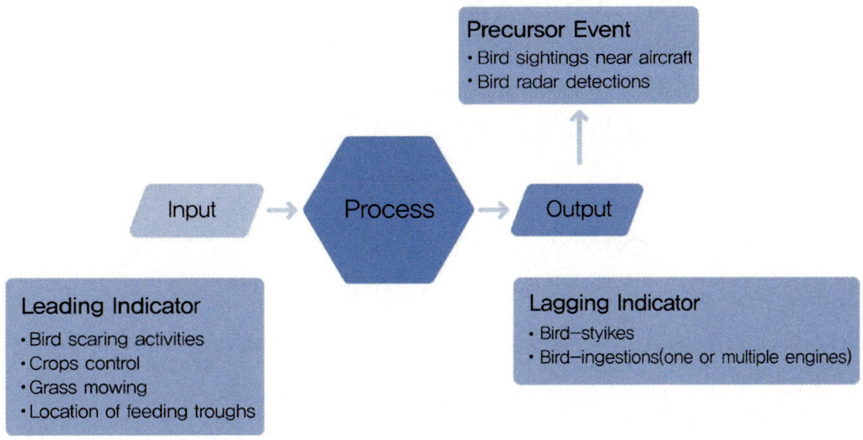

있어 장소의 퍼센트가 될 수 있다.

안전성과에 대한 보다 정확하고 유용한 지표는 낮은 발생확율/높은 심각도를 측정하는 후행안전성과지표이다. 그리고 높은 발생확률/낮은 심각도 사건은 선행안전성과지표와 연결된다. <그림 4-2>는 조직의 안전성과에 대한 보다 종합적이고 실제상황을 반영한 선행, 후행성과지표의 예를 보여준다.

2) 안전성과지표의 선택 및 정의

안전성과지표는 과거에 조직에 어떠했고, 현재는 어떠하며, 미래에는 어떻게 진행될지에 대한 안전성과를 제공하는 파라메타이다. 이러한 그림은 조직의 데이터기반 안전결정이 내려지는 견고하고 방어적인 반석으로 작용한다. 이러한 결정은 조직의 안전성과에 긍정적 영향을 미치게 된다. 따라서 안전성과지표의 확인은 단순성이나 복잡성에 관계없이 안전목표에 현실적이고 적절하게 연관되어야 한다.

초기 안전성과지표의 선정은 입수하기 쉽고 편한(이미 가용한 안전데이터) 사건 또는 프로세스를 대변하는 파라메타를 감시하고 측정하는 것으로 제한된다. 이상적으로는 안전성과지표가 입수하기 쉬운 것보다는 안전성과의 중요한 지표와 관련된 파라메타에 초점을 맞추어야 한다.

안전성과지표는 반드시

- 지향하는 안전목표와 관련되어야 한다.
- 가용한 데이터와 신뢰할 만한 측정에 기반하여 선택되고 개발되어야 한다.
- 적절한 구체성과 정량성을 가져야 한다.
- 가능성을 염두에 두고 조직의 한계를 고려할 때 현실적이어야 한다.

안전성과지표의 종합은 통상 안전성과의 분명한 성과를 제공하기 위하여 요구된다. 선행 및 후행 안전성과지표사이에는 분명한 연계가 있어야 한다. 이상적으로는 선행 안전성과지표를 결정하기 이전에 후행 안전성과지표가 반드시 정의되어야 한다. 보다 중대한 사건 또는 조건(후행 안전성과지표)은 선행안전성과와의 사이에 분명한 관계가 존재함을 확신하게 한다. 선행, 후행지표 모두 동등하게 유효하며 유용하다. 이러한 연계는 <그림 4-3>에서 예로 보여준다.

그림 4-3 선행 및 후행지표간 연계의 예(Examples of links between lagging and leading indicators)

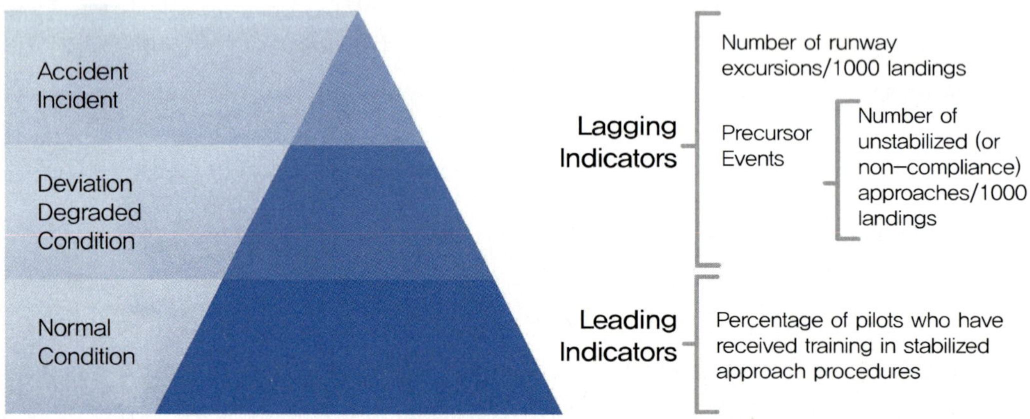

조직의 안전목표와 관련된 안전성과지표의 선택은 중요하다. 적절하게 정의되고 조율된 안전성과지표를 갖는다는 것은 안전목표의 달성을 향하기 위하여 만들어진 프로세스를 보여 주는 안전성과목표확인을 용이하게 한다. 이는 조직으로 하여금 무엇이 요구되는지와 그리고 계획된 안전성과를 달성하기 위하여 언제 어떻게 행동하여야 하는지를 알게하여 보다 큰 안전효과를 위하여 자원을 배정할수 있게 한다. 예를 들면 어떤 국가가 "3년 이내에 활주로 이탈건수 50퍼센트 감소"라는 안전목표를 가지고 있고 조율된 안전성과지표를 "모든 비행장에 걸쳐 백만 출발횟수당 활주로 이탈건수"로 선정했다고 가정하자. 만약 활주로 이탈숫자가 감시를 시작한 초기에 낮아졌고 12개월 이후에 다시 많아졌다면 국가는 안전성과지표에 따라 자원을 재배정하는 결정을 할 수 있고 활주로 이탈건수의 감소라는 안전목표는 초기에 용이하게 달성되었지만 나중에는 바람직하지 않은 추세로 발전시킨 것이다.

(1) 안전성과지표의 정의 (Defining SPIs)

각 안전성과지표의 내용은 다음을 포함하여야 한다.

- 안전성과지표 측정에 대한 서술
- 안전성과지표의 목적(무엇을 관리하려한 것인지 및 누구에게 정보를 제공하려한 것인지)
- 측정단위 및 계산을 위한 요건
- 안전성과지표에 대하여 누구에게 수집, 확인, 감시, 보고 및 조치의 책임이 있는지(여러 조직의 직원이 될 수 있음)
- 어디 및 언제 데이터를 수집해야 하는지
- 안전성과지표의 보고, 수집, 감시 및 분석주기

(2) 안전성과지표 및 안전보고 (SPI and safety reporting)

운영실무에서의 변화는 잠재적 보고자들에게 그 영향이 충분하게 수용되기 전까지는 낮은 보고율이 만들어질 수 있다. 이는 보고의 편향성으로 알려져 있다. 안전정보 및 관련 자료원보호와 관련된 조항의 개정은 또한 높은 보고율로 연결될 수 있다. 두 가지 경우 모두 보고의 편향성은 안전성과지표에 사용되는 데이터의 의도와 정확도를 왜곡시킬 수 있다. 법률적으로 적용이 보장된 안전보고는 안전성과의 관리에 필요한 소중한 데이터를 제공한다.

3) 안전성과목표의 설정 (Setting safety performance targets)

안전성과목표는 달성하고자 하는 단기 및 중기 안전성과관리를 정의한다. 이들은 조직이 안전목표를 달성하기 위하여 제대로 방향성을 잡았는지에 대한 확신을 제공하는 이정표로 작용하며 안전성과관리활동의 효율성을 확인하기위한 측정방법을 제공한다. 안전성과목표의 설정은 반드시 일반적인 안전위험의 수준, 안전위험 감내성은 물로 특정 항공분야에서의 안전에 대한 기대 등의 요소들을 고려하여야 한다. 안전성과목표의 설정은 반드시 관련된 항공분야에서 실질적으로 성취될수 있는지와 역사적인 추세 데이터가 가용되는 경우 특정 안전성과지표의 최근 성과를 고려한 다음에 결정되어야 한다.

안전목표, 안전성과지표 및 안전성과목표가 함께 작동하면 SMART가 안전성 목표를 보다 효과적으로 입증할 수 있다. 안전성능관리, 특히 안전성과목표 설정의 목표를 달성하기 위한 여러 접근법이 있다. 하나의 접근법은 정렬된 안전성과지표로 일반적인 고급-수준의 안전목표를 설정한 다음 기본 안전성능이 수립된 이후 합리적인 수준의 개선을 확인하는 것이다. 이러한 개선의 수준은 구체적인 목표(예: 감소율) 또는 긍정적 추세의 성취에 근거할 수 있다. 안전목표가 SMART인 경우 사용할 수 있는 또 다른 접근법은 안전목표를 안전목표 달성의 이정표로 삼는 것이다. 이러한 접근방법 중에 어느 것이 유효하며, 어느 것이 조직이 안전성과를 입증하는 데 효과적이라고 생각하는 지에는 다른 방법이 있을 수 있다. 특정 상황별로 적절하게 상이한 접근방법을 조합하여 사용할 수 있다.

(1) 고급-수준 안전목적 목표설정 (Setting targets with high-level safety objectives)

목표는 고급-수준 안전목적에 동의하는 고위경영진의 동의에 의해 설정된다. 조직은 합의된 안전목표를 향한 안전성능의 향상을 보여줄 적절한 안전성과지표를 확인한다. 안전성과지표는 기존 데이터자료원을 사용하여 측정되지만 추가적인 데이터수집이 필요할 수도 있다. 그 다음 조직은 안전성과지표를 수집, 분석 및 발표하기 시작한다. 추세가 나타나기 시작하면 조직의 안전성과와 안전목표를 향하여 나아가거나 벗어나는지에 대한 개관을 제공할 것이다. 이 시점에서 조직은 각 안전성과지표에 대해 합리적이고 달성가능한 안전성과목표를 확인할 수 있다.

(2) SMART 안전목적과 목표의 설정 (Setting targets with SMART safety objectives)

안전목표는 의사전달이 어려워 달성하기가 어려울 수 있다. 보다 작은 구체적인 안전목표를 세분화하면 제공하는 프로세스를 보다 쉽게 관리할 수 있다. 이런 방법으로 목표는 전략과 일상업무 사이의 중요한 연결고리를 형성한다. 조직은 안전성능을 이끌어내는 핵심영역을 파악하고 이를 측정할 수 있는 방법을 마련해야 한다. 조직이 기본 안전성능을 수립하여 현재의 성과수준을 파악하면, 안전성과목표 설정을 시작할 수 있다. 국가내부의 모든 사람들에게 달성해야 할 목표에 대한 분명한 인식을 제공하여야 한다. 조직은 또한 성과목표설정을 지원하기 위해 벤치마킹을 사용할 수도 있다. 여기에는 이미 성과를 측정한 비슷한 조직의 성과정보를 사용하여 다른 사람들의 행동방식을 파악하는 것이 포함된다.

안전목표, 안전성과지표 및 안전성과목표간 관계의 사례가 아래에 나와 있다. 이 사례에서, 조직은 2018년에 100만회 당 100회의 활주로 이탈을 기록했다. 이는 너무 많은 것으로 판단되어서 2022년까지 활주로 이탈횟수를 50퍼센트 줄이는 것이 목표로 설정되었다. 이러한 목표를 달성하기 위해 특정 대상활동 및 관련된 이정표가 정의되었다. 이들의 진도를 모니터링, 측정 및 보고하기 위해 조직은 안전성과지표로서 "연간 운항횟수당 활주로 이탈"을 선택했다. 조직은 안전목표와 일치하는 특정목표가 설정되면 진행이 보다 즉각적이고 효과적이라는 것을 알고 있다. 따라서 그들은 보고기간(4년) 동안 평균 12.5회의 감축과 동일한 안전목표를 설정했다. <그림 4-4>에 나타낸 바와 같이, 진행은 첫해에는 더 커질 것이고 후기로 갈수록 적게 진행될 것으로 예상된다. 이것은 그들의 목적을 향한 곡선프로젝션으로 표현된다.

이 사례에서

- SMART 안전목표는 "2022년까지 RWY이탈율 50% 감소"이다.
- 선택한 안전성과지표는 "연간 백만운항 횟수당 활주로 이탈 수"이다.
- 이 목표와 관련된 안전목표는 SMART 안전목표에 도달하기 위한 이정표를 나타내며 2022년까지 매년 약 12% 감축하는 것과 동일하다.
  - 안전성과목표 1a는 "2019년에 백만운항 횟수당 78회 미만의 활주로 이탈"이다.
  - 안전성과목표 1b는 "2020년에 백만운항 횟수당 64회 미만의 활주로 이탈"이다.
  - 안전성과목표 1c는 "2021년에 백만운항 횟수당 55회 미만의 활주로 이탈"이다.

그림 4-4 SMART 안전목표 관련 안전성과목표 예(Example SPTs with SMART safety objectives

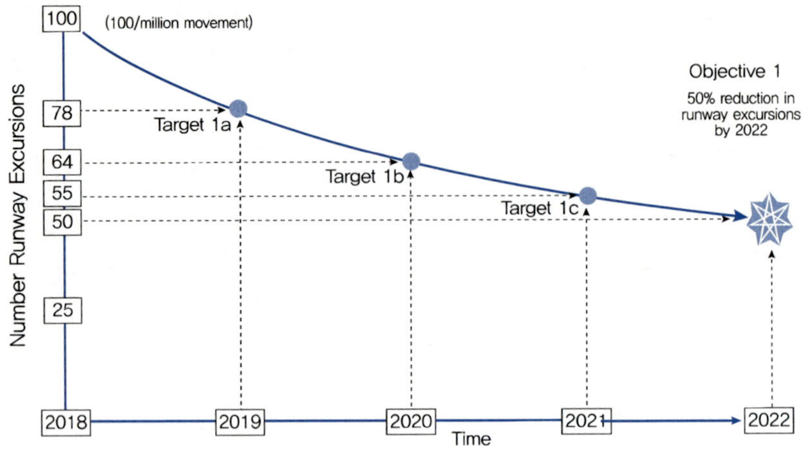

(3) 안전성과지표 및 안전성과목표 선택을 위한 추가적 고려

안전성과지표 및 안전성과목표를 선택할 때 다음 사항도 고려해야 한다.

- 워크로드관리(Workload management): 실행가능한 양의 안전성과지표를 생성하면 직원의 모니터링 및 보고작업 부하를 관리하는 데 도움이 된다. 안전성과지표의 복잡성이나 필요한 데이터의 가용성에 대해서도 마찬가지 이다. 실행가능한 것에 동의하고 이 기준에 따라 안전성과지표의 선택에 우선순위를 부여하는 것이 좋다. 안전성과지표가 안전성능을 더 이상 알려주지 않거나 우선순위를 낮춘다면, 더 유용하거나 우선순위가 높은 지표를 사용하여 중단하는 것이 좋다.
- 안전성과지표의 최적확산(Optimal spread of SPIs): 중점분야를 포괄하는 안전성과지표의 조합은 조직의 전반적인 안전성능에 대한 통찰력을 얻고 데이터중심의 의사결정을 가능하게 한다.
- 안전성과지표의 명확성(Clarity of SPIs): 안전성과지표를 선택할 때 측정대상과 빈도를 명확히 해야 한다. 명확한 정의가 있는 안전성과지표는 결과에 대한 이해를 돕고 오해를 피하며 의미있는 비교를 허용한다.
- 원하는 행동을 장려하라(Encouraging desired behaviour): 안전성과목표는 행동특성을 바꾸고 원하는 결과에 기여할 수 있다. 이는 목표달성이 경영자 대한 보수와 같은 조

직의 보상과 관련이 있는 경우 특히 중요하다. 안전성과목표는 의도적으로 방어적인 결정과 안전성과 개선을 가져오는 긍정적 조직 및 개인행동을 장려해야 한다. 안전성과지표및 안전성과목표를 선택할 때 의도하지 않은 잠재적 행태를 고려하는 것도 중요하다.

- 가치있는 조치의 선택(Choosing valuable measures): 유용한 안전성과지표는 측정이 쉽기 때문에만 아니라 선택되기 쉽다. 가장 유용한 안전파라미터가 무엇인지 결정하는 것은 조직에 달려있어야 한다. 이들은 조직이 의사결정, 안전성과관리 및 안전목표달성을 향상시킬 수 있도록 안내한다.
- 안전성과목표의 달성(Achieving SPTs): 이는 특히 중요한 고려사항이며 원하는 안전행태와 관련이 있다. 합의된 안전성과목표를 달성한다고 해서 안전성능이 향상되는 것은 아니다. 조직은 단지 안전성과목표를 달성하는 것과 실제적이고 입증가능한 조직의 안전성과를 개선하는 것을 구별해야 한다. 조직은 고립된 안전성과목표만 바라보기 보다는 목표가 달성된 상황을 고려하여야 한다. 개별안전성과목표의 성취보다 안전성과의 전반적인 향상을 위한 인식은 바람직한 조직행동을 격려하고 안전위험관리와 안전보장의 핵심인 안전정보의 교환을 장려한다. 이는 또한 국가와 서비스제공자 간의 관계와 안전데이터와 아이디어를 공유하고자 하는 의지를 향상시킬 수 있다.

(4) 안전성과목표 설정의 통보 (Caveats on setting SPTs)

목표를 결정하기 보다는 추세를 모니터하는 것이 더 나은 안전성과지표가 될 수 있으므로 안전성과목표를 정의하는 것이 항상 필요하거나 적절하지는 않다. 안전보고는 목표를 가지고 있는 사람들이 (목표가 숫자를 초과하지 않는 경우) 보고하지 않거나 사소한 사안을 목표(목표가 특정수에 도달하는 경우)로 보고하지 못하게 할 수 있다. 결정하기 어려울 수 있는 절대목표를 정의하기보다는 지속적인 안전성능 향상을 목표로 하는 방향을 정의하는 것이 더 효과적 일 수 있다(즉, 사건의 양을 줄이는 것). 적절한 안전성과목표를 결정할 때 다음 사항도 고려하여야 한다.

- 바람직하지 않은 행동을 유도: 관리자 또는 조직이 성공의 지표로서 수치의 달성에만 너무 집중한다면 안전성능의 의도된 향상을 달성하지 못할 수도 있다.
- 운영목표: 정시이탈 간접비절감 등 안전성과목표의 균형없이 운영목표를 달성하는

데 너무 많은 초점을 두면 안전성능을 반드시 개선하지는 않지만 "운영목표달성"으로 이어질 수 있다.

- 품질보다는 수량에 집중: 이는 인력이나 부서가 목표를 달성하도록 장려할 수 있지만 그렇게 함으로써 불량한 제품이나 서비스를 양산할 수 있다.
- 혁신의 한계: 의도하지는 않았지만 목표가 충족되면 휴식을 취할 수 있고 더 이상의 개선을 필요로하지 않으며 만족도도 정해질 수 있음.
- 조직갈등: 목표는 부서와 조직 간에 충돌을 야기할 수 있다. 부서와 부서가 서로 협력하려고 노력하는 데 집중하기 보다는 누구에게 책임이 있는지에 대해 논쟁할 수 있다.

안전성능측정권한을 얻는 것은 안전목표달성을 가장 잘 측정하는 방법을 결정하는 것과 관련이 있다. 이는 국가마다, 서비스제공자마다 다르다. 조직은 안전목표를 위해 안전개선을 추구하는 것이 무엇인지에 대한 전략적 인식을 개발할 시간을 가져야 한다.

안전성과지표 및 안전성과목표는 안전성능을 입증하는 다양한 방법으로 사용될 수 있다. 조직은 구체적인 상황과 측정대상의 성격에 따라 다양한 측정도구와 접근방식을 조정, 선택 및 적용하는 것이 중요하다. 예를 들어, 어떤 경우에는 조직이 모든 안전성과목표와 관련된 안전성과지표를 채택할 수 있다. 다른 상황에서는 특정 목표값없이 안전성과지표에서 긍정적 추세를 달성하는데 집중하는 것이 더 바람직할 수 있다. 선택된 성능매트릭스 패키지는 일반적으로 이러한 접근방식의 조합을 사용한다.

4.4 안전성능의 모니터링

(MONITORING SAFETY PERFORMANCE)

조직이 계획된 결과를 제공할 것으로 생각하는 안전성과지표를 기반으로 목표를 파악한 후에는 이해관계자가 전달책임을 명확하게 지켜야 한다. 각 항공당국, 부문 및 서비스제공자에 대한 안전성과목표를 정의한 후 명확한 책임을 부여함으로써 국가에 대한 ALoSP달성을 지원하게 된다.

조직의 안전성과를 모니터링하고 측정하는 메커니즘을 구축하여 진행상황이 예상과 다를 경우 필요한 변경이 무엇인지 파악하고 안전목표를 달성하기 위한 조직의 노력을 강화해야 한다.

1) 안전성능의 기본 (Baseline safety performance)

조직이 안전목표를 달성하기 위해 계획하는 방법을 이해하려면 안전과 관련하여 그들이 어디에 위치하고 있는지 파악할 필요가 있다. 조직의 안전성과 구조(안전 목표, 지표, 목표, 트리거)가 수립되어 작동하면 모니터링 기간을 통해 기본 안전성능을 파악할 수 있다. 기본안전성능은 안전성능측정 프로세스가 시작될 때의 안전성능이다. 진행상황을 측정할 수 있는 기준점이다. 그 특정 안전목표에 대한 기본안전성능은 <그림 4-3>과 <그림 4-4>에서 사용된 사례의 경우는 "1년 동안 100만 운항회수당 활주로이탈(2018)"이다. 이러한 견고한 기초에서 정확하고 의미있는 지표와 목표를 기록할 수 있다.

2) 안전성과지표 및 안전성과목표의 정제

안전성과지표 및 관련 안전성과목표는 안전목표를 향한 진행상황을 추적하고 목표가 현실적이며 달성가능한지 확인하는 데 필요한 정보를 제공하는지 확인하기 위해 검토하여야 한다.

안전성과관리는 지속적인 활동이다. 안전위험 및/또는 데이터의 가용성은 시간이 경과하면서 변한다. 초기 안전성과지표는 제한된 안전정보 리소스를 사용하여 개발될 수 있다. 추후에 더 많은 보고채널이 확립될 수 있으며 더 많은 안전데이터가 제공될 수 있고 조직안전분석기능이 성숙될 것이다. 조직은 처음에 단순(더 광범위한) 안전성과지표를 개발하는 것이 적절할 수 있다. 더 많은 데이터 및 안전관리기능을 수집할 때 안전성과지표 및 안전성과목표의 범위를 수정하여 원하는 안전목표에 디 잘 부합되도록 고려할 수 있다. 소규모의 복잡하지 않은 조직은 안전성과지표 및 안전성과목표를 수정하거나 대부분의 항공시스템에 적용되는 일반(특정한)지표를 선정하도록 선택할 수 있다.

일반적인 지표의 몇 가지 예는 다음과 같다.

- 장비의 구조적 손상을 포함하는 사건
- 사고가 거의 발생할 뻔한 상황을 나타내는 사건
- 운영요원 또는 항공공동체 구성원이 사망 또는 중상을 입은 사건
- 운영요원이 의식을 잃거나 자신의 의무를 안전하게 수행할 수 없는 사건
- 자발적 발생보고의 비율
- 의무발생보고의 비율

더 큰 규모의 조직은 더 넓은 범위의 안전성과지표 및 안전성과목표를 설립하고 위에 나열된 것과 같은 일반지표를 활동별 전략과 통합할 수 있다. 예를 들어 주요 항공사에 대한 서비스를 제공하고 복잡한 공역아래에 위치한 대형공항은 일반 안전성과지표의 일부를 해당작업의 특정측면을 나타내는 더 깊은 범위의 안전성과지표와 결합하는 것을 고려할 수 있다. 이들에 대한 모니터링은 더 많은 노력이 필요하지만 보다 우수한 안전결과를 가져올 수 있다. 안전성과지표와 안전성과목표의 상대적 복잡성과 국가 또는 서비스제공자의 운영규모와 복잡성 간에는 명확한 상관관계가 있다. 이러한 상대적 복잡성은 지표와 목표세트에 반영되어야 한다. 안전성과관리를 수립하는 책임자는 이를 의식하여야 한다.

조직이 선택한 안전성과지표 및 안전성과목표 세트는 주기적으로 검토되어야 조직의 안전성과를 나타내는 의미있는 지속성을 보장받을 수 있다. 안전성과지표 및 안전성과목표를 계속, 중단 또는 변경하는 몇 가지 이유는 다음과 같다.

- 안전성과지표는 동일한 값(예: 0% 또는 100%)을 지속적으로 보고하지만, 이러한 안전성과지표는 고위경영진의 의사결정에 의미있는 정보를 제공하지 않는다.
- 중복된 안전성과지표, 서로 비슷한 것을 측정하고 동일한 보장을 제공하는 안전성과지표
- 프로그램의 도입을 측정하기 위해 이행된 안전성과지표 또는 목표된 개선에 대한 안전성과목표의 충족
- 또 다른 안전문제를 모니터하고 측정하는 데 더 높은 우선 순위부여
- 안전성과지표의 특성을 좁혀(즉, “신호”를 명확히 하기위해 “잡음”을 줄임으로써) 특정 안전문제에 대해 더 잘 이해

- 지표가 적절하게 유지되도록 안전목표가 변경됨

3) 안전트리거 (Safety triggers)

트리거 개념에 대한 간략한 관점은 조직의 안전성과관리와 관련하여 궁극적 역할을 수행하는 데 도움이 된다.

트리거는 특정지표와 관련된 평가, 결정, 조정 또는 개선조치를 트리거(시작)하는 역할을 하는 확립된 수준 또는 기준값이다. 안전성과목표에 대한 제한범위를 벗어나는 트리거 기준을 설정하는 한 가지 방법은 인구표준편차(STDEVP)[1] 원칙을 사용하는 것이다. 이 방법은 주어진 안전지표의 이전 이력데이터 포인트를 기반으로 표준편차(SD)[2] 값을 도출한다. 표준편차 값과 히스토리 데이터세트의 평균(평균)값은 다음 모니터링 기간의 기본트리거 값을 형성한다. 표준편차원칙(기본통계기능)은 변동성(데이터 포인트 변동)을 포함하여 주어진 지표(데이터세트)의 실제 과거성과를 기반으로 트리거수준의 기준을 설정한다. 변동성이 큰 과거 데이터세트는 일반적으로 다음 모니터링 기간 동안 더 높은(보다 관대한) 트리거 레벨값을 가져온다. 트리거는 의사결정자가 정보에 입각한 안전결정을 내리고 안전성능을 향상시킬 수 있도록 조기경보를 제공한다. 표준편차에 기반을 둔 트리거 레벨의 예가 <그림 4-5>에 나와 있다. 이 예에서, 추세가 이전기간의 평균값에서 + 1SD 또는 + 2SD를 초과하면 데이터기반 결정 및 안전경감조치를 취해야할 수 있다. 종종 트리거 수준(이 경우 + 1SD, + 2SD 이상 또는 2SD 이상)은 의사결정 관리수준 및 조치의 긴급성에 부합한다.

안전성과목표 및 트리거 설정(사용된 경우)이 정의되면 관련 안전성과지표가 각각의 성능상태에 대해 추적될 수 있다. 전체 안전성과지표 패키지의 전체 안전성과목표 및 트리거 성능결과에 대한 통합요약은 특정 모니터링기간 동안 수집 및/또는 집계될 수도 있다. 각 안전성과 목표성취도에 대해 정성적 값(만족/불만족)을 할당할 수 있으며 각 트리거 수준은 위반되지 않는다. 또는 안전성과지표 패키지의 전체성능을 정량적으로 측정하기 위해 숫자값(점)을 사용할 수 있다.

트리거 값은 특정지표와 관련된 평가, 결정, 조정 또는 교정조치를 트리거(시작)하

---

1) STDEVO: Population Standard Deviation

2) SD: Standard Deviation

그림 4-5 **안전트리거(경고) 레벨표현의 예**(Example of representation of safety triggers (alert) levels)

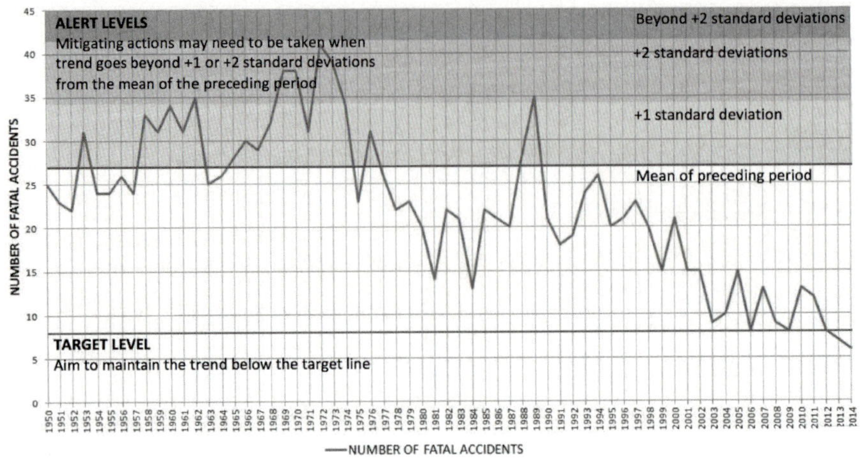

는 역할을 한다. 트리거되는 안전성과지표가 반드시 치명적 이거나 실패의 징후는 아니다. 이것은 활동이 미리 정해진 한계를 벗어났다는 표시일 뿐이다. 이 트리거는 현재 상황에 따라 적절한 조치를 취할위치에 있는 의사결정권자의 주의를 끄는 데 그 목적이 있다.

4) 트리거의 통보 (Caveat on triggers)

신뢰할 수 있는 트리거수준을 정의하는 데는 어려움이 있다. 트리거 및 관련레벨은 충분한 안전데이터 및 안전데이터의 관리기능이 있는 경우에 가장 적합하다. 이는 조직에 추가 작업부하를 부과할 수 있다. 트리거의 개념은 순전히 기술적인 시스템(예: 항공기엔진 모니터링)의 안전위험관리에 적합하도록 설계되었다. 이 경우 대량의 정량데이터가 정확한 트리거 및 트리거수준 정의에 적합한 것이다. 트리거의 개념은 말할 나위도 없이 사회-기술시스템의 안전위험 관리와 관련이 적다. 사회-기술시스템은 사람들이 프로세스 및 기술과 적극적으로 상호작용하여 시스템의 서비스제공 또는 생산목표를 달성하는 시스템이다. 국가안전프로그램과 안전관리시스템은 모두 사회-기술시스템이다. 사회-기술시스템에서 사용되는 신뢰도가 낮고 의미있는 트리거는 인간이 관련되어 있을 때 신뢰할 수 있는 수단의 한계로 인해 발생하게 된다.

따라서 트리거가 의미있기 위해서 보다 유연한 접근이 필요하다. 부속서 19는 국가 또는 서비스제공자가 각 안전성과지표에 대한 트리거수준을 정의할 것을 요구하지 않는다. 그러나 안전성과지표에 대한 데이터는 매우 구체적이고 충분한 데이터포인트가 있으며 데이터가 충분히 신뢰할 수 있어 조직에 의미있는 정보를 줄 수 있다.

<그림 4-6>은 이전 예인 "2022년까지 활주로 이탈의 50% 감소"의 연장이다. 이 시나리오에서 현재는 2020년이다. 이 조직은 안전데이터(안전성과지표-"활주로 이탈 금지/백만 회/년")를 수집하고 사례를 줄이기 위해 이해관계자와 협력했다. 2019년 안전성과목표(78회 미만의 활주로 이탈/1년 동안의 백만횟수운항)가 달성되었다. 그러나 안전성과지표는 2020년 안전성과목표(64회 미만의 활주로이탈/백만운항횟수)가 달성되지 않았을 뿐만 아니라 2회 연속보고 기간 동안 이탈횟수를 초과한 것으로 나타났다. 의사결정권자는 안전성능 저하에 대해 경고를 받았고 추가조치를 취하기 위해 데이터를 기반으로 의사결정을 내릴 수 있었다. 데이터기반 의사결정은 안전성능을 허용 영역내로 다시 유도하고 안전목표를 달성하기 위한 목표를 달성하게 할 것이다.

그림 4-6 안전트리거 설정의 예(Example of setting safety triggers)

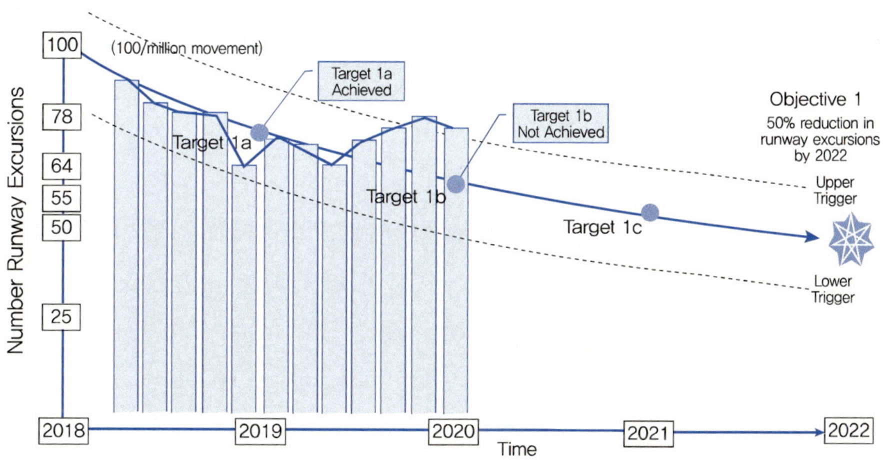

5) 필요 조치의 확인 (Identifying actions required)

안전성능관리구조를 수립하는 가장 중요한 결과는 조직의 의사결정권자에게 정보를 제공하여 현재의 신뢰할 수 있는 안전데이터 및 안전정보를 기반으로 의사결정을 내릴 수 있다는 것이다. 목표는 항상 안전정책 및 안전목표에 따라 결정해야 한다.

안전성과관리와 관련하여 데이터기반의 의사결정은 모니터링되고 측정된 안전성과지표 결과 또는 안전데이터 및 안전정보에 대한 기타 보고서 및 분석결과에 근거하여 효과적이고 정보에 입각한 결정을 내리는 것에 관한 것이다. 컨텍스트를 제공하는 정보와 합당하고 관련성이 있는 안전데이터를 사용하면 조직의 안전목적 및 목표와 부합하는 의사결정을 지원한다. 문맥정보에는 다른 이해관계자의 우선순위, 데이터의 알려진 결함 및 결정과 관련된 장단점, 기회, 제한사항 및 위험을 평가하는 기타 보완데이터가 포함될 수 있다. 정보를 쉽게 이용할 수 있고 해석하기 쉽도록 하면 의사결정과정에서의 편향, 영향 및 사람의 실수를 완화하는 데 도움이 된다.

데이터-기반 의사결정은 과거에 안전성과목표로 재배치를 지원하기 위해 내려진 결정을 평가하는 것을 지원한다. 데이터기반 의사결정에 대한 자세한 지침은 제6장에서 제공된다.

4.5 안전목표의 최신화

(UPDATE OF SAFETY OBJECTIVES)

안전성과관리는 "설정하고 망각"하기 위해서가 아니다. 안전성과관리는 모든 국가 및 모든 서비스제공자의 기능에 역동적이며 핵심이며 검토 및 최신화하여야 한다.

- 정기적, 동의된 정기주기에 따라 고위급 안전위원회에 의하여 수립
- 안전분석(자세한 내용은 제6장 참조)의 입력을 기반으로 함
- 운영의 주요변경, 최고위험 또는 환경에 대한 응답

CHAPTER 05

안전데이터의 수집 및 프로세싱 시스템

(SAFETY DATA COLLECTION AND PROCESSING SYSTEMS)

5.1 개 요

(INTRODUCTION)

안전데이터 및 안전정보의 구분은 부속서 19에 정의된 바에 따른다. 안전데이터는 관찰 또는 측정의 결과로 최초 보고되거나 기록된 것이다. 이러한 데이터는 주어진 상황에서 처리, 조직, 통합 또는 분석될 때 안전정보로 변환되어 안전관리에 유용하게 된다. 안전정보는 다른 의미를 추출하기 위해 다른 방법으로 계속하여 처리될 수 있다.

효과적인 안전관리는 안전데이터의 수집, 분석 및 전반적인 관리기능의 효율성에 크게 좌우된다. 안전데이터 및 안전정보의 견고한 기반을 확보하는 것은 데이터중심 의사결정의 기초이기 때문에 안전관리의 기본이 된다. 추세를 확인하고, 안전목표 및 안전성과를 결정하고 평가하고 위험을 평가하기 위해서 신뢰할 수 있는 안전데이터 및 안전정보가 필요하게 된다.

부속서 19는 서비스제공자가 안전데이터 수집을 위하여 수동적이고 적극적인 방법의 조합을 기반으로 자신의 활동에서 위해요인을 수집, 기록, 실행하고 피드백을 생성하는 공식적인 프로세스를 개발하고 유지할 것을 요구한다.

이와 유사하게, 부속서 13－항공기사고 및 준사고조사 제8장은 실제 또는 잠재적인 안전결함에 대한 정보의 효과적인 분석을 용이하게 하고 필요한 예방조치를 결정하기 위해 사고 및 준사고 데이터베이스를 구축하고 유지할 것을 요구하고 있다.

부속서 19는 국가가 안전성과관리활동을 지원하기 위해 안전데이터 및 안전정보의 포착, 저장, 집계 및 분석을 가능하게 하도록 안전데이터 수집 및 처리시스템(SDCPS[1])을 수립할 것을 요구한다. SDCPS는 안전정보 및 기록된 정보의 교환을 위한 처리 및 보고시스템, 데이터베이스 및 구성표를 지칭하기 위해 사용되는 일반적인 용어이다. "안전데이터베이스"라는 용어는 단일 또는 여러 개의 데이터베이스를 나타낼 수 있다. 국가안전프로그램 이행에 대한 책임이 있는 국가 당국은 안전책임을 지원하기 위해 SDCPS에 접근할 수 있어야 한다.

서비스제공자는 SDCPS를 통해 안전목표를 지원하기 위해 안전성과지표 및 안전성

1) SDCPS: Safety Data and Processing Systems

과목표를 참조하여 안전성능을 검증하는 수단을 개발하고 유지해야 한다. 이들은 안전데이터 및 안전정보의 수집에 대한 적극적이고 능동적인 방법에 기반할 수 있다.

이 장의 지침은 국가 및 서비스제공자가 수집한 안전데이터 및 안전정보가 효과적이고 유효한 의사결정을 가능하게 한다는 것을 보장하는 데에도 똑같이 적용된다.

조직은 안전데이터를 수집하고 저장하는 자격을 갖춘 인력과 안전데이터를 처리하는 데 필요한 역량을 갖추고 있는지 확인해야 한다. 일반적으로 데이터 요구사항, 데이터 표준화, 데이터 수집 및 저장, 데이터 거버넌스 및 분석에 필요할 수 있는 잠재적 질문을 이해할 수 있는 능력 뿐만 아니라 강력한 정보기술을 갖춘 개인이 필요하다. 또한, 조직은 각 SDCPS가 부속서 19의 부록 3에 따라 안전자료, 안전정보 및 관련출처에 대한 보호를 적용할 수 있는 지정된 보관업체를 확보하도록 하여야 한다. 제7장은 보다 자세한 내용을 포함한다.

5.2 안전데이터 및 안전정보의 수집

(SAFETY DATA AND SAFETY INFORMATION COLLECTION)

1) 항공시스템에서 상이한 수준별 목표 (Objectives at different levels of the aviation system)

ICAO는 국가가 안전데이터 및 안전정보를 수집하기 위한 보고시스템을 수립할 것을 요구하면서 1970년대 이래로 항공항법서비스(PANS[2]) 및 문서를 위한 부속서, 절차에 관한 규정을 도입해 왔다. 이러한 조항의 대부분은 사고 및 중대한 준사고보고에 중점을 둔 부속서 13을 제외하고는 부문별 안전보고시스템과 관련이 있다. 부속서 19에서 찾을 수 있는 의무 및 자발적인 안전보고시스템에 대한 조항은 부속서 13에서 시작되었다.

많은 서비스제공자는 의무 및 자발적 안전보고시스템은 물론 자동화 된 데이터 캡처시스템을 포함하여 풍부한 안전데이터 및 안전정보를 수집해 왔다. 이러한 안전데이

2) PANS: Procedures for Air Navigation Services

터 및 안전정보를 통해 서비스제공자는 위험을 식별하고 서비스제공자 수준에서 안전성과관리활동을 지원할 수 있다. 안전정보공유에는 많은 혜택이 있으며, 단 하나의 서비스제공자가 볼 수 없는 위해요인식별을 뛰어 넘는다. 안전정보의 공유 및 교환에 대한 정보는 제6장에서 찾을 수 있다.

부속서 19는 각국이 SDCPS를 구축하여 항공시스템 전반에 걸쳐 위험식별을 지원하기 위한 안전데이터 및 안전정보의 수집, 저장, 집계 및 활성화를 요구한다. 또한 제3자가 국가를 대신하여 안전데이터 및 안전정보를 수집, 저장 및 분석할 수 있도록 배치할 수도 있다. 안전데이터 및 안전정보보호에 대한 정보는 제7장에서 찾을 수 있다.

또한 국경을 초월한 위해요인 식별을 용이하게 하고 안전위험을 줄이기 위한 협력노력을 촉진하기 위해 지역항공안전그룹(RASG[3])을 통해 지역차원에서 안전데이터 및 안전정보를 수집, 저장 및 분석하여야 한다.

2) 무엇을 수집할 것인지를 결정 (Determining what to collect)

각 조직은 안전성과관리 프로세스를 지원하고 안전결정을 내리기 위해 수집해야 하는 안전데이터 및 안전정보를 결정하여야 한다. 안전데이터 및 안전정보 요구사항은 하향식 및/또는 상향식 접근방식을 사용하여 결정할 수 있다. 선택된 접근법은 국가 및 지역의 조건과 우선순위 또는 안전성과지표의 모니터링을 지원하기 위한 데이터제공의 필요성과 같은 다양한 고려사항의 영향을 받을 수 있다.

안전데이터를 확인하고 수집하는 것은 안전을 효과적으로 관리해야 하는 조직의 요구와 일치되어야 한다. 경우에 따라, 안전위험관리 프로세스는 영향(위험도 및 심각도 수준)을 보다 잘 평가하고 관련위험을 파악하기 위해 추가적인 안전데이터의 필요성을 강조한다. 마찬가지로, 안전성능관리 프로세스는 특정 안전문제를 보다 포괄적으로 이해하거나 안전성과지표의 설정 또는 개선을 용이하게 하기 위한 추가적인 정보의 필요성을 강조할 수 있다.

안전데이터 및 안전정보를 수집하고 사용할 때 발생가능한 편향을 고려하여야 한다. 예를 들어, 자발적 보고에 사용되는 언어는 감정적일 수도 있고 개인의 목표달성을 목

3) RASG: Regional Aviation Safety Groups

적으로 하는 경우도 있다. 이러한 목표는 반드시 전체조직의 이익에 부합하지 않을 수도 있다. 이러한 경우 정보는 신중하게 사용되어야 한다.

국가 및 서비스제공자는 내부 및 외부의 다양한 자원에서 나온 안전데이터 수집에 대하여 통합된 접근방법을 고려하여야 한다. 통합을 통해 조직은 안전위험을 보다 정확하게 파악하고 조직의 안전목표를 달성할 수 있다. 처음에 무관한 것으로 보이는 안

그림 5-1 안전데이터 및 안전정보 자료원의 예(Typical safety data and safety information resources)

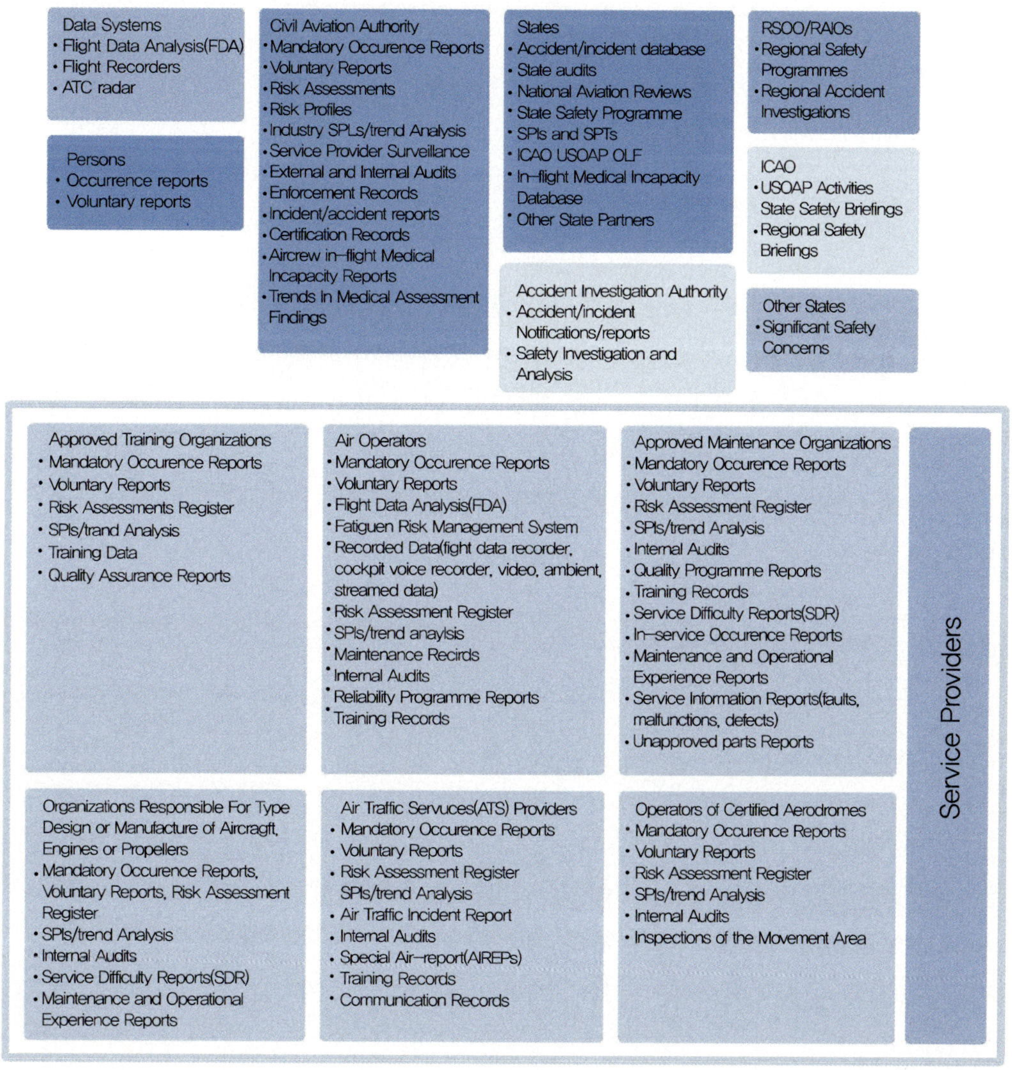

전데이터와 안전정보는 나중에 안전문제를 식별하고 데이터-기반 의사결정을 지원하는 데 중요한 것이 될 수 있다.

안전데이터 및 안전정보의 분량을 적절하게 하기위해 조직내에서 효과적인 안전관리를 구체적으로 지원하는 항목을 식별하여 권장할 수 있다.

수집된 안전데이터 및 안전정보는 조직활동의 범위내에서 시스템성능의 신뢰성 있는 측정 및 알려진 위험평가 뿐만 아니라 새롭게 부상하는 위험의 식별을 지원해야 한다. 필요한 안전데이터 및 안전정보는 조직활동의 규모와 복잡성의 영향을 받는다.

<그림 5-1>은 일반적인 안전데이터 및 안전정보의 예를 제공하며 많은 경우 이미 사용중에 있다. 중복을 피하기 위해 안전데이터를 보고하고 수집하는 노력을 간소화하려면 부서 또는 부서 간 조정이 필요하다.

3) 사고 및 준사고조사 (Accident and incident investigations)

부속서 13은 실제 또는 잠재적 안전결함에 대한 정보의 효과적인 분석을 용이하게 하고 필요한 예방조치를 결정하기 위해 국가가 사고 및 준사고 데이터베이스를 구축하고 유지하도록 요구한다. 국가안전프로그램 이행을 담당하는 국가당국은 안전책임을 지원하기 위해 국가의 사고 및 준사고 데이터베이스에 접근할 수 있어야 한다. 조사된 사고 및 준사고에 대한 최종 보고서에는 예방조치의 기반이 되는 추가정보가 포함될 수 있다.

4) 국가기관 또는 항공서비스제공자에 의한 안전조사 (Safety investigations by State authorities or aviation service providers)

부속서 13의 조항에 따르면, 각국은 자국의 영토내에서 발생한 2,250kg 이상의 최대중량을 가진 항공기의 사고는 물론 심각한 준사고에 대하여 조사를 실시하여야 한다. 이러한 조사는 부속서 13에 따라 국가사고조사기관(AIA[4])에 의해 수행된다. 그러한 조사의 실시는 상호합의 및 동의에 의해 타국 또는 지역사고 및 준사고 조사기구(RAIO)[5]

4) AIA: Accident Investigation Agency

에 위임될 수 있다.

인진성능의 향싱을 지원하기 위한 유용한 안전징보를 제공함에 있어 부속서 13에 따른 안전조사가 권장된다. 서비스제공자의 안전조사에 대한 추가정보는 제9장에서 찾을 수 있다.

5) 의무안전보고시스템 (Mandatory safety reporting systems)

부속서 19는 국가로 하여금 사건의 보고를 포함하되 이에 국한되지 않는 의무적인 안전보고시스템을 확립하도록 요구한다. 국가 및 서비스제공자가 개발한 보고시스템은 의무보고서의 접근, 생성 및 제출을 위해 가능한 한 간단하게 만들어야 한다. 의무안전보고시스템은 발생한 날자, 장소, 시기 및 대상을 포함하여 발생에 대한 모든 중요한 정보를 수집하는 것을 목표로 해야 한다. 또한 의무안전보고시스템은 사고에 기여하는 것으로 알려진 특정 위험요소를 포착하고 적절한 시기에 확인 및 의사소통이 중요한 것으로 간주되어야 한다(예: 일상적인 기상조건, 화산활동 등).

의무보고시스템의 범위에 관계없이, 의무적으로 수집된 모든 보고서는 제7장에 설명된 원칙에 따라 보호하는 것이 바람직하다.

의무발생보고시스템은 인간의 성능측면보다 더 많은 기술정보(예: 하드웨어의 오류)를 수집하는 경향이 있다. 보다 광범위한 안전보고의 필요성을 해결하기 위해 국가는 또한 자발적 안전보고시스템을 이행하여야 한다. 이는 인적요소와 관련된 추가정보를 수집하고 항공안전을 향상시키는 것을 목표로 한다.

(1) 사고 및 준사고의 보고 (Reporting of accident and incidents)

사고 및 준사고보고는 항공의 모든 이해관계자에게 관련된다. 보고자는 가능한 한 빨리 사고와 특정유형의 준사고를 국가의 사고조사기관에 가능한 가장 빠른 수단을 통해 보고해야 한다. 중대한 준사고도 반드시 보고되어야 하며 중대한 준사고가 될 수 있는 사건의 목록은 부속서 13의 첨부 C에 나와 있다.

다음은 준사고가 중대한 준사고로 분류되어야 하는지 여부를 결정할 때 고려해야

5) RAIO: Regional Accident and Incident Investigation

할 두 가지 주요측면이다.

- 사고 가능성이 높다는 상황이 있었는가?
- 사고가 가까스로 회피되었는가?

6) 자발적 안전보고시스템 (Voluntary safety reporting systems)

의무안전보고시스템에 의해 포착되지 않은 안전데이터 및 안전정보를 수집하기 위한 자발적 안전보고시스템이 수립되어야 한다. 이러한 보고서는 일반적인 준사고 보고를 뛰어 넘는다. 자발적 보고는 부적절한 안전절차 또는 규정, 사람의 실수 등과 같은 잠재적 상황을 드러내는 경향이 있다. 위해요인을 식별하는 한 가지 방법이 자발적 보고이다.

국가는 자발적 안전보고시스템 및 관련출처에서 수집한 안전데이터와 안전정보를 보호하여야 한다. 국가 및 서비스제공자가 안전데이터, 안전정보 및 관련자료원에 대한 보호를 적용하는 방법에 대한 지침은 제7장을 참조하라. 적절한 보호장치를 적용하면 안전데이터 및 안전정보를 계속해서 사용할 수 있다. 국가는 또한 자발적 보고를 촉진할 수 있는 방법을 고려할 필요가 있다.

7) 부문별 안전보고조항 (Sector-specific safety reporting provisions)

안전보고시스템에 대한 규정은 계속 진화하고 있다. 특정 안전문제 및 부상하는 항공활동을 해결하기 위해 피로 및 원격조종 항공기시스템(RPAS: Remotely Piloted Aircraft)과 같은 새로운 부문별보고 요구사항이 최근에 도입되었다.

<표 5-1>은 다양한 부속서, PANS 및 문서에 포함된 부문별 보고시스템의 몇 가지 예를 제공한다.

표 5-1 다양한 Annex, PANS 및 문서의 부문별 보고시스템의 예
(Examples of sector specific reporting systems in various Annexes, PANS and documents)

Reporting System	Reference	For State/Service Provider	Year of initial adoption / approval
Aircraft Accident and incident investigation reporting	Annex 13 – *Aircraft Accident and Incident Investigatio*	State	1951
Air traffic incident reporting	PANS – ATM (Doc 4444), *Procedures for Air Navigation Services – Air Traffic Management*	State and Service provider	1970
Dangerous goods accident and incident reporting	Annex 18 – *The Safe Transport of Dangerous Goods by Air*	State	1981
Service difficulty reporting	Annex 8 – *Airworthiness of Aircraft*	State	1982
Air traffic incident reporting	Doc 9426, *Air Traffic Services Planning Manual, Part 2*	Service provider	1984
Wild – life / bird strike reporting	Doc 9332, *Manual on the ICAO Bird Strike Information System (IBIS)*	Service provider	1989
	Annex 14 – *Aerodromes, Volume I – Aerodrome Design and Operations*	State and Service provider	1990
	Doc 9137, *Airport Services Manual, Part 3 – Bird Control and Reduction*	State and Service provider	1991
Laser emission reporting	Doc 9815, Manual on Laser Emitters and Flight Safety	State	2003
Fatigue reporting	Annex 6 – *Operation of Aircraft, Part I – International Commercial Air Transport – Aeroplanes*	Service provider	2011
	Doc 9966, *Manual for the Oversight of Fatigue Management Approaches*	Service provider	2012
Service difficulty reporting	Doc 9760, *Airworthiness Manual*	State	2014
Aerodrome safety reporting	Doc 9981, *Procedures for Air Navigation Services (PANS) – Aerodromes*	Service provider	2014
Remotely piloted aircraft systems (RPAS)	Doc 10019, *Manual on Remotely Piloted Aircraft Systems (RPAS)*	Service provider	2015
In – flight incapacitation events and medical assessment findings	Annex 1 – *Personnel Licensing*	State	2016
Dangerous goods accident and incident reporting	Doc 9284, *Technical Instructions for the Safe Transport of Dangerous Goods by Air*	Service provider	2017

8) 자율보고시스템(Self-disclosure reporting systems)

항공안전행동 프로그램(ASAP)[6] 및 비행자료분석(FDA)[7] 프로그램, 비행품질보증(FOQA)[8] 프로그램, 라인운영안전감사(LOSA)[9] 등 자동데이터 포착을 포함하여 자체 공시보고시스템을 통한 안전데이터 수집을 위한 서비스제공자 시스템 및 정상운영안전조사(NOSS[10])는 운항승무원 또는 항공교통관제사를 직접 관측하여 안전데이터를 수집하는 시스템의 예이다. 이 모든 시스템은 성공적인 시스템 및 사람의 성능에 대한 기록을 가능하게 한다. 자율보고시스템 및 그 출처에서 수집한 안전데이터 및 안전정보보호에 관한 정보는 제7장을 참조하라.

9) 검사, 감사 또는 조사의 결과(Results of inspections, audits or surveys)

검사, 감사 또는 조사와 같이 국가기관과 서비스제공자 간의 상호작용 결과는 안전데이터 및 안전정보의 저수지에 대한 유용한 입력이 될 수 있다. 이러한 상호작용으로부터 얻은 안전데이터와 안전정보는 감시프로그램 자체의 유효성을 입증하는 자료로 사용될 수 있다.

10) 최적의 안전데이터 및 안전정보수집(Optimal safety data and safety information collection)

데이터-기반 의사결정의 기초로 사용되는 안전데이터 및 안전정보의 대부분은 조직내에서 활용할 수 있는 일상적인 작업에서 비롯된다. 조직은 먼저 안전데이터 및 안전정보가 어떤 특정질문에 응답하는지 또는 어떤 문제를 해결해야 하는지를 식별해야 한다. 이는 적절한 자원을 결정하고 필요한 데이터 또는 정보의 양을 명확히 하는 데 도움이 된다.

---

6) ASAP: Aviation Safety Action Programme
7) FDA: Flight Data Analysis
8) FOQA: Flight Operations Quality Assurance
9) LOSA: Line Operations Safety Audit
10) NOSS: Normal Operations Safety Survey

5.3 분류법

(TAXONOMIES)

안전성 데이터는 의미있는 용어를 사용하여 데이터를 수집하고 저장할 수 있도록 분류법 및 지원된 정의를 사용하여 이상적으로 분류되어야 한다. 일반분류법과 정의는 표준언어를 설정하여 정보와 의사소통의 질을 향상시킨다. 항공공동체가 안전문제에 집중할 수 있는 역량은 공통된 언어를 공유함으로써 크게 향상된다. 분류법은 분석을 가능하게 하고 정보공유 및 교환을 용이하게 한다. 분류법의 몇 가지 예는 다음과 같다.

- 항공기모델: 조직은 운항이 인증된 모든 모델에 대하여 데이터베이스를 구축할 수 있다.
- 공항: 조직은 ICAO 또는 국제항공운송협회(IATA[11]) 코드를 사용하여 공항을 식별할 수 있다.
- 발생유형: 조직은 ICAO 및 기타 국제기구가 개발한 분류체계를 사용하여 사건을 분류할 수 있다.

다양한 업계공통 항공분류법이 있다. 몇 가지 예는 다음과 같다.

- ADREP: ICAO 사고 및 준사고 보고시스템의 일부인 발생 카테고리 분류법. 이 카테고리에 대한 안전추세 분석을 허용하는 속성 및 관련값의 편집
- 상업항공안전팀(CAST)[12] / 국제민간항공기구(ICAO) 공통분류팀(CICTT)[13]: 항공기사고 및 준사고 보고시스템에 대한 일반적인 분류 및 정의를 개발하도록 임무를 부여
- 안전성과지표 태스크포스(SPI－TF): 정보수집의 일관성과 분석결과의 비교를 보장하기 위해 서비스제공자의 안전성과지표를 위한 안전관리시스템의 일부로 전 세계적으로 조화된 통계를 개발하는 임무를 수행

CICTT의 분류표 발췌는 <표 5－2>예를 참조하라.

---

11) IATA: International Air Transport Association
12) CAST: Commercial Aviation Safety Team
13) CICTT: Common Taxonomy Team

표 5-2 **전형적 분류법의 예**(Example of typical taxonomy)

Type Operation	Activity / Infrastructure / System	Value
Aerodrome Air Navigation Service Provider Air Operation Maintenance Organization Design & Manufacturing Organizaiton	Regulator	Lack of, poor or ineffective legislation and / or regulations
		Lack of or ineffective investigation capability
		Inadquate oversight capability
	Management	Limited or lack of management commitment – Management do not demonstrate support for the activity
		Lack of incomplete description of roles, accountabilities and responsibilities
		Limited or lack of resource availability or planning, including staffing
		Lack of or ineffective policies
		incorrect of incomplete procedures including insructions
		Lack of poor management and labor relationships
		Lack of or ineffective organizational structure
		Poor organizational safety culture
		Lack or ineffective audit procedures
		Lack of or limited resource allocation

특히 위해요인 분류법이 중요하다. 위험파악은 종종 위험관리프로세스의 첫 번째 단계이다. 공통적으로 인정되는 언어로 시작하면 안전데이터를 보다 의미 있고 쉽게 분류하고 처리하기가 더 쉬워진다. 위해요인분류체계에는 일반 및 특정 구성요소가 포함될 수 있다.

일반구성요소를 사용하면 식별, 분석 및 코딩을 돕기위해 사용자가 위해요인을 파악할 수 있다. CICTT는 위해요인에 대한 높은 수준의 분류체계를 개발했다. 위험유형(환경, 기술, 조직 및 인간)을 가정하고 위험을 분류한다.

특정 구성요소는 위해요인의 정의 및 상황에 정확성을 추가한다. 이를 통해 보다 상세한 리스크관리 처리가 가능하다. 다음 기준은 위해요인정의 시 유용할 수 있다. 위해요인의 이름을 지정할 때 다음을 고려하여야 한다.

- 명확한 확인
- 절제된 서술

- 승인된 이름의 확인
- 비확정부사의 사용(낮은, 결함이 있는 등의 표현회피)
- 부정적 또는 부재를 서술하는 표현의 회피(예 부족)

일반분류법이 데이터베이스 간에 항상 사용가능한 것은 아니다. 이러한 경우 데이터 매핑을 사용하여 안전성 데이터 및 동등성에 기반을 둔 안전성 정보의 표준화를 허용하여야 한다. 항공기형식을 사용하면 데이터 매핑을 통해 한 데이터베이스의 "보잉 787–8"이 다른 데이터베이스의 "788"과 동일하다는 것을 알 수 있다. 이는 안전데이터 및 안전정보캡처 중 세부수준이 다를 수 있으므로 명확한 과정이 아닐 수도 있다. 대부분의 SDCPS는 데이터캡처의 표준화를 지원하도록 구성되어 데이터매핑의 부담을 덜어준다.

5.4 안전데이터의 처리

(SAFETY DATA PROCESSING)

안전데이터처리란 다이어그램, 보고서 또는 표와 같은 유용한 형식으로 의미있는 안전정보를 생성하기 위해 안전데이터를 조작하는 것을 의미한다.

안전데이터처리와 관련하여 다음과 같은 몇 가지 중요한 고려사항이 있다. 데이터품질, 집합, 퓨전, 및 필터링이 그것들이다.

1) 데이터품질 (Data quality)

데이터품질은 깨끗하고 목적에 맞는 데이터수집과 관련된다. 데이터품질에는 다음 측면이 포함된다.

- 청결성
- 객관성
- 적시성

• 정확성 및 수정성

데이터정리는 레코드집합, 테이블 또는 데이터베이스에서 손상되거나 부정확한 레코드를 검색 및 수정(또는 제거)하는 프로세스로, 데이터의 불완전하고 부정확하거나 관련이 없는 부분을 식별한 다음 오염되었거나 거친 데이터를 대체, 수정 또는 삭제하는 것을 말한다.

관련데이터는 조직의 요구를 충족시키고 가장 중요한 문제를 나타내는 데이터이다. 조직은 필요와 활동에 따라 데이터의 관련성을 평가해야 한다.

안전데이터 및 안전정보 적시성은 실시간 기능이다. 의사결정에 사용되는 데이터는 가능한 한 실시간에 가까운 상황을 반영해야 한다. 판단은 상황의 변동성에 따라 종종 요구된다. 예를 들어, 2년 전부터 동일한 경로를 계속 운영하는 항공기형식에 대해 중요한 변경없이 수집된 데이터는 상황을 적시에 반영할 수 있다. 반면에 일주일 전에 더 이상 서비스를 제공하지 않는 항공기형식에 대해 수집된 데이터는 현재의 현실을 의미있고 시의 적절하게 반영하지 못할 수 있다.

데이터 정확도는 묘사된 바대로 주어진 시나리오를 반영하고 정확한 값을 나타낸다. 데이터의 부정확성은 일반적으로 사용자가 잘못된 값을 입력하거나 오타를 하는 경우 발생한다. 이러한 문제는 숙련되고 훈련된 데이터입력 직원이 있거나 맞춤법 검사와 같은 응용프로그램을 구성요소에 포함시킴으로써 극복할 수 있다. 데이터 값은 시간이 지남에 따라 부정확해 질 수 있으며 "데이터훼손"이라고도 한다. 움직임은 부정확한 데이터의 또 다른 원인이다. 데이터가 추출되어 하나의 데이터베이스에서 다른 데이터베이스로 변환 및 이동되면, 특히 소프트웨어가 견고하지 않은 경우 어느 정도 변경될 수 있다.

2) 안전데이터 및 안전정보의 집계(Aggregation of safety data and safety information)

데이터집계는 안전데이터 및 안전정보가 수집되어 조직의 표준편차에 저장되고 분석을 위해 요약형식으로 표현되는 경우이다. 안전데이터와 안전정보를 종합하는 것은 함께 집계하여 더 큰 데이터세트를 생성하는 것이다. SDCPS의 경우 안전데이터의 개별항목이 다른 데이터보다 우선하지 않게 데이터베이스에 저장한다. 일반적인 집계목적은 항공기형식 또는 전문그룹 같은 특정변수를 기반으로 특정그룹 또는 활동유형에 대한 정보를 얻는 것이다. 데이터집계는 안전데이터 및 안전정보의 출처를 보호하고 분석을 지원하기 위해 적절한 식별을 보장하기에 충분한 데이터가 없는 여러 조직 또는 지역에서 유용할 수 있다.

3) 데이터융합(Data fusion)

데이터융합은 여러 안전데이터 세트를 병합하여 개별 안전데이터세트를 제공하는 것보다 더 일관되고 유용한 안전데이터를 생성하는 프로세스이다. 안전데이터 세트의 통합과 그 감소 또는 교체는 상기데이터의 신뢰성 및 유용성을 향상시킨다. 예를 들어 항공운영자의 비행데이터분석시스템 데이터를 기상데이터 및 레이더데이터와 병합하면 이후 처리를 위해 보다 유용한 데이터세트를 얻을 수 있다.

4) 안전데이터 및 안전정보 필터링(Filtering of safety data and safety information)

안전데이터 필터링은 안전데이터세트를 정제하기 위한 광범위한 전략 또는 솔루션을 의미한다. 이는 반복적, 부적절하거나 민감한 데이터를 포함하지 않고 의사결정권자의 요구에 따라 데이터세트를 간단하게 정제할 수 있음을 의미한다. 서로 다른 유형의 데이터필터를 사용하여 보고서, 쿼리결과 또는 다른 방법으로 결과를 전달할 수 있다.

5.5 안전데이터 및 안전정보관리

(SAFETY DATA AND SAFETY INFORMATION MANAGEMENT)

안전데이터 및 안전정보의 관리는 조직에서 사용하는 안전데이터 및 안전정보의 전반적인 무결성, 가용성, 유용성 및 보호를 보장하는 계획, 정책, 프로그램 및 관행의 개발, 실행 및 감독으로 정의할 수 있다.

필요한 기능을 다루는 안전데이터 및 안전정보의 관리는 조직의 안전데이터 및 안전정보가 수집, 저장, 분석, 유지 및 보관될 뿐만 아니라 의도된 대로 관리, 보호 및 공유되는 방법을 보장한다. 구체적으로 다음을 확인하여야 한다.

- 수집되어야 할 데이터는 무엇인가?
- 데이터의 정의, 분류법 및 형식은?
- 데이터가 수집되어 다른 안전데이터 및 안전정보자원과 어떻게 분석되고 통합되는지?
- 어떻게 안전데이터 및 안전정보가 저장되고, 보관되고 백업될 것인가? 예를 들어, 데이터베이스 구조와 IT시스템이 아키텍처를 지원하는지?
- 어떻게 안전데이터와 안전정보가 사용될 것인가?
- 정보가 다른 당사자와 공유되고 교환되는 방법은?
- 어떻게 안전데이터 및 안전정보가 안전데이터 및 안전정보의 유형 및 소스에 따라 보호될 것인가?
- 품질이 어떻게 측정되고 유지될 것인가?

안전정보를 생성하는 프로세스가 명확하게 정의되지 않은 경우 조직은 데이터중심의 의사결정을 자신있게 수행할 수 있는 방어가 가능하고 안정적이며 일관된 정보를 얻을 수 없다.

1) 데이터 거버넌스(Data governance)

데이터 거버넌스는 조직의 데이터관리활동을 지원하는 프로세스와 절차에 대한 권한, 통제 및 의사결정을 말한다. 이는 안전데이터 및 안전정보를 수집, 분석, 사용, 공유 및 보호하는 방법을 지배한다. 데이터 거버넌스는 아래에 설명된 대로 데이터관리시스템의 무결성, 가용성, 유용성 및 보호와 같은 주요 특성을 통해 원하는 효과를 발휘하도록 한다.

- **무결성(Integrity)**: 데이터 무결성은 포함된 자원, 정보 및 이벤트의 신뢰성을 나타낸다. 데이터 무결성에는 전체 수명주기 동안 데이터의 정확성과 일관성에 대한 유지관리 및 보증이 포함된다. 이는 데이터를 저장, 처리 또는 검색할 때 표준편차

CPS의 설계, 구현 및 사용에 있어 중요한 부분이다.

- 가용성(Availability): 저장된 안전데이터 및 안전정보를 사용하거나 공유할 수 있는 권한을 가진 사람이 누구인지를 분명하게 해야 한다. 이것은 데이터/정보소유자와 관리인 간의 합의를 고려해야 한다. 데이터를 사용할 수 있는 기관의 경우 접근권한과 처리방법이 명확해야 한다. 저장위치의 중복 및 데이터 접근방법 및 도구를 포함하여 데이터 가용성을 극대화하는 다양한 기술이 있다.
- 사용성(Usability): 안전데이터 및 안전정보에 대한 편익을 극대화하려면 사용성 표준을 고려하는 것이 중요하다. 인간은 획득한 안전데이터 및 안전정보와 지속적으로 상호작용하고 관여한다. 조직은 자동화 응용프로그램이 적용될 때 사람의 실수를 최소화해야 한다. 사용성을 높일 수 있는 도구로는 데이터사전과 메타데이터 저장소가 있다. 인간과의 상호작용이 대용량데이터 애플리케이션 및 기계학습 프로세스로 발전함에 따라 미래에 안전데이터 및 안전정보오산을 최소화하기 위해 기계에 적용될 때 인간의 사용성을 더 잘 이해하는 것이 점점 중요해질 것이다.
- 보호성(Protection): 각국은 안전데이터, 안전정보 및 관련출처에 적절한 보호를 제공하도록 해야 한다. 보다 자세한 정보는 제7장을 참조하라.

2) 메타데이터 관리 (Metadata management)

메타데이터는 다른 데이터, 즉 데이터에 대한 데이터를 설명하고 제공하는 데이터 집합으로 정의된다. 메타데이터 표준을 사용하면 데이터의 일반적인 의미나 정의가 제공된다. 그것은 소유자와 사용자에 의한 적절한 사용과 해석을 보장하며, 데이터는 분석을 위해 쉽게 검색된다.

조직은 다음을 포함하되 이에 국한되지 않는 속성을 기반으로 데이터를 카탈로그화하는 것이 중요하다.

- 데이터는 무엇인가?
- 어디로 부터 오는가(자료원)?
- 무엇을 생성하는가?
- 언제 생성되었는가?

- 누가 사용하는가?
- 무엇을 위하여 사용되는가?
- 수집주기는?
- 처리 또는 변환은?

메타데이터는 데이터가 무엇인지에 대한 공통된 이해를 제공하고 소유자와 사용자가 올바른 사용과 해석을 하도록 보장한다. 이는 또한 데이터수집시 오류를 식별하여 프로그램을 지속적으로 개선할 수 있게 한다.

CHAPTER 06

안전분석

(SAFETY ANALYSIS)

6.1 개 요

(INTRODUCTION)

안전분석은 유용한 정보를 분석하고, 결론을 제시하며, 데이터에 기반하는 의사결정을 지원하기 위하여 확인, 검사, 서술, 전송, 집적, 분석 및 가시화할 수 있는 통계 또는 기타 분석기법을 적용하는 프로세스를 말한다. 분석은 조직으로 하여금 조치가 가능하도록 통계, 그래프, 지도, 현황판 및 프레젠테이션 형태로 안전정보를 생성해 준다. 안전분석은 특히 풍부한 안전데이터를 보유한 규모가 크고 성숙된 조직에 있어 중요하다. 안전분석의 결과는 데이터에 기반한 의사결정이 가능하도록 의사결정권자에게 안전현황형태로 보고되어야 한다.

국가는 안전데이터 수집 및 처리시스템 및 관련 안전데이터베이스로부터 추출된 안전데이터 및 안전정보를 분석하는 프로세스를 수립하고 유지할 것이 요구된다. 국가차원의 안전데이터 및 안전정보분석의 또 다른 목적은 개별서비스 제공자의 안전데이터 분석 프로세스만으로는 확인될 수 없는 시스템적인 또는 횡적으로 분포된 위해요인을 확인하기 위함이다.

안전분석은 국가 또는 서비스제공자들에게 수립하도록 요구되는 새로운 기능일 수 있다. 효율적인 안전분석의 시행에 필요한 경쟁력은 전통적인 안전감독관의 감독범위를 벗어남을 주목하여야 한다.

국가와 서비스제공자는 안전정보에 필요한 기술을 고려함에 있어 적절한 교육의 제공과 함께 이러한 역할을 수행할 수 있도록 기존 직무에 추가 또는 기능을 분리할 것인지, 아니면 모든 기능을 외부에 위탁할 것인지, 또는 이러한 방법들을 혼합하여 운영할 것인지를 결정하여야 한다. 이러한 결정은 각 국가 또는 서비스제공자의 계획과 환경에 따라서 달라질 수 있다.

인적자원에 대한 검토와 병행하여 기존의 소프트웨어와 비즈니스에 대한 분석과 의사결정정책 및 프로세스에 대한 분석이 있어야 한다. 안전분석이 효과적이기 위해서는 조직의 기존 핵심도구, 정책 및 프로세스와 통합되어야 한다. 일단 통합이 되면 안전정보의 지속적인 개발은 연속적이며 조직의 일상업무형태의 일부분이 되어야 한다.

안전데이터 및 안전정보의 분석은 다양한 방법으로 실시될 수 있는데 어떤 것은 다른 것보다 왕성한 데이터의 분석적 능력을 요구하기도 한다. 안전데이터 및 안전정보의 분석에 적절한 도구를 사용하게 되면 기존의 관계, 연결, 패턴 및 추세를 보여주는 데이터에 대한 전반적인 상황에 대하여 보다 정확한 이해를 제공하게 된다.

성숙된 분석능력을 갖춘 조직은 다음을 할 수 있다.

- 효과적인 안전매트릭스를 수립
- 의사결정권자가 안전정보에 대한 이해가 가능하도록 안전프레젠테이션 능력(예: 안전상황판)을 수립
- 특정 부문, 조직, 시스템 또는 프로세스의 안전성과를 감시
- 안전추세, 안전목표를 강조
- 안전유발요인에 근거하여 안전의사 결정권자에게 경고
- 변화를 유발하는 요소를 확인
- 다양한 요소들 사이의 연결 또는 연관관계를 확인
- 가정에 대한 시험
- 모델예측능력의 개발

조직은 안전분석에 있어 단순한 "안전데이터"만이 아닌 적절한 정보원의 범위를 포함하여야 한다. 데이터세트에 추가될 수 있는 유용한 정보는 기상, 지형, 교통량, 인구통계, 지리 등이 될 수 있다. 보다 광범위한 데이터자료원에 접근하고 확인함을 통해 분석자와 안전의사결정권자는 보다 큰 그림을 인지한 가운데 안전의사결정을 할 수 있다.

국가는 항공시스템 전반에 걸친 안전추세 및 위해요인의 확인과 관련된 정보에 특별한 관심을 가져야 한다.

6.2 분석의 형태

(TYPES OF ANALYSIS)

안전데이터 및 안전정보의 분석은 의사결정권자로 하여금 안전데이터에서 다른 그

그림 6-1 일반적 통계분석 형태

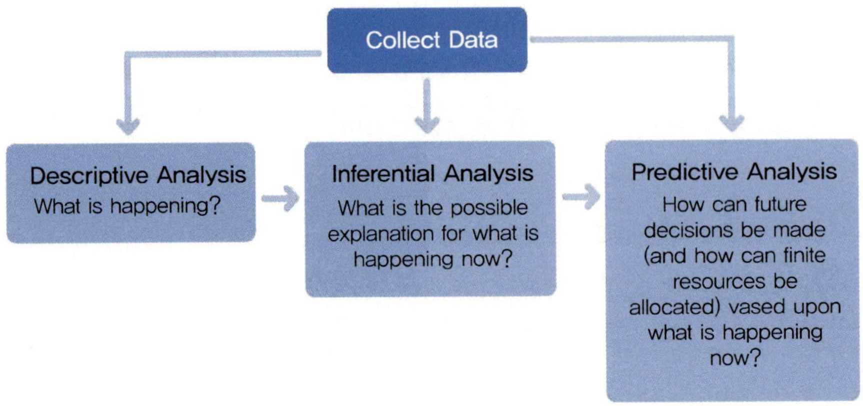

룹 (통제 또는 비교그룹)과의 정보를 비교함을 통하여 의사결정의 도출을 도울 수 있다. 일반적 접근법은 <그림 6-1>에 나타난 규범적 분석(규범화), 추정적 분석 (추정화) 및 예측적 분석(예측화)을 포함한다.

1) 규범적 분석 (Descriptive analysis)

규범적 통계는 데이터를 서술하거나 요약하는데 사용하며 의미있고 유용한 방법이다. 이러한 방법은 일정한 패턴이 데이터로부터 추출되며 사례연구, 기회 및 도전에 대한 분명한 정의를 도와 주는 방법으로 데이터를 설명하고 보여 주고 요약한다. 규범적 기법은 데이터에 대한 정보를 제공하지만 사용자로 하여금 분석된 데이터를 뛰어넘는 결론을 도출하게 하거나 데이터에 대한 가정에 대하여 어떠한 결론에 도달하게 하지는 않는다. 이 기법은 데이터에 대한 서술이라고 보면 적당하다.

규범적 통계는 단순하게 기초데이터, 특히 많은 양을 제시할 때는 유용하지만 데이터가 무엇을 보여 주는지를 가시화하기는 어렵다. 규범적 통계는 사용자로 하여금 데이터에 대한 단순한 해석을 가능하게하여 보다 의미있는 방법을 제시하고 볼 수 있게 한다. 표, 매트릭스, 그래프 및 차트 또는 지도와 같은 도구들은 데이터를 요약함에 사용될 수 있는 방법들의 예이다. 규범적 통계는 평균, 중앙값 (median) 및 최대빈도

(mode)는 물론 범위(range), 4분위수(quartiles), 최소 및 최대, 빈도분포(frequency distributions), 변수 및 표준편차(Standard Deviation)와 같은 변수의 측정을 포함한다. 이러한 요약은 다양한 통계분석의 일부로서 데이터를 설명하기 위한 초기의 기반이 될 수 있거나 또는 특정한 조사에서 그 자체로 충분할 수 있다.

2) 추정적 분석 (Inferential analysis)

추정적(또는 귀납적) 통계는 데이터샘플을 나타내는 큰 모집단에 대하여 알아보기 위하여 데이터를 사용하는 것을 목표로 한다. 전체 모집단에 대하여 각 항목을 검토하고 언제나 전체 모집단에 접근할 수 있는 것이 편리하거나 가능한 것은 아니다. 추정적 통계는 추세를 묘사하기 위해 샘플을 채취한 모집단에 대한 일반화, 추론 및 결론을 내릴수 있는 가용데이터를 사용자가 활용할 수 있도록 해주는 기술이다. 이러한 것들은 매개변수를 추정하는 방법, 통계가설을 테스트하는 방법, 차이점이나 유사점을 식별하기 위해 같은 측정에서 두 그룹의 평균실적을 비교하는 방법, 변수 간의 가능한 상관관계 및 관계를 식별하는 방법이 포함된다.

3) 예측적 분석(Predictive analysis)

다른 유형의 분석은 과거 및 현재 데이터에서 정보를 추출하여 추세 및 행동패턴을 예측하는 데 사용하는 확률 또는 예측분석이 포함된다. 데이터에서 발견된 패턴은 부상하는 위험 및 기회를 식별하는 데 도움이 된다. 종종 알려지지 않은 관심 이벤트가 미래에 있지만 예측적 분석은 과거, 현재 또는 미래에 알려지지 않은 모든 유형에 적용될 수 있다. 예측적 분석의 핵심은 과거에 발생한 변수 간 관계를 포착하고 이를 사용하여 알려지지 않은 결과를 예측하는 데 있다. 일부시스템은 사용자가 다른 결과를 가진 다양한 위험 또는 기회의 시나리오를 모델링할 수 있도록 허용한다. 이를 통해 의사결정권자는 여러 가지 알려지지 않은 상황에 직면했을 때 내릴 수 있는 의사결정을 평가하고 최고의 위험 또는 최상의 기회가 있는 분야에 세한된 자원을 효과적으로 할당할 수 있는 방법을 평가할 수 있다.

4) 결합적 분석 (Combined analysis)

다양한 형태의 통계분석들은 상호연결되고 종종 함께 수행된다. 예를 들면, 추정적 방법은 일련의 데이터와 관련하여 결론을 도출하는 데 사용되는 주요 도구일 수 있지만 규범적 통계도 일반적으로 사용되고 제시된다.

또한 추정적 통계결과는 때때로 예측적 분석의 기초로 사용되기도 한다.

분석기법들은 안전분석에서 다음을 위하여 적용될 수 있다.

- 항공안전의 지속적인 개선을 해치는 위해요인 및 요소들의 원인 및 기여요인을 확인
- 개선을 위한 영역을 확인하고 안전관리의 효율성을 증진
- 안전성능 및 추세를 지속적으로 감시하도록 지원

6.3 분석결과의 보고

(REPORTING OF ANALYSIS RESULTS)

안전데이터 분석의 결과는 높은 안전위험 영역을 강조할 수 있으며 의사결정권자 및 관리자들에게 다음을 지원할 수 있다.

- 즉각적인 수정조치를 취하라
- 안전위험에 근거한 감독을 실시하라
- 안전정책 또는 안전목표를 설정 또는 재설정하라
- 안전성과지표를 설정 또는 재설정하라
- 안전성과목표를 설정 또는 재설정하라
- 안전성과지표 트리거를 설정하라
- 안전을 증진하라
- 안전위험평가를 실시하라

항공안전 이해관계자들이 용이하게 이해할 수 있는 방법으로 안전분석결과를 이용

할 수 있게 하여야 한다. 결과는 조직의 의사결정권자, 외부 서비스제공자, 민간항공당국 및 다른 국가들과 같은 청중들을 염두에 두고 제시되어야 한다. 안전분석결과는 여러 가지 방법으로 제시될 수 있지만 다음은 몇 가지 예시이다.

- 임박한 안전경고: 즉각적인 조치가 필요하며 재앙이 될 수 있는 잠재적 결과를 초래할 수 있는 안전위협으로서 다른 국가 또는 서비스제공자에게도 전이될 수 있는 경우
- 안전분석보고서: 일반적으로 분석결과에 포함된 불확실성의 정도와 출처에 대한 명확한 설명과 함께 정량적 및 정성적 정보를 제공한다. 이러한 보고는 관련 안전 권고사항을 포함하기도 한다.
- 안전컨퍼런스: 국가 및 서비스제공자가 협업을 촉진할 수 있도록 안전정보 및 안전분석결과를 공유한다.

조직의 의사결정권자가 고려해야하는 실행계획, 의사결정 및 우선순위를 권고사항으로 변환하고, 가능하다면 분석결과에 대하여 누가 언제 무엇을 해야 하는지를 설정하는 것이 유용하다.

차트, 그래프, 이미지 및 대시보드와 같은 시각화도구는 데이터분석결과를 표시하는 간단하면서도 효과적인 방법이다. 시각적 데이터분석 보고서의 몇 가지 예는 ICAO의 통합안전 동향분석 및 보고시스템(iSTARS)[1] https://icao.int/safety/iSTARS에서 찾을 수 있다.

1) 안전대시보드 (Safety dashboards)

조직의 안전성과는 입증가능해야 하며 모든 이해관계자들에게 안전이 효과적으로 관리되고 있음을 분명하게 나타내어야 한다. 이를 입증하는 한 가지 접근방법은 고위급임원, 관리자 및 안전전문가들이 조직의 안전성능을 빠르고 쉽게 확인할 수 있도록 도와주는 시각적 표현인 "안전대시보드"를 사용하는 것이다.

1) iSTARS: Integrated Safety Trend and Reporling System

대시보드에는 조직의 안전성과지표 및 안전성과목표를 실시간으로 표시하는 것 외에도 특정한 위해요인의 범주, 원인 및 심각도와 관련된 정보가 포함될 수 있다. 이상적인 것은 대시보드에 표시되는 정보가 사용자별로 조직의 다양한 수준에서 의사결정을 지원하는 데 필요한 정보를 표시하는 경우이다. 트리거(triggers)를 사용하면 특정지표에 대하여 조치하여야 할 문제가 있는 경우 강조할 기본적인 시각자료를 제공하는데 유용하다. 분석자들과 의사결정권자는 대시보드를 구성하여 최고지표들을 표시할 수 있을 뿐만 아니라 매트릭스를 더 깊게 파고들 수 있는 기능을 원할 것이다.

효과적인 관리 및 의사결정에 필요한 데이터를 수집하고 분석하는 것은 현재 진행형이다. 데이터분석결과를 통해 조직에서 취해야 할 조치와 의사결정을 지원하기 위해 더 많고 양호한 데이터를 수집하고 분석해야 할 필요가 있음을 알 수 있다. <그림 6-2>는 분석결과 보고를 통해 수집할 데이터에 대한 추가 요구사항을 결정하는 방법을 보여준다.

그림 6-2 안전관리와 융합된 D3M(D3M integration with safety management)

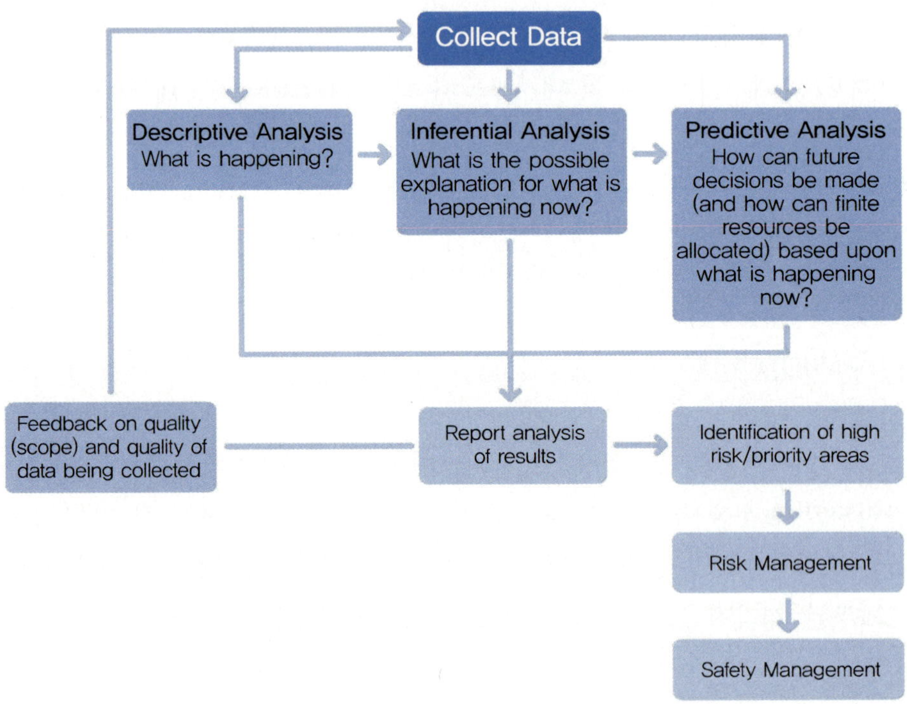

6.4 안전정보의 공유 및 교환

(SAFETY INFORMATION SHARING AND EXCHANGE)

안전정보가 공유 또는 교환될 때 안전은 더욱 개선될 수 있게 된다. 전세계 특정국가 및 특정회사 수준에서 안전문제에 대한 일관적이고 데이터에 기반하는 투명한 대응을 보장한다. 안전정보의 공유는 주는 것을 말하며 교환은 주고 받는 것을 말한다.

1) 국가내에서의 공유 (Sharing within the State)

국가는 자국의 법령에 달리 규정되어 있지 않는 한 항공시스템의 사용자들 간에 안전정보의 공유 또는 교환네트워크의 설립을 진흥하고 안전정보의 공유 및 교환을 촉진하여야 한다. 국가 및 서비스제공자의 안전진흥 안내지침은 제8장, 제9장에 각각 나와 있다.

국가당국과 서비스제공자 간에 안전정보가 공유되거나 교환되는 수준과 조건은 법령에 부합하여야 한다. 안전데이터 및 안전정보의 보호에 대한 추가적인 정보는 제7장에서 찾을 수 있다.

2) 국가 간 공유 (Sharing between States)

안전데이터의 수집 및 처리시스템에 포함된 정보를 분석할 때 다른 국가가 관심을 가질 수 있는 안전문제가 확인되면 가능한 한 신속하게 다른 국가와 안전정보를 공유하여야 한다. 국가들은 또한 지역항공안전그룹 내에서 안전정보를 공유할 것이 권고된다. 안전정보를 공유하기 이전에 각국은 안전정보를 공유할 수 있는 보호수준 및 조건이 부속서 19 부록 3과 일치하는지 확인해야 한다. 구체적인 안내지침은 제7장에 나와 있다.

6.5 데이터기반 의사결정

(DATA-DRIVEN DECISION-MAKING)

안전분석 및 안전보고의 주된 목적은 제시된 데이터를 기반으로 의사결정을 할 수 있는 의사결정권자에게 안전상황에 대한 그림을 제시하는 것이다. 이는 의사결정에 대한 프로세스중심의 접근방식인 데이터기반 의사결정(DDDM 또는 D3M이라고도 함)으로 알려져 있다.

항공관련 많은 사건들은 부분적으로는 불합리한 관리상의 결정으로 비용, 노동력 및 자원의 낭비가 초래되는 결과로 나타날 수 있다. 안전의사결정권자의 목표는 단기간에 나쁜 결과를 최소화하고 효과적인 결과를 달성하는 것이며, 장기적으로 조직의 안전목표를 달성하는 데 기여하는 것이다.

좋은 의사결정을 하는 것은 쉽지 않다. 결정은 종종 모든 관련요소들을 고려하지 않고 이루어지기도 한다. 의사결정권자는 의식하던 안하던 간에 관계없이 의사결정에 영향을 주는 편견의 대상이 되기도 한다.

D3M의 의도는 반드시 "완벽한" 또는 "이상적인" 의사결정을 내리는 것이 아니라, (실제결정이 내려지는) 단기목표를 달성하고 장기목표를 달성하기 위해 노력하는 훌륭한 결정을 내리는 것이다.

- 투명성(Transparent): 항공커뮤니티는 의사결정에 도달하기 위하여 사용되는 프로세스를 포함하여 결정에 영향을 미치는 모든 요소를 알아야 한다.
- 책임성(Accountable): 의사결정권자는 결정과 관련된 결과를 소유한다. 명확성과 투명성은 또한 책임감을 가져온다. 역할과 책임이 자세하게 정의되고 새로운 결정과 관련된 기대사항이 명확히 설명된다.
- 공정성 및 객관성(Fair and objective): 의사결정권자는 연관성이 없는 고려사항(예: 금전적 이득 또는 개인적 관계)에 영향을 받지 않는다.
- 정당성 및 신뢰성(Justifiable and defensible): 의사결정과 결정과정에 대한 입력을 고려할 때 결정이 합리적이라고 보여질 수 있다.
- 재현성(Reproduction): 의사결정권자가 이용할 수 있는 동일한 정보와 동일한 프로세

스를 사용하면 다른 사람도 같은 의사결정에 도달할 수 있게 된다.

- 실행성(Executible): 결정이 충분히 명확하고, 그 명확성은 불확실성을 최소화한다.
- 실용성(Pragmatic): 인간은 감정의 창조물이며 이는 결정에서 감정을 제거하는 것이 실현가능하지 않다는 것을 의미한다. 그러나, 제거될 수 있는 것은 자기중심적 정서편향이다. 어려운 결정에 직면하는 경우 건강한 질문은 누가 그 결정을 하느냐는 것이다.

1) 데이터기반 의사결정의 장점 (Advantages of data-driven decision-making)

D3M을 통해 의사결정권자는 안전정책 및 목표에 부합하는 희망적인 안전결과에 집중할 수 있으며 변화관리, 안전위험평가 등과 관련된 다양한 측면들을 다룰 수 있다. D3M은 다음과 관련된 결정을 지원할 수 있다.

- 법적 및 규제별 요건, 조직에 영향을 줄 수 있는 최신기술 또는 자원에서 기대되는 변화사항
- 항공산업계와 이해관계자들의 필요 및 기대에 대한 잠재적 변화
- 수립되고 관리되어야 할 다양한 우선순위(예 : 전략적, 운영적, 자원)
- 신규기술, 역량, 도구 및 새로운 결정을 이행함에 필요한 변화관리프로세스
- 평가, 관리 또는 최소화되어야 하는 위험
- 이해관계자들에게 가장 높은 가치가 있는 기존의 서비스, 제품 및 프로세스
- 새로운 서비스, 제품 및 프로세스에 대한 수요의 진화

D3M과 같은 구조화된 접근방식은 의사결정권자로 하여금 안전데이터에서 나타난 결과와 조율된 의사결정을 하게 한다. 이는 안전데이터 수집 및 처리시스템에 대한 확신이 있는 경우 안전데이터 수집 및 처리시스템으로부터 파생된 어떠한 결정에 대하여도 안전성과관리 프레임워크에 대한 신뢰가 요구된다.

2) 데이터기반 의사결정관련 공통된 도전 (Common challenges with data-driven decision-making)

데이터수집 및 분석을 위한 프로세스를 이행하기 위해서는 시간과 비용 뿐만 아니

라 조직에서 가용이 용이하지 않은 전문성과 기술이 필요하다. 의사결정과정에 투입되어야 하는 적절한 시간과 자원은 신중하게 고려하여야 한다. 고려하여야 할 요소에는 결정에 포함된 금액, 결정의 영향범위 및 결정의 안전성과 등이다. 무엇이 관련되어 있는지를 조직이 이해하지 못한다면 D3M 프로세스가 안전의사결정권자 좌절의 근원이 되어 프로세스의 훼손 또는 포기의 원인이 되게 하기도 한다. 국가안전프로그램과 마찬가지로 안전관리시스템, D3M 및 안전성과관리는 D3M이 제시하는 기회를 극대화하는 데 필요한 구조와 기술을 구축하고 유지하기위한 노력을 필요로 한다.

전문가의 견해를 신뢰하는 것보다 데이터에 대한 신뢰를 구축하는 것이 더 어렵다. D3M 접근방법을 채택하려면 신뢰할 수 있는 안전성과지표와 다른 안전데이터분석의 결과를 바탕으로 의사결정이 이루어지도록 조직의 문화와 사고방식을 전환해야 한다.

때로는 의사결정 프로세스가 "최상의 가능한 분석" 솔루션을 찾기위해 어려움을 겪을 수도 있으며 이를 "분석의 마비"라고 부르기도 한다. 이를 피하기 위해 사용할 수 있는 전략은 다음을 포함한다.

- 기한의 설정
- 잘 정의된 범위와 목적을 가짐
- 처음부터 "완벽한" 결정이나 해결책을 목표로 하지않고 오히려 "적절하고" 실용적인 결정을 내린후 향후에 결정을 개선해 나감

3) 데이터기반 의사결정프로세스 (Data-driven decision-making process)

D3M 프로세스는 국가안전프로그램 및 안전관리시스템의 가치와 효율성을 높이는 핵심적인 도구가 될 수 있다. 효과적인 안전관리는 방어적이고 정보에 입각한 결정을 내리는 것에 달려 있다. 또한 효과적인 D3M은 모든 D3M 프로세스의 구성요소인 명확하게 정의된 안전데이터 및 정보요구사항, 표준, 수집방법, 데이터관리, 분석 및 공유에 의존한다. <그림 6-3>은 D3M 프로세스를 도식적으로 보여준다.

Step 1. 문제 또는 목표의 정의 (Defining the problem or objective)

D3M 프로세스를 계획하고 수립하는 첫 번째 단계는 해결해야 할 문제 또는 달성해야 할 안전목표를 정의하는 것이다. 답변되어야 할 필요가 있는 질문은 무엇인가? 안전

그림 6-3 데이터기반 의사결정단계

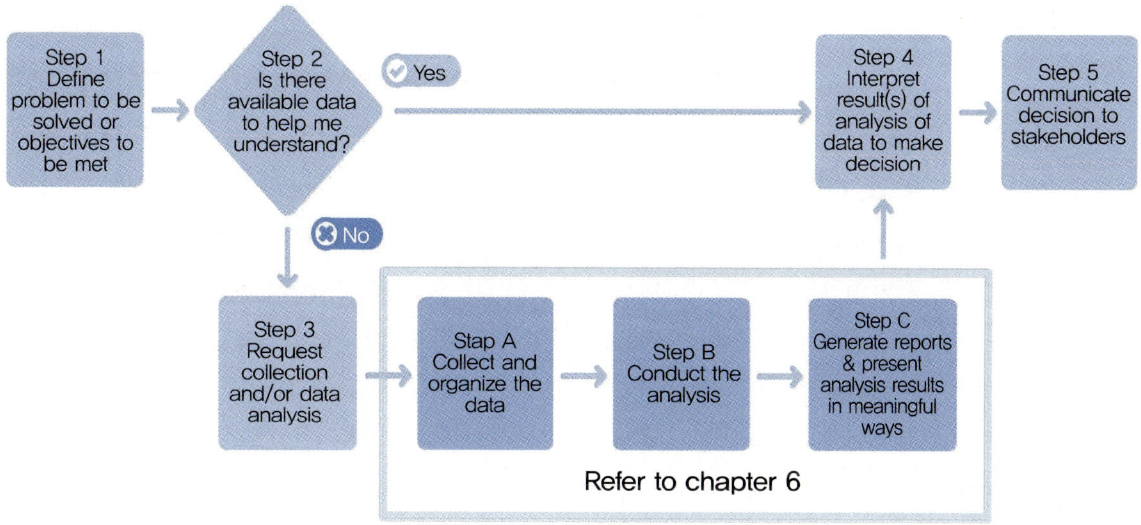

의사 결정권자가 취해야할 결정은 무엇인가? 어떻게 조직의 전략목표와 조율될 수 있을 것인가? 문제의 진술을 정의하는 과정에서 의사결정권자는 스스로에게 다음과 같은 질문을 해야 한다.

- 데이터의 수집 및 분석이 조직의 안전목적 또는 안전목표를 지원하고 관련되어 있는가?
- 필요한 데이터를 사용할 수 있는가? 아니면 합리적인 방법으로 취득할 수 있는가?
- 데이터를 수집하고 분석하는 것이 현실적이며 실현 가능한가?
- 필요한 자원(인력, 장비, 소프트웨어, 자금)을 사용할 수 있는가?

안전관리와 관련하여, 조직내의 주요문제는 안전목표를 평가하여 안전의 우선순위를 선택하고 안전위험의 완화를 위한 조치를 수립하는 것이다.

Step 2. 의사결정을 지원하는 데이터접근 (Access to data to support the decision-making)

다음 단계는 문제에 대답하기 위해 필요한 데이터를 확인하는 것이다(정보보호조항을 염두에 두면서). 어떤 데이터도 다른 데이터보다 중요하지 않다. 사용가능한 데이터가 문제를 해결하고 답을 주는데 적합한지 여부에 중점을 두어야 한다. 필요한 데이터가 가용되면 Step 4로 진행하라. 가용될 수 있는 데이터가 없다면 조직은 의미있는 방식으로 새로운 안전데이터 및 안전정보를 수집, 저장, 분석하고 제시해야 한다.

Step 3. 의사결정을 지원하기 위한 데이터의 요청 (Request data to support the decision-making)

데이터를 아직 사용할 수 없다면 조직은 데이터를 수집할 방법을 찾아야 한다. 이것은 다른 안전성과지표를 설정하고 안전성과목표를 조율하는 것을 의미할 수도 있다. 추가적으로 지표를 수립하는 것은 비용을 발생시킬 수 있다. 일단 비용이 알려지면 조직은 그 편익이 비용보다 큰지를 평가해야 한다. 초점은 주로 데이터중심의 안전결정을 내리는 데 필요한 안전데이터를 식별, 모니터링 및 측정하는 데 맞추어져 있다. 만약 비용이 이익보다 크다면 대체 데이터자원 또는 지표를 고려하라.

D3M 프로세스의 계획단계에서 조직은 안전성과목표 및 안전성과지표를 설정하고 데이터를 분석하여 달성하고자 하는 것이 무엇인지를 정의해야 한다. 조직에서 식별된 문제를 해결해야 하는 필요가 무엇인가? 합리적인 목표는 무엇인가?

안전의사결정권자는 데이터수집 및 분석결과를 어떻게, 어디에 사용할 것인가? 조직이 안전데이터 및 정보를 수집, 분석, 공유 및 교환해야하는 이유를 명확히 이해하는 것은 모든 안전데이터수집 및 처리절차의 기본이 된다.

조직이 추세를 파악하고, 정보에 입각한 의사결정을 내리고, 정의된 목표와 관련하여 안전성과를 평가하고, 위험을 평가하거나, 요구사항을 충족할 수 있도록 하기 위하여 다음의 요소들이 결합된다.

- 안전성과관리: 안전데이터 및 안전정보 거버넌스 프레임워크
- 안전데이터 수집 및 처리절차의 안전데이터 수집 및 처리기능
- 신뢰할 수 있는 의사결정 프로세스로서의 D3M

Step 4. 데이터분석 결과해석 및 데이터기반결정 (Interpret results of data analysis and make data-driven decision)

수집된 데이터는 적기에 의미있는 방식으로 의사결정권자에게 제시되어야 한다. 데이터세트의 적합성과 크기, 데이터 분석가의 분석 및 기술의 정교함은 필요할 때 데이터를 제시하고 의사결정권자가 이해하기 쉬운 형식일 때만이 효과적이다. 데이터에서 얻은 통찰력은 의사결정에 도움을 주고 궁극적으로는 안전성능을 향상시켜야 한다.

가용할 수 있는 의사결정모델은 다수가 있다. 합의되고 표준화된 접근방법을 사용하면 데이터중심 의사결정의 일관성과 효율성을 극대화할 수 있으며 대부분 다음 단계를 포함한다.

- 필요한 기술과 경험(예: 안전조치그룹(SAG))을 갖춘 팀/그룹을 구성하라
- 안전문제 또는 목적과 맥락을 명확하게 정의하라
- 지속적인 정렬을 보장하기 위해 조직의 안전성과목표를 검토하라
- 안전데이터를 검토하고 해석하여 그것이 무엇을 나타내는지 이해하라
- 실행 가능한 대안을 고려하고 분석하라
- 실행 가능한 조치의 위험성을 고려하라
- 의사결정그룹에서 합의를 도출하라
- 데이터중심의 의사결정을 내리고 결정에 따라 행동하라(데이터를 조치로 전환)
- 감시 및 평가

Step 5. 결정의 소통 (Communicate the decision)

안전결정이 효과적이기 위해서는 이해관계자들에게 소통되어야 하며 다음을 포함해야 한다.

- 필요한 조치를 취해야 할 직원
- 상황을 보고 한 사람(필요한 경우)
- 모든 인원은 안전향상에 대한 정보를 지속적으로 제공받도록 하여야 한다(안전증진, 국가는 제8장을 참조, 서비스제공자는 제9장을 참조).
- 조직의 지식관리자는 안전결정이 조직학습에 통합되도록 한다.

안전소통에 대한 자세한 내용은 국가는 8.6 및 서비스제공자는 섹션 9.6을 참조하라.

CHAPTER 07

안전데이터, 안전정보와 관련 자료원의 보호

(PROTECTION OF SAFETY DATA, SAFETY INFORMATION AND RELATED SOURCES)

7.1 목표 및 내용

(OBJECTIVES AND CONTENT)

본 장은 안전보고시스템으로부터 수집되거나 유래된 안전데이터 및 안전정보는 물론이고 그러한 데이터와 정보의자료원 보호를 지배하는 기본원칙을 기술한다. 또한 안전데이터, 안전정보 및 관련자료원의 사용 및 보호에 대한 결정의 책임이 있는 국가의 항공당국, 서비스제공자, 국회의원, 변호사, 검사, 법무담당 공무원 및 기타 관련기관에 대하여 이러한 원칙의 이행에 대한 안내지침과 권고를 제공한다. 본 장은 안전데이터 및 안전정보에 대하여 접근하거나 또는 데이터의 공개를 하고자 하는 모든 사람이 활용할 수 있다.

7.2 기본원칙

(FUNDAMENTAL PRINCIPLES)

안전데이터, 안전정보 및 관련자료원의 보호목적은 개인 및 조직으로 하여금 안전데이터 및 안전정보를 보고하게 하여 항공안전을 유지 또는 개선할 수 있도록 지속적인 데이터의 가용성을 확보함에 있다. 이러한 맥락에서 보호이행의 중요성은 아무리 강조해도 지나침이 없다. 보호는 자료원에 대한 안전관련책임의 경감을 위함이 아니고 적법한 법률적 행정과의 충돌을 하고자 하는 것도 아니다.

항공안전은 국가 또는 서비스제공자만의 책임이 아니다. 모든 이해관계자들이 책임을 분담해야 하는 것이며 무엇보다 관련데이터와 정보를 안전보고를 통하여 제공하여야 한다.

데이터와 정보는 다양한 자료원으로부터 나오지만 항공시스템에서 개인 및 조직의 안전데이터 및 안전정보보고는 안전관리의 기본이 된다. 효과적인 안전보고시스템은 사람들이 자신의 실수 및 경험을 자발적으로 보고할 수 있도록 도와 주며 이를 통하여 국가와 서비스제공자는 기존 및 잠재적인 안전결함과 위해요인을 확인함에 필요한 관련데이터와 정보에 대한 접근이 가능하게 된다. 이러한 확인은 안전데이터 및 안전정보가 예외원칙 중의 하나가 적용되지 않는 한 안전을 유지하고 개선하는 분야에만 제한적으로 사용될 것이라는 믿음을 주는 환경을 조성한다.

부속서 19는 보고서에 언급된 개인 또는 조직의 보호를 제공하지 않는다. 그러나 국가는 보고서에 언급된 개인 또는 조직의 보호까지 확대할 수 있다.

개인과 조직의 보호가 중요함은 물론이고 그들이 보고하는 안전데이터 및 안전정보의 보호도 중요하다. 개인과 조직은 다음에 의하여 보호된다.

- 보고에 기초하여 처벌받지 않는다는 확신
- 안전데이터 및 안전정보는 안전을 유지 또는 개선하기 위한 목적으로만 한정되어 사용

이러한 보호는 다음 예외사항의 어느 하나에 해당되지 않는 한 적용된다.

부속서 19는 안전데이터 및 안전정보가 예외원칙이 적용되지 않는 한 보호의 원칙에서 정한 목적 이외로 사용되지 않도록 국가가 확인할 것을 요구한다. 예외의 원칙은 보호원칙에서 벗어나 허용 가능한 환경을 정의한다.

보고된 안전데이터 및 안전정보에 근거한 예방, 수정 및 치유활동은 국가와 서비스제공자들이 적적한 단계별로 이행이 가능하도록 허용되며, 안전을 유지 또는 개선하기 위하여 국가와 서비스제공자가 실시할 필요가 있다.

- 안전위험의 결과로 그 위험이 확인되고 경감되지 않을 때까지 임박한 위해요인 또는 부상의 잠재성에 대하여 보호
- 이러한 위험이 향후 재발할 것에 대비하여 발생가능성을 최소화하기 위한 적절한 조치를 확인
- 경감되지 않은 안전위험 노출을 예방
- 보고시스템 자체와 보고시스템을 포함하는 방대한 시스템의 종합성을 확인

이러한 조치들은 안전관리시스템의 목적과 효율의 근간이 되기 때문에 부속서 19는 항공안전을 유지 또는 개선하기 위한 예방, 수정 및 치유조치가 방해 받아서는 아니된다고 강조하고 있다. 이러한 조치들은 안전관리프로세스 기능으로 적용되며 따라서 부속서 19에서 정한 예외원칙의 대상이 아니다.

예방, 수정 또는 치유조치는 확인된 안전위험이 효과적으로 조치되기 이전에 서비스 또는 항공기운항 등 특정면허에 의한 행위를 축소, 제한 또는 금지시킬 수 있다. 이러한 목적으로 기 수립된 절차, 보호 또는 예방조치를 위해 취해진 조치는 처벌 또는 처분으로 간주되지 않는다. 이러한 조치의 목적은 경감되지 않은 안전위험노출을 예방 또는 최소화함에 있다.

부속서 19에 포함된 안전데이터 및 안전정보와 관련자료원의 보호와 관련된 원칙은 선명성과 투명성을 제공함과 동시에 부속서 19에서 요구되는 국가 간의 안전데이터 및 안전정보의 교환을 촉진하기 위한 기반을 제공한다.

7.3 보호의 범위

(SCOPE OF PROTECTION)

1) 보호의 원칙에 적용되는 안전데이터 및 안전정보의 범위

(Scope of safety data and safety information covered by the principles of protection)

보호는 자발적 안전보고시스템과 관련자료원으로부터 추출된 데이터와 기인한 정보에 적용된다. 이는 또한 의무보고시스템에도 적용될 수 있다. 안전데이터와 안전정보의 자료원은 개인 또는 조직이 될 수 있다.

몇몇 국가에서 안전보고시스템은 국가기관 또는 항공서비스 제공자가 안전조사에 데이터를 보고하는 것을 포함하기도 한다. 따라서 보호 및 예외의 원칙은 이러한 시스템으로부터 획득된 안전데이터 및 안전정보까지 확대될 수 있는 것이다.

보호 및 예외의 원칙을 적용할 다른 경우들도 있다. 예를 들면 부속서 6-항공기운항, 파트 I-국제상업항공수송-비행기편의 비행자료분석(Flight Data Analysis) 프로그램은 부속서 19에 포함된 원칙에 따라 보호되어야 하는 것이다.

안전보고시스템 또는 그 일부분으로부터 획득된 안전데이터 및 안전정보형식은 안전관리시스템 자체의 진화에 발맞추어 시간이 경과되면서 진화될 수 있다. 안전데이터,

안전정보 및 안전보고시스템은 현재 부속서 19에 분명하게 확인되고 있지 않지만 향후 부속서 19에 의해 관리될 것이다.

2) 다른 부속서에 포함된 보호의 원칙과의 교감

(Interaction with the principles of protection contained in other Annexes)

부속서 19에 따라 보호되는 특정형식의 안전데이터 및 안전정보는 특정환경에서서는 다른 보호요건의 대상이 될 수 있다.

특별히 부속서 19는 부속서 13에 따라 조사가 진행되는 경우 부속서 13에 나타난 사고 및 준사고기록들이 부속서 19가 아닌 부속서 13에 따라 보호되는 대상이라고 규정하고 있다. 이 원칙은 부속서 13에 따라 사고 또는 준사고가 발생한 시점부터 최종보고서가 발행된 이후까지 적용된다. 사고 및 준사고 조사기록의 보호에 대한 안내지침은 Manual on Protection of Safety Information(Doc 10053)에 나와 있다.

이와 유사하게 부속서 19는 안전관리목적의 기록된 데이터에 대한 보호를 제공하지만 부속서 6은 부속서 13 형태의 조사 이외의 정상운항에 대한 비행자료기록의 보호를 수용한다.

부속서 6은 조종실 음성기록장치 (Cockpit voice recorders) 및 조종실이미지 기록장치(Airborne Image Records)의 활용에 대하여 비행기록시스템에 적절한 안전장치가 적용된 상태에서 안전관련목적에만 국한되고 범죄수사에 사용되는 관련기록 및 녹음을 글로 옮긴 것을 언급하고 있다. 그러한 범죄수사는 조종실 음성기록장치 및 조종실이미지 기록장치의 보호제도가 담당기관이 이러한 형태의 기록과 녹취록의 활용에 제한을 받지 않도록 개정판에 도입되었다.

마찬가지로 비행자료 기록장치, 항공기자료기록시스템은 물론 Class B 및 C 항공기 이미지 기록시스템의 사용은 감항성 또는 정비목적에 한하여 사용되어야 하며 부속서 19에 따라 적절한 보호가 비행자료분석 프로그램에 포함되어야 한다.

다음의 흐름도는 부속서 6, 13 및 19의 보호프레임워크 간 상호작용을 보여주며 적절한 규정들과 협의하에 활용되는 수단을 보여준다.

비행자료분석 프로그램과 관련 그 자료원은 어떠한 경우에도 부속서 19에 포함된 보호원칙이 적용되어야 한다.

그림 7-1 **보호조항들과 상호작용에 대한 안내지침**(Guidelines on the interaction of protective provisions)

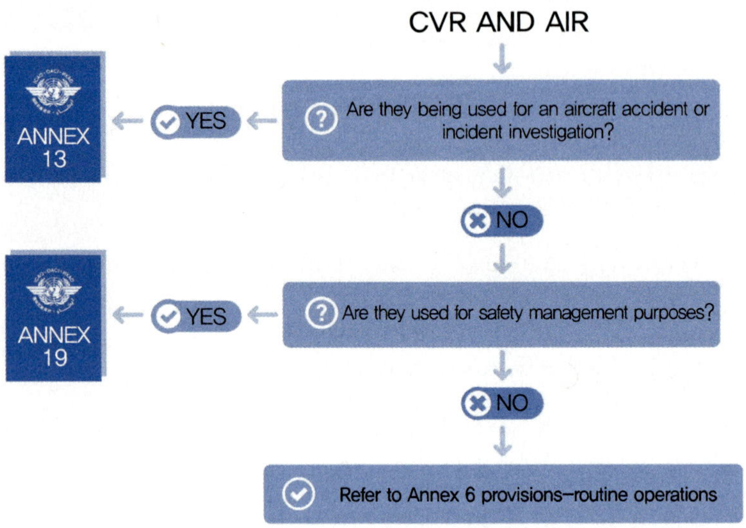

3) 서비스제공자에 대한 부속서 19 원칙의 적용

(Application on Annex 19 principles to service providers)

부속서 19는 직원 및 운영자들이 훈련 및 경험에 따라 적절하게 조치한 것이나 또는 조치하지 않은 것이 처벌되지 않을 것이라는 신뢰를 주는 환경을 강화함에 있다는 보고환경을 설명한다. 조치 또는 조치하지 않은 것이 개인의 훈련 및 경험에 따라 적절하게 될 때 유사한 수준의 경험 또는 교육을 받은 개인이 동일한 일을 하거나 하지 않게 될 것이라는 기대가 있게 된다.

사람들로 하여금 관련 안전데이터 또는 안전정보를 보고하도록 장려하는 것은 부속서 19에 따라 정부가 조치한 보고서들의 자료원이다. 부속서조항들은 모든 회원국들이 민간항공활동의 규모와 복잡성에 관계없이 따를 수 있도록 최소요구를 제공하도록 설계되었다. 개별회원국은 국가 및 서비스제공자가 성공적으로 이행함을 확신할 수 있도록 충분한 요건을 개발할 책임이 있다.

부속서 19에 따른 안전데이터 및 안전정보, 관련 자료원에 적용되는 보호 및 예외의 원칙은 국가와 서비스제공자 공히 이행하여야 한다. 이러한 목적의 달성을 확인하기 위하여 국가는 관련 국가법령, 규정 및 정책을 채택하고 부속서 19에 따라 서비스제공자가 이행하도록 기대한다.

7.4 보호의 수준

(LEVEL OF PROTECTION)

1) 부속서 19에 따른 보호의 품질조건

(Conditions to quality for the protection under Annex 19)

부속서 19는 정부가 어떤 안전데이터 및 안전정보의 보호품질을 할 것인지의 조건을 결정하도록 요구한다. 이를 위하여 국가는 다음을 고려하여야 한다.

- 안전데이터 및 안전정보가 부속서 19의 범위에 포함되는지
- 부속서 19에 앞서 부속서 6 및 13에 적용되는 환경이 있는지
- 예외의 원칙이 적용되는지

2) 항공안전의 유지 및 개선에 필요한 조치

(Actions necessary for maintaining or improving aviation safety)

부속서 19는 국가와 서비스제공자가 항공안전을 유지 또는 개선함에 필요한 예방, 수정 또는 치유조치를 취함에 있어 안전데이터 또는 안전정보를 사용하는데 제약을 받지않도록 확신한다. 이러한 목적에 일관되도록 그러한 조치가 취해질 때 안전데이터 또는 안전정보의 자료원에 재정적, 평판적 또는 기타 부정적 영향이 없도록 하여야 한다.

예방, 수정 또는 치유조치는 현재의 항공안전에 수용하기 어려운 위험을 예방하기 위힌 환경 또는 조건의 마련목적에 초점이 맞추어져야 한다.

예방조치는 안전에 위협을 포함하는 사건 또는 위해요인의 발생 또는 재발을 방지하기 위하여 취해지는 조치와 관계되어 이해될 수 있다.

수정조치는 인가자가 해당안전 또는 표준의 이행을 시현하지 못하는 경우에 취해지는 특정 안전관련부족 또는 결함에 대한 조치와 관련되어 이해될 수 있다. 수정조치는 인가자가 다시 이행할 수 있도록 되돌리는데 필요할 수 있다.

치유조치는 훈련과 같은 특정 안전－관련부족 또는 결함에 잠재된 문제를 해결함에 취해진 조치와 관련되어 이해될 수 있다. 치유조치는 또한 이러한 특권을 행사함에 있어 필요한 자격을 충족함에 실패한 사람의 승인, 인가 또는 자격증명의 제한, 특정, 정지 또는 취소와 관련될 수 있다.

비록 하나 또는 다른 목적으로 특정되더라도 그러한 조치는 하나 이상의 목적으로 사용될 수 있다. 예를 들면 자격 또는 인가소유자에게 추가적인 훈련을 요구하고 그러한 훈련이 성공적으로 완료될 때까지 자격 또는 인가에 부여된 권한의 행사를 제한하는 조치가 정부 또는 서비스제공자에 의하여 취해질 수 있다. 정부는 조직의 면허에 부여된 권한에 대하여 취소, 제거 또는 정지와 같은 조치를 취할 수 있다. 그러한 조치는 안전이슈들에 잠재되어 있는 원인을 다루며 특정한 결함을 다루기 때문에 수정조치로 간주될 수 있다. 취해진 조치의 성격과 관계없이 취해진 특정한 조치와 안전의 유지 또는 개선과의 상관관계는 분명하게 밝혀져야 한다.

안전데이터 및 안전정보는 안전을 유지하거나 또는 예방조치가 필요한 범위를 확인하기 위한 치유 또는 수정조치를 필요로 하는 위해요인 또는 결함을 보여줄 수 있다. 잠재된 조건 또는 위해요인에 대한 수정 또는 치유조치를 위하여 정부는 안전데이터 또는 안전정보를 사용할 수 있다. 예를 들어 행정적 허가조치의 기초를 확립하거나 증거의 필연적 부담을 충족시키기 위해서 안전데이터와 안전정보가 필요할 수 있다. 또는 안전데이터 및 안전정보가 면허취득자의 추가교육 또는 운영자의 시스템변경 필요성을 입증하는 데 필요할 수 있다. 보고시스템의 무결성과 적절한 작동을 보장하기 위해 안전데이터 또는 안전정보를 사용해야할 수도 있으며, 이는 보고시스템에 포함된 대형시스템일 수도 있다.

환경에 따라, 예방, 수정 또는 치유조치는 의도하지는 않더라도 개인 또는 서비스제공자에게 처분으로 인식될 수 있다. 실제로 결함에 대처하기 위하여 취해진 자격에 대한 조치는 안전위험을 추정하고 치유하기위한 조치라기보다는 처분으로 인식될 수 있는 것이다.

이러한 선입관에도 불구하고 부속서 19는 국가로 하여금 안전데이터 및 안전정보를 항공안전의 유지 및 개선에 필요한 조치를 지원하기 위하여 사용함을 금하지 않는다.

3) 의무보고시스템의 보호 (Protection of mandatory reporting systems)

부속서 19는 자발적 및 의무안전보고시스템에 의해 발췌된 안전데이터 및 안전정보와 관련 자료원의 보호에 대한 다양한 요건들을 구체화한다. 자발적 안전보고시스템에 의해 발췌된 안전데이터 및 안전정보에 대한 보호는 지속적인 가용성을 확실하게 하고 국가간 일관성을 높이기 위하여 표준으로 하였고 의무안전보고시스템에 대한 보호는 권고사항으로 하였다.

어떤 국가에서는 의무 및 자발적 안전보고제도에서 발췌된 안전데이터 및 안전정보는 상이한 수준의 보호대상이 되며 의무보고의 안전데이터 및 안전정보와 비교하여 자발적 보고에 의한 안전데이터 및 안전정보에 대하여 보다 높은 수준의 보호를 제공한다. 이러한 차이는 의무보고시스템의 경우 필요하다고 볼수 없는 안전데이터 또는 안전정보의 자발적 보호조항에 대한 인센티브를 줄 필요가 있기 때문인 것으로 평가할 수 있다.

다른 국가에서는 의무보고 및 자발적 안전보고시스템 모두의 보호수준을 동일하게 하도록 하고 있다. 이는 법률에 의한 보고요구는 다르지만 보고되는 관련 안전데이터 및 안전정보와 신뢰도에 대한 환경의 정도는 모두 같다는 가정하에 출발한 것이다. 의무보고시스템에 대한 보호의 확장은 또한 보고자로 하여금 이러한 보호가 가용하지 않을 때에 비하여 추가적으로 보다 자세한 내용을 보고하게 할 수 있다.

만약 국가가 자발적 안전보고시스템에 의하여 보고안전데이터 및 안전정보에 부여되는 보호수준을 의무안전보고시스템으로 확장하면 부속서 19에 따른 보호 및 예외의 원칙은 두 가지 보고시스템에 의한 안전데이터 및 안전정보는 물론 각각의 자료원에도 공히 적용되어야 한다.

4) 공공 도메인데이터 및 정보의 보호 (Protection of data and information that are in public domain)

공공 도메인에서 안전데이터 및 안전정보를 확인할 수 있는 경우가 있다. 이러한 경우 해당 안전데이터 및 안전정보는 민감하지 않으며 추가적인 공개가 안전데이터 및 안전정보의 지속적인 가용성에 부정적인 영향이 없는 경우이다. 기상과 관련된 안전데이터 및 안전정보는 이렇게 민감하지 않은 데이터와 정보의 예가 될 수 있다.

다른 경우 통상적으로 보호의 원칙대상이 되는 안전데이터 및 안전정보는 공공 도메인으로 포함시킬 방법을 찾게 되는데 예를 들면 언론에 노출하는 경우이다. 이러한 경우 보호원칙이 자동적으로 면제되지 않기 때문에 국가는 노출된 데이터와 정보에 대한 추가공개를 제한하여야 한다.

7.5 보호의 원칙

(PRINCIPLES OF PROTECTION)

1) 보호원칙의 적용 (Application of the principles of protection)

안전데이터, 안전정보 및 관련자료원의 보호는 국가의 기본기능이 되어야 한다. 국가는 법률과 종합적이고 분명한 절차가 뒷받침하는 효율적인 보호를 제공하여야 한다.

보호를 제공하는 기본적인 목적은 개인 및 조직으로 하여금 결함을 확인, 보고, 분석하고 수정하도록 격려하여 안전데이터 및 안전정보의 지속적인 가용성을 확보하기 위함이다. 이는 모든 관련자들이 사전에 보호의 원칙과 프로세스를 인지할 것을 요구한다. 그러한 원칙과 프로세스는 정형화되어야 하고 시스템이 신뢰에 기반을 두어 운영되고 법률적 다툼에 따라 공개되어서는 아니된다.

안전데이터 또는 안전정보의 보호에서 그러한 보호가 달성될 수 있도록 목표가 설정되어야 한다. 목적은 보호되어야 할 데이터와 정보의 형식에 따라 달라질 수 있다. 많은 경우 구체적인 데이터 또는 정보를 보고한 개인 또는 조직의 의사에 반하여 안전데이터 및 안전정보사용을 방지하는 것이 목적이다. 다른 경우로는 안전데이터 또는 안전정보를 일반대중으로부터 보호하거나 공항운영 또는 소음경감이슈와 관련하여 부동산활용에 따른 분규와 같은 비-안전내용으로 활용되지 않도록 하는 것이다.

보호규정을 제정함에 있어 국가의 조치가 중심이 된다. 증거가 제시되도록 허용되는 규칙이 지배하는 정식절차에서 국가의 조치만이 보호되는 정보에 대한 접근을 금지 또는 엄격하게 제한하는 적절한 법률 또는 규칙의 제정을 통하여 필요한 보호를 제공할 수 있다. 예를 들면 개인에 대한 범죄수사에 있어 기소된 개인이 제출한 자율보고서 활용은 의심되는 범죄와 직접적으로 관계되지 않는 한 금지되어야 한다.

서비스제공자에 대한 민사소송에서 보호되는 정보는 사용되지 않는다는 반박추정의 원칙이 최소한 요구된다. 사건발생의 결과로 손해가 발생하여 항공사를 상대로 이루어지는 소송에서 원고는 일반적으로 사건과 직접적인 관계가 없는 일반정보를 확인하기 위하여 항공사의 안전관리시스템 파일에 접근하고자 하며 이는 항공사에 불리하게 작용하는 경향이 있다. 그러한 질의를 결정하기 위하여 수립된 절차는 담당기관(이 경우 법원)에 직접 전달되어야 하며, 예외의 원칙에 적용되는 업무로서 원고로 하여금 어떤 정보가 확인될 필요가 있으며 관련정보가 조치에 필요한지를 보여줌은 물론 동일 또는 유사정보의 대체 자료원이 없음을 입증하여야 한다. 담당기관은 원고로 하여금 해당정보에 접근하지 못하여 어떤 침해가 있었는지를 밝히게 할 수 있다. 그러한 접근을 허용하는 결정을 하는 경우 담당기관에 의한 대중공개를 금지하고 소송의 일정부분에 대한 접근을 제한하는 등 적절한 절차적 요건에 따라 공식적인 안전장치가 부여되어야 한다.

질의의 대상인 개인 또는 조직의 특정운항 또는 기술적 자격, 경쟁력 및 능력에 대한 행정소송에서 안전은 변할 수 없는 최고의 가치가 된다. 이러한 경우 안전데이터 또는 안전정보의 활용은 요건에 따라 그러한 데이터 및 정보의 사용이 관리되고 제한되어야 한다. 안전-관련 사례에 있어 안전데이터 또는 안전정보가 의사결정의 기반을 제공하는 경우 정보의 자료원에 대한 데이터 및 정보의 사용결과로 부정적 이미지 또는 침해가 발생하지 않도록 유의할것이 요구된다. 일반적으로 보고제도에 따라 보고를 하도록 격려된 개인 및 조직은 보호된 보고서의 전부 또는 부분에 근거하여 안전이 확보되기 위한 조치가 취해질 것을 인지하고 있다. 처분요건은 이러한 조치가 안전을 유지하고 개선하는 목적을 추구함에 있어 기본적으로 정의롭게 진행되고 있음을 확인하여야 한다.

이러한 상황의 예로써 항공교통 관제사가 근무중 잠깐 동안 의식을 잃었음을 보고하는 경우가 있을 수 있다. 항공기분리간격 이상은 없었으며 당시 사건발생에 대한 증거는 관제사자신의 보고 뿐이다. 안전-관련 목적으로 해당보고서는 추가적인 조사를 필요로 하며 보고한 개인은 몇 가지 프로세스에 의하여 확인이 요구된다. 즉각적인 수정조치는 해당관제사를 현업에서 배제(경제적 또는 평판의 손해가 없도록 하는 가운데) 시키고 종합적인 의학적 검사 및 검토가 진행된다. 이러한 의학적 검토가 완료되면, 그 결과는 의학적 승인, 의학적 조치, 의학적 퇴직 (경제적 또는 평판의 손해가 없도록 하는 가운데)으로 귀결된다. 만약 해당관제사가 단순하게 해고된다면 다른 관제사로부터 향후 유사한 보고는 이루어지지 않을 것이다.

지금까지는 필요하고 적절한 보호를 제공하는 국가의 직접적인 조치에 초점을 맞추었다. 실제로는 보호가 요구되는 안전데이터 및 안전정보의 대부분이 서비스제공자의 운영환경 내에 있으며 노동자와 사용자 간의 관계와 관련되어 있다. 이러한 상황에서 보호는 법령 또는 기타 형태의 국가행정요건에 통상적으로 제시되어 있지 않다. 이러한 경우 국가는 인증, 승인 및 지속적인 감독프로세스를 통하여 효과적인 보호를 요구할 위치에 있을 수 있다. 부속서 19는 특정 서비스제공자에게 효과적인 안전관리시스템의 이행을 요구하고 있다. 효과적인 안전관리는 데이터의 수집, 분석 및 보호에 근거한다. 데이터없이는 시스템이 효율성을 잃게 될 것이다. 국가안전프로그램은 국가로 하여금 조직들이 안전관리시스템의 요소로 직원들의 보호정책을 이행할 것을 지시하도록 허용하고 있다.

이러한 보호를 제공하는 방법 중의 하나가 보고자의 인적사항을 제거함과 관련된다. 보고서의 보안성이 유용한 전략이지만 인적사항제거는 가능하다면 분석단계에서 추적기회를 제거한다. 정책은 해당기관이 의문시 되는 안전데이터 및 안전정보를 만들고 허용하느냐에 초점을 맞추어야 한다.

행정소송과 관련된 상기논의는 노동자/사용자 부분에도 동일하게 적용된다. 보고자들은 만약 보고 또는 데이터, 또는 데이터의 획득이 처벌 또는 자격정지 또는 해고에 활용된다면 그러한 데이터제공을 꺼려할 것이다.

비행자료기록장치, 음성녹음 또는 비디오녹화, 항공교통환경 기록장치와 같은 기계적 수단에 의하여 수집된 안전데이터 및 안전정보는 보호의 정책 또는 규정의 일부가 되어야 한다. 안전관리시스템 데이터획득의 일부분으로 규정과 정책에 의하여 허용된 이러한 장치의 활용은 자발적으로 제출된 보고가 기대되는 동일한 보호의 원칙이 반드시 충분하게 존중되어야 한다. 보고자들의 신뢰는 효과적인 안전관리의 기본이 된다.

2) 소송 (Proceedings)

부속서 19는 직원, 운영요원 또는 조직이 예외의 원칙에 적용되지 않는 한 안전데이터 및 안전정보가 처분, 민사, 행정 및 형사소송에 사용되지 않도록 명확하게 할 것을 요구한다.

"소송"이라는 용어는 "법적조치"라는 용어보다 범위가 종합적이고 광범위하다. 이는 특정기관이 다른 당국 (또는 같은 당국의 기관)에 대하여 취한 "법적조치"를 검토하거나 집행하기 위한 프로세스를 좁게 인용한 것일 수 있다. 일반적으로 "소송"과 "법적조치"는 개시, 영향을 주거나 개인의 권리, 특권, 정당한 이해, 또는 합리적 기대 (해당법률에 의하여 확인된)에 대한 당국의 결정을 검토하기 위하여 취해진 모든 단계 또는 채택된 수단들을 포함하는 것으로 이해될 수 있다. 다양한 법률시스템을 검토해보면, 특정 법적조치 또는 소송의 성격과 범위는 다양하다. 예를 들면 어떤 국가에서는

- 형사 및 민사법적조치 또는 소송(Criminal and civil actions or proceedings)은 통상적으로 법원과 관계된다. 이러한 소송은 법적조치의 개시, 피고자의 출석, 모든 보조 또는 임시적 단계, 답변, 법정확인절차 및 기타 정식심문들을 포함할 수 있다. 그러한 법적조치 또는 소송의 결과에 따라 개인은 금전적 손해, 벌금 또는 징역의 대상이 될 수 있다.
- 행정적 조치 또는 소송(Administrative actions or proceedings)은 감독기관 또는 법원의 승인에 대한 변경, 정지, 취소 또는 해지에 앞서 질의, 조사 또는 청문을 실시할 수 있다(어떤 경우에는 안전관련 목적, 다른 경우에는 처분목적으로).
- 처분조치 또는 절차는 고용주가 실제 또는 명백한 위반 또는 직원의 규칙 및 절차 위반에 대해 대응하는 프로세스를 의미할 수 있다. 그러한 행동이나 절차의 결과는 직원에게 위법행위에 대한 면제를 주거나 해당사실이 입증된 경우 직원을 처분하거나 퇴사시킬 수 있다.

행정당국, 전문가, 윤리기관 또는 조직내의 기타 검토기관과 같은 다른 기관이 위에서 언급된 조치와 절차에 관여할 수 있다.

국가가 항공안전을 유지 또는 향상시키는데 필요한 예방, 수정 또는 개선조치를 취할 때는 보호원칙이 적용되지 않는다는 것을 기억하는 것이 중요하다. 이는 안전의 유지 또는 개선을 목적으로 취한 예방, 수정 또는 개선조치와 관련된 모든 절차, 조치 또는 판단에도 적용된다. 예를 들어, 예방, 수정 또는 개선조치의 채택을 정당화하기 위한 안전데이터 또는 안전정보의 사용은 해당조치에 이의를 제기하려는 개인이나 조직이 제기한 절차에서 허용된다.

제3자에 의한 보고서의 출처와 관련 제기된 소송에서 안전데이터 또는 안전정보가 사용되는 경우가 있을 수 있지만, 국가는 안전데이터 및 안전정보를(예외원칙이 적용되지 않는 한). 항공안전의 유지 또는 개선 외의 다른 목적으로 사용하지 않도록 모든 필요한 조치를 취하도록 권고된다

3) 권위있는 보호장치(Authoritative safeguards)

항공안전을 유지 또는 개선시키기 위한 목적 이외로 안전데이터 또는 안전정보의 공개 또는 사용과 관련된 어떤 요소들은 부정적인 결과를 치유할 수도 있다. 이는 안전데이터 및 안전정보의 공개 또는 사용을 추가로 제한하기 위하여 안전보호장치를 설치함을 통해 제시된 공개 또는 사용으로부터 잠재적인 손상을 제한하는 것이 가능할 수도 있다는 것이다. 국가는 법령 또는 규정에 담당기관이 접근가능하도록 결정한 이후에 안전데이터 또는 안전정보의 보안성을 유지할 권한이 있는지와 예외의 원칙적용이 고려되는지를 포함시킬 수 있다.

안전데이터 및 안전정보자료원의 개인정보 비식별화는 항공안전의 유지 또는 개선 목적으로 배포되기 이전에 사용되는 담당기관에게 부여된 또 다른 보호조치이다. 그러나 개인정보 비식별화는 자료원의 안전데이터 또는 안전정보를 제공할 때 보고된 데이터 또는 정보의 내용으로부터 즉각적으로 알아낼 수 있는 경우에는 보호가 어렵게 된다. 예를 들면 특정형식 항공기와 관련된 사건에 대한 보고의 경우 그 항공기가 특정 관할구역에서 단일 운영자에 의해서만 사용된 경우 단순하게 관련된 항공기의 형식만 확인하여도 즉시 해당 항공사가 지목되게 되는 것이다. 이러한 경우 어떻게 그리고 어디에서 안전데이터 및 안전정보가 공개 또는 사용되도록 제시될 것인지와 관련된 정보의 성격이 매우 중요하게 된다.

만약 안전데이터 또는 안전정보가 데이터 또는 정보와 관련되어 개인 또는 정보의 지식이 제한되는 포럼에서 사용되도록 허용된 경우에는 관련기관은 개인정보 비식별화가 자료원에 대한 충분한 보호장치를 제공하는지에 대한 확신을 가져야 한다. 이와 유사하게 정보의 속성이 주로 기술적인 것이라면 제거되거나 삭제될 필요가 있는 안전데이터 또는 안전정보에 대한 확인정보가 많지 않아 보호업무가 보다 쉽게 달성될 수

있다. 관련기관은 또한 포럼에서 제시된 데이터 또는 정보의 공개와 정보의 속성이 자료원이 확인될 정도에 영향이 있는지와 식별정보제거가 충분한지를 반드시 고려하여야 한다. 만약 제시된 공개 또는 사용이 항공사와 같은 회사 또는 조직에 부정적인 영향을 미친다면 관련기관은 데이터 또는 정보의 개인정보 비식별화가 회사 또는 항공사가 공개 또는 사용을 허락하지 않을 때와 유사한 합리적인 보호가 제공되는 지를 결정하여야 한다.

관련기관이 안전데이터 및 안전정보의 개인정보 비식별화가 안전데이터 또는 안전정보의 의도된 또는 허용된 사용을 금지한다고 간주한다면 개인정보 비식별화는 적절하지 않게 된다. 따라서 국가는 안전데이터 또는 안전정보의 광범위한 사용 또는 대중공개를 금지하는 가운데 특정목적으로 제한된 공개를 허용하는 다른 종류의 보호장치(또는 보호장치조합)를 채택 또는 이행할 수 있다. 보호지시, 카메라촬영 및 결론도출 등이 그러한 보호장치의 예가 된다.

국가와 기관은 또한 정보가 수집, 저장, 처리되고 전달되는 환경이 충분하게 보장되고 접근과 허가가 안전데이터 및 안전정보에 대하여 충분하게 보호되는지를 확인하는 모범실무를 채택할 수 있다.

7.6 예외의 원칙

(PRINCIPLES OF EXCEPTION)

보호의 원칙은 관련기관이 세 가지 예외의 원칙중 하나를 적용한다고 결정하지 않는 한 안전데이터, 안전정보 및 관련자료원에 적용된다. 안전데이터수집 및 처리시스템의 관리자는 안전데이터, 안전정보 및 관련자료원에 적용되는 보호는 부속서 19 조항에 따라 공개되고 사용됨을 확인하여야 한다.

1) 관련기관의 지정 (Designation of a competent authority)

예외의 원칙은 광범위하게 다른 목적으로 조치됨에 따라 관련기관도 문제가 되고 있는 데이터 또는 정보의 속성과 생각되고 있는 용도의 형식에 따라 달라진다. 각각이 특정상황에 따라 관련기관의 업무도 특정 예외가 적용될 지를 결정하여야 한다. 관련기관은 대중이 의사결정능력에 확신을 가질 수 있도록 정보공개법령, 항공안전 이외의 규정들, 소송공개규정 및 기타 이해관계자들의 상충에 대한 균형을 가질 수 있어야 한다. 관련기관은 사법기관, 규제기관 또는 기타 기관으로 국가법령 및 기타 행정요구에 따라 지정된 항공책임을 가진 기관을 포함한다.

국가와 기관은 상이한 목적으로 예외의 원칙을 적용하는 업무에 대한 관련기관을 확인할 필요가 있다. <표 7-1>은 가능한 상황에 대한 관련기관의 예를 제공한다.

표 7-1 상황별 가능 관련기관(Example situation and possible competent authorities)

예시된 상황	가능한 관련기관
안전데이터 또는 안전정보의 공개 또는 사용이 정보공개법에 저촉되는지를 고민	행정부
만약 데이터 또는 정보의 공개 또는 사용 그 자체가 정보공개법에 따라 소송의 대상이 된 경우 또는 안전데이터 또는 안전정보가 소송에서 사용된다고 생각된 경우	법원 또는 행정법원
안전을 유지 또는 개선하기 위하여 감독기관에 의하여 조치가 취해지는 경우	민간항공당국
안전데이터 또는 안전정보의 공개 또는 사용이 조직의 내부문제일 때	항공안전에 책임이 있는 사람으로 과장 또는 위원회위원, 노조대표, 어떤 국가의 경우 규제기관의 대표

조직이 관련기관을 확인하면 예외의 원칙 및 보호의 원칙적용에 대한 관련기관의 재량책임이 제공되어 조직내에서 자체-정책을 충분하게 제공하게 된다. 구체적인 목적에 따른 관련기관의 최종결정은 관련법령과 정책에 달려있다.

관련기관(예, 소송과 관련된 법원, 규제조치와 관련된 민간항공당국)의 사무실 및 관할의 영구적인 지정은 신속한 의사결정을 가능하게 하는 것으로 간주될 수 있다. 영구지정은 또한 관련기관이 이러한 문제를 다루는데 있어 지위와 경험에 대학 확실성을 제공한다. 이에 추가하여 관련기관이 의사결정프로세스를 지배하는 규칙과 절차를 가지고 있는 것은 매우 중요하다. 이는 특정분야에 관련기관을 지속적으로 지정함으로서만 달성될 수 있는 것이다.

2) 예외원칙의 적용 (Application of the principles of exception)

관련기관이 보호에 대한 예외의 적용을 적용하는 첫 번째 경우는 "사실과 경황이 사건의 발생관련이 자국법령에 따라 행동 또는 미행동으로 간주되고 중대한 과실, 미필적고의 또는 범죄행위에 해당하여 이루어진 경우이다. 이러한 결정을 취급하는 적절한 기관은 대부분의 경우 법원, 행정청 또는 검찰 등이 된다.

문제가 되는 안전데이터 또는 안전정보의 내용에 대한 평가는 때때로 예외적인 적용에 대한 조건이 하나 또는 다른 조건을 만족하는지를 결정해야 하기 때문에 사건의 사실 또는 경황이 그러한 예외적용을 발생시키는 지를 명백하게 할 필요가 있다. 차라리 그러한 사실 및 경황에 따른 사건발생이 이러한 행위로 인해 발생되었다는 상당한 근거를 제공하여 증명하는 것이 낳을 수도 있다. 관련기관이 사실과 경황을 근거로 이를 결정할 때 발생한 사건은 중대한 과실, 미필적고의 또는 범죄의 결과에 의한 것일 수 있다. 이러한 표현은 자국의 법령에 따라 이해되어야 한다. 예외의 원칙이 적용되고 안전데이터, 안전정보 또는 관련 자료원의 공개가 진행될 수 있다.

이러한 용어가 어떤 의미를 갖는지는 자국법령에 따라 상이한 법률시스템별로 상이한 이해를 할 수 있다. 일반적으로 중대한 과실은 분명한 위험에 대하여 무시하거나 무관심하여 취해진 행위 또는 누락으로 간주된다. 이는 때때로 무모한 조치로 묘사되기도 한다. 미필적고의는 당사자가 잘못을 알거나 또는 지속적으로 그것이 잘못 되었는지 또는 아닌지에 대한지에 대한 문제에 대하여 무관심한 상태에서의 잘못된 행위 또는 누락을 말한다. 이러한 경우 지식 및 의도는 때때로 위법한 것으로 묘사됨에 반하여 행위의 결과로 간주되기도 한다. 어떠한 경우라도 행위의 본질이 관련된 법률과 관할권 내에서 일관성 있게 적용되기 위해서는 결정을 위한 증거에 관련된 시험과 측정이 적용되어야 한다. 또한 예외의 원칙은 "중대한 과실" 또는 "미필적고의에 의한 과실"과 "범죄행위" 사이에 상이하게 적용되기 때문에 "중대한 과실" 또는 "미필적고의에 의한 과실"은 민간차원에서 접근되어야 하고 범죄와는 다른 기준에 따라야 한다.

관련기관이 보호규정에 대하여 예외를 적용하는 것으로 결정해야 하는 두 번째 경우는 해당 안전데이터 및 안전정보를 검도하는 가운데 관련기관이 그러한 데이터 또는 정보를 공개하는 것이 "사법행정의 정당성에 필요" 및 "국내적 및 국제적으로 안전데이터 및 안전정보의 향후 수집 및 가용성에 미치는 영향 등을 고려할 때 부정적인 영향보다는 공개가 더 중요"하다고 판단되는 경우이다.

이는 두 단계의 평가프로세스와 관련되는데 관련기관은 첫 번째로, 데이터 또는 정보가 "사업행정의 정당성에 필요"하고 동일한 정보의 대체자료원이 가용한지를 고려하여야 하며 둘째로, 공개가 사법행정의 정당성에 필요한데 안전의 유지 또는 개선목적으로 안전데이터 및 안전정보의 향후수집 및 가용성에 미치는 영향에 대한 편견을 상회한다는 주장과의 균형점을 찾아야 한다.

만약 안전데이터 및 안전정보가 법적조치 또는 소송 (민사, 행정, 형사 또는 처분)에 사용되는 경우, 그러한 사용에 따른 잠재적 부정적인 영향은 해당 데이터 또는 정보의 자료원에 따라 다르다. 보호조치가 안전데이터 또는 안전정보를 외부에 공개하여 법적조치 및 소송에 한하여 사용되도록 적용한다고 하더라도 그러한 데이터 또는 정보의 사용에 따른 부정적 영향은 안전을 유지 또는 개선하기 위한 안전데이터 및 안전정보의 향후보고 또는 공개에 미치게 된다. 만약 안전데이터 및 안전정보의 사용이 소송에서 명시된 한계를 넘어선 데이터 또는 정보의 배포 또는 인쇄등일 경우 관련기관은 광범위한 지역사회(국내 및 국제)에 대한 잠재적 악영향을 반드시 고려하여야 한다.

개인적 수준에서 정보를 대중에 공개하는 것은 그러한 사건에 관계된 개인에게 생명을 잃게하거나 및/또는 곤란한 상황 등 좋지 않은 영향을 초래할 수 있다. 보다 광범위한 수준에서 특정 사안에 대한 안전데이터 또는 안전정보의 발행 또는 배포는 유사한 상황이지만 특정 법적조치 또는 소송에 관계되지 않은 사람에게 그러한 데이터 및 정보의 수집에 기여하거나 보고함에 있어 일반적으로 의욕을 상실하게 할 수 있다.

예외의 두 가지 원칙을 결정함에 있어 관련기관은 다음을 충족하여야 한다.

- 첫 번째 경우, 안전데이터 또는 안전정보의 내용이 밝혀지거나 사용되는 것이 행동 또는 누락이 중대한 과실, 미필적고의에 의한 과실 또는 범죄행위인지를 결정함에 필요하거나 또는
- 두 번째 경우, 그러한 데이터, 정보 또는 관련 자료원이 적절한 사법행정에 필요한 경우

관련기관은 안전데이터, 안전정보 또는 그러한 데이터와 정보의 자료원에 대한 확인이 사건에 필요한 것인지를 결정하여야 한다. 만약 관련기관이 보호된 데이터, 정보 또는 자료원의 참조없이 결정을 합리적으로 내릴 수 있는 경우에는 안전데이터, 안전정보 및 관련 자료원의 보호를 유지함에 무게가 실리게 된다. 관련기관에 의한 결정이

그러한 데이터 및 정보의 공개 또는 사용없이 이루어진다면 안전데이터, 안전정보 및 관련자료원의 수집 및 가용성에 대한 해로움이 있을 필요가 없다. 이는 안전데이터 및 안전정보가 항공안전을 유지하고 개선함에 있어 지속적으로 가용될 수 있도록 하는 확신에 도움을 준다.

항공기 운영요원이 검사관과 기꺼이 협조하기를 주저하는 등 안전데이터, 안전정보 및 관련 자료원의 공개 또는 사용에서 부작용이 흘러나올 수 있다. 진행과정에서 필수적인 사실을 증명하기 위해 자료, 정보 또는 세부정보가 필요하지 않은 경우, 안전데이터, 안전정보 및 관련 자료원의 향후수집 및 이용가능성을 위해서는 다음의 예외원칙 중 하나에 따라 불필요하게 공개되어서는 아니된다. 또한 요구된 정보가 대체자료원으로 부터 실질적으로 획득될 수 있다면, 관련당국은 정보를 획득하기 위한 모든 합리적인 대체수단이 고갈될 때까지 안전데이터 또는 안전정보에 대한 접근을 허용하지 않기로 결정할 수 있다.

이와 유사하게, 알 권리에 대한 법을 갖고있지 않은 국가의 관련당국이 안전데이터 또는 안전정보를 대중에게 공개해야 하는지(예를 들어, 언론의 요청에 따라)를 묻는다면, 관련당국은 대중이 그러한 데이터 또는 정보의 내용을 아는 것이 얼마나 중요한지를 알고 싶어할 것이다. 이러한 상황에서 관련당국은 "데이터 또는 정보의 내용을 알지 못하면 대중이 사건의 적절한 이해를 갖게될 것인가? 아니면 사건이 여행을 하는 대중에게 안전상의 결과를 초래할 것인가?"와 같은 질문을 제기할 수 있다. 대중의 지식이 안전데이터 또는 안전정보에 대한 접근이 없이는 손상될 것이라는 견해를 입증할 수 있다면 그 공개에 대한 논쟁에 무게가 실릴 수 있게 된다. 그러나 이러한 기반은 이미 확립되었기 때문에 데이터 또는 정보를 공개할 필요는 없다. 공개가 미래의 안전보고를 막음으로써 안전데이터 및 안전정보의 지속적인 가용성을 심각하게 손상시키는 경우에는, 반드시 공개로 처리할 필요는 없다.

세 번째 예외는 "안전자료 또는 안전정보를 검토한 후 관련당국은 안전성을 유지 또는 개선하기 위해 공개가 필요하며 공개의 이점이 국내 및 국제적으로 불리한 영향보다 크다는 것이 결정되어야 하며 이러한 공개는 안전데이터 및 안전정보의 수집 및 가용성에 영향을 줄 수 있다." 이러한 예외는 안전데이터 또는 안전정보를 공개하거나 안전을 유지 또는 개선시키는 데 필요한 안전정보의 공개에 적용된다. 항공안전을 유지 또는 개선시키는 데 필요한 관할당국의 예방, 시정 또는 개선조치와 관련하여 안전데이터 또는 안전정보를 사용하는 것은 적용되지 않는다.

부속서 19에서 고려한 상황은 훈련이나 교육 및 훈련목적 또는 안전정보의 발행을 포함하여 안전유지 또는 개선과 관련된 좀 더 일반적인 목적을 위해 안전데이터 또는 안전정보를 공개함으로써 얻는 편익을 관할당국이 고려하는 것을 포함한다. 이러한 상황에 대한 분석에는 위에서 설명한 것과 같은 2 단계 프로세스가 관련된다. 첫째, 관련당국에 "안전유지 또는 개선을 위해 공개가 필요함"을 결정하도록 요구하고, 둘째, 관련당국이 안전데이터 또는 안전정보공개의 이점이 그러한 데이터 및 정보의 미래수집 및 가용성에 미칠 잠재적 악영향보다 중요하다고 결정할 것이 요구된다.

이러한 분석의 두 번째 단계를 고려할 때, 부속서 19는 관련당국이 "안전데이터 및 안전정보의 출처에 대한 동의"를 고려하도록 권고한다. 이러한 인식의 중요성은 위에서 논의된 중요한 구별을 강조하여 안전데이터의 공개와 일반적으로 안전의 유지 또는 개선과 관련된 목적을 위한 안전정보(예외의 원칙이 적용될 것임)를 구분한다.

보호원칙의 정신에 따라 안전을 유지 또는 향상시킬 목적으로 취한 예방, 교정 또는 개선조치를 지원하기 위한 안전데이터 또는 안전정보의 사용을 고려할 때 관련당국이 그러한 데이터 또는 정보에 대한 적절한 대체자료원이 실제로 이용가능할 수 있는지 여부를 확인하는 것이 가능할 수 있다. 그렇다면 보호된 안전데이터 또는 안전정보의 예외적인 사용도 회피될 수 있다.

그러나 실용성에 대한 고려는 부속서 19에서 요구된 예외원칙을 공식적으로 적용할 것을 요구하지 않는다. 이는 안전의 유지 또는 개선에 대한 관심이 다른 경쟁적 공공의 이익(예: 적절한 사법행정, 자료 또는 정보에 대한 공공접근권 제공, 훈련 또는 교육과 정촉진, 보호된 데이터 또는 정보를 포함)과 비교하여 중요시되는 경우 예외의 원칙이 적용되기 때문이다. 안전성을 유지 또는 향상시킬 목적으로 취해진 예방, 시정 또는 개선조치는 보호원칙의 범위에 속하며, 안전과 관련이 없고 이익과 관련된 사용 사이에서 균형을 맞출 필요가 있다.

3) 예외의 원칙을 적용함에 있어 추가적인 고려사항

(Additional considerations in applying a principle of exception)

어떤 경우에 예외원칙이 적용되는지의 여부를 결정할 때, 관련당국은 안전데이터 또는 안전정보 자료원에 대한 동의를 항상 고려하여야 한다. 안전데이터 또는 안전정보와 관련하여 기밀유지에 대한 신뢰를 얻은 사람은 그러한 정보와 충돌하는 방식으로 정보를 사용하는 것은, 향후 해당인원이 제공할 수 있는 안전데이터 및 안전정보에 미치는 영향을 공개하는 것이 바람직하지 않을 수 있다. 또한 출처에 대한 비밀보장이 있음에도 불구하고 안전데이터 또는 안전정보가 공개되거나 사용되는 경우, 사실을 알게 될 수 있는 사람에게 부정적인 영향을 줄 수도 있다.

위에서 언급된 바람직하지 않은 상황이 발생하는 것을 피하기 위해 개인과 조직이 제공하는 데이터와 정보가 예외의 원칙이 적용되면서 어떻게, 언제, 어디서 그리고 어디에서 어떤 목적을 위해 사용되는지를 명확히 이해할 수 있도록 신중하게 조치하여야 한다. 이러한 이해는 신뢰를 기반으로한 예측 가능한 보고환경의 수립 및 유지관리에 필수적이다.

<그림 7−2>는 부속서 19. 6의 규정에 부합하는 관련 당국에 의한 예외원칙의 적용에 관한 일반적인 지침을 제공한다.

그림 7−2 예외의 원칙적용을 위한 안내지침(Guidelines for the application of the principles of exception)

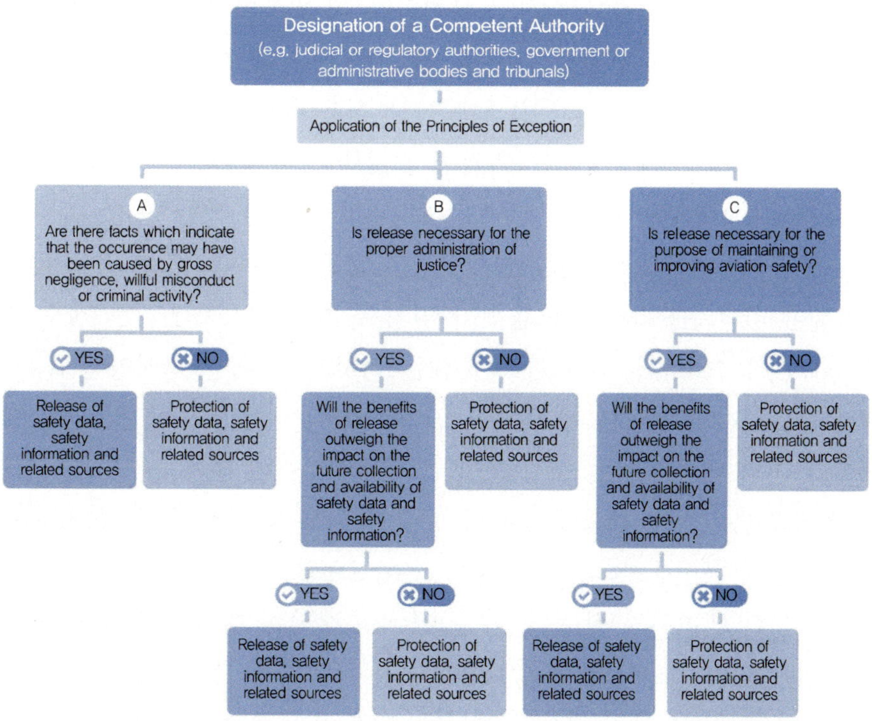

7.7 대중공개

(PUBLIC DISCLOSURE)

대중은 안전데이터 또는 안전정보에 대한 큰 관심을 가지고 있다. 대중의 관심은 개방성, 투명성 및 책임성에 있으며 시스템의 안전에 대한 일반적인 인식을 가지고 안전문제를 해결하는 데 필요한 모든 것이 수행되고 있음이 확신될 수 있어야 한다. 특정개인 또는 이해집단은 또한 안전과 직접적인 관계가 아닌 다른 이유로 안전데이터 또는 안전정보에 관심을 가질 수 있다. 공개는 정부에 대한 정보요청 또는 사법적 절차를 통해 실시될 수 있다. 안전데이터 또는 안전정보를 공개하는 것이 적절한지 여부는 안전데이터 및 안전정보의 특성에 따라 결정된다. 그러한 결정은 앞서 논의된 관련당국의 영역이 된다.

안전데이터 또는 안전정보가 대중에게 공개되는 경우 일반적으로 해당정보에 대한 사용방법을 제한할 수 없다. 확실하게, 개방성과 투명성을 장려해야 하지만 동시에 안전데이터와 안전정보를 열람하고 분석하는 데 필요한 사람들의 권리와 합법적인 기대, 그리고 평판에 대한 부적절한 손상으로부터 보호해야 할 필요가 있다. 그러나 이것은 알 권리가 적용되는 국가의 법률에 항상 적용되는 것은 아니다.

많은 국가들이 사실상 국가기관이 보유한 모든 정보의 공개를 의무화하는 법안을 가지고 있다. 이러한 법률은 때로는 알 권리에 관한 법률로 간주된다. 이러한 법률에 따라 특정유형의 정보에 대한 면제규정이 없는 경우에는 정보공개요청 시 정부는 이를 공개해야 한다. 면제의 예를 들면 기밀정보, 상업적으로 민감한 정보 또는 개인정보보호법에 의해 보호되는 의료기록과 같은 정보가 있다. 안전데이터 또는 안전정보는 일반적으로 면제되지 않는다. 부속서 19에 따라 각국은 알 권리법 또는 항공법을 포함한 다른 유형의 법에서 대중공개로부터 보호하기 위해 면제나 규칙을 제정할 수 있다.

알 권리법은 일반적으로 정부가 보유한 정보에 적용된다. 공개로부터 보호해야 하는 대부분의 안전데이터와 안전정보는 운영요원이나 서비스제공자로부터 확보하기 때문에 이러한 데이터와 정보를 정부기관에 기탁하는 대신 조직내에 보관하는 것이 실제적인 접근방법이다. 이런 방법으로 행정절차와 같은 추가적인 정부조치가 실행되지 않으면 대중공개문제가 발생하지 않는다. 행정 또는 사법절차에서 일반공개의 문제가 발생하는 경우, 관련당국은 이전에 논의된 보호의 기본원칙을 적용해야 한다. 이러한 접근방법은 서비스제공자가 안전데이터 및 안전정보를 정부기관에 보고할 의무가 있거나 서비스제공자가 정부기관 또는 정부기관의 일부인 경우 작동하지 않을 수 있다.

안전데이터 또는 안전정보접근에 대한 경쟁주장을 적절하게 평가하지 못하면 현재와 미래의 노력에 두 가지 방식으로 영향을 미칠 수 있다. 특정 데이터 또는 정보의 공개는 개인의 사생활침해 또는 안전데이터 또는 안전정보와 관련된 조직의 기밀유지에 대한 기대로 인식될 수 있다. 관련 개인 또는 조직에 대한 제재를 지지하는 주장의 일부로 특정데이터 또는 정보를 사용하면 공정성의 기본원칙을 위반하는 것으로 간주될 수 있다. 안전데이터 및 안전정보의 향후 가용성은 정보유출이나 유죄위협으로부터 예상되는 원천징수정보의 예측가능한 인간행동에 의해 영향을 받을 수 있다. 이것은 안전관리의 데이터수집 및 데이터분석기능 모두에 명백한 영향을 줄 수 있다.

관련당국이 안전데이터 또는 안전정보가 대중에게 공개될 수 있다고 결정하면 해당 국가는 관련 개인정보보호법 또는 비식별요약 또는 집계양식에 따라 모든 공개가 이루어지도록 보장해야 한다. 권위적인 안전장치에 대한 추가적인 내용은 7.5의 내용을 참조하라.

7.8 기록된 데이터의 보호

(PROTECTION OF RECORDED DATA)

1) 공개된 작업장 기록의 보호 (Protection of ambient workplace recordings)

공개된 작업장 기록은 보호정책 또는 규정의 일부이어야 한다. 규정 또는 정책에 의해 허용되는 경우 안전관리의 일부로 이러한 기록을 사용할 때에는 보호 및 예외원칙이 완벽하게 준수되어야 한다. 보고하는 사람들에 대한 신뢰는 효과적인 안전관리의 기본이다. 이러한 신뢰는 타협되어서는 아니된다.

부속서 19에 포함된 조항들은 항공기의 안전한 운영과 관련되거나 직접 지원하는 안전관리기능에 적용할 수 있다. 공개된 작업장 기록은 부속서 19에 정의되지 않은 국가개인정보보호법에 의해 규율될 수 있다.

공개된 작업장 기록에는 조종실 음성기록장치, 종종실이미지 기록장치 기타 비행기록장치의 기록, 또는 항공교통관제기관 워크스테이션에서의 배경음기록이 포함될 수 있다.

7.9 안전정보의 공유 및 교환

(SAFETY INFORMATION SHARING AND EXCHANGE)

1) 국가 간 공유된 정보의 보호 (Protection of information shared between States)

안전정보 공유 및 교환의 주요목적 중 하나는 국가 및 세계 수준의 안전정보공유 교환과정에서 안전문제에 대한 일관성 있고 사실에 기반을 둔 투명한 대응을 보장하는 것이며 국가는 다음의 원칙에 따라 조치하여야 한다.

- 국제민간항공협약(시카고 협약) 및 부속서, 기타 다자간 및 양자 간 의무의 준수
- 안전정보의 공유 및 교환은 국가비밀정보, 개인정보의 보호, 상업적(상업적) 정보에 대한 국내법 및 규정을 포함하되 이에 국한되지 않는 안전정보의 보호에 관한 해당국가의 관계 법규위반을 초래하지 않음
- 국가가 공유하고 교환하는 안전정보는 그러한 국가, 항공사, 공무원 및 시민들의 경제적 이익을 얻기 위한 목적을 포함한 기타 부적절한 목적에 영향을 주는 방식으로 사용되어서는 안 된다.
- 안전정보를 부적절한 사용으로부터 보호하는 유일한 목적은 적절하고 시의적절한 예방조치를 취할 수 있고 항공안전을 향상시킬 수 있도록 지속적인 가용성을 보장하는 것이다.
- 안전정보의 공유 및 교환은 부속서 19에 규정된 보호원칙에 부합해야 한다.

정보의 공유 및 교환을 위한 법적인 틀은 예를 들어 항공운송(항공업무)협정에 삽입된 국가 간의 양자 간 합의에 기초할 수 있다. 정보의 공유 및 교환을 촉진하기 위하여,

국가 및 양자 간 협약의 비준 및 발효까지는 잠정적으로 적용된다는 것에 동의할 수 있다.

각국은 항공정보시스템의 사용자 간에 안전정보공유 및 교환네트워크를 구축하고 촉진해야 한다. 안전정보의 공유 및 교환은 국가 및 글로벌차원의 안전문제에 대한 일관성 있고 사실에 근거한 투명한 대응을 보장하는 기본이 된다.

CHAPTER 08

국가안전관리

(STATE SAFETY MANAGEMENT)

8.1 개 요

(INTRODUCTION)

부속서 제3장은 국가의 안전관리책임과 관련된 국제표준과 권고를 포함하고 있다. 이는 안전을 종합적인 방법으로 관리하기 위한 국가안전프로그램의 수립과 관리를 포함한다.

부속서 19의 초판에는 국가가 두 개의 사항을 조치하도록 기대되었는데 국가안전감독(SSO: State Safety Oversight)을 구성하는 여덟 개 핵심요소(CE: Critical Element)와 국가안전프로그램 프레임워크가 이들이다. 안전감독측면은 국제표준 및 권고를 항공산업에서 효과적으로 이행하고 있음을 확인하는 국가의 전통적인 역할을 반영하는데 반해 국가안전프로그램 프레임워크는 안전관리원칙의 적용을 대변한다.

안전감독시스템과 국가안전프로그램은 둘 다 안전목표성취라는 측면에서 밀접하게 연계되어 있다. 이들은 모두 국가의 기능과 책임을 나타낸다. 전자는 주로 안전감독에 대한 것이고 후자는 안전관리 및 안전성과에 대한 것이다. 안전관리에 있어 적극적 접근으로의 전환을 반영하는 여덟 개 핵심요소내에 안전관리 측면이 존재하는 것은 분명하다. 예를 들면 감독의무(CE−7)는 안전보증의 요소로 간주될 수 있으며, 항공법령(CE−1) 및 구체적인 운영규정 (CE−2)은 국가안전프로그램 프레임워크에 중요한 안전위험조절방법으로 반영되어 있는 것이다.

이러한 책임은 부속서 19의 2차 개정판에 반영되었으며 국가의 안전관리책임에 부분적으로 참조되었다. 국가의 안전관리책임과 관련된 국제표준과 권고는 독립적이며 효과적인 안전관리를 위한 종합적인 접근을 구성한다. 비록 국가안전프로그램이라는 용어는 부속서 19의 2차 개정판에 사용되었지만 그 의미는 제3장에서 발견할 수 있는 국제표준 및 권고들을 종합하여 변경되었다. 따라서 안전감독을 포함한 국가안전프로그램은 더 이상 프레임워크로 묘사되지 아니하고 국가의 안전관리책임을 충족시키기 위한 프로그램으로 간주된다. 국가안전프로그램은 국가안전관리의 광범위한 개념의 일부분이 된다. 이러한 진화는 <그림 8−1>에 표현되어 있다.

그림 8-1 종합적인 국가안전프로그램(Integrated State safety programme)

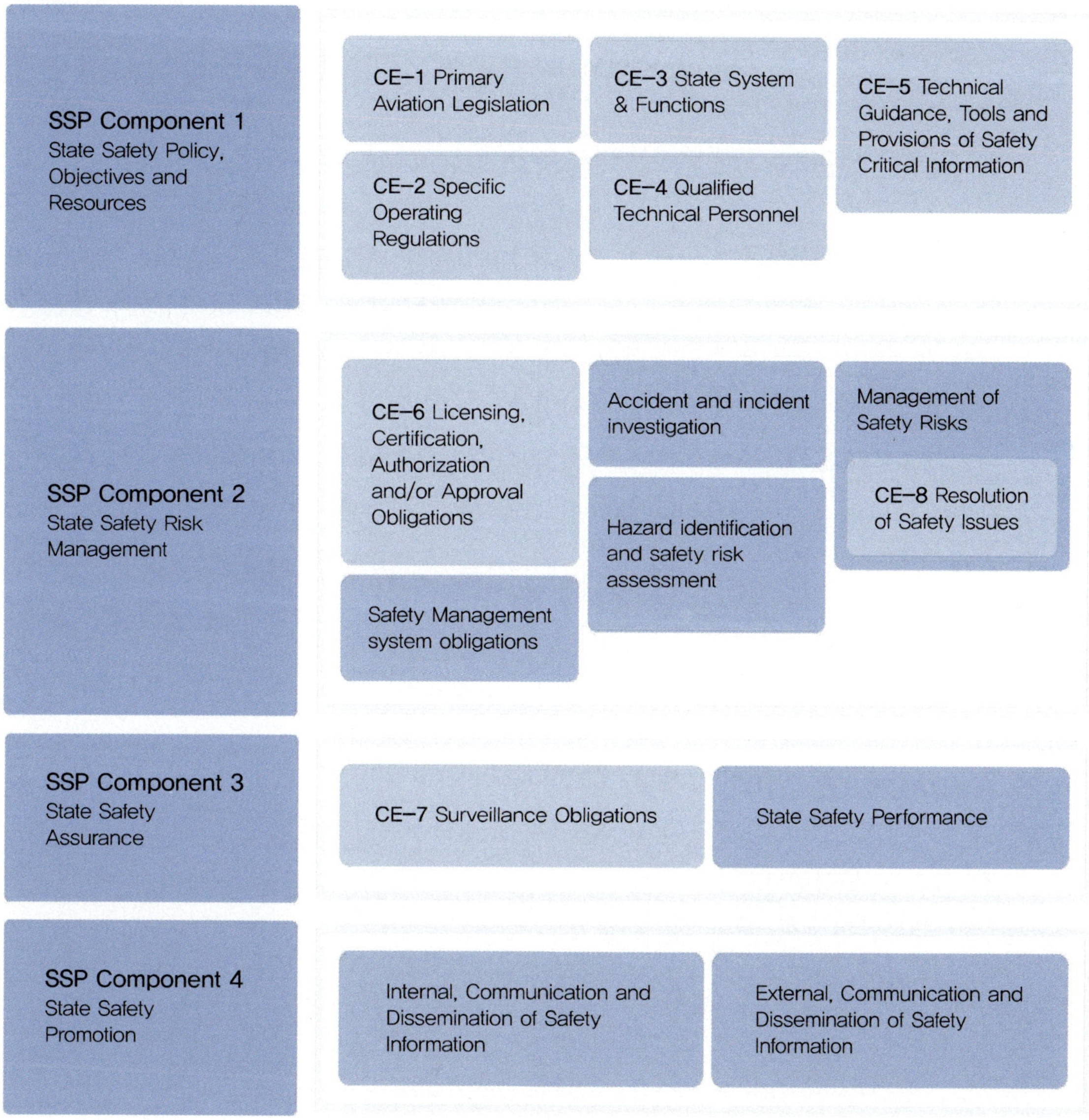

8.2 국가안전프로그램

(STATE SAFETY PROGRAMME)

1) 국가안전관리 시스템의 핵심요소 (State safety oversight system critical elements)

국가안전감독(SSO) 시스템의 핵심요소(CE)들은 국가안전프로그램의 기초를 형성한다. 부속서 19 제2차 개정판은 표준수준에서 여덟 개의 핵심요소(CE)들과 관련된 조항들을 유지함에 따른 안전감독시스템의 중요성을 강조한다. 국가안전프로그램 프레임워크로부터 많은 요구사항들이 권고사항으로 강화되었으며 이중 몇몇은 표준으로 강화되었다. 국가안전감독시스템의 핵심요소(CE)들에 대한 세부내용은 Safety Oversight Manual, Part A－The Establishment and Management of a State's Safety Oversight System(Doc 9734)에 나와 있다.

2) 국가안전프로그램 개요 (State safety programme overview)

국가안전프로그램은 안전을 개선하기 위하여 초점을 맞춘 규정과 활동의 종합세트이다. 국가안전프로그램의 수립 및 관리를 위한 ICAO 국제표준과 권고는 다음의 네 가지 요소로 구성된다.

- 국가안전정책, 목표 및 자원
- 국가안전관리
- 국가안전보증
- 국가안전진흥

국가안전프로그램의 이행은 국가의 항공기능과 관련된 복수의 기관들 사이에서 협업을 요구한다. 국가안전프로그램의 이행은 국가항공조직 각각의 역할과 기관간 일반적인 상호협력을 변경하지는 않는다. 다만 국가안전프로그램은 국가내에서 안전을 강화하기 위한 선택적 안전기능과 능력을 강화함에 초점을 맞춘다. 국가안전프로그램의 이행을 시작할 때 대부분의 국가들은 국가안전프로그램의 많은 부분들이 기존의 프로세스와 활동 등에 이미 적용되고 있음을 발견하게 된다. 국가안전프로그램의 이행은 추가적인 성능과 안전위험-기반요소와 함께 국가내의 항공산업에 의한 안전관리시스템의 효과적인 이행의 촉진 등을 통하여 이러한 프로세스들의 강화에 초점을 맞추고 있다.

국가안전프로그램은 다음을 겨냥한다.

- 국가가 구체적인 운영규정을 지원하기 위한 효과적인 법률 프레임워크를 가지고 있는지 확인한다.
- 국가의 항공관련기관들 사이에 안전위험관리와 안전보증협력 및 시너지가 작동하고 있는지 확인한다.
- 서비스제공자의 안전관리 시스템의 효과적인 이행과 적절한 협업을 지원한다.
- 국가의 항공산업에 있어 안전성과의 감시와 측정을 촉진한다.
- 국가의 전반적인 안전성과를 유지 및 또는 지속적으로 개선한다.

3) 안전관리기능 및 활동의 위임 (Delegation of safety management functions and activities)

몇몇 안전관리활동은 안전위험평가의 실시, 안전데이터의 분석 또는 안전성과지표의 적정성 평가 등 새로운 내용을 요구한다.

국가는 국가안전프로그램 하의 몇몇 특정기능 또는 업무를 선택하여 다른 국가, 지역안전감독기구(RSOO) 또는 협회, 산업대표기구 또는 일반기업 등 기타 기관에게 위임할 수 있다. 비록 국가가 특정기능을 위임한다고 할지라도 위임된 기관과 협업을 실시하고 정보를 주고 받기위한 인력은 필요하다.

국가는 위임된 기능이 만족스럽게 이행되는지 확인하기 위한 적절한 기술적 및 행정적 프로세스를 수립함을 고려하여야 한다.

협정에 관계없이 국가는 위임된 모든 업무에 대하여 자국의 요건 및 국제표준과 권고에 따라 수행되도록 확인할 책임을 가진다.

위임은 국가로 하여금 추세를 확인하고 경감전략을 조율하기 위한 안전데이터의 수집 등 낮은 수준의 활동을 허용하게 한다.

만약 국가가 감독프로세스 개발의 지원을 받는 것을 선택한 경우에는 서비스제공자에 대한 조직적인 안전위험프로파일의 개발, 인가된 조직/서비스제공자의 검사, 감사 및 감시활동의 계획 및 우선순위 선정을 포함하여야 한다.

만약 국가가 감독활동의 위임을 선택한 경우에는 국가는 인쇄된 기록물과 함께 감독기록에 접근할 수 있어야 한다. 국가는 또한 정기적으로 각 서비스제공자의 안전성능을 감시하고 검토함은 물론, 누가 안전이슈에 대한 해법을 감시하고 처분하는지를 확인하여야 한다.

위임은 국가가 적절한 전문인력에 대한 접근을 함에 있어 자원이 제한될 때 사용하는 방법이다. 지역안전감독기구(RSOO)의 수립에 대한 안내지침은 Safety Oversight Manual, Part B—The Establishment and Management of a Regional Safety Oversight Organization(Doc 9734)에서 찾을 수 있다.

8.3 구성요소 1: 국가안전정책, 목표 및 자원

(STATE SAFETY POLICY, OBJECTIVES AND RESOURCES)

국가안전프로그램의 첫 번째 구성요소는 국가가 항공시스템에 대하여 안전을 어떻게 관리하느냐를 정의한다. 이는 국가안전프로그램과 관련된 다양한 국가항공기관들의 요건, 목표, 기능 및 활동은 물론, 달성하고자 하는 광범위한 안전목표를 포함한다. 국가안전정책 및 목표는 분명한 기대치를 제공하고 국가의 항공당국과 기타 국가 항공관련 기관들이 안전성능을 유지하고 개선함에 초점을 맞춘 가운데, 안전관리노력을 유지하기 위하여 반드시 문서화되어야 한다. 이를 통하여 국가는 지속적으로 성장하고 날로 복잡해지는 항공운송시스템을 지원하기 위한 분명한 안전지침을 제공할 수 있게 된다.

국가의 법적 프레임워크는 항공안전이 어떻게 관리되는지를 지배한다. 서비스제공자는 자신의 제품 및 서비스에 대한 안전의 법적인 책임이 있으며 국가에서 수립한 안전규정을 반드시 준수하여야 한다. 국가는 국가항공안전프로그램을 이행하고 유지할 책임이 있는 항공당국이 국가항공안전 프로그램을 효과적으로 이행함에 필요한 자원을 보유하고 있는지를 확인하여야 한다.

국가안전프로그램의 구성요소 국가안전정책, 목표 및 자원은 다음과 같은 요소로 구성된다.

- 기본항공법령
- 세부운영규정
- 국가시스템 및 기능
- 유자격기술인력
- 기술지침, 안전-핵심정보에 대한 도구 및 조항

1) 기본 항공법령 (Primary aviation legislation)

기본 항공법령(CE-1)에 대한 지침은 Doc 9734, Part A에서 찾을 수 있다.[1)]

다양한 국가항공당국 (예; 항공국 또는 사고조사기관)이 역할을 수행할 수 있도록 위임하는 법령조항이 필요하다. 기본 항공법령은 해당 국가의 법률시스템에 따라 상이할 수 있지만 항공당국의 기본 역할로 국가안전프로그램의 이행을 구체적으로 언급할 필요가 있다. 어떤 국가들은 국가안전프로그램의 이행기능이 자국의 기본 항공법령에 언급되어 있음을 함축한 것으로 간주할 수 있다. 이 경우 기본 항공법령의 개정은 필요하지 않을 수 있다. 국가안전프로그램 이행의 증거는 반드시 정식 국가기록물에서 찾을 수 있어야 한다. 국가는 또한 부속서 19에 명시된 안전관리책임을 수행할 의무가 있다는 것을 증명할 수 있어야 한다.

국가안전프로그램의 일부분으로 국가는 다음과 같은 행정처분정책을 수립할 것이 기대된다.

- 긍정적인 안전문화의 지원 및 진흥
- 정보가 자체-법정자료로 제공되는 경우 안전데이터 및 안전정보와 자료원에 대하여 정부가 어떻게 보호하는 지를 설명
- 안전관리시스템이 내부적으로 특정 안전이슈와 관련된 이벤트를 해결하도록 서비스제공자가 조건과 환경을 구체화

안전관리원칙을 사용함을 통하여 국가와 서비스제공자 간의 관계가 이행과 처분을

1) "법령"은 기본항공법령 및 세부운영규정을 포함한다.

뛰어 넘어 안전성능을 유지하거나 지속적으로 개선함을 목적으로 하는 파트너십으로 발전하여야 한다.

2) 세부운영규정 (Specific operating regulations)

다른 국가의 규정을 채택 또는 원용함을 포함한 세부운영규정(CE－2)에 대한 지침은 Doc 9734 Part A에서 찾을 수 있다.

(1) 규범 및 성능–기반 규정 (Prescriptive and performance–based regulations)

안전규정은 국가가 안전위험을 관리함에 사용될 수 있는 중요한 도구이다. 안전관리로 전이함에 따라 성능－기반 규정의 도입으로 향한 추세가 있어 왔다. 성능－기반 규정이 무엇인지를 이해하기 위하여 규범적 규정을 이해하여야 한다. 규범적 규정은 어떤 것이 이행되어야 하고 어떻게 이행되어야 하는 지를 명확하게 규정해 놓은 규정이다. 많은 규범적 규정이 사고 이후에 개발되었으며 학습에 기초하고 있고 향후 동일한 원인으로 사고가 발생하는 것을 피하기 위하여 만들어졌다. 서비스제공자의 관점에서 보면 규범적 요건을 만족하는 것은 규정을 벗어남이 없이 이행하는 것이다. 서비스제공자 또는 당국으로부터의 추가적인 분석 또는 해석은 없는 것이다.

최근까지 ICAO 국제표준 및 권고는 최소한의 표준을 확인하고 호환적 운영을 확신하는 방법으로 규범적 요건에 초점을 맞추어 왔다. 그러나 효율을 개선하고 안전목표를 달성하거나 초과할 수 있는 혁신적인 이행접근을 지원하기 위하여 성능－기반 규정이 가능하게 할 필요가 증가되었다.

ICAO 부속서는 국제표준이 규범적 및 성능기반 규정 모두가 가능함을 예로 보여준다. 다음은 부속서 14－Aerodromes Volume I－Aerodrome Design and Operations 표준이 규범적 규정을 가능하게 함을 보여준다.

활주로 말단이 유도로 또는 유도로 회전부로 사용되지 않고 코드가 D, E 또는 F인 경우 활주로 선회패드는 항공기의 180도 선회가 가능하도록 제공되어야 한다.

상기예는 규범적 규정이 활주로가 구체적인 요건 － 활주로 선회패드를 만족해야 하는 일반적인 방법을 확인하여 준다. 규범적 규정으로부터의 이탈은 일반적으로 규정의 예외로 인정된다.

이와 대조적으로 성능-기반 규정을 가능하게하는 표준은 요구되는 결과의 형태로 표현된다. 결국 성능-기반 규정은 서비스제공자가 제시하는 접근방법을 통하여 요구되는 결과를 달성하는 지를 보여줄 것을 요구한다. 다음은 부속서 6, Part I 표준의 예이다.

항공기는 어떤 비행단계에서도 한 개의 장비가 고장난 경우, 남은 장비로 항공기가 기본원칙조항에 따라 항행이 가능하도록 충분한 항행장비가 제공되어야 한다.

상기표준이 구체적인 항행장비요건을 표시하지 않았음을 주목하라. 그 대신에 원하는 결과를 설명하고 있으며 이는 한 개의 장비가 고장난 경우 남은 장비가 항공기의 안전한 항행이 가능하도록 할 것을 요구하고 있다. 필요한 장비는 항공기의 설계에 따라 다르게 된다. 이러한 방법으로 작성된 규정들은 항공사로 하여금 어떻게 이러한 요건을 이행할지 필요한 데이터를 감독기관에게 제공하도록 요구한다. 이는 자체적인 분석을 통하여 가능할 수 있지만 성능-기반 규정의 형태에 있어 요구되는 정보는 종종 다른 자료원으로부터 가능할 수 있다. 이 경우 감독기관 및 항공사 모두 결심을 위하여 항공기 제작자로부터의 데이터를 사용할 수 있으며 항공사가 자신의 독특한 해법을 개발할 필요가 없다. 성능기반 규정을 제정하는 경우 국가는 어떻게 이행을 확인할 수 있는지를 염두에 두어야 한다. 산업체가 요건을 충족시킬 수 있도록 지원하기 위하여 국가는 지침과 이행방법을 개발할 필요가 있다.

다음은 부속서 19 Appendix 4의 성능-기반 표준의 또 다른 예이다.

2.1.1 서비스제공자는 항공제품 또는 서비스와 관련된 위해요인을 확인하기 위하여 프로세스를 개발하고 유지하여야 한다.

상기 예에서 비록 표준이 위해요인을 확인하기 위하여 프로세스를 요구한다고 하여도 그러한 프로세스가 어떻게 보일지를 구체적으로 명시하는 것은 아니다. 국가는 서비스제공자로 하여금 자신만의 방법으로 설계할 수 있도록 허용할 수 있다. 항공당국의 역할은 서비스제공자의 방법, 프로세스 및 시스템이 실질적으로 위해요인을 확인할 수 있는지 여부를 확인하는 것이다. 항공당국은 또한 서비스제공자의 위해요인확인 프로세스의 성능을 평가하는 것인데 예를 들면 확인된 위해요인의 규모, 형태 및 중요도를 평가하는 것이다. 성능-기반 규정은 이러한 방법으로 만들어지고 항공당국으로 하여금 시스템의 성능을 평가할 수 있는 기술과 전문성을 요구하며 단순히 규범적 이행을 평가하는 것은 아니다. 각 서비스제공자마다 이행분야가 상이하므로 평가를 위해서는 보다 많은 인력이 필요하다.

(2) 규범적 및 성능-기반 옵션의 제공 (Providing prescriptive and performance-based options)

어떤 경우에는 ICAO 표준 및 권고가 규범적 규정의 수립을 요구하면서도 동시에 다른 국가에서는 이행의 대체수단을 지원하기 위하여 성능-기반 규정을 수립하는 선택을 하기도 한다. 국가가 규범적 및 성능-기반 규정을 모두 수립하는 경우 서비스제공자가 성능-기반 규정을 충족하기 위하여 독자적 접근방법을 개발할 전문인력을 보유하지 못할 경우 규범적 규정의 이행을 선택할 수 있다. 전문인력을 보유한 서비스제공자는 자신의 운항에 적합한 이행방법을 개발할 수 있도록 규정은 허용하며 운영상 유연성을 증대시킬 잠재성과 자원의 보다 효과적인 사용을 할 수 있게 한다.

부속서 6, Part I 의 피로관리표준은 이에 대한 좋은 예를 제공한다.

4.10.1 운영국은 피로를 관리할 목적으로 규정을 수립하여야 한다. 이러한 규정은 과학적 원리, 지식 및 운영경험을 근거로 운항 및 객실승무원이 적정수준의 각성상태에서 근무할 수 있음을 확인할 목적으로 하여야 한다. 따라서 운영국은 다음을 수립하여야 한다.

- 비행시간, 비행근무시간, 근무시간 및 휴식시간의 제한
- 항공사가 피로를 관리하기 위하여 Fatigue Risk Management System (FRMS)을 사용하도록 인가

4.10.2 운영국은 항공사로 하여금 4.10.1 조 및 피로와 관련된 안전위험을 관리하기 위한 목적으로 수립할 것을 요구

- 운영국에서 수립한 규범적 피로관리규정에 따른 비행시간, 비행근무시간, 근무시간 및 휴식시간 제한내에서 운영 또는
- 4.10.6을 적용한 피로위험관리시스템(FRMS) 또는
- 4.10.6에 의한 FRMS를 일부적용하고 나머지는 4.10.2 a)를 적용

상기 예에서 표준은 국가가 규범적 비행 및 근무제한규정을 수립하도록 하고 FRMS를 지원하는 규정의 수립은 옵션으로 요구하고 있다. FRMS는 항공사가 특정한 피로위험에 보다 잘 대처할 기회를 주고 동시에 규범적 비행 및 근무제한규정 범위 이외의

유연한 운영의 잠재성을 제공한다. 국가는 필수적인 규범적 제한규정에 대한 대체방법으로 FRMS 규정의 제공이 필요한지와 FRMS를 적절하게 감독하기위한 필요인력을 보유하고 있는지를 고려하여야 한다. 표준 4.10.2는 항공사가 피로－관련 안전위험을 관리하도록 요구되는 지를 명확하게 하는 것으로 가게 된다. FRMS규정이 수립되었다면 4.10.2 (a)에 근거하여 규범적 제한규정 내에서 운영할 수 있으며 또는 4.10.2 (b) 및 (c)에 근거한 성능－기반 FRMS를 이행할 수도 있다. FRMS를 개발할 수 있는 전문인력을 보유하지 못하여 관련된 규정의 요건을 충족하지 못하는 항공사는 규범적 규정을 이행할 필요가 있다.

성능－기반 규정이 항상 적절한 것이 아니라는 것은 명확하다. 규범적 요건은 표준화된 이행이 필요할 경우에는 지속적으로 적절한데 예를 들면 범용성을 촉진한다는 것이다. 예를 들어 활주로표식의 경우에는 기본적으로 규범적 적용이 필요한 것이다.

실제적으로 규정은 완전하게 규범적이거나 완전하게 성능－기반적인 경우는 드물며 일반적으로 양쪽 모두의 요소를 가지고 있다. 또한 이들은 상이한 정도로 성능－기반에 기초한다. 국가가 성능－기반 규정의 이행을 고려할 경우에는 산업계의 능력과 성숙도, 특정산업의 부분 또는 개별 서비스제공자와 그 안전관리시스템의 성숙도까지 고려할 필요가 있다. 성능－기반 규정은 또한 규제당국에게 추가적인 요구를 하게 되는데 단지 이행여부만 확인할 것이 아니라 각 서비스제공자의 구체적인 운영내용에 대한 시스템의 평가 및 안전성능평가도 요구하게 된다. 국가는 산업계에 대한 감독과 관리의 지속을 이행할 수 있는 능력을 확인하도록 요구되며 보다 높은 수준의 전문성은 물론 보다 많은 자원이 요구된다. 안전관리시스템은 서비스제공자로 하여금 성능－기반 규정을 충족하도록 기반과 도구를 제공하지만 안전관리시스템을 가지고 있는 모든 서비스 제공자가 자동적으로 그러한 확신을 갖게되는 것은 아니다. 이는 구체적인 성능－기반요건의 요구에 따라 달라지게 된다.

또한 성능－기반 규정은 행정처분에 영향을 미치게 된다. 규범적 규정에 따른 처분은 분명하며 이행을 하지 않은 것이 쉽게 판단된다. 성능－기반 규정은 보다 복잡하게 된다. 예를 들면 서비스제공자가 규정을 충족시키기 위하여 진행중에 있다고 보고하는 경우(예: 위해요인보고시스템이 삭동중)에 기획된 산출물(예: 위해요인보고시스템이 효과적인지 여부)을 프로세스가 만들어 내고 있는지를 보여주지 못하는 수가 있다. 이는 시스템 또는 프로세스의 수립이 단순하게 “규정에 부응”을 충족할뿐 필요로 하는 안전산출물을 만들어 내지 못하는 것이다. 규제기관은 성능－기반 규정을 개발할 때 해당

규정이 처분이 가능한지를 확인하기 위하여 담당처분기관을 참여시킬 필요가 있다.

3) 국가시스템 및 기능 (State system and functions)

국가시스템 및 기능 (CE-3)에 대한 지침은 Doc 9734, Part A에서 찾을 수 있다.

(1) 국가안전프로그램의 협력에 대한 책임기관 (Organization responsible for coordinating the SSP)

국가의 안전관리책임은 국가내의 복수의 항공관련 기관들에 부여될 수 있다. 예를 들면 민간항공당국과 독립적인 사고조사 기구가 그것들이다. 국가는 어떤 기관이 국가안전프로그램의 관리 및 이행에 대한 조율책임이 있는지를 명확하게 밝혀야 한다. 대부분의 국가들이 이러한 역할을 민간항공당국에 부여하는데 따라서 민간항공당국은 일반적으로 국가안전프로그램의 책임을 대부분 담당하게 된다. 관련된 모든 기관들의 이러한 역할과 책임은 확인되고 문서화되어야 한다.

(2) 국가안전프로그램 협력그룹 (SSP coordination group)

국가는 국가안전프로그램의 이행과 유지와 관련된 유관 항공기관들의 대표들로 구성된 적절한 협력그룹을 반드시 수립해야 한다. 협력그룹의 지정은 양호한 소통을 촉진하고 노력의 중복과 정책의 충돌을 방지하며, 국가안전프로그램의 효과적이고 효율적인 이행을 확실하게 한다. 이러한 그룹은 국가안전프로그램의 협력에 책임이 있는 조직의 대표가 의장이 되는 위원회 형태가 된다.

국가는 또한 매일의 국가안전프로그램 이행계획 및 관리에 개인, 부서 또는 팀을 배정하는 방법을 찾을 수 있다. 이러한 개인, 부서 또는 팀은 국가의 안전목표를 성취하기 위한 다양한 형태의 작업을 협력하여 수행하게 할 수 있다.

(3) 국가안전프로그램 기능 및 활동 (SSP functions and activities)

국가가 부속서 19의 이행에 있어 서비스제공자의 안전관리시스템의 이행을 승인하고 감시하기 위한 인적자원과 조직구조를 선택하는 것은 각 국가가 결정할 문제이다. 국가는 새로운 부서를 수립하거나 기존의 부서책임에 이러한 책임을 부여할 수 있는데 예를 들면 감항부서, 운항부서, 항행 및 공항부서 등이 그것들이다. 이러한 결정은 국가가 어떻게 신규 경쟁요건을 다룰지에 달려있다.

다양한 항공기관들의 역할을 분명하게 하는 것이 중요하다. 이는 각 기관들의 국가안전프로그램 책임, 기능 및 활동을 포함한다. 국가는 부속서 19의 각 요건들을 충족하기위한 각 기관들의 기여에 대한 이해를 반드시 확실하게 하여야 한다. 가장 중요한 것은 국가내에서 각 기관들의 안전관리를 위한 책임이다. 국가안전프로그램의 이행과 관련하여 각 항공관련 기관들의 책임과 기능은 중복을 피하기 위하여 반드시 문서화되어야 한다.

국가에는 적절한 지배구조가 필요한데 안전과 관련된 인력들은 지역적으로 분산되어 있기 때문이다. 비교적 복잡하지 않은 항공시스템에서는 안전관리에 적은 수의 인력이 개입되어 있기 때문에 복잡한 지배구조가 필요하지 않다. 국가는 국가적인 차원에서 국가안전프로그램의 이행에 대한 모든 인력은 동일한 이해를 갖도록 하여야 한다. 국가안전프로그램의 이행에 대한 접근은 문서화되어야 한다.

(4) 국가안전정책 및 안전목표 (State safety policy and safety objectives)

효과적인 국가안전프로그램의 이행은 국가고위관리의 헌신과 모든 수준에서의 인력들의 지원이 요구된다. 국가안전정책과 국가안전목표는 국가항공기관에 의하여 위임된 고위급성명이다. 이들은 종합적으로 안전행태 및 자원의 배분에 지침을 제공한다. 국가안전정책과 목표는 문서화되어야 하고 국가에 적합하고 적절한지를 확인하기 위하여 주기적으로 검토되어야 한다.

(5) 국가안전정책 (State safety policy)

고위급관리자의 헌신은 국가안전정책에 반드시 표현되어야 한다. 국가안전정책은 국가의 안전의도와 방향을 묘사하는 정식문서이다. 국가안전정책은 고위급관리자의 안전에 대한 태도와 국가내에서의 긍정적 안전문화 진흥을 투영한다. 이는 국가의 안전임무 및 비전성명에 대한 고찰이 될 수 있다.

안전정책에 반영되어 있는 원칙은 반드시 국가내의 관행에 있어 분명하게 가시적이어야 한다.

국가안전정책은 국가의 항공기관들에 의해 안전의도를 보여주도록 위임되며 절차 또는 프로토콜로 이행된다. 전형적인 정책선언은 안전은 다음을 통해 성취한다고 공언하는 것이다. ① 안전조건 및 행태를 위한 수락 및 책무 ② 안전리더십, 협력, 공개적 소통 등

(6) 국가안전목표 (State safety objectives)

안전목표의 개발은 항공시스템에서 최고의 안전위험을 분명하게 이해하는 데에서 출발한다. 항공시스템에서 안전위험은 항공시스템의 규모 및 복잡성은 물론 운항환경과 같은 다양한 요소에 의해 영향을 받게 된다. 양호한 시스템 서술에 대한 개발은 양호한 배경 및 이해를 제공하게 된다. 본 장의 말미에 있는 국가안전프로그램의 이행을 참조하라.

안전위험에 대한 최고의 이해를 개발하기 위하여 정량데이터는 반드시 사용되어야 한다. 또한 국가는 정량적 정보와 전문가의 분석을 활용하여야 한다. 항공시스템 전반에 걸쳐 광범위한 안전위험에 대한 이해를 얻기위한 토론에 참여할 수 있는 선택된 전문가그룹이 구성될 수 있다. 이러한 그룹은 이 경우 국가적인 수준에서 제9장에서 다루고 있는 서비스제공자의 안전검토위원회(SRB)와 유사한 역할을 가질 수 있다. 이러한 전문가들은 안전추세정보, 알려진 사고 및 준사고 기여요소 또는 알려진 국가SSO 프로세스결함에 의하여 참고되어질 수 있다. 이들은 또한 GASP에서 확인된 지역적 목표 또는 세계적 목표로 간주될 수 있다. 브레인스토밍 형태의 접근은 각 항공섹터를 위한 알려진 안전이슈들을 확인하기 위하여 서비스제공자들이 선별적으로 활용할 수 있다.

국가의 안전목표는 모든 관련 항공당국에 대한 지침을 제공하는 간결하고 높은 수준의 성명형태가 된다. 이는 국가가 달성하고자 하는 원하는 안전결과를 나타낸다. 또한 안전목표를 정의할 때 국가가 달성하고자 하는 결과에 영향을 줄 수 있는 능력을 고려하는 것도 중요하다. 안전목표는 안전관리를 위한 국가의 우선순위를 나타내며 국가의 자원을 배분하고 지정함에 있어 청사진을 제공한다.

안전목표는 국가의 안전성과지표 및 안전성과목표의 확인과 본 장의 뒷부분에서 논

의되는 수용가능한 수준의 안전성능(ALoSP)의 후속설정을 지원한다. 안전목표는 국가로 하여금 안전성능을 모니터링하고 측정할 수 있도록 안전성과지표 및 안전성과목표가 포함된 패키지로 함께 작동한다. 안전성과지표 및 안전성과목표에 대한 추가안내지침은 제4장에서 찾을 수 있다.

국가안전프로그램이 실행되면 국가는 국가안전프로그램에 의해 생성된 안전정보를 분석하여 식별된 안전위험을 주기적으로 재평가해야 한다. 분석은 새롭게 부상되는 문제들에 대한 확인을 지원할 것이다. 안전분석에 대한 안내지침은 제6장에서 찾을 수 있다. 또한 국가는 현재의 위험에 대한 재평가를 염두에 두고 안전목표 및 지속적인 관련성에 대한 성취를 향하여 진행상황을 주기적으로 검토해야 한다.

(7) 국가의 안전자원 (State safety resources)

국가는 안전책임을 가진 기관에 위임된 업무를 수행할 수 있는 충분한 자원이 제공될 수 있도록 확인하여야 한다. 이는 재정적 자원은 물론 인력적 자원도 포함한다.

일부 항공당국은 국가로부터 예산을 지원받는다. 다른 경우는 항공시스템에 참여한 사람들(예: 면허 및 승인수수료) 또는 항공시스템 내의 서비스를 이용하는 사람들(예: 여객이나 연료에 대한 요금) 로부터 징수한 수수료 및 요금으로 충당하는 경우이다. 국가에 가장 적합한 예산의 출처는 그 국가의 상황에 전적으로 달려있다. 예를 들면 항공산업규모가 작은 국가는 민간항공당국이 규제활동에 필요한 예산을 단지 요금 및 수수료에만 의지하기에는 충분하지 않을 수 있다. 국가는 자국의 항공활동을 위한 복수의 예산원천을 필요로 할 수도 있다.

국가가 국가안전프로그램을 완전히 이행하기 시작하고 안전관리실무를 채택하기 시작하면 예산과 자금을 재검토하여 충분한 수익을 창출할 수 있도록 하여야 한다. 안전위험관리, 데이터수집 및 분석, 안전증진 등 안전관리에 대한 접근을 성공적으로 수행하기 위해서는 새로운 기능이 도입되고 원활하게 수행되어야 한다. 안전관리는 또한 항공당국이 위험을 관리하기 위한 자신의 프로세스를 지속적으로 모니터링하고 검토할 수 있어야 한다. 검사관 및 기타 인력들은 재교육이 필요할 수 있다. 따라서 국가는 안전관리접근방법으로 전환할 때 국가기관에 충분한 재원을 배분해야 할 필요가 있다.

(8) 국가항공안전계획 (National Aviation Safety Plan (NASP))

ICAO의 글로벌안전 및 항행계획을 위한 총회결의안 A39-12는 국가항공안전계획의 효과적인 이행의 중요성을 인지하고 있다. 이 결의안은 회원국들이 글로벌항공안전계획(GASP, Doc 10004)의 목표에 부합하는 국가항공안전계획을 개발하고 이행할 것을 결의한다. 각 회원국은 국가항공안전계획을 작성해야 한다. 국가가 국가안전프로그램을 이행하는 경우 그 계획은 이 프로그램과 연결되어야 한다. 국가항공안전계획은 일정한 기간 동안 국가차원에서 안전관리를 위한 전략적 방향을 제시한다. 이 계획은 항공당국이 향후 몇 년 동안 목표자원에 대하여 모든 이해관계자들에게 설명을 한다.

지역 및 국가항공안전계획은 GASP와 연계하여 개발되어야 한다. 지역수준에서는 지역항공안전그룹(RASG)이 계획프로세스를 조정한다. 지역 및 국가안전강화계획(SEIs)은 관련국가가 직면한 문제들을 기반으로 채택 되어야 한다.

국제적 수준에서 GASP는 항공안전의 우선순위 및 지속적인 개선을 지원하는 전략을 설정한다. 국가항공안전계획은 GASP 및 지역항공안전계획과 연계하여 개발되어야 한다. 국가항공안전계획은 국가가 다른 정부부처 및 여행하는 대중을 포함한 모든 이해관계자들에게 국가수준의 안전개선전략을 명확하게 전달할 수 있게 한다. 민간항공과 관련된 민간항공당국 및 기타 기관이 위험을 식별하고 운영상 안전위험 및 기타 안전문제를 관리하는 방법을 공개할 수 있는 투명한 수단을 제공한다. 또한 계획된 SEI는 국가가 확립한 목표를 어떻게 달성할 수 있는지를 보여준다. 국가항공안전계획은 항공안전에 대한 국가의 공약을 강조한다. 이 계획에는 안전성과 측정에 대한 정보가 포함되어 있기 때문에 기존 SEI에 대한 투자의 긍정적 효과를 입증할 수 있는 수단으로 사용되거나 지속적인 또는 미래의 과제를 해결하기 위한 추가자원의 필요성을 정당화하는 방법으로도 활용할 수 있다.

국가항공안전계획에는 GASP에 부합하는 안전목표, 표적 및 지표를 포함하여야 함은 물론 국가 및 산업계의 안전리스크 관리프로세스를 통해 확인된 국가운영안전위험을 해결하기 위해 수행되는 일련의 SEI가 포함되어야 한다. 계획은 각각의 항공분야에 걸친 안전문제의 확인 및 우선순위를 제시하여야 한다. 국가는 기존의 안전관리활동을 통해 계획에 포함된 SEI를 집행하여야 한다.

(9) 국가안전프로그램 문서 (SSP Documentation)

국가는 모든 관련인력들이 공통의 이해를 갖도록 국가안전프로그램을 문서에 기술하여야 한다. 이 문서에는 구조와 관련프로그램, 어떻게 다양한 구성요소가 함께 작동하는가는 물론 다른 국가항공당국의 역할도 포함되어야 한다. 이 문서는 기존 프로세스와 절차를 보완하고 다양한 국가안전프로그램 하위프로그램이 어떻게 안전을 향상시키는지를 광범위하게 설명해야 한다. 지원문서에는 당국의 안전책임과 책무에 대한 상호-참조도 포함될 수 있다. 국가는 예를 들어 물리적 문서 또는 적절하게 통제된 웹사이트와 같이 주어진 환경에 가장 잘 부합할 수 있는 문서화 및 배포방법을 선정해야 한다. 소통채널에 관계없이 모든 관련요원들이 국가안전프로그램에 대하여 공통적으로 이해할 수 있게하는 것을 목표로 한다.

4) 자격이 인증된 기술인력 (Qualified technical personnel)

안전관련기능(CE-4)을 수행하는 자격이 인증된 기술인력에 관한 지침은 Doc 9734, Part A에서 찾을 수 있다.

(1) 일반지침 (General guidance)

회원국들은 국가안전프로그램에 따른 역할과 책임을 고려하여 국가안전프로그램을 효과적으로 이행함에 필요한 경쟁력을 파악하고 조치하여야 한다. 이러한 경쟁력은 이행을 감독함에 필요한 역량에 추가되며 기존 직원을 교육하거나 추가로 직원을 고용하여 해결할 수 있으며 다음을 포함하지만 이에 국한되지는 않는다.

- 강화된 리더십 기술
- 비즈니스프로세스의 이해
- 성과와 효과를 평가함에 필요한 경험과 판단
- 안전위험-기빈감독
- 안전데이터 수집 및 분석
- 안전성능측정 및 감시
- 안전진흥활동

강력한 검사인력의 개발 및 유지에 관한 지침은 Manual on the Competencies of Civil Aviation Safety Inspectors(Doc 10070)에서 찾을 수 있다.

국가는 조직내에서 서로 다른 역할과 책임을 가진 인원에 대해 가장 적절한 훈련이 무엇인지를 결정해야 한다. 다음은 훈련에서 고려할 사항의 예이다.

- 국가안전프로그램, 안전관리시스템, 안전정책, 목표 및 ALoSP에 대한 고위급경영진을 위한 브리핑 또는 친화교육
- 국가안전프로그램 및 안전관리시스템 원칙에 대한 감독관교육, 안전관리시스템 평가수행방법, 서비스제공자의 안전성과지표를 수락여부로 평가하는 방법 및 안전관리 환경에서 일반적으로 서비스제공자를 감독하는 방법
- 확립된 규정을 지속적으로 준수하면서 안전성과를 향상시키기 위해 서비스제공자와 협력하여 검사원을 지원할 수 있는 소프트한 기술훈련(효과적인 소통기술, 협상기술, 분쟁해결 등)
- 데이터분석, 안전목표, 안전성과지표 및 안전성과목표를 담당하는 인력을 위한 훈련
- 항공검시관 및 항공전문의를 위한 훈련
- 안전자료의 보호, 안전정보 및 관련자료원 및 법령관련전문가 등을 위한 집행정책훈련 등
- 서비스제공자 안전조사관을 위한 국가안전프로그램 및 안전관리시스템 교육

국가안전프로그램과 관련된 임무에 관련된 인원에 대한 안전교육프로그램은 국가기관 간 적절하게 조율되어야 한다. 국가안전프로그램 및 안전관리시스템 교육 또는 친화의 범위는 실제 국가안전프로그램 프로세스 및 국가안전프로그램 자체가 진화하고 성숙함에 따라 반영되어야 한다.

초기 국가안전프로그램 및 안전관리시스템 교육은 일반 국가안전프로그램 요소 또는 안전관리시스템 프레임워크 요소 및 지침에 제한될 수 있다.

모든 관련 기술직원이 적절한 자격을 갖추었는지를 확인하기 위하여 국가는 다음을 수행하여야 한다.

- 초기훈련정책 및 절차를 개발하라
- 관련직원을 위한 국가안전프로그램 및 안전관리시스템 교육프로그램을 개발하라. 서비스제공자의 안전관리시스템 감시/모니터링과 관련된 국가안전프로그램－안

전관리시스템 이행요원 및 운영/현장 검사원에게 우선순위를 부여해야 한다(국가안전프로그램 프로세스 및 관련성 포함).

온라인과정, 강의실 과정, 워크숍 등 다양한 형태의 국가안전프로그램 및 안전관리시스템 교육이 이용가능하다. 제공된 훈련의 유형 및 분량은 관련직원이 자신의 역할을 수행하고 국가안전프로그램에 대한 기여도를 이해하는 데 필요한 역량을 개발하도록 보장해야 한다. 목표는 개인 또는 팀이 국가안전프로그램의 각 측면을 다루고 할당된 역할을 수행할 수 있도록 훈련되었는지 확인하는 것이다.

검사원에 대한 적절하고 충분한 교육은 안전관리환경에서 일관된 감시와 필요한 기능을 효과적으로 수행할 수 있도록 보장한다. 국가는 다음을 고려하여야 한다,

- 서비스제공자의 안전관리시스템 감시 및 모니터링에는 안전관리시스템 요구사항이 도입되기 이전에 중요하지 않았던 사항에 대한 경쟁력도 요구하게 된다. 검사관은 서비스제공자의 안전관리시스템 이행의 적합성과 효과를 평가하기 위해 기존 기술지식을 보완할 추가적인 기술을 필요로 한다. 이러한 접근방법은 안전데이터 및 안전정보의 공유를 촉진토록 서비스제공자의 신뢰를 얻기 위해서 산업계와 협력하여 작업할 것이 요구된다. 국가는 산업계와의 상호작용을 담당하는 인원이 안전관리시스템 환경에서 감시활동을 수행할 역량 및 유연성을 확보할 수 있도록 적절한 훈련을 제공해야 한다. 훈련의 필요성 분석은 적절한 훈련을 식별함에 활용될 수 있다.
- 훈련은 또한 직원에게 항공당국 및 다른 국가항공당국의 다른 부서의 역할 및 기여에 대한 인식을 제공하여야 한다. 이를 통해 다른 국가항공당국의 검사관은 물론 직원이 일관된 접근방식을 가질 수 있다. 또한 다양한 분야의 안전위험에 대한 이해를 촉진한다. 검사관은 또한 국가의 안전목표를 달성하는 데 어떻게 기여하는지를 더 잘 이해할 수 있다.

5) 기술지침 도구 및 안전-핵심 정보조항

(Technical guidance, tools and provision of safety-critical information)

기술지침, 도구 및 안전에 핵심적인 정보제공에 관한 안내지침 (CE-5)은 Doc

9734, Part A에서 찾을 수 있다.

국가는 안전관리규정의 해석을 돕기 위하여 검사원과 서비스제공자에게 안내지침을 제공하는 것을 고려하여야 한다. 이는 긍정적 안전문화를 촉진하고 서비스제공자가 안전목표를 달성할 수 있도록 도움을 주며 결과적으로는 규제를 통해 달성되는 국가의 안전목표를 달성하게 할 것이다. 안전관리시스템 평가에는 서비스제공자의 안전관리시스템 준수 및 성능을 결정하기 위한 추가적인 도구가 필요할 수 있다. 개발된 모든 도구는 이행되기 전에 영향을 받는 직원에 대한 교육을 필요로 한다.

8.4 구성요소 2: 국가안전위험관리

(STATE SAFETY RISK MANAGEMENT)

국가는 항공시스템에 대한 잠재적 안전위험을 식별할 필요가 있다. 국가는 이를 달성하기 위하여 적극적인 프로세스를 통해 사고 또는 사고의 원인을 분석하는 전통적인 방법을 보강해야 한다. 적극적 프로세스를 통해 국가는 사고의 선행요인 및 기여요인을 식별하고 대응할 수 있으며 안전향상을 극대화하기 위해 전략적으로 안전자원을 관리할 수 있다. 국가는 반드시

- 항공관련활동의 안전을 관리하고 개선하기 위해 서비스제공자가 안전관리시스템을 이행할 것을 요구
- 서비스제공자의 안전위험관리가 수용가능한지 여부를 결정하는 수단을 수립
- 서비스제공자의 안전관리시스템이 유효한 상태인지를 검토하고 확인

국가의 안전위험관리 구성요소에는 위험식별프로세스 및 관련 안전위험관리를 포함하여 서비스제공자가 안전관리시스템을 구현하는 것이 포함된다.

국가는 안전위험관리의 원칙을 자신의 활동에 적용하여야 한다. 여기에는 규정의 개발 및 평가된 위험을 기반으로 하는 감시활동의 우선순위결정과 같은 활동들이 포함된다.

서비스제공자 및 규제기관들이 종종 간과하는 영역은 다른 기관들과의 인터페이스

를 통해 유도되는 안전위험이다. 국가안전프로그램과 안전관리시스템 간의 인터페이스는 국가 및 서비스제공자에게 특정 인터페이스 문제를 야기 할 수 있다. 국가는 규정 및 지원안내지침을 통해 안전관리시스템 인터페이스 위험관리의 중요성을 강조하는 방안을 고려하여야 한다. 인터페이스 위험의 예는 다음을 포함한다.

- 종속성－조직 A는 제품 또는 서비스를 제공하기 위하여 조직 B에 종속된다. 조직 B는 기대하는 바와 조직 A의 의존성에 대해 명확하지 않아 서비스제공에 실패하게 된다.
- 컨트롤－인터페이스 조직은 종종 인터페이스 조직의 품질이나 효율성을 최소한으로 제어한다.

이러한 두 가지의 경우 모두 인터페이스 위험관리는 상호가 동의한 경계구역점검을 통해 위험을 밝히고 상호 기대치를 명확하게하며 원하지 않는 결과를 경감시킬 수 있다. 서비스제공자 간의 인터페이스에 대한 추가적인 정보는 제2장에서 찾을 수 있다.

1) 면허, 인증, 승인 및 승인의무 (Licensing, certification, authorization and approval obligations)

면허, 인증, 승인 및 승인의무(CE－6)에 대한 지침은 Doc 9734, Part A에서 찾을 수 있다.

허가, 인증, 승인 및 승인의무는 국가 안전위험제어전략의 중요한 구성요소이다. 이는 서비스제공자 및 기타 관련업계 대표기관이 항공시스템 내에서 안전하게 작동하기 위해 필요한 표준을 달성했음을 보장한다. 일부국가는 다른 국가에서 발행한 인증서, 승인 및 면허에 대한 승인 또는 수락을 용이하게 하기 위한 공동운영규정을 수립해 왔다. 이러한 협약들이 시카고협약에 따른 국가의 의무를 면제하지는 않는다.

2) 안전관리시스템의 의무 (Safety management system obligations)

(1) 안전관리시스템의 규범적 요건 (안전관리시스템 regulatory requirements)

국가는 부속서 19에 따라 서비스제공자 및 국제일반 항공운영자들이 안전관리시스템을 이행할 것을 요구한다. 안전관리시스템 프레임워크를 다루는 요건들은 부속서 19 부록 2 및 본매뉴얼의 제9장 지원안내지침에서 찾을 수 있으며. 이러한 요구사항을 어떻게 수립할 지는 국가의 규제체계에 달려있다.

국가는 안전관리시스템이 국가에 의하여 수용될 수 있도록 보장하는 절차를 수립하여야 한다. 접근방법 중 하나는 필요한 안전관리시스템이행 진행상황을 나타내는 국가수준의 일정 및 이정표를 설정하는 것이다. 안전관리시스템의 격차분석 및 이행계획을 개발하고 수행하는 방법과 관련된 서비스제공자에 대한 추가지침은 제9장에서 찾을 수 있다.

국가의 안전관리시스템 규제요구사항 및 안전관리시스템 안내자료는 반드시 주기적으로 검토되어야 한다. 이러한 검토는 산업계의 피드백, 국가안전위험 프로필의 주기적인 검토, 현재의 상태 및 ICAO 안전관리시스템 표준 및 권고와 안내지침자료의 적용가능성 등이 고려되어야 한다.

(2) 국제일반항공 (International general aviation)

국제일반항공(IGA)에 대한 안전관리시스템 조항들은 부속서 19에서 일부 융통성을 가지고 다루어지며, 따라서 서비스제공자의 목록에 포함되지는 않는다. 이 항공부문은 안전관리시스템 프레임워크를 이행하도록 기대되고 있다. 이 부문과 다른 부문의 차이점은 국가가 요구사항을 수립하는 방법에 유연성을 어느 정도 허용한다는 것이다. 부속서 6, Part II－International General Aviation－Aeroplanes에서 찾을 수 있는 다른 조항들과 일관되게, 등록국은 IGA운영자가 안전관리시스템을 구현하기 위한 기준을 수립하여야 한다.

기준의 수립은 부속서 19에 기술된 바와 같이 안전관리시스템 체제의 적용을 요구하여야 하며, 그러나 이는 여러 가지 방법으로 달성될 수 있다.

- 기준은 IGA에 대한 기존의 특정 운영규정 범위내에서 설정
- 기준을 정의하는 특정 운영규정 이외의 법률적 수단의 규제 프레임워크내 요건의 게시 또는
- 규제 프레임워크 내에서 국가가 인정하는 안전관리시스템 산업코드에 대한 참조표를 작성

등록국은 IGA에 대한 안전관리시스템 기준수립을 위한 최선의 접근방법을 선택할

때 제3자에 대한 감독의 위임을 포함하여 안전관리시스템 모니터링이 어떻게 수행되어야 할지를 고려하여야 한다. 서비스제공자의 안전관리시스템과 마찬가지로, 안전관리시스템의 수용가능성을 결정할 때, 등록국은 운항의 규모, 운영환경 및 복잡성에 근거하여 규모를 허용하여야 한다.

부속서 6, Part I에 따라 항공사 운항증명(AOC)이 발급된 다수의 등록국에 관할되는 대형 또는 터보제트 항공기의 경우, 운영자는 서비스제공자로 간주되어 안전관리시스템으로 처리가 되며, 운영국에 의하여 수용되어야 한다.

(3) 안전관리시스템의 수락 (SMS acceptance)

많은 서비스제공자는 하나 이상의 국가에서 승인을 받거나 하나 이상의 국가에서 운항을 한다. 국가의 책임범위를 벗어나서 서비스제공자의 안전관리시스템을 감독하기 위한 부속서 19의 요구사항은 없다. 그러나 안전관리시스템 요구사항의 조화는 국가간의 안전관리시스템 수용을 용이하게 한다. 조화된 작업은 감독의 중복 및 서비스제공자가(잠재적으로) 서로 다른 요구사항을 통해 유사한 안전관리시스템 의무를 준수해야 하는 필요성을 감소시킨다. 국가는 증명할 수 있는 안전가치가 추가되지 않는 가운데 인증 보유자에 대한 행정적 및 재정적 부담을 증가시키는 정책은 재고하여야 한다. 중요한 것은 기본 인증서 또는 승인서의 공통된 승인의 혜택을 얻지 못하는 서비스제공자의 경우 안전관리시스템 도입으로 상황이 악화될 수도 있다는 것이다. 국가는 서비스제공자에 추가적으로 과도한 부담을 가하지 않으면서 이행의 장점을 달성하기 위하여 노력하여야 한다.

또한 국가는 다른 국가의 서비스제공자에게 승인을 부여할 때 과도한 기술적, 법률적 및 행정적 부담없이 동등하게 요구사항을 적용할 것이 권고 된다. 많은 서비스제공자는 여러 국가에서 초기승인을 위해 추가적인 자원을 필요로 하며, 안전관리시스템을 수용한 국가의 정기적인 모니터링 또는 감사를 지원한다. 요건이 다양하거나, 다르게 해석되거나, 충돌할 경우에는 추가적인 노력이 필요하게 된다.

부속서 19는 안전관리시스템 프레임워크의 요구사항을 제공한다. 국가는 이 요구사항을 국가의 법적규제체제로 변환한다. 실질적으로 조직적 시스템 또는 프로세스의 성능은 요구사항이 어떻게 이행되느냐에 따라 달라진다.

안전관리시스템의 등가성과 국가들 간의 안전관리시스템 수용 등에는 두 가지 주요

구성요소가 있다.

첫 번째 요소는 안전관리시스템의 승인 또는 인식의 공식적인 측면이다. 일부국가는 국가 간의 외교적, 법적 및 기술적 조치가 혼합된 양자간 또는 다자간 협정을 통해 이를 다루고 있다. 어떤 경우에는 상호 동의하는 경우가 있지만 모든 환경에서 그러한 것은 아니다.

두 번째 구성요소는 기술적 동등성이다. 기술적 동등성은 다섯 가지 영역으로 나눌 수 있다.

- 일반적 요건(Common requirements): 동등성을 확립하기에 충분하지는 않지만 일반적인 요구사항의 세트를 사용하면 기술적 평가에 대한 구조 및 효율성을 제공한다. 이들은 다양한 ICAO 부속서에 수립되어져 왔다.
- 이행의 기대치(Implementation expectations): 각 국가는 다른 당국이 이행 및 성과를 입증할 수 있는 프로세스, 프로그램, 방법 및 도구에 대한 구체적인 기대치를 확인한다.
- 수용방법(Acceptance methodology): 국가는 프로세스 및 관리기능이 국가별로 어떻게 다른지를 평가한다. 이것은 일반적으로 국가의 감시시스템(CE-6, 라이선스, 인증, 승인 및 승인의무)의 기능이다.
- 성능의 측정(Performance measurement): 인증되고 승인된 조직의 안전성과를 측정하기 위해 각 국가에 의해 사용된 방법론은 각 조직의 잠재적 성능 및 지위에 대한 국가의 이해를 향상시키는 것을 목표로 한다.
- 정책 및 수단의 감시(Monitoring policies and methods): 감시는 조직 및 조직의 안전관리시스템 성능상태를 보장하여야 한다. 이는 국가의 감사의무의 한 측면이다. 각 국가는 다른 기관이 자신의 안전관리시스템을 감독하는 데 사용하는 방법에 대한 이해와 확신을 개발해야만 한다. 이는 안전관리시스템의 수용 또는 인식을 지원한다.

서비스제공자의 안전관리시스템은 관련된 국가기관에 의하여 수용되어야 한다. 서비스제공자는 격차분석을 실시하고 실행가능한 이행계획을 개발해야 한다(국가에 의한 계획작업에 대한 승인을 포함). 안전관리시스템 이행은 일반적으로 3~4 단계로 실시된다. 서비스제공자와 국가당국 간의 조기협력은 보다 유연한 개발 및 승인프로세스로 이어질 것이다. 안전관리시스템의 이행에 대한 정보는 제9장을 참조하라.

(4) 안전성과지표 및 안전성과목표의 수락 (Acceptance of SPIs and SPTs)

서비스제공자가 제안한 안전성과지표는 안전관리시스템 승인의 일환으로 해당 국가의 규제당국에서 검토되고 승인된다. 각국은 이행프로세스의 후반부에 서비스제공자의 안전성과지표의 수용을 계획하는 것도 고려할 수 있다. 이는 특히 초기인증시 서비스제공자가 의미있는 징후를 개발하기에 충분한 데이터가 없는 경우에 특히 유용하다. 규제기관은 제안된 안전성과지표가 개별 서비스제공자의 항공활동에 적절하고 부합한다는 점에 만족할 수 있다. 일부 서비스제공자의 안전성과지표 및 안전성과목표는 ALoSP를 측정하고 모니터링하기 위해 국가의 안전성과지표 및 안전성과목표와 연계할 수 있다. 이를 모든 안전성과지표 및 안전성과목표에 적용시킬 필요는 없다. 안전성능 측정에 대한 보다 자세한 정보는 제4장을 참조하라

서비스제공자의 안전성과목표 수락은 안전성과지표가 일정기간 동안 모니터링된 후에 처리될 수 있으며 이는 기본적인 성능을 수립한다. 국가, 지역 또는 글로벌차원에서 수립된 목표를 기반으로 할 수 있다. 국가안전성과목표를 달성하려면 서비스제공자와 안전위험경감조치 조정이 요구된다.

(5) 복수의 서비스제공자에 걸친 하나의 안전관리시스템 (One SMS across multiple service providers)

여러 서비스제공자의 인증을 보유한 기관은 안전관리시스템의 장점을 십분활용하고 인터페이스 측면을 보다 잘 다루기위해 모든 안전관리시스템을 하나의 안전관리시스템 범위에 포함하도록 선택할 수 있다. 국가의 규제기관은 이러한 상위조직의 안전관리시스템을 평가할 때 또는 광범위한 안전관리시스템의 범위에 포함된 서비스제공자에 대한 안전관리시스템 요구사항을 구현할 때 다음 사항을 고려하여야 한다.

- 안전관리시스템 감시정책 및 프로세스가 국가전역에 일관되게 적용되도록하며, 특히 규제당국 내 다른 조직의 검사자가 다른 서비스제공자의 감시 및 모니터링을 담당해야 하는 경우
  - 규제의 일관된 해석과 감독 및 모니터링의 적용에 대한 경영진 성명의 증거
  - 모든 감시 및 모니터링 인원은 표준화된 훈련을 받았으며, 이상적으로는 서로 다른 분야의 참가자를 포함

- 모니터링, 감독기관이 다를 경우, 공통된 정책, 절차 및 감사도구를 개발하고 이행할 필요
- 각각의 서비스제공자에게 배정된 담당검사원들 간의 일관되고 빈번한 의사소통.
- 감시 및 모니터링 활동의 표준화정도를 모니터링하는 메커니즘이 마련되어 있으며 확인된 어떠한 이슈도 처리되어야 함
- 회사("모조직")수준에서 안전관리시스템으로 서비스제공자의 활동이 처리될 수 있음을 정하며 이는 안전관리시스템을 요구하는 활동, 부속서 19의 적용범위를 벗어나는 활동을 포함할 수 있음
- 모조직은 다음 문서를 가져야 함
  - 어떻게 안전데이터 및 안전정보를 공유하고, 소통이 전파되고, 의사결정이 이루어지며, 다양한 활동영역 및 상이한 규제당국에 자원을 할당할 것인지에 대한 정책 및 절차
  - 안전관리시스템 및 안전관리시스템에 대한 책임 프레임워크와 관련된 역할과 책임
  - 시스템의 묘사에서 다른 시스템과 활동들 간의 조직구조와 인터페이스

■ 복수의 인증서를 소지하고 있는 모조직은 – 일부는 외국규제기관의 인증을 포함 – 복수의 서비스제공자 간에 하나의 안전관리시스템을 구현할 수 있음을 인식

- 안전관리시스템의 범위가 시스템설명에 명확하게 정의되어있고 개별활동을 상세하게 기록하고 있음을 인식. 서비스제공자는 안전관리시스템 프로세스와 회사의 안전관리시스템 간의 호환성을 입증할 수 있음
- 이러한 시나리오는 상위조직이 상이한 규제당국들의 안전관리시스템 수용과 같은 국내 및 국제승인을 보유하고 있는 경우, 추가적인 문제를 야기할 수 있음을 인지하라. 안전관리시스템 수락을 위한 조치가 아직 수립되지 않은 경우에는 감독 및 모니터링을 어떻게 분리, 위임 또는 유지할 것인지에 대하여 다른 규제당국과 합의를 맺어야 함

(6) 통합관리시스템 (Integrated management systems)

감독기관은 안전관리시스템을 다른 관리시스템과 통합한 서비스제공자를 평가할 때

다음 사항을 고려해야 한다.

- 기관의 권한범위를 명확히 하는 정책초안작성(관련 관리시스템의 감독에 대한 책임이 없을 수도 있음)
- 통합관리시스템을 평가하고 모니터링하는 데 필요한 자원(적절한 전문성, 프로세스, 절차 및 도구를 갖춘 직원을 포함할 수 있음).

서비스제공자가 안전관리시스템을 다른 관리시스템과 통합할 때 장점이 있다. 민간항공당국이 안전관리시스템을 효과적으로 "보고"하고 모니터링할 수 있는 방식으로 민간항공당국의 만족을 위한 통합이 완료되어야 한다. 통합관리시스템의 일부로 안전관리시스템을 이행하는 서비스제공자에 대한 안내지침은 제9장에서 찾을 수 있다.

3) 사고조사 (Accident investigation)

사고조사기관은 다른 조직들과 반드시 기능적으로 독립되어야 한다. 해당국가의 민간항공당국과의 독립이 특별히 중요하다. 민간항공당국의 이익은 사고조사기관에 부여된 임무와 상충될 수 있다. 이러한 기능의 다른 조직과의 독립성에 대한 이론적 근거는 사고원인이 규제 또는 국가안전프로그램 관련요인들과 관련될 수 있다는 것이다. 또한 이러한 독립성은 사고조사기관의 활력을 향상시키고 실제 또는 인식된 이해의 충돌을 회피하게 한다.

사고조사프로세스는 국가안전프로그램에서 중추적 역할을 한다. 이는 국가로 하여금 항공시스템 내에서 기여요인 및 가능한 모든 결함을 식별하고 재발방지를 위해 필요한 대응방안을 생성할 수 있게 한다. 이러한 활동은 활성화된 실패, 사고/준사고의 기여원인을 발견하고, 사건의 분석을 통해 얻은 교훈에 대한 보고를 제공함으로써 항공안전의 지속적인 개선에 기여한다. 수정조치의 결정 및 해당 자원의 배분에 대한 개발을 지원할 수 있으며, 항공시스템에 필요한 개선사항을 식별할 수 있게 한다. 보다 자세한 안내지침은 ICAO 부속서 13을 참조하라

부속서 13에 따라 공식적인 조사가 필요하지 않은 안전사건도 많다.

이러한 사건 및 식별된 위해요인은 시스템적 문제를 내비칠 수 있다. 이러한 문제들은 서비스제공자가 시행하는 안전조사에 의해 밝혀지고 개선될 수 있다. 서비스제공자

의 안전조사에 대한 정보는 제9장을 참조하라

4) 위해요인의 확인 및 안전위험평가 (Hazard identification and safety risk assessment)

(1) 일반안내지침 (General Guidance)

항공당국의 가장 중요한 역할중 하나는 항공시스템 전반의 위해요인 및 부상하는 추세를 파악하는 것이다. 이는 복합적인 자료원에서 수집한 안전데이터를 분석함으로써 달성되기도 한다. 국가안전위험관리 프로세스의 복잡성과 정교함의 수준은 국가내의 항공시스템의 규모, 성숙도 및 복잡성에 따라 달라질 것이다. 안전위험관리 프로세스에 대한 일반적 안내지침은 제2장에서 찾을 수 있다.

효과적인 국가안전프로그램을 달성하기 위해서는 내부 및 외부안전데이터 및 안전정보를 수집하는 것이 필수적이다. 단순한 항공시스템은 제한된 데이터만 생성할 수 있다. 이러한 경우 외부데이터의 수집 및 교환에 우선 순위를 두어야 한다. 외부데이터는 종종 다음과 같은 자료를 다른 국가에서 얻을 수 있다 : 조사보고서; 연차 안전보고서(사건의 정보 및 분석을 포함); 안전경고; 안전회보; 안전연구; iSTARS; 등.

지역차원에서 ICAO그룹(예: RASG, 기획 및 집행지역그룹(PIRG) 등)은 또한 안전정보의 훌륭한 자료원이 될 수 있다. 국가의 안전데이터 수집 및 처리시스템(SDCPS)에는 글로벌 안전정보의 수집 및 공유를 용이하게 하는 ICAO 사고 및 준사고 보고제출절차를 포함하여야 한다.

안전위험관리의 주요목표는 사용가능한 안전데이터를 사용하여 위해요인의 잠재적 결과를 확인하고 통제하는 것이다. 안전위험관리의 원칙은 국가 및 서비스제공자에게 동일하다.

서비스제공자는 자체 안전데이터에 접근할 수 있다. 국가는 복수의 서비스제공자의 안전데이터에 접근할 수 있다. 따라서 국가가 수집한 안전데이터를 분류하기 위한 공통분류법을 이행하면 국가안전위험관리 프로세스의 효율성이 크게 향상된다. 이는 또한 다른 항공분야에 걸쳐 여러 자료원에서 수집된 데이터를 보다 효율적으로 분석할 수 있게 한다. 데이터분석 프로세스의 입력 및 출력은 <그림 8-2>에 나와 있다.

입력은 다음을 포함하여 항공시스템의 어느 부분에서도 받을 수 있다.

그림 8-2 데이터기반 분석프로그램(Data-driven analysis programme)

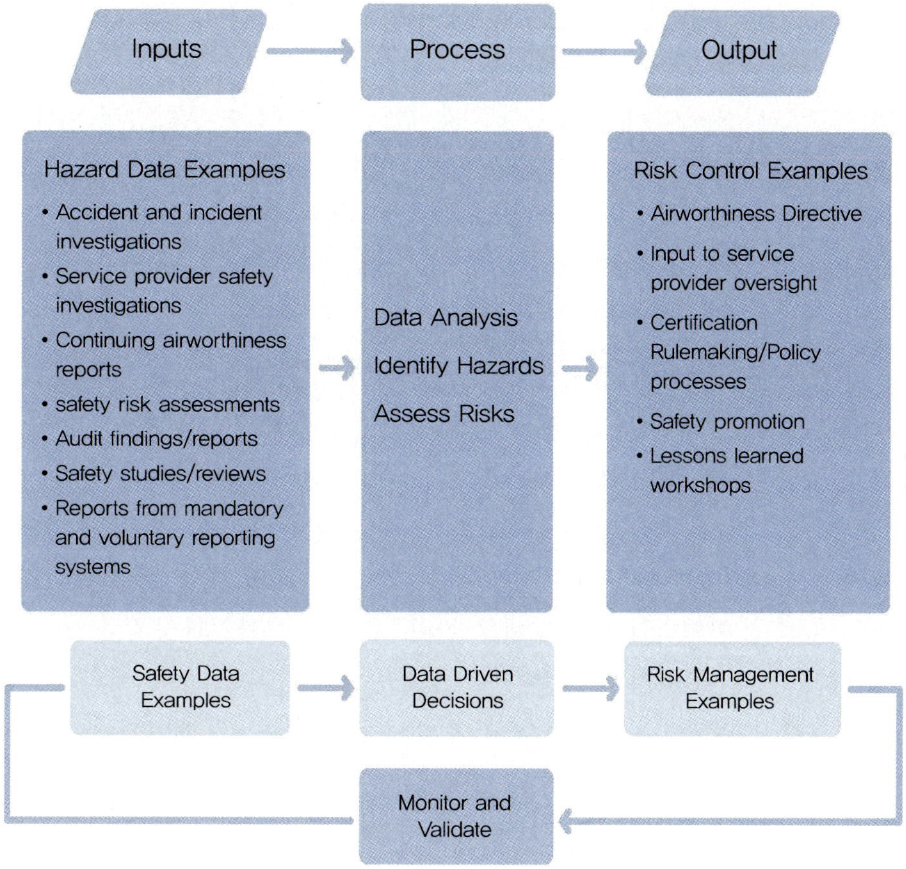

사고조사; 서비스제공자 안전조사; 지속감항보고서; 의학적 평가결과; 안전위험평가; 감사지적사항 및 감사보고서; 안전연구 및 검토

필요시, 산출물 또는 안전위험통제를 적용하여 위해요인을 제거하거나 안전위험 수준을 허용가능한 수준으로 낮춘다. 국가에 가용한 많은 경감조치 중 몇 가지는 다음을 포함한다. : 감항성 개선지시; 서비스제공자에 대한 정제된 감독 및 감시입력을 제공; 인증, 입법 또는 안전정책의 개정; 안전증진프로그램; 학습을 통해 교훈을 얻는 워크숍의 촉진.

선택된 조치는 분명하게 조치해야하는 문제의 심각성과 유형에 달려있다.

(2) 위해요인확인 (Hazard Identification)

위해요인의 확인은 대표적으로 데이터수집에 근거한다. 각각의 위해요인에 대한 종합적 이해를 보장하기위해 복수부문의 데이터를 결합하거나 합산하는 것이 적절할 수 있다. <그림 8-2>에서 묘사된 프로세스는 반응적 또는 예방적 위해요인식별에도 동일하게 유효하다. 사고 또는 준사고조사 중에 확인된 위해요인을 분석하는 것은 대응 반응적 방법론의 한 예가 된다. 예방적 대책에는 감사나 검사 중 또는 의무보고서에서 확인된 위험요소가 포함될 수 있다. 일상적인 시스템의 신뢰성 모니터링으로, 안전성능 저하의 초기징후에 대한 경고가 포함될 수 있다.

위해요인은 국가의 항공시스템 모든 단계에 존재한다. 위험요인이 특정 트리거 요소와 상호작용할 때 사고 또는 준사고가 발생한다. 결과적으로, 사고, 준사고 또는 기타 안전관련사건으로 이어지기 전에 위해요인을 식별해야 한다.

국가는 가능한 데이터를 수집, 집계 및 분석할 개인 또는 팀을 임명하는 것이 권고된다. 국가안전분석가는 데이터를 분석하여 잠재적인 위험 뿐만 아니라 해당하는 영향 또는 결과를 확인하고 문서화해야 한다. 위해요인 확인과정에서 요구되는 세부사항은 고려하고 있는 프로세스의 복잡성에 달려있다.

효과적인 위해요인확인을 위해 체계적인 프로세스가 개발되어야 한다. 여기에는 다음 요소들이 포함되어야 한다.

- 국가의 안전위험관리지원에 필요한 데이터자료원 접근성
- 적절한 분석기술 및 운영경험을 갖춘 안전분석팀, 다양한 위해요인 분석기술에 대한 교육 및 경험
- 수집된(또는 수집 될 예정인) 데이터 및 해당국가의 항공활동범위에 적합한 위해요인 분석도구

(3) 위해요인확인 트리거 (Hazard Identification Triggers)

위해요인식별을 시작해야 하는 다양한 상황이 있다. 주요 사항은 다음과 같다.

- 시스템디자인(System design): 특정 항공시스템 및 환경에 대한 자세한 설명과 함께 운항시작 전에 위해요인식별이 시작됨. 안전분석팀은 시스템과 관련된 다양한 잠재적 위해요인 뿐만 아니라 다른 인터페이싱시스템에 대한 영향을 식별

- **시스템변경(System change)**: 위해요인식별은 시스템변경(운영 또는 조직)을 시작하기 전에 시작되며 항공시스템의 특정 변경사항에 대한 자세한 설명이 포함됨. 그 다음 안전분석팀은 제안된 변경사항과 관련된 잠재적 위험은 물론 다른 인터페이싱 시스템에 대한 영향을 식별함
- **요구사항 및 지속적 모니터링(On demand and continuous monitoring)**: 위해요인의 식별은 작동중인 기존 시스템에 적용됨. 데이터모니터링은 위해요인상황의 변화를 감지하는 데 사용됨. 예를 들면, 위험징후가 예상보다 빈번하거나 심각할 수도 있고 합의된 경감전략이 예상보다 효과가 낮을 수도 있음. 일련의 핵심관심항목을 기반으로 알림의 임계값을 사용하면 지속적인 모니터링 및 분석을 수립할 수 있음

(4) 안전위험평가 (Safety Risk Assessment)

안전위험평가에 대한 일반적인 안내지침은 제2장에서 찾을 수 있다. 항공분야 또는 지역에서 안전위험을 확인하고 통제할 수 있다는 점에 유의해야 한다.

데이터를 분석하고 다양한 안전위험모델링접근법을 사용하는 많은 도구가 있다. 안전위험평가를 선택하거나 개발할 때, 국가는 해당국가의 환경에 잘 작동하는지 확인해야 한다.

5) 안전위험의 관리 (Management of safety risks)

안전이슈의 해결에 대한 안내지침(CE−8)은 Doc 9734, Part A에서 찾을 수 있다.

안전리스크관리의 목적은 안전리스크가 통제되고 ALoSP가 달성되도록 보장하는 것이다. 항공당국은 적절한 안전위험의 완화 또는 안전위험의 제어전략을 수립, 문서화할 것이 권장된다. 예는 다음을 포함한다. 추가적인 정책이나 규정의 이행, 서비스제공자의 직접개입, 운영지침을 발행하거나 안전홍보활동을 통해 영향을 줄 수 있다.

제안된 안전위험통제에 대한 평가는 다음 단계로 수행되어야 한다. 이상적인 안전위험통제의 대상은 비용 대비 효과적이며, 수행하기 용이하고, 신속하게 이행되며, 효과적이며, 의도하지 않은 결과를 초래하지 않는다. 대부분의 경우에는 이러한 이상적인 조건을 충족시키지 않으므로 안전위험 제어는 효과성, 비용, 이행의 적시성 및 복잡

성의 균형을 고려하여 평가하는 가운데 선정해야 한다. 일단 안전위험통제가 선택되고 시행되면 의도된 목표를 달성할 수 있도록 감시되고 검증되어야 한다.

많은 안전위험통제는 서비스제공자의 조치를 필요로 한다. 국가는 효과적인 이행을 위해 서비스제공자에 지시해야 한다. 국가는 안전리스크 통제의 효과와 서비스제공자에 대한 영향을 모니터링 할 필요가 있을 수 있으며, 국가의 안전성능, 안전위험경감 접근법은 제2장에 나와있다.

8.5 요소 3: 국가안전보증

(STATE SAFETY ASSURANCE)

국가의 안전보증활동은 국가의 기능이 의도된 안전목적 및 목표를 달성하고 있음을 보증하는 것에 초점을 맞춘다. 서비스제공자는 안전관리시스템의 일부로 안전보증 프로세스를 이행하여야 한다. 안전관리시스템 보증기능은 각 서비스제공자에게 안전프로세스가 효과적으로 작동하고 안전목표를 달성하도록 보증한다. 마찬가지로, 국가안전프로그램의 일환인 안전보증은 국가항공산업의 공동노력을 통해 안전절차가 효과적으로 기능하고 국가가 안전목표를 달성하려 한다는 확신을 제공한다.

감독활동 및 안전데이터/정보의 수집, 분석, 공유 및 교환메커니즘을 통해 규제적 안전위험통제가 서비스제공자의 안전관리시스템에 적절히 통합되도록 한다. 이는 시스템이 설계된 대로 실행되고 법률적 통제가 안전위험관리에 의도된 효과로 작용한다는 확신을 주게 된다. 국가는 감독프로세스 및 안전보고프로그램을 비롯한 여러 자료원으로부터 항공안전데이터/정보를 수집할 수 있다. 데이터는 다양한 수준에서 분석되어야 하며, 분석에서 얻은 결론은 국가항공시스템의 감독활동 및 안전과 관련한 정보에 입각한 안전의사결정의 기반으로 사용되어야 한다.

1) 감독책임 (Surveillance obligations)

이행의 모니터링과 관련된 감독의무에 대한 안내지침(CE−7)은 Doc 9734, Part A에서 찾을 수 있다.

(1) 감독활동의 우선순위설정(Prioritizing surveillance activities)

안전위험－기반감독(SRBS) 접근방식은 각 부문 또는 개별서비스 제공자의 안전위험 프로파일에 상응하는 국가안전관리자원의 우선순위지정 및 배분을 가능하게 한다. 국가는 안전보장프로세스의 지속적인 발전, 특히 안전성능관리를 모니터링 함으로써 각각의 서비스제공자의 경험과 친숙함을 얻게된다. 국가는 시간이 경과할수록 서비스제공자의 안전능력, 특히 안전위험관리에 대한 명확한 이미지를 축적하게 된다. 국가는 서비스제공자의 안전역량에 대한 확신과 증거에 따라 감독범위 및/또는 주기를 수정할 수도 있다.

SRBS는 성숙한 안전관리시스템을 가진 조직에 가장 적합하다. 또한 SRBS는 안전관리시스템이 아직 구현되지 않은 조직에도 적용될 수 있다. 효과적인 SRBS의 기반은 충분히 신뢰할 만하고 의미있는 데이터이다. 신뢰할 수 있고 의미있는 데이터가 없으면 감독범위 또는 주기의 조정을 방어하기 어렵게 된다.

국가는 데이터관리능력을 개발 또는 강화하여 자신의 (데이터기반) 의사결정을 기반으로 하는 신뢰성 있고 종합적인 데이터를 확보해야 한다. 개별부문의 안전위험분석을 통해 유사한 유형의 사업장(예: 단거리 항공사)이 있는 복수의 서비스제공자에 영향을 미치는 공통적인 안전위험을 평가할 수 있다. 이를 통해 특정 항공부문 또는 부문에 걸친 서비스제공자의 안전위험순위를 높일 수 있으며 안전효과가 가장 큰 분야 또는 활동에 대하여 감독자원의 할당을 지원한다.

부문별 분석은 국가가 항공시스템을 내용별로 검토할 수 있게 하는데 부분이 어떻게 전체에 기여하는지를 보게 한다. 이는 국가가 보다 높은 수준의 지원 또는 개입으로 혜택을 볼 분야와 보다 협조적인 접근을 위한 최선의 후보가 되는 분야를 식별할 수 있도록 해준다. 이는 항공시스템 전반에 걸친 규제가 가장 큰 필요성이 있는 분야를 목표로 삼고 있다는 것을 국가로 하여금 확신할 수 있게 한다. 최소한의 간섭으로 최대의 규제효과를 달성하려면 특성한 규정의 변경을 필요로 하는 곳을 파악하는 것이 더 쉽다.

SRBS는 비용이 든다. 이행을 기반으로 하는 감사 및 검사 이외에도 국가와 항공커뮤니티 간의 지속적인 상호작용을 필요로 한다. SRBS 접근방식은 서비스제공자의 안전위험프로필을 사용하여 감독활동을 조정한다. 서비스제공자의 시스템내에서의 내부적 검토, 분석 및 의사결정의 결과는 핵심안전위험과 이를 효과적으로 해결하는 경감조치를 다루는 목표를 정한 행동계획이 된다. 국가 및 서비스제공자의 분석은 안전문제의 우선순위영역을 정의하고 이를 해결하는 가장 효과적인 방법을 조망한다.

중요한 것은, 안전리스크 기반 감독이 실시된 감시 또는 자원의 양을 줄이지는 못하지만 감독기관의 품질과 규제기관과 서비스제공자 간의 상호작용의 질은 크게 향상될 것이라는 것이다.

(2) 서비스제공자의 조직상 안전위험프로파일(Service provider organizational safety risk profiles)

국가는 감독활동의 범위와 주기를 수정하는 과정을 지원하기 위해 각 항공분야에서 일관된 조직의 안전위험프로파일을 개발할 수 있다. 그러한 도구는 서비스제공자가 이미 가용한 정보를 수집하고 집계하는 것을 목표로 해야하며 다음과 같은 요인을 포함할 수 있다.

- 조직의 재정 건전성
- 운영기간
- 책임있는 경영진 및 안전관리자와 같은 핵심인사의 이직률
- 책임있는 경영진의 역량 및 성과
- 안전관리자의 역량 및 성과(책임있는 경영진 또는 안전관리자의 역량에 대한 자세한 내용은 제9장을 참조)
- 선행감사결과
- 선행지적 사항의 적기 및 효과적인 해결
- 상대적 수준의 활동측정(안전위험노출에 대한)
- 수행되는 활동의 상대적 범위와 복잡성에 대한 지표
- 위험의 식별 및 안전위험평가 프로세스의 성숙도
- 국가안전데이터의 분석 및 성과 모니터링활동으로부터 안전성과의 측정

<그림 8-3>은 서비스제공자의 감독범위 또는 주기를 수정하는 데 사용할 수 있는 프로세스의 예이다.

그림 8-3 안전위험-기반 감독의 개념(Safety risk-based surveillance concept)

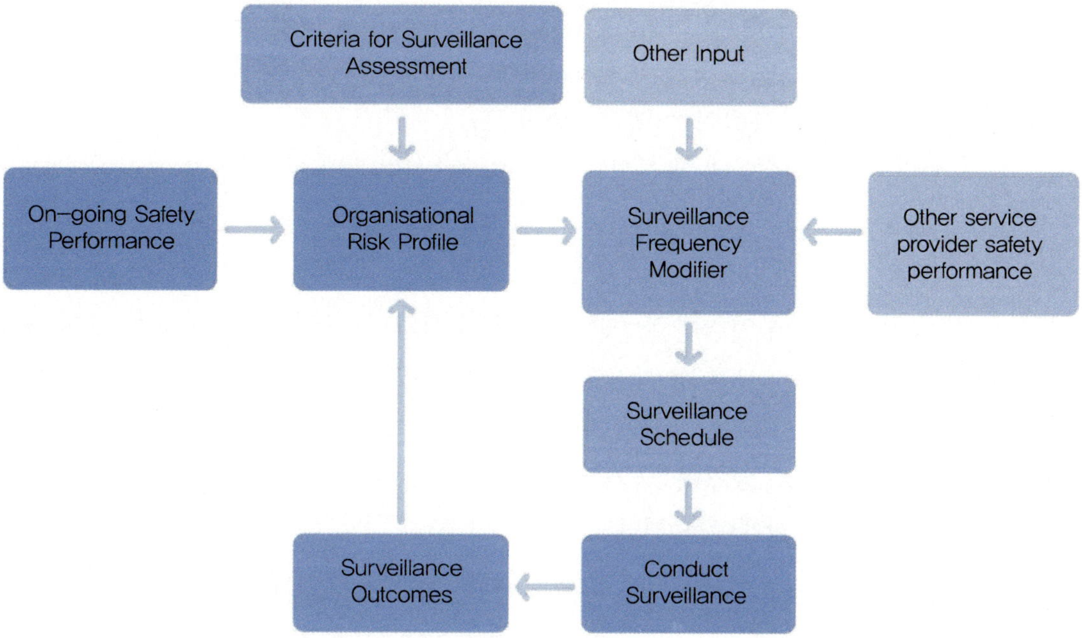

2) 서비스제공자의 안전성과감시 (Monitoring a service provider's safety performance)

국가는 각 서비스제공자의 안전성과지표 및 안전성과목표를 주기적으로 검토해야 한다. 이러한 검토는 각 안전성과지표 및 안전성과목표의 성능 및 효율성을 고려해야 한다. 이러한 검토는 지속적인 안전개선을 지원하기 위해 조정할 필요가 있음을 보여 준다.

3) 국가안전성능 (State safety performance)

안전성능관리에 대한 일반적인 정보는 제4장을 참조하라.

(1) 수용가능한 수준의 안전성능 (Acceptable level of safety performance)

국가는 자신의 국가안전프로그램을 통해 달성할 수 있는 수용가능한 수준의 안전성능(AloSP)을 수립할 것이 요구된다. 이는 다음을 통하여 달성될 수 있다.

- 국가안전프로그램의 이행 및 관리
- 안전이 효과적으로 관리되고 있음을 보여주는 안전성과지표 및 안전성과목표의 이행 및 관리

ALoSP는 각 부문이 안전과 관련하여 달성하고 유지해야하는 목표를 포함하여 국가가 항공시스템에 기대하는 안전수준과 안전에 영향을 미치는 자신의 활동 및 기능의 효율성을 결정하기 위한 조치를 나타낸다. 따라서 ALoSP는 국가가 중요하다고 생각하는 것을 반영하고 있으며 국가차원의 항공 이해관계자들에 의하여 동의되게 된다. ALoSP는 고립된 상태에서 개발되어서는 안 된다. 오히려 보다 높은 수준의 전략적 지침(GASP, 지역계획 등)과 국가안전프로그램에 설정된 안전목표를 고려하여 정의되어야 한다.

(2) ALoSP의 수립 (Establishing the ALoSP)

ALoSP의 수립책임은 국가항공당국에 있으며, 권한이 부여된 국가, 부문 및 서비스제공자를 위한 안전성과지표 세트를 통해 표현된다. 목표는 제4장에 요약된 전체항공시스템측정 프로세스의 안전성능을 유지하거나 지속적으로 향상시키는 것이다. 이를 통해 국가는 안전과 관련된 상황을 이해하고 필요시 상황에 영향을 줄 수 있게 행동한다. 서비스제공자의 안전성과지표 및 목표를 수락하는 것이 이러한 과정의 일부이다.

ALoSP는 항공시스템이 제공해야하는 안전성능의 예상수준에 대한 모든 국가항공당국 간의 합의를 나타내며 국가가 항공안전을 관리하는 방법을 내부 및 외부 이해관계자들에게 과시한다. 여기에는 국가당국의 각 부문 및 서비스제공자에 대한 안전성능에 대한 기대가 포함되지만 이에 국한되는 것은 아니다. ALoSP를 수립하는 것은 모든 적용가능한 국가표준 및 권고의 이행을 포함하여, 국제민간항공협약을 준수해야 할 국가의 의무를 대체하거나 뛰어넘지는 못한다.

그림 8-4 수용가능한 수준의 안전성과(Acceptable level of safety performance (ALoSP))

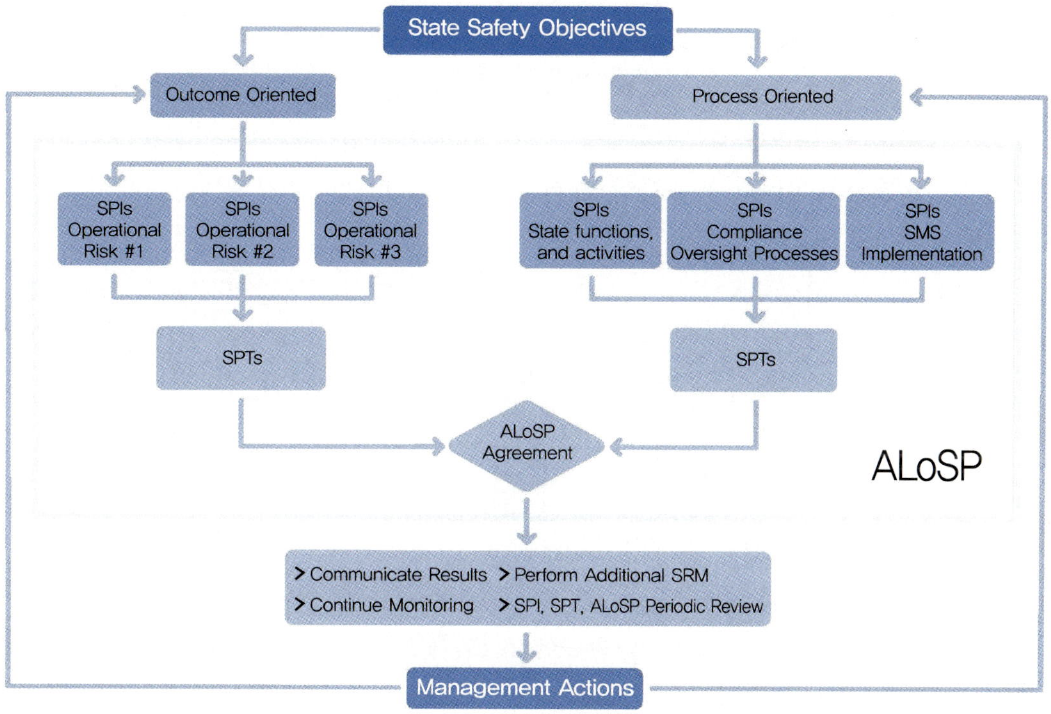

<그림 8-4>는 안전성과지표 및 안전성과목표를 기반으로 하는 ALoSP의 개념을 설명한다. 안전목적, 안전성과지표 및 안전성과목표에 대한 추가적인 정보는 제4장에서 확인할 수 있다.

(3) 안전성과지표 및 안전성과목표(Safety performance indicators and safety performance targets)

의미있는 안전성과지표는 구체적인 운영환경을 반영하고 안전위험을 어떻게 통제할지를 확인함에 사용될 수 있음이 강조되어야 한다. 국가의 모니터링 및 측정전략에는 국가가 책임지는 항공시스템의 모든 영역을 포괄하는 일련의 안전성과지표가 포함되어야 한다. 결과(예: 사고, 준사고, 규정위반) 뿐만 아니라 기능 및 활동(안전위험의 경감이 계획된 대로 수행되는 상태에서의 운항)을 모두 반영해야 한다. 이러한 조합은 작동하지 않는 것(결과) 뿐만 아니라 작동하는 것(안전위험 경감이 예상된 결과를 낳은 활동)에 대한 고려와 함께 안전성능을 평가할 수 있게 해준다.

- **운영상의 안전위험(Operational safety risks)**: (그림의 왼쪽에 위치함)은 원치않는 결과를 초래할 수 있는 조건에 초점을 맞추고 있다. 이들은 사고, 준사고, 실패 및 결함과 관련된 조건이다. 운영상의 안전위험은 기본적으로 서비스제공에 따른 부산물이다. 이러한 이유로 운영상의 안전위험에 중점을 둔 안전성과지표는 주로 간접적으로 서비스제공자의 안전관리시스템에 연결되게 된다.

이러한 안전성과지표는 주로 서비스제공자의 안전위험관리 프로세스에서 확인된 운영상의 안전문제를 반영한다. 국가의 안전위험관리 프로세스는 서비스제공자의 운영상의 안전위험 안전성과지표를 집계하여 국가항공시스템 전반에 걸친 운영상 안전문제를 반영한 입력으로도 사용될 수 있다. 운영상의 안전문제와 관련 안전성과지표 간에는 일대다수의 관계가 자주발생한다. 즉, 하나의 운영상의 안전문제가 다수의 안전성과지표에 의해 표시될 수 있다.

- **프로세스이행관련 안전위험(Process implementation safety risks)** : (그림의 오른쪽에 표시)은 운영상의 안전위험을 관리하는 데 필요한 방법과 자원에 중점을 둔다. 프로세스의 이행관점에서 안전위험관리는 ICAO 국제표준 및 권고 이행상태(안전관련 국내법률 및 규정) 평가, 산업계내의 안전관리시스템 프로세스 구현 및 국가차원에서의 국가안전프로그램 구현 (산업계에 대한 감독 및 감시의 유효성 포함)으로부터 시작된다. 위의 개선이 필요한 경우에는 이를 달성하기 위한 활동을 계획, 이행 및 모니터링해야 하며 이러한 활동을 위해 적절하게 자원을 배분하여야 한다. 그런 다음 안전성과지표를 개발하여 변경사항의 계획, 구현 및/또는 효과를 추적할 수 있게 한다.

"프로세스이행에 따른 안전위험"에 중점을 둔 안전성과지표는 서비스제공자의 안전관리시스템의 제도적 배치 및 안전위험관리/안전보증 프로세스 구현의 적절성을 모니터링하기 위해 엄격한 준수 이외의 대체수단을 국가에 제공한다. 이러한 안전성과지표는 항공안전종합평가(USOAP)분석 및 국가안전프로그램의 지속적인 개선활동에서 보여 지듯이 필요한 개선사항을 참조하여 수립될 수도 있다. USOAP 감사결과, 안전관리시스템의 평가집계 및 국가안전프로그램의 지속적인 개선정보가 잠재적 개선분야를 결정한다. 편익이 가장 큰 것에 따라 우선순위를 정해야 한다. 이는 국가의 항공시스템

안전성능향상에 기여할 것이다. 이러한 안전성과지표는 운영상의 안전위험 안전성과지표와는 분명하게 구분하여야 한다.

운영 및 프로세스의 이행관련 안전위험 모두를 위한 안전성과지표는 국가안전보장 프로세스의 핵심부분이 된다. 운영상 안전위험 안전성과지표와 프로세스이행의 현 안전위험 안전성과지표의 통합은 국가의 ALoSP구축을 위한 피드백 자료원을 확장시킨다.

(4) 안전성과지표의 주기적 검토 (Periodic review of safety performance indicators)

국가의 안전성과지표가 수립되면 주기적인 검토가 필수적이다. 초기에 중요한 안전위험의 식별은 과거데이터를 기반으로 한 분석에 의하여 도움을 받을 수 있는 활동이다. 그러나 항공시스템은 역동적이고 끊임없이 변화하고 있다. 새로운 안전문제가 발생할 수 있으며, 국가내의 절차가 변경되는 경우 등등이다. 국가의 운영상 안전문제 및 프로세스에 대한 주기적 검토는 국가안전목표의 최신화 및 개선과 결과적으로 안전성과지표 및 안전성과목표의 개선을 지원한다.

(5) ALoSP의 주기적인 검토 (Periodic review of ALoSP)

최초의 ALoSP협약에 책임이 있는 고위급경영진은 ALoSP의 계속적인 적합성을 결정하여야 한다. ALoSP의 주기적 검토는 다음에 초점을 맞추어야 한다.

- 항공부문에서 중요한 안전문제를 확인하고, 이 분야에서 안전성과관리를 허용하는 안전성과지표를 포함하도록 보장한다.
- 국가의 항공시스템 전체에 대한 안전성과관리를 향상시키기 위한 관점에서, 유지되어야 할 안전성과수준 또는 각 부문의 관련 안전성과지표에 대해 달성해야 할 목표의 개선을 정의하는 안전성과목표를 확인
- 안전성과지표가 어떤 행동을 요구하는 지점에 도달했을 때 적절한 경우 트리거를 확인
- 합의된 ALoSP를 달성하기 위하여 기존 안전성과지표, 안전성과목표 및 드리거(해당되는 경우)에 대한 수정 또는 추가가 필요한지 여부를 결정하기 위해 안전성과지표를 검토

국가의 최고위험을 주기적으로 검토하면, 각 운영상의 안전문제의 본질을 데이터가 허용하는 한 세부사항까지 자세히 이해할 수 있다.

국가는 모든 수준의 국가항공시스템에서의 위해요인과 그 잠재적 결과를 고려하여야 한다. 또한 국가프로세스(면허, 인증, 승인, 감시 등)가 안전위험관리에 어떻게 기여하는지를 분석해야 한다. 각 운영상 안전위험은 필요한 안전위험경감을 확인하기 위해 평가된다. 이러한 조치들은 그 효과를 측정하는 안전성과지표를 통해 감시된다.

안전위험관리 프로세스를 개선하는 것이 사전에 능동적으로 대처하는 경향이 있는 반면, 운영상 안전위험의 안전성능을 향상시키는 것은 수동적인 경향이 있다. 안전위험관리를 보다 잘 지원하는 국가프로세스를 개선하면 부정적인 결과로 발전되기 전에 위해요인을 식별하고 통제할 수 있다.

(5) ALoSP의 달성 (Achieving the ALoSP)

안전성과지표 및 안전성과목표에 표시된 국가의 안전성과는 달성된 ALoSP를 입증한다. 안전성과목표 중 하나라도 충족되지 않으면 그 이유를 더 잘 이해하고 취해야 할 조치를 결정하기 위해 평가를 할 필요가 있다. 그 이유는 다음과 같다.

- 목표가 성취될 수 없거나 현실적이지 않음
- 목표를 달성하기 위해 취해진 조치는 원래의 의도에 적절하지 않거나 이탈됨(실무이탈)
- 다른 안전위험 우선순위의 변화는 특정한 목표를 충족시키지 못하도록 자원을 전환, 또는
- 목표가 설정되었을 때는 고려되지 않았던 새로운 위험이 발생

충족되지 않은 목표의 경우, 목표를 달성하지 못했고 더 이상의 조치가 필요한 경우에도 안전개선이 충분한 지에 대한 경영진의 결정내용과 이유를 이해하여야 한다. 해결되지 않은 일부 위험요인을 식별할 수 있는 추가분석이나 효과적이지 않은 일부 위험완화방법이 필요할 수 있다.

4) 국가차원의 변화관리 (Management of change: State perspective)

부속서 19는 국가가 국가안전프로그램 하에서 변화관리를 위한 공식활동을 수립하도록 명시적으로 요구하지는 않는다. 그러나 변화는 현대의 항공시스템에서 항상 존재하는 사실이다. 시스템에 변경사항이 도입되면 시스템상 기존의 안전위험체계가 변경된다. 변경사항은 기존 방어기재의 효과에 영향을 미칠 수 있는 위해요인을 초래할 수 있다. 이로 인해 새로운 위험이나 기존의 안전위험이 변경되는 결과로 나타날 수 있다. 국가는 항공시스템상 변화의 영향을 평가하고 관리해야 한다.

국가안전프로그램은 국가차원에서 변화의 영향을 평가하는 절차를 개발해야 한다. 절차는 항공시스템이 이행되기 전에 항공시스템의 변화가 안전에 미치는 영향을 사전에 파악하고 구조화된 방식으로 제안된 변경사항을 계획 및 이행하도록 허용해야 한다.

변경이 계획되면 국가는 기존 시스템에 대한 변경의 영향을 분석하고 기존 안전위험관리프로세스를 사용하여 새롭거나 변경된 안전위험을 분석, 평가하고 적절하게 경감시켜야 한다. 모든 안전위험이 평가되기 전까지는 변경된 시스템 또는 작동상황에서 어떤 작업도 수행되어서는 안 된다.

국가는 국가안전프로그램에 따라 두 가지 유형의 변화에 직면할 것이다. 조직의 변경(예: 국가항공당국의 재편 또는 구조조정)과 운영의 변경(예: 공역사용변경).

국가안전프로그램에 따른 변경관리는 법적의무(프로세스변경)를 이행하는 국가의 능력 및 국가의 안전관리역량에 중대한 영향을 줄 수 있는 변경에 초점을 맞추어야 한다. 이는 프로세스 및 운영상의 변경사항결함이 포함될 수 있다.

국가의 안전위험에 중대한 영향을 줄 가능성이 있는 변경의 예는 다음을 포함하되 이에 국한되지는 않는다.

- 국가항공당국의 재편(축소포함)
- SRBS, 안전위험관리 및 안전보증프로세스와 같은 방법론의 변경을 포함한 국가안전프로그램 프로세스의 변경.
- 기존의 국가안전정책, 프로그램 및 규정의 변경과 같은 규제환경의 변화
- 신기술도입, 기반시설, 장비 및 서비스의 변화와 같은 운영환경의 변화
- 급변하는 산업(확대, 축소, 변신)과 국가감독 및 성과모니터링 역량에 미치는 잠재적 영향.

변화를 소통하는 것은 변화관리의 효율성에 있어 기본이 된다. 국가 및 영향을 받는 서비스제공자(들)내의 영향을 받은 직원들은 변화, 시기 및 영향에 대하여 잘 알고 있어야 한다.

8.6 요소 4: 국가안전프로그램

(COMPONENT 4: STATE SAFETY PROMOTION)

국가적인 관점에서 내부 및 외부의 국가안전증진조치를 이행할 필요가 있다는 것은 부속서 19에서 국가안전관리책임의 구성요소 중 하나로 수립된다. 내부적으로 민간항공당국 및 국가안전프로그램과 관련된 다른 항공당국은 효과적이고 효율적인 국가안전프로그램을 육성하는 문화의 강화를 지원하기 위해 직원들에게 관련 안전정보를 제공하기 위한 메커니즘을 수립해야 한다. 안전정책, 안전계획 및 다른 중요한 국가안전프로그램 문서의 의사소통은 직원들의 인식과 협조를 향상시켜 국가의 안전관리프로세스가 여전히 유효하도록 하게 할 수 있다.

국가 또는 특정 항공부문의 안전성능향상은 안전문화에 크게 좌우된다. 조직이 긍정적인 안전문화를 가지고 있을 때 안전관리와 관련된 조치는 보다 효과적이 될 수 있다. 고위급 및 중간경영진이 가시적으로 지원할 경우 일선의 직원은 자신의 안전목표 달성에 대한 책임감을 공유하는 경향이 있다.

항공시스템 내에서의 안전문화개선을 위한 다른 조치중에서도 의사소통의 필요성이 특히 중요하다. 특정 작업에서 뛰어난 우선순위, 모범사례 및 위험을 지속적으로 전달함으로써 국가는 긍정적인 안전문화를 육성하고 민간항공당국 또는 서비스제공자의 전문가들과 마찬가지로 안전목표를 달성할 잠재력을 최대화할 수 있다. 안전문화에 대한 추가적인 세부사항은 제3장에서 찾을 수 있다.

직원들이 안전성과에 대한 책임을 받아들이고 이해하면 안전한 항공에 대한 책임을 효과적으로 수행하는 데 사용할 수 있는 수단과 정보를 적극적으로 모색할 것으로 기대된다. 이는 안전관리가 안전증진에서 핵심적인 역할을 할 수 있는 기회가 된다. 외부적으로는, 서비스제공자와의 소통채널을 구축하면 학습된 교훈, 모범사례, 안전성과지표 및 특정 안전위험에 대한 정보제공을 공유할 수 있어야 한다. 서비스제공자 내에서 안전관리실천을 지원하고 동료조직 간의 긍정적인 안전문화개발을 지원해야 한다. 또한 서비스제공자와의 일상적인 소통노력의 확립은 항공안전문제에 대한 전반적인 인식을 높이고 안전증진계획을 수립하는 데 있어 협력을 촉진할 수 있다.

국가가 항공안전을 개선하기 위한 결정을 내리거나 조치를 취함에 따라(예: 규정의 수립 또는 감독방법의 변경시행) 내부에서 뿐만 아니라 외부에서도 소통하는 것이 중요하다. 이는 항공커뮤니티 전체에 걸친 국가의 공약에 대한 인식을 강화시킬 수 있다. 이는 국가의 안전목표달성에 기여하는 것으로 나타날 수 있다.

안전증진활동을 수립하는 데 있어 국가를 지원할 수 있는 많은 자원과 도구가 가용될 수 있다. 국가가 채택할 수 있는 많은 진흥활동을 구조화하는 한 가지 방법은 소통계획의 수립이다. 그러한 계획에는 적어도 항공커뮤니티 구성원들의 구분, 각 집단으로 전달되는 메시지와 정보, 그리고 이러한 정보가 전송될 수단이 포함될 수 있다. 소통계획은 민간항공당국을 지원하는 로드맵의 역할을 하여 이러한 내부 및 외부사용자와 소통할 수 있는 기능 및 채널을 효과적으로 개발할 수도 있다. 이는 국가의 안전문화구축 뿐만 아니라 국가의 관점과 서비스제공자의 성공적인 안전관리에 필요한 데이터와 도구를 제공하는 데 도움이 될 수 있다.

소셜미디어를 사용하는 비공식적인 게시판 및 게시물을 통해 일부정보를 전달할 수 있지만 전문적 모임이나 세미나에서는 보다 유용한 정보를 얻을 수 있다. 국가내에서 긍정적인 안전문화를 개발하고 궁극적으로 국가내의 효과적인 국가안전프로그램과 안전한 민간항공시스템을 달성하는 데 가장 좋은 결과를 얻을 것이라고 믿는 적절한 안전홍보채널과 매체를 구현하는 것은 국가의 역할이다.

1) 내부소통 및 정보의 배포[2] (Internal communication and dissemination of information)

안전증진활동과 간행물은 한 국가내의 안전감독과 관련된 여러 조직 간의 조정과 협력을 향상시킬 수 있다. 국가안전프로그램 문서 및 관련 국가의 안전 및 집행정책은

2) 보호원칙이 적용되지 않는 한, 자발적 안전보고시스템의 안전정보는 보호되어야 한다. 이는 필수보고시스템의 안전정보로까지 확장될 수 있다. 안전데이터, 안전정보 및 관련 자료원의 보호에 대한 자세한 내용은 제7장을 참조하라.

교육, 소통 및 관련정보의 배포를 통합하는 데 기반이 된다. 각기 다른 항공부문을 담당하는 국가의 규제당국 및 사고조사기관과 같은 독립행정기구는 국가의 안전증진에 있어 각각의 역할에 대한 통합된 접근방식을 가져야 한다. 국가는 국가안전프로그램 조정그룹의 구성원(국가안전프로그램 이행 및 유지관리에 참여하는 주체)간에 공식적인 통신채널을 구축해야 한다.

운영관점에서 안전관리시스템 요구사항의 조화 및 각 서비스제공자의 모니터링을 포함한 국가안전프로그램 운영전략이 국가항공당국 간에 공유되고 전달 및 조정되는 것이 중요하다. 열린소통채널은 서로 다른 항공분야에 대한 상충되는 안전관리시스템 요구사항 또는 수용기준의 생성을 피하게 할 수 있다.

내부의사소통 및 배포에서 다루어야 할 정보의 예는 다음과 같다.

- 국가안전프로그램 문서, 정책 및 절차
- 안전성과지표
- 분야별 안전성능정보
- 분야별 구조적 안전위험프로파일
- 시스템안전책임의 소통
- 사고 및 준사로부터 얻은 교훈
- 안전관리의 개념 및 좋은 사례

서비스제공자가 둘 이상의 국가에 의해 승인될 때 안전소통의 개방형라인이 특히 필요하다. 회보, 게시판, 전단지, 간행물, 세미나, 회의, 교육, 웹사이트, 메일리스트, 소셜미디어에 대한 간행물, 협업그룹 간담회 등과 같이 국가기관이 안전소통을 내부적으로 전달하기 위해 채택할 수 있는 다양한 방법이 있다.

특정 메시지를 전달하기 위해 어떤 미디어유형을 사용해야 하는지를 평가할 때 조직은 각 메시지 및 대상고객에게 보다 더 적합한 미디어유형을 평가해야 한다. 국가안전프로그램 문서는 필요한 경우 직원이 쉽게 이용할 수 있는 웹사이트에 게시할 수 있다. 사례학습 및 모범사례와 같은 기타 정보는 정기게시판이나 뉴스레터에 더 적합할 수 있다.

여러 매체를 사용하여 특정 우려나 위험을 다루는 캠페인을 수립하는 것은 이 문제에 대한 인식을 높이고 개인적 태도를 변화시키는 데 효과적일 수 있다.

2) 외부소통 및 안전정보의 배포 (External communication and dissemination of safety information)

국가는 안전관리시스템 구현을 용이하게 하고 시스템전반의 안전문화를 개선할 수 있도록 적절한 소통플랫폼 또는 미디어를 수립해야 한다.

항공산업계와 외부에서 안전정보를 전달하고 보급할 경우, 이전조항에서 제시된 항목외에도 국가는 다음사항을 고려해야 한다.

- 안전관리시스템 이행을 위한 안내지침
- 보고의 중요성
- 항공커뮤니티을 위한 가용한 안전교육의 확인
- 안전정보교환의 진흥
  - 서비스제공자 간
  - 국가 간

국가의 국가안전프로그램 문서 및 관련안전 및 행정처분정책은 서비스제공자가 적절하게 이용할 수 있도록 해야 한다.

기본적으로 내부소통에 사용되는 것과 동일한 지원미디어는 콘텐츠가 사용자 모두에게 유용할 때 외부에서 사용할 수 있다. 그러나 외부소통의 경우 소셜미디어, 메일리스트, 게시판, 세미나, 안전정보교환을 위한 산업계 커뮤니티창설 등 메시지들이 많은 사람들에게 다가가는 솔루션에 특별한 주의를 기울여 메시지의 전달성을 늘릴 수 있다.

국가는 법령이 달리 규정하지 않는 한 항공커뮤니티 간의 안전정보공유 또는 교환 네트워크 구축을 장려해야 한다.

8.7 국가안전프로그램의 이행

(SSP IMPLEMENTATION)

주요 프로젝트 이행과 마찬가지로 국가안전프로그램 이행에는 많은 작업과 하위작업들이 정해진 시간내에 완료되어야 한다. 각 작업의 범위뿐만 아니라 작업의 수는 국가의 안전감시시스템의 성숙도에 달려있다. 대부분의 국가에서 여러 조직과 단체가 국가안전프로그램의 개발과 이행과 관련된다. 이행계획을 개발하면 이러한 프로세스를 용이하게 할 수 있다. 이 장에서는 포괄적인 시스템설명, 확장성관련 고려사항, 격차분석 수행 및 견고한 국가안전프로그램 기반이 수립되었는지 확인하는 것을 포함하는 이행계획을 개발하는 단계를 설명한다. 이 섹션에서는 국가안전프로그램의 성숙도에 대한 지속적인 평가에 대해서도 설명한다.

1) 정부의 민간항공시스템 설명 및 규모에 대한 고려 (State' s civil aviation system description and scalability considerations)

국가항공시스템의 크기와 복잡성 및 요소 간의 상호작용에 대한 이해는 국가안전프로그램 계획의 기본이다. 국가는 국가안전프로그램을 이행해야 하지만 요구사항을 충족시키는 방법은 항공시스템의 크기와 복잡성에 따라 달라진다. 규모에 대한 보다 자세한 정보는 제1장에서 찾을 수 있다.

또한 국가안전프로그램은 각 항공도메인의 서비스제공자의 수, 크기 및 복잡성 및 지역환경을 고려하여야 하며, 적은 수의 서비스제공자가 있는 국가는 지역파트너십을 수립하는 것을 고려해야 한다. 다른 국가 또는 RSOO와의 지역파트너십, 교훈 및 안전위험 정보공유를 통해 국가안전프로그램 이행의 이점을 극대화하면서 영향을 최소화할 수 있다.

국가는 민간항공시스템 설명에서 항공시스템과 여러 국가항공당국을 설명해야 한다. 이는 조직구조 및 인터페이스에 대한 개요가 포함되어야 한다. 이는 국가안전프로그램 이행계획프로세스의 일부분이 된다. 그러한 검토는 다음에 대한 설명을 포함하여야 한다.

- 다양한 국가항공당국을 포함한 현존 항공규제체제의 구조
- 다양한 규제당국의 안전관리역할 및 책임
- 조직 간 국가안전프로그램의 조정을 위한 플랫폼 또는 메커니즘
- 국가수준 및 각 조직내의 내부검토 메커니즘

2) 국가안전프로그램 격차분석 및 이행계획 (SSP gap analysis and implementation plan)

(1) 국가안전프로그램 격차분석 (SSP gap analysis)

국가안전프로그램 이행계획을 개발하기 전에 격차분석을 수행해야 한다. 격차분석은 현존하는 국가구조와 프로세스 사이의 격차와 국가에서 효과적인 국가안전프로그램 이행에 필요한 격차에 대한 상세한 이해를 목표로 한다. 많은 국가들에서 격차분석은 상당한 안전관리능력이 이미 있음을 보여준다. 도전과제는 일반적으로 이러한 기존기능을 재정비하고 재배열하고 강화하는 것이다. 필요한 조치로 식별된 요소 또는 프로세스가 국가안전프로그램 이행계획의 기반을 형성한다.

(2) 국가안전프로그램 기반 (SSP foundation)

국가가 효과적인 국가안전프로그램 이행을 지원할 성숙한 토대를 마련하는 것이 필수적이다. GASP의 목표는 국가가 향후 항공시스템을 지원하는 데 필요한 효과적인 안전감시시스템, 국가안전프로그램 및 고급안전관리기능을 점진적으로 이행할 것을 요구한다. 이 기반은 성과중심의 접근방식을 지원하는 데 필요한 안전감독시스템의 한 측면으로 구성된다.

ICAO 항공안전종합평가프로그램 (USOAP)을 통해 수집된 데이터는 이러한 기반의 결함을 확인하는 데 사용될 수 있다. 효과적인 국가안전프로그램 이행과 관련된 문제(예: 의무보고시스템)와 관련된 만족스럽지 않은 USOAP 프로토콜 문제를 해결하는 것이 국가안전프로그램 이행의 첫 번째 단계가 되어야 한다.

(3) 국가안전프로그램 이행계획 (SSP implementation plan)

국가안전프로그램 이행은 기존 SSO 및 안전관리프로세스를 점진적으로 향상시키는 것을 목표로 한다. 적절한 작업 / 하위작업이 우선순위가 결정되고 실행계획이 문서화된다. 국가안전프로그램 이행계획은 국가안전프로그램 최상위문서와 함께 효과적인 국가안전프로그램을 향한 국가의 여정과 안전성능의 지속적인 향상을 안내하는 "청사진"을 제공한다. 이러한 두 가지 주요문서는 모든 관련인원이 쉽게 접근할 수 있도록 하여 관련 당사자 모두가 국가안전프로그램 및 이행계획을 이해할 수 있도록 해야 한다.

3) 국가안전프로그램 성숙도 평가 (SSP maturity assessment)

(1) 배경 및 목적 (Background and purpose)

국가안전프로그램의 성숙도에 대한 평가는 ICAO 국제표준 및 권고 및 지침자료를 반영한 도구를 사용하여 수행되어야 한다. 이러한 도구는 국가가 국가안전프로그램의 지속적인 개선을 위한 내부감사를 수행하는 데 사용해야 한다. 또한 이들은 ICAO 및 기타 외부기관에 의하여 적절하다고 평가되어야 한다. 이 도구는 국가안전프로그램의 효과를 평가하기 위해 국가에서 사용할 수 있는 일련의 질문(또는 기대치)을 기반으로 하여야 한다. 국가안전프로그램 성숙도 평가는 모든 이해당사자와의 대면토론 및 인터뷰와 같은 상호작용으로부터 편익을 얻을 것이다. 이 도구는 유연해야 하며 국가항공시스템의 크기와 복잡성을 고려해야 한다.

(2) 평 가 (Assessment)

국가안전프로그램의 기본요소가 설치되면 문서에 대한 평가를 수행 할 수 있다. 이 평가는 국가안전프로그램의 준수 및 성능 기대치가 존재하고 적합한 지 여부를 발견하는 것을 목표로 한다. 증거는 수집되어 평가를 지원하여야 한다. 나중에 국가안전프로그램을 평가하면 국가안전프로그램이 얼마나 잘 운영되고 있으며 목표달성에 얼마나 효과적인지 이해할 수 있다. 효과는 매번원하는 결과를 얻을 때 달성되게 된다. 적절한 국가안전프로그램 능력 및 기술전문지식을 갖춘 팀이 평가를 수행하고 증거를 수집한다. 조직의 여러 수준에 위치한 많은 사람들과 상호작용하여 조직전체의 효율성을 결정할 수 있는 방식으로 평가를 구성하는 것이 중요하다. 예를 들어, 안전정책이 직원들에 의해 공표되고 이해되는 범위를 결정하려면 직원과 상호작용이 필요하다.

(3) 계속적인 감시 및 지속개선 (Ongoing Monitoring and Continuous Improvement)

국가는 계속적인 감시와 지속개선을 통해 국가안전프로그램의 효과를 평가하기 위해 동일한 도구를 사용할 수 있다. 이 평가는 항공시스템의 변화를 확인할 수도 있다.

그림 8-5 국가안전프로그램 성숙도 여정(SSP maturity journey)

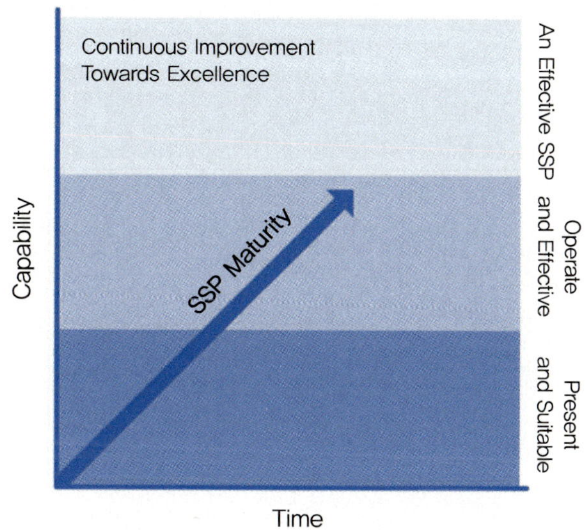

대부분의 국가에서 국가안전프로그램은 이행에 시간이 걸리고 모든 요소가 효과적으로 작동하는 수준까지 성숙해가는 데 수 년이 소요된다. <그림 8-5>는 국가가 국가안전프로그램을 구현하고 개발할 때 국가안전프로그램 성숙도의 여러 단계를 보여준다.

국가안전프로그램 평가는 초기단계에서 핵심요소의 존재와 적합성을 고려하여 다양한 단계에서 수행될 수 있다. 추후 국가안전프로그램을 평가하여 국가안전프로그램이 얼마나 잘 운영되고 있으며 목표달성에 얼마나 효과적인지 이해할 수 있다. 국가는 최고를 향한 지속적인 개선을 지원하기 위해 주기적으로 평가를 계속할 수 있다.

CHAPTER 09

안전관리시스템

(SAFETY MANAGEMENT SYSTEMS)

9.1 개 요

(INTRODUCTION)

본 장은 부속서 19에 따른 안전관리시스템 프레임워크이행에 대한 서비스제공자와 안전관리시스템 감독에 대한 국가지침을 제공한다.

안전관리시스템의 목적은 서비스제공자에게 안전관리에 대한 체계적인 접근방식을 제공하는 것이다. 이는 다음을 통해 안전성능을 지속적으로 향상시키도록 설계되었다. 위해요인에 대한 확인 안전데이터 및 안전정보의 수집 및 분석, 안전위험에 대한 지속적인 평가

안전관리시스템은 항공사고 및 준사고가 발생하기 이전에 안전위험을 사전적으로 예방하기 위해 노력한다. 이는 서비스제공자는 항공안전에 대한 기여를 보다 잘 이해하면서 활동, 안전성능 및 자원을 효과적으로 관리할 수 있게 한다. 효과적인 안전관리시스템은 서비스제공자가 안전위험을 관리할 수 있는 능력을 보여주고 국가차원에서 안전을 효과적으로 관리할 수 있음을 보여준다.

국제 일반항공운영자는 운영중인 항공기에 대한 안전관리시스템 기준을 등록국가가 정한 바에 따라 결정하여야 하며 안전관리시스템이 등록국가에 의해 수용될 수 있도록 하여야 한다. 안전관리시스템의 수용을 촉진하게 하기위해, 국제 일반항공운영자는 산업계의 실천강령의 사용이 허용되는지를 등록국가에 요청하여야 한다.

부속서 6, Part I에 따라 발급된 운항증명을 보유한 복수 등록국가의 대형 또는 터보제트 항공기운영자는 서비스제공자로 간주되어 운영국에 의해 수용될 수 있는 안전관리시스템을 작성할 필요가 있다.

9.2 안전관리시스템 프레임워크

(SMS FRAMEWORK)

부속서 19는 안전관리시스템의 이행 및 유지를 위한 기본 프레임워크를 규정한다. 서비스제공자의 규모와 복잡성에 관계없이 안전관리시스템 프레임워크의 모든 요소가 적용된다. 이러한 이행은 조직 및 그 활동에 맞추어져야 한다.

ICAO 안전관리시스템 프레임워크는 다음 네 개의 구성요소와 열두 개의 요소로 이루어진다.

9.3 구성요소 1: 안전정책 및 목적

(COMPONENT 1: SAFETY POLICY AND OBJECTIVES)

안전관리시스템 프레임워크의 첫 번째 구성요소는 안전관리가 효과적일 수 있도록 환경을 조성함에 중점을 둔다. 이는 안전에 대한 고위급경영진의 의지, 목표 및 지원조직의 구조를 규정하는 안전정책 및 목표에 기초한다.

관리책임 및 안전리더십은 효과적인 안전관리시스템 이행의 핵심이며 안전정책 및 안전목표설정을 통해 확인된다. 의사결정과 자원의 배분을 통해 안전에 대한 경영진의 의지가 입증된다. 이러한 결정과 행동은 항상 긍정적인 안전문화를 육성하기 위한 안전정책과 목적이 일치하여야 한다.

안전정책은 고위급관리자에 의해 개발되고 승인되어야 하며, 최고책임자에 의해 서명되어야 한다. 핵심 안전인력 및 적절한 경우 직원을 대표하는 기관(직원포럼, 노동조합)은 책임을 공유하는 감각을 진흥하기위해 안전정책 및 안전목적개발을 협의해야 한다.

1) 관리자의 의지 (Management commitment)

(1) 안전정책 (Safety Policy)

안전정책은 고위급관리자와 책임있는 최고경영진에 의해 가시적으로 보증되어야 한다. "가시적 보증"은 조직의 나머지 부서들이 들여다 볼 수 있는 안전정책에 대한 경영진의 적극적인 지원을 의미한다. 이는 모든 소통수단과 안전정책에 대한 활동의 조율을 통해 이루어질 수 있다.

모든 직원이 안전정책에 따라 이해하고 활동할 수 있도록 조직전체에 안전정책을 전달하는 것은 관리자의 책임이다. 안전에 대한 조직의 의지를 반영하기 위해 안전정책에는 다음과 같은 내용이 포함되어야 한다.

- 안전성과 수준의 지속적인 개선
- 조직내에서 긍정적 안전문화의 진흥 및 관리
- 모든 해당 법률적 요건을 충족
- 안전제품 또는 서비스를 제공함에 필요한 자원의 제공
- 모든 관리자들에게 안전이 주된 책임이라는 인식을 확인
- 모든 수준에서 이해되고, 이행되고 관리되도록 확인

안전정책은 또한 안전문제의 보고를 장려하고 보고된 안전사건 또는 안전문제에 대하여 적용되는 처분정책을 직원들에게 전파하기 위해 안전보고시스템을 참조하여야 한다.

처분정책은 실수 또는 규정의 위반이 발생했는지 판단하여 조직이 처분조치를 취해야 하는지 여부를 결정할 수 있게 한다. 관련된 사람에 대한 공정한 처리를 보장하기 위해서는 사건의 상황을 충분히 고려할 수 있도록 그 결정을 내리는 책임자가 필요한 기술적 전문지식을 갖추고 있어야 한다.

안전데이터 및 안전정보는 물론 보고자에 대한 보호정책은 보고문화에 긍정적인 영향을 줄 수 있다. 서비스제공자와 국가는 인적자원이나 특정 서비스제공자와 관계없이 의미있는 안전분석을 수행할 수 있도록 보고서의 비식별화 및 통계분석을 허용하여야 한다. 주요한 사건은 서비스제공자의 안전관리시스템 외부에서 프로세스 및 절차를 적용할 수 있기 때문에 관련 국가당국은 모든 상황에서 보고서의 조기 비식별화를 허용

하지 않을 수도 있다. 그럼에도 불구하고 보고서의 적절한 비식별화를 허용하는 정책은 수집된 데이터의 품질을 향상시킬 수 있다.

(2) 안전목표 (Safety objectives)

안전정책을 고려하여 서비스제공자는 안전목표를 설정하고 안전결과와 관련, 달성하려는 목표를 정의하여야 한다. 안전목표는 조직의 안전우선 순위에 대한 간단하고 높은 수준의 성명이어야 하며 가장 중요한 안전위험을 다루어야 한다. 안전목표는 안전정책에 포함되거나 별도로 문서화될 수 있으며 안전관리측면에서 조직이 달성하고자 하는 것을 정의하는 목표를 수립해야 한다. 이러한 안전목표의 성취도를 모니터링하기 위해서는 안전성능지표와 안전성능목표가 필요하며, 본 장의 후반부에서 구성요소 3에 대하여 추가적으로 설명하게 된다.

안전정책 및 안전목표는 최신의 상태를 유지하기위해 주기적으로 검토되어야 한다(예를 들면 최고책임자의 변경시 검토가 필요함).

2) 안전책무 및 책임 (Safety accountability and responsibilities)

(1) 책임있는 최고경영자 (Accountable Executive)

최고책임자는 조직의 안전운영에 대한 궁극적인 권한을 가진 사람으로, 일반적으로 최고경영자(CEO)로 알려져 있으며, 최고책임자는 안전을 핵심 조직가치로 삼는 안전정책 및 안전목표를 수립하고 촉진하며 다음을 수행하여야 한다. 조직을 대신하여 결정을 내리는 권한을 가짐, 재정과 인력 등 모든 자원을 통제, 안전문제 및 안전위험을 다루고 사고 및 준사고에 대응하기 위한 적절한 조치가 취해지도록 해야 할 책임이 있다.

서비스제공자는 최고책임자가 될 수 있는 가장 적합한 사람을 식별해야 하는 어려움이 있을 수 있으며, 특히 여러 기관 및 승인을 받은 대규모의 복잡한 조직의 경우 더욱 그러하다. 선택된 사람이 조직의 최고수준에 배치되어 올바른 전략적 안전결정을 하는 것이 중요하다.

서비스제공자는 안전관리시스템이 효과적인지 확인하기위한 조치를 취할 수 있는 권한을 가진 조직수준에서 전체적인 안전성능에 대한 책임을 부여하는 가운데 최고책임자를 확인할 것이 요구된다. 모든 관리자들에 대한 구체적인 안전책임은 정의되어야 하며, 안전관리시스템과 관련된 역할은 긍정적인 안전문화에 기여할 수 있는 방법이 반영되어야 한다. 안전책임, 책무 및 당국은 문서화되어 조직전체에 소통되어야 한다. 관리자의 안전책무는 안전관리시스템의 효과적이고 효율적인 수행에 필요한 인적, 기술적, 재정적 또는 기타 자원의 배분을 포함하여야 한다.[1)]

안전관리시스템이 여러 다른 승인에 적용되는 경우, 모두 동일한 법인의 일부이므로 단일 최고책임자가 있어야 한다. 이것이 가능하지 않은 경우, 개별조직의 최고경영자는 각 조직의 승인 및 명확한 책임에 대한 계선에 대해 식별되어야 한다. 그들의 안전책무가 어떻게 조정될 것인지를 확인함 또한 중요하다.

책임있는 최고경영자가 참여하는 것이 보여질 수 있는 가장 효과적인 방법 중 하나는 정기적인 임원안전회의를 주재하는 것이다. 최고책임자는 조직의 안전에 궁극적인 책임이 있으므로 이러한 회의에 적극적으로 참여함으로써 다음을 수행할 수 있다.

- 안전목표의 검토
- 안전성과의 감시 및 안전목표의 달성
- 적기안전결정
- 적절한 자원의 배분
- 관리자가 안전책임, 성능 및 이행일정에 대해 책무를 가지도록 함
- 모든 직원이 안전에 관심을 갖고 책임을 지는 임원으로 보여지게 함

최고책임자는 대개 조직의 일상적인 활동이나 직장에서 직면하는 문제에 개입하지는 않으며 안전관리시스템을 관리하고 운영하기 위한 적절한 조직구조가 있는지를 확인해야 한다. 안전관리의 책임은 종종 고위급관리자 및 기타 핵심 안전인력에게 위임된다. 안전관리시스템의 일상적인 운영에 대한 책임은 위임될 수 있지만, 최고책임자는 시스템에 대한 책임을 위임할 수 없으며, 안전위험에 관한 결정도 위임할 수 없다.

예를 들어 다음과 같은 안전책임은 위임할 수 없다.

- 안전정책이 적절하게 소통되도록 보장
- 필요한 자원(재정, 인사, 훈련, 취득)을 보장

1) “책무”란 위임할 수 없는 의무를 말한다. "책임"이라는 용어는 위임 될 수 있는 기능 및 활동을 의미한다.

- 수용가능한 안전위험한계의 설정 및 필요한 통제의 자원화

최고책임자는 다음과 같은 안전책임을 갖는것이 적절하다.

- 효과적인 안전관리시스템의 적절한 이행을 위한 충분한 재정적 및 인적자원의 제공
- 긍정적 안전문화의 진흥
- 안전정책의 수립 및 진흥
- 조직안전목표의 수립
- 안전관리시스템이 제대로 이행되고 요구사항을 충족하는지 확인
- 안전관리시스템의 지속적인 개선을 위한 참조

최고책임자의 권한에는 다음의 최종적인 권한을 포함하지만 이에 국한되지는 않는다.

- 모든 안전문제의 해결
- 운영 또는 활동을 중단할 권한을 포함하여 조직의 인증/승인하에 운영

안전위험의 허용성에 관한 결정권한은 정의되어야 한다. 이는 위험의 수용가능성에 대한 결정 뿐만 아니라, 변화를 이행할 수 있다는 것에 동의할 수 있는 권한도 포함된다. 이러한 권한은 개인, 관리직 또는 위원회에 배정될 수 있다.

안전위험의 허용성에 대한 결정을 내리는 권한은 관리자의 일반적인 의사결정 및 자원의 배분권한에 비례해야 한다. 낮은 수준의 관리자(또는 관리그룹)는 특정수준까지 허용성결정을 내릴 수 있는 권한을 가질 수 있다. 관리자의 권한을 초과하는 위험수준은 권한이 큰 상위관리수준의 고려를 위해 상향조정되어야 한다.

(2) 책무 및 책임 (Accountability and responsibilities)

안전제품 및 운영의 제공을 지원하는 안전관련업무에 관여하는 모든 사람, 관리자 및 직원의 책무와 책임을 명확하게 정의하여야 한다. 안전책임은 조직의 안전성과에 대한 직원의 기여(조직의 안전결과)에 초점을 맞추어야 한다. 안전관리는 모든 고위급 관리자가 안전관리시스템 운영에 어느 정도 관여하기 때문에 핵심기능이 된다.

모든 정의된 책무, 책임 및 권한은 서비스제공자의 안전관리시스템 문서에 명시되어야 하며 조직전체에 소통되어야 한다. 각 고위급관리자의 안전책무와 책임은 직무기술의 종합적 구성요소이다. 또한 일선관리자와 안전관리자 간의 상이한 안전관리기능을 포착해야 한다.

조직전반에 걸친 안전책무라인과 이들을 어떻게 정의할지는 조직의 유형 및 복잡성과 선호되는 소통방법에 따라 달라진다. 일반적으로 안전책무와 책임은 조직도, 부서별 책임을 정의하는 문서 및 개인별 직무 또는 역할기술서에 반영된다.

서비스제공자는 직원의 안전책임과 조직상 다른 책임 사이의 이해상충을 피하는 것을 목표로 하여야 한다. 중복 및/또는 격차를 최소화하는 방식으로 안전관리시스템 책무 및 책임을 할당해야 한다.

(3) 외부조직에 대한 책무와 책임 (Accountability and responsibilities and in respect to external organizations)

서비스제공자는 안전관리시스템 인터페이스가 있는 외부조직의 안전성능에 책임이 있다. 외부기관이 안전관리시스템을 요구받지 않더라도 서비스제공자는 자사의 활동을 지원하는 외부조직이 제공한 제품 또는 서비스의 안전성능에 대해 책임을 질수도 있다. 서비스제공자의 안전관리시스템이 제품 또는 서비스의 안전한 제공에 기여하는 외부조직의 안전시스템과 상호작용하는 것은 기본적인 사항이다.

3) 핵심 안전인력의 지정 (Appointment of key safety personnel)

안전관리자의 역할을 완수하기위한 경쟁력 있는 사람 또는 사람들의 임명은 안전관리시스템의 효과적인 이행 및 기능에 필수적이다. 안전관리자는 다른 직위로 식별될 수 있다. 본 교재의 목적을 위하여 “안전관리자”라는 일반용어가 사용되며, 해당기능을 언급하지만, 반드시 개인에게만 적용되는 것은 아니다. 안전관리자 기능을 수행하는 사람은 조직의 다른 부서에 대하여 안전관리시스템의 수행과 조직의 다른 부서에 안전서비스를 제공하는 최고책임자에 대한 책임이 있다.

안전관리자는 최고책임자 및 일선관리자에게 안전관리문제에 대하여 조언을 하고 항공커뮤니티의 외부구성원 뿐만 아니라 조직내에서 안전문제를 조정하고 전달할 책임이 있다. 안전관리자의 기능은 다음을 포함하지만 이에 국한되지는 않는다.

- 최고책임자를 대신하여 안전관리시스템 이행계획을 관리(초기이행시)
- 위해요인의 식별 및 안전위험분석수행/촉진
- 수정조치를 모니터하고 그 결과를 평가
- 조직의 안전성과에 대한 정기보고서를 제공
- 안전관리시스템 문서 및 기록의 유지
- 직원에 대한 안전교육의 계획 및 촉진
- 안전문제에 대한 독립적인 자문의 제공
- 항공산업의 안전문제 및 제품과 서비스제공을 목표로 하는 조직의 운영에 대한 인지된 영향을 모니터링 한다.
  - 안전에 관한 문제에 대하여 필요에 따라 국가의 민간항공당국 및 기타 국가당국과 조정하고(책임있는 최고경영자를 대신하여) 소통

대부분의 조직에서 안전관리자는 개인을 임명하게 된다. 조직의 규모, 성격 및 복잡성에 따라 안전관리자의 역할은 배타적으로 기능하거나 또는 다른 직무와 결합될 수도 있게 된다. 또한 일부조직에서는 역할을 그룹에 할당해야 하는 경우도 있을 수 있다. 조직은 선택한 옵션이 어떠한 이해의 상충도 초래하지 않도록 보장해야 한다. 가능하다면, 안전관리자는 제품 또는 서비스제공에 직접 관여해서는 안 되지만, 이들에 대한 실무적 지식이 있어야 한다. 안전관리자의 임명은 또한 다른 업무 및 기능과의 잠재적인 이해상충을 고려해야 한다. 그러한 이해의 상충은 다음을 포함한다.

- 자금조달의 경쟁(예: 재무관리자가 안전관리자인 경우)
- 자원우선순위의 충돌
- 안전관리자는 운영상의 역할과 관련된 업무활동의 안전관리시스템 효과를 평가할 수 있는 능력을 갖추어야 한다.

기능이 여러 사람에게 할당된 경우(예: 서비스제공자가 복수의 활동에 안전관리시스템을 확장하는 경우) 최고책임자에게 직접적이고 명확한 보고라인의 유지를 위해 한 사람을 "지도" 안전관리자로 지정하여야 함

안전관리자의 역량은 다음을 포함하지만 이에 국한되지는 않는다.

- 안전/품질관리자 경험

- 조직이 제공하는 제품 또는 서비스와 관련된 운영상의 경험
- 제공하는 운영 또는 제품/서비스를 지원하는 시스템을 이해하기 위한 기술적 배경
- 대인관계기술
- 분석 및 문제–해결능력
- 프로젝트관리기술
- 구두 및 문서소통기술
- 인적요소의 이해

조직의 규모, 성격 및 복잡성에 따라 추가적인 직원이 안전관리자를 지원할 수 있다. 안전관리자 및 지원직원은 필요한 경우 안전위험의 결정 및 제어를 수행할 수 있도록 조직내에서 안전정보에 대한 적기배포와 안전데이터의 수집과 분석을 보장할 책임이 있다.

서비스제공자는 조직전체의 안전관리시스템 기능을 지원하는 적절한 안전위원회를 수립하여야 한다. 여기에는 안전위원회에 누가 참여해야 하는지와 회의의 빈도가 포함되어야 한다.

또한 안전관리자의 기능은 조직의 안전목표를 달성하기 위해 사용 된 위험경감전략의 효과를 평가하는 것이다. 이는 안전검토위원회(SRB)[2]와 같은 최상위 안전위원회를 통해 수행될 수 있다. SRB는 전략적이며 정책, 자원의 배분 및 조직성과 모니터링과 관련된 높은 수준의 문제를 처리한다. SRB는 다음을 감독하는 최고책임자 및 고위급관리자를 포함해야 한다.

- 안전관리시스템의 효율성
- 필요한 안전위험통제조치의 적기대응
- 조직의 안전정책 및 목표에 대한 안전성과
- 다음을 지원하는 조직의 안전관리프로세스의 효율성
  - 조직의 안전관리 우선순위천명
  - 조직전반에 걸친 안전의 진흥

최상위급 안전위원회에서 전략방향을 마련한 후에는 조직전체에 걸쳐 안전전략의

---

2) SRB: Safety Review Board

이행을 조율하여야 한다. 이는 운영에 보다 중점을 둔 안전실행그룹(SAG)[3]을 만들어서 수행할 수 있다. SAG는 일반적으로 관리자와 일선직원으로 구성되며 지정된 관리자가 의장을 맡는다. SAG는 SRB의 방향에 따라 구체적인 이행문제를 다루는 전술적인 기관이다.

SAG는 :

- 조직의 기능적 영역내에서 운영상 안전성능을 모니터링하고 적절한 안전위험관리 활동이 수행되도록 보장
- 가용한 안전데이터를 검토하고 적절한 안전위험관리전략의 이행을 확인하고 직원 피드백이 제공됨을 확인
- 운영상 변화 또는 신기술의 도입과 관련된 안전영향평가
- 안전위험의 통제와 관련된 모든 조치의 이행을 조정하고 신속하게 조치가 취해지도록 보장
- 안전위험통제의 효과를 검토

4) 비상대응계획의 조정 (Coordination of emergency response planning)

정의에 따르면, 비상사태란 갑작스럽고 예기치 않은 상황이나 즉각적인 조치가 필요한 상황을 말한다. 비상대응계획의 조정은 계획되지않은 항공운영상 긴급한 상황에서 제한된 시간내에 발생하는 활동에 대하여 계획하는 것을 의미한다. 비상대응계획(ERP: Emergency Response Plan)은 항공관련 비상사태, 위기 또는 사건을 해결하기 위한 서비스제공자의 안전위험관리 프로세스의 필수구성요소가 된다. 공중보건비상사태/전염병과 같은 비상사태로 서비스제공자의 항공기운영 또는 활동이 위태롭게 될 가능성이 있는 경우, 이러한 시나리오는 해당 ERP에서도 다루어져야 한다. ERP는 안전관리시스템을 통해 확인된 예측가능한 비상사태를 다루어야 하며, 항공관련 비상사태를 효과적으로 관리하기 위한 조치, 프로세스 및 통제에 대한 경감조치를 포함한다.

ERP의 전반적인 목표는 운영의 안전한 지속과 가능한 한 조기에 정상운영으로 복귀하는 것이 된다. 이는 비상사태 시 임무의 부여 및 권한의 위임을 포함하여 정상에서

---

3) SAG: Safety Action Group

비상운영으로의 질서있고 효율적인 전이를 보장해야 한다. 여기에는 비상사태 이후 "정상적인" 운영을 재개하는 데 필요한 기간이 포함된다. ERP는 비상사태 시 책임자가 취해야 할 행동을 확인한다.

대부분의 비상사태는 다른 서비스제공자 및 비항공관련 비상서비스와 같은 기타 외부기관과의 조율된 조치를 필요로 할 것이다. ERP는 적절한 핵심인력들에게 용이하게 접근될 수 있어야 함은 물론, 외부기관과도 조율될 수 있어야 한다.

비상대응 계획의 조정은 ERP를 수립하고 유지관리해야 하는 서비스제공자에게만 적용된다. 부속서 19는 ERP의 작성 또는 개발을 요구하지는 않는다. 비상대응계획은 관련 ICAO부속서에 설정된 특정 서비스제공자에게만 적용될 수 있다(비상사태처리와 관련된 조항에 대한 상이한 표현은 다른 부속서 들에서 사용될 수 있다). 이러한 조정은 ERP의 주기적 테스트의 일부로 수행되어야 한다.

5) 안전관리시스템 문서 (SMS Documentation)

안전관리시스템 문서에는 안전관리시스템의 조직내부관리, 소통 및 유지관리를 용이하게 하는 서비스제공자의 안전관리시스템 정책, 프로세스 및 절차를 설명하는 최상위 "안전관리시스템 매뉴얼"이 포함되어야 한다. 이는 직원들이 조직내 안전관리시스템의 기능 및 안전정책과 목표달성방법을 이해하는 데 도움을 준다. 문서에는 안전관리시스템의 범위를 제공하는 시스템설명이 포함되어야 한다. 또한 다양한 정책, 프로세스, 절차 및 실무사이의 관계를 명확하게 하고 이들이 서비스제공자의 안전정책 및 목표와 연계되는 방법을 명확하게 함에 도움이 되어야 한다. 문서는 조직전체를 통하여 직원들이 쉽게 이해할 수 있는 일상적인 안전관리활동을 다루기 위해 채택되고 작성되어야 한다.

안전관리시스템 매뉴얼은 서비스제공자와 핵심 안전이해관계자(예: 규정의 수용, 평가 및 안전관리시스템의 후속 모니터링을 위한 민간항공당국) 간 중요한 안전소통의 도구로 사용된다. 안전관리시스템 매뉴얼은 독립형문서일 수도 있고, 서비스제공자가 관리하는 다른 조직내의 문서(또는 문서)와 통합될 수도 있다. 조직의 안전관리시스템 프로세스 세부정보가 이미 기존 문서에서 처리된 경우 해당문서에 대한 적절한 상호참조만으로 충분하다. 이러한 안전관리시스템 문서는 최신상태로 유지되어야 한다. 관리되는 매뉴얼로서 중요한 개정이 이루어지기 전에 민간항공당국의 동의가 필요할 수 있다.

안전관리시스템 매뉴얼에는 다음을 포함하여 서비스제공자의 정책, 프로세스 및 절차에 대한 자세한 설명이 포함되어야 한다.

- 안전정책 및 안전목표
- 적용가능한 모든 규제적 안전관리시스템 요건을 참조
- 시스템설명
- 안전책무와 핵심안전인력
- 자발 및 의무안전보고시스템 프로세스 및 절차
- 위해요인의 식별 및 안전위험평가 프로세스 및 절차
- 안전조사절차
- 안전성과지표의 수립 및 모니터링 절차
- 안전관리시스템 교육과정 및 절차 및 커뮤니케이션
- 안전소통프로세스 및 절차
- 내부감사절차
- 변화관리
- 안전관리시스템 문서관리절차
- 가능한 경우 비상대응계획의 조정

또한 안전관리시스템 문서에는 안전관리시스템의 존재 및 지속적인 운영을 입증하는 운영기록의 편집 및 유지관리가 포함된다. 운영기록은 안전위험관리 및 안전보장활동과 같은 안전관리시스템 프로세스와 절차의 결과물이다. 안전관리시스템 운영기록은 기존의 보존기간에 따라 저장되고 보관되어야 한다.

전형적인 안전관리시스템 기록은 다음을 포함한다.

- 위해요인등록 및 위해요인/안전보고
- 안전성과지표 및 관련차트
- 완성된 안전위험평가기록
- 안전관리시스템 내부검토 및 감사보고서
- 최초감사기록
- 안전관리시스템 기록/안전훈련기록
- 안전관리시스템/안전위원회 회의록

- 안전관리시스템 이행계획(초기이행기간 중)
- 이행계획을 지원하기 위한 격차분석

9.4 구성요소 2: 안전위험관리

(COMPONENT 2: SAFETY RISK MANAGEMENT)

서비스제공자는 자신의 안전위험을 관리하고 있는지 확인해야 한다.

이 프로세스는 위험의 식별, 안전위험평가 및 안전위험 경감을 포함하는 안전위험관리로 알려져 있다. 안전위험관리 프로세스는 제품 또는 서비스제공과 관련된 위험요소를 시스템적으로 확인한다. 위해요인은 설계, 기술기능, 인적인터페이스 또는 기타 프로세스 및 시스템들과의 상호작용이 결여된 시스템의 결과일 수 있다. 또한 기존 프

그림 9-1 위해요인확인 및 위험관리프로세스(Hazard identification and risk management process)

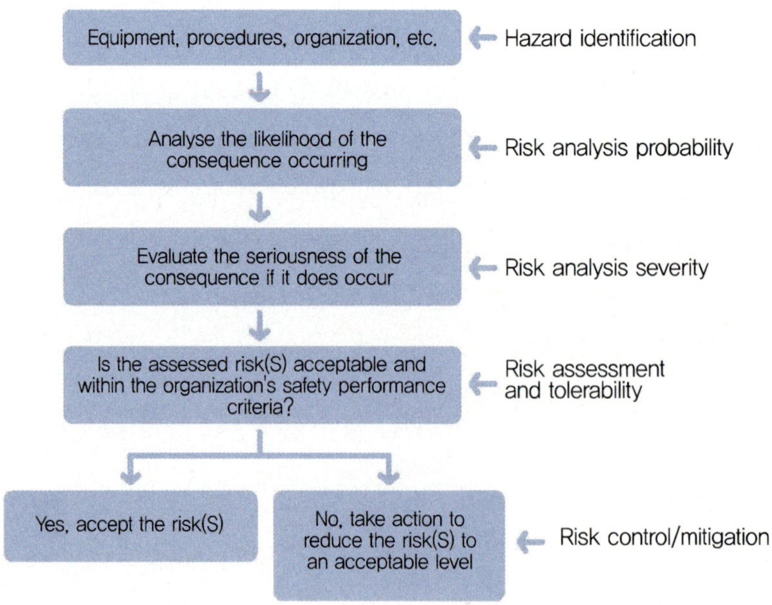

로세스 또는 시스댐이 시비스제공자의 운영환경변경에 적응하지 못해 발생할 수도 있다. 이러한 요소를 주의 깊게 분석하면 운영 또는 활동주기의 어느 시점에서든 잠재적 위해요인을 식별할 수 있다. 높은 안전성능을 달성하기 위해서는 시스템 및 그 운영환경을 이해하는 것이 기본이되어야 한다. 시스템과 그 인터페이스를 정의하는 상세한 시스템설명을 가지고 있다면 도움이 될 것이다. 내부 및 외부자료원으로 부터 운영상 라이프사이클 전반에 걸쳐 위해요인이 식별될 수 있다. 안전위험평가 및 안전위험경감은 효과성을 계속유지할 수 있도록 지속적으로 검토하여야 한다.[4)]

1) 위해요인확인 (Hazard identification)

위해요인의 식별은 안전위험관리 프로세스의 첫 번째 단계이다. 서비스제공자는 운영 및 활동의 모든 영역에서 항공안전에 영향을 줄 수 있는 위해요인을 식별할 수 있는 공식프로세스를 개발하고 관리해야 한다. 여기에는 장비, 시설 및 시스템이 포함된다. 확인되고 통제되는 모든 항공안전관련 위험은 운항의 안전을 위해 유용하다. 또한 외부조직과 안전관리시스템의 인터페이스 결과로 발생할 수 있는 위험을 고려하는 것도 중요하다.

(1) 위해요인확인 자료원 (Sources for Hazard Identification)

조직의 내부 또는 외부의 위해요인식별을 위한 다양한 출처가 있다.
내부자료원은 다음을 포함한다.

- 정상운영 모니터링: 관찰기술을 사용하여 일상운영 및 라인운영안전감사(LOSA)[5)] 와 같은 활동을 모니터링
- 자동화된 모니터링시스템: 자동화된 기록시스템을 사용하여 비행데이터 모니터링(FDM)[6)]과 같은 분석할 수 있는 파라메타를 모니터링
- 자발 및 의무안전보고시스템: 외부조직의 직원을 포함하여 모든 사람에게 위해요인

4) 위험확인 및 안전위험평가절차에 대한 자세한 지침은 제2장에서 찾을 수 있다.
5) LOSA: Line Operations Safety Audit
6) FDA: Flight Data Monitoring

및 기타 안전문제를 조직에 보고할 수 있는 기회를 제공

- **감사**: 감사되는 작업이나 프로세스에서 위해요인 식별에 사용될 수 있음. 이들은 또한 변화의 이행과 관련된 위해요인을 식별하기 위하여 조직의 변화와 조율되어야 함
- **훈련으로부터의 피드백**: 대화형(양방향) 교육은 참가자들로 부터 새로운 위해요인 식별을 촉진할 수 있음
- **서비스제공자 안전조사**: 내부안전조사에서 확인된 위험 및 사고/준사고에 대한 후속조사보고서

위해요인확인을 위한 외부자료원의 예는 다음과 같다.

- **항공사고보고**: 사고보고서를 검토하라, 이는 동일한 국가 또는 유사한 항공기형식, 지역 또는 운영환경과 관련된 사고일 수 있다.
- **국가의 의무 및 자발안전보고시스템**: 일부국가에서는 서비스제공자로부터 받은 안전보고서의 요약을 제공한다.
- **국가의 감독감사 및 제3자의 감사**: 때때로 외부감사는 위해요인을 식별할 수 있다. 이들은 미확인 위해요인으로 문서화되거나 감사지적사항내에 명확하게 포착되지 않을 수도 있다.
- **무역협회 및 정보교환시스템**: 많은 무역협회 및 산업계단체는 확인된 위해요인을 포함하여 안전데이터를 공유할 수 있다.

(2) 안전보고시스템 (Safety Reporting System)

위해요인을 식별하기 위한 주요 자료원 중 하나는 안전보고시스템, 특히 자발적 안전보고시스템이다. 의무보고시스템은 일반적으로 발생한 사고에 사용되는 반면 자발보고시스템은 위해요인, 근접비행 또는 실수와 같은 잠재적 안전문제에 대한 추가보고 채널을 제공한다. 이들은 중요성이 적은 사건들과 관련, 국가 및 서비스제공자에게 소중한 정보를 제공할 수 있다.

서비스제공자는 사람들이 보거나 경험한 것을 보고하도록 권장하기 위해 적절한 보호를 제공하는 것이 중요하다. 예를 들어, 실수 또는 경우에 따라서는 규칙의 위반에 대하여 행정처분이 면제될 수도 있다. 보고된 정보는 안전의 향상을 위해서만 사용될

것이라는 점을 분명히 명시하여야 한다. 그 의도는 효과적인 보고문화와 잠재적인 안전결함의 사전적 식별을 촉진하려는 것이다.

자발적 안전보고시스템은 비밀로 처리되어야 하며, 보고자에 대한 식별정보는 후속조치가 허용된 관리자만 알 수 있어야 한다. 관리자의 역할은 안전관리자와 안전조사와 관련된 인원으로 제한된 몇명의 개인에게만 맡겨져야 한다. 비밀유지는 보복이나 당황의 두려움없이 사람의 실수로 발전되는 위해요인을 공개하는 데 도움을 준다. 필요한 후속조치가 취해지면 자발적 안전보고는 비식별화되고 보관될 수 있다. 비식별보고서는 위험경감의 효과를 추적하고 새롭게 부상하는 위해요인을 식별하기 위한 향후 추세분석을 지원할 수 있다.

모든 수준 및 모든 분야의 직원은 안전보고시스템을 통하여 위해요인 및 기타 안전문제를 식별하고 보고하는 것이 권장된다. 효과적이기 위해서, 모든 직원이 안전보고시스템에 쉽게 접근할 수 있어야 한다. 상황에 따라, 문서기반, 웹기반 또는 데스크톱형식이 사용될 수 있다. 여러 가지 입력방법을 활용하면 직원의 참여가능성을 극대화할 수 있다. 모든 사람들은 안전보고의 장점과 무엇을 보고하여야 하는지를 인식하여야 한다.

안전보고를 제출한 사람은 어떤 결정이나 조치가 취해졌는지에 대한 피드백을 받아야 한다. 보고시스템 요구사항, 분석도구 및 방법의 정렬은 특정 안전성과지표의 비교뿐만 아니라 안전정보의 교환을 용이하게 할 수 있다. 또한 보고자들에게 자발적 보고체계에 대한 피드백은 그러한 보고가 심각하게 고려되고있다는 것을 입증하는 역할을 한다. 이는 긍정적 안전문화를 장려하고 향후 보고를 장려하는 데 도움을 준다.

많은 수의 안전보고가 있는 경우 입력 시 보고서를 필터링할 필요가 있을 수 있다. 이는 더 많은 조사가 필요하고 어떤 수준의 조사가 필요한지를 결정하기위한 초기안전위험평가를 포함할 수 있다.

안전보고는 종종 분류법 또는 분류시스템을 사용하여 필터링 한다. 분류법을 사용하여 정보를 필터링하면 일반적인 문제와 추세를 용이하게 식별할 수 있다. 서비스제공자는 운영의 유형을 다루는 분류법을 개발해야 한다. 분류법을 사용할 때의 단점은 식별된 위해요인이 정의된 범주 중 어넌 것에도 적합하지 않을 때가 있다는 것이다. 분류법을 사용함에 따른 도전은 적절한 수준의 구체성이다. 위해요인은 할당하기 용이하고, 분석에 유용할 만큼 충분히 구체적이다. 일부국가와 국제무역기구는 사용가능한 분류법을 개발해 왔다. 제5장에서 분류법에 대한 추가정보를 제공한다.

위해요인확인의 또 다른 방법은 주제에 대한 전문가들이 상세한 분석시나리오를 수행하는 워크숍 또는 회의를 포함한다. 이러한 세션들은 경험있는 운영 및 기술인력의 도움을 받아 편익을 얻는다. 기존의 안전위원회회의(SRB, SAG 등)는 이러한 활용에 사용될 수 있다. 또한 동일한 그룹이 관련 안전위험을 평가하는 데 사용될 수도 있다.

식별된 위해요인과 그 잠재적 결과는 문서화되어야 한다. 이는 안전위험평가 프로세스에 사용된다.

위해요인확인과정은 조직내부 및 외부의 다른 시스템들과의 인터페이스를 포함하여 서비스제공자의 항공활동범위내에 존재할 수 있는 모든 가능한 위험을 고려한다. 위해요인이 확인되면 그 결과(즉, 특정사건 또는 결과)를 결정하여야 한다.

(3) 위해요인조사 (Investigation of hazards)

위해요인확인은 지속적이어야 하며 서비스제공자의 지속적 활동의 일부가 되어야 한다. 일부조건들은 보다 자세한 조사가 필요할 수도 있다. 이들은 다음을 포함한다.

- 조직이 항공안전관련 원인이 설명되지 않거나 관련규정을 준수하지 않는 경우를 경험한 상태
- 조직 또는 그 활동에 대한 중대한 변화

2) 서비스제공자 안전조사 (Service provider safety investigation)

효과적인 안전관리는 안전사건과 안전위해요인을 분석하기 위한 품질조사에 달려있으며, 운영환경의 안전을 향상시키기 위한 결과와 권고사항을 보고 한다.

부속서 13에 따른 사고 및 준사고조사와 서비스제공자의 안전조사 사이에는 명확한 구분이 있다. 부속서 13에 따른 사고 및 중대한 준사고에 대한 조사는 부속서 13에 정의된 바와 같이 국가의 책임이다. 이러한 형태의 정보는 사고와 준사고로부터 얻은 교훈을 전파하는 것이 기본이 된다. 서비스제공자의 안전조사는 위해요인의 확인 및 위험평가프로세스를 지원하기 위하여 안전관리시스템의 일부분으로 서비스제공자에 의하여 수행된다. 부속서 13의 범위를 벗어나는 많은 안전사건들이 있어 위해요인확인 또는 위험통제의 취약소송확인에 대한 유용한 자료원을 제공한다. 이러한 문제는 서비스제공자에 의하여 수행되는 안전조사에 의하여 드러나고 치유될 수 있다.

서비스제공자 안전조사의 주된 목적은 발생한 상황을 이해하고 향후 안전상의 결함을 제거하거나 경감하여 유사한 상황이 발생하지 않도록 하는 것이다. 이는 사건에 대한 신중하고 체계적인 검토를 통해 얻은 교훈을 적용하여 향후재발 가능성 및 / 또는 결과를 줄일 수 있게 한다. 서비스제공자의 안전조사는 서비스제공자의 안전관리시스템에 포함된다.

안전사건 및 위해요인에 대한 서비스제공자의 조사는 항공에 있어 전반적인 위험관리프로세스의 필수활동이 된다. 안전조사실시의 편익은 다음과 같다.

- 발생까지 이어지는 사건에 대한 보다 양호한 이해를 취득
- 기여하는 인적, 기술적, 조직적 요인을 확인
- 위해요인의 확인 및 위험평가의 실시
- 수용할 수 없는 위험을 감소시키거나 제거하기 위한 권고의 작성
- 항공커뮤니티의 적절한 구성원들과 공유해야 하는 교훈을 확인

(1) 트리거조사 (Investigation triggers)

서비스제공자의 안전조사는 일반적으로 안전보고시스템을 통해 제출된 통지 (보고)에 의해 트리거된다. <그림 9-2>는 안전조사결정 프로세스와 서비스제공자의 안전조사가 수행되어야 하는 시점과 부속서 13 조항에 따른 조사가 시작되어야 할 시점을 구분한다.

모든 사건이나 위해요인을 조사할 수 있거나 조사해야 하는 것은 아니지만 조사를 수행하기위한 결정과 심도는 발생 또는 위험의 실제 또는 잠재적 결과에 따라 달라져야 한다. 위험도가 높은 것으로 생각되는 사건 및 위해요인은 위임될 가능성이 높고 위험가능성이 낮은 위험보다 위험조사가 더 심층적이어야 한다. 서비스제공자는 정의된 트리거포인트를 활용하여 구조화된 의사결정접근법을 사용하여야 한다. 다음은 안전조사결정에 대한 지침을 제공하며. 조사대상 및 조사범위는 다음을 포함한다.

- 결과의 심각성 또는 잠재적 심각성
- 조사를 수행하기 위한 법률적 또는 조직적 요건
- 성취되어야 할 안전가치
- 취해져야 할 안전조치의 기회
- 조사되지 않은 위험

그림 9-2 안전조사결정 프로세스(Safety investigation decision process)

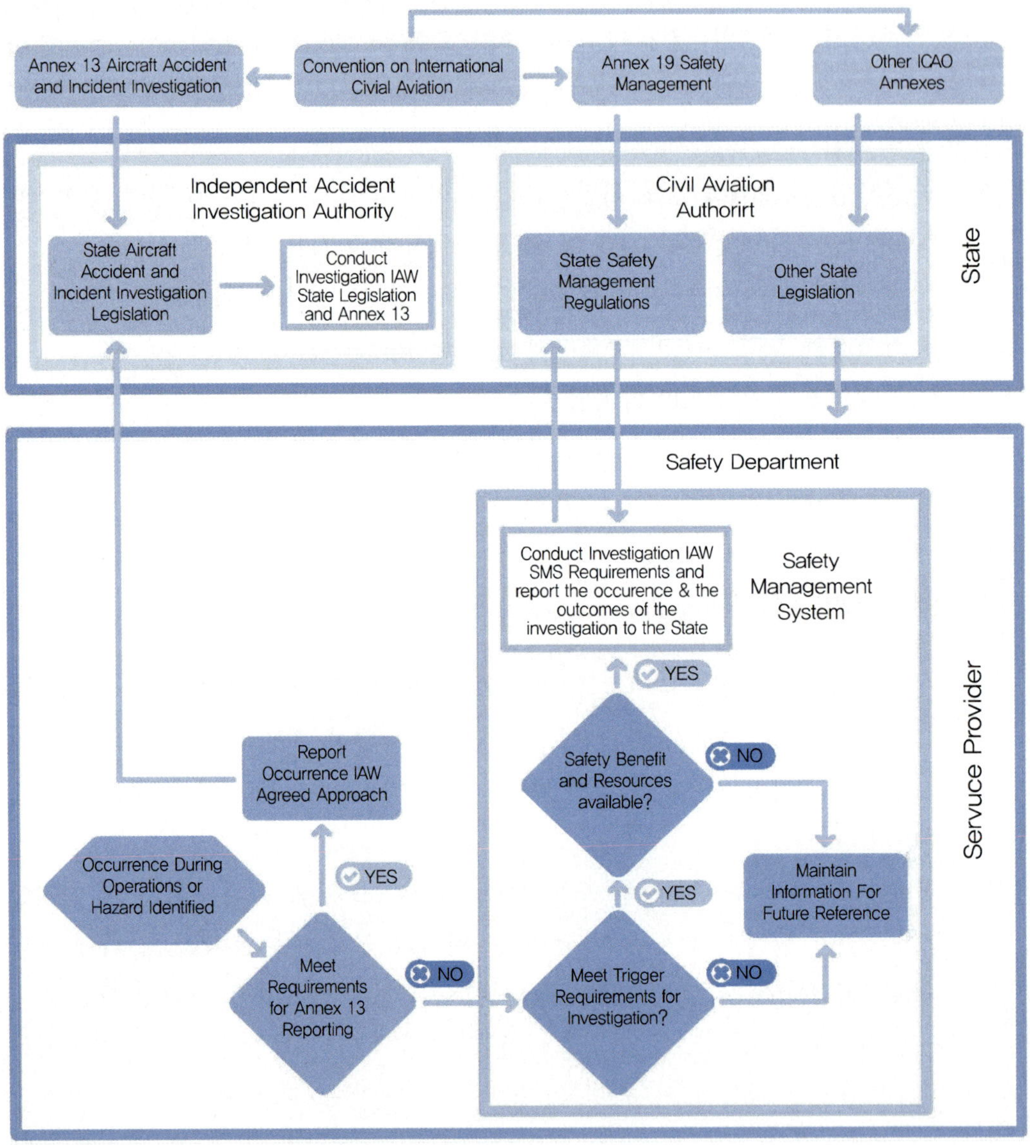

- 목표된 안전프로그램에 대한 기여
- 확인된 추세
- 훈련의 편익
- 가용한 자원

(2) 조사관의 지정 (Assigning an investigator)

조사가 시작될 경우, 첫 번째 조치는 필요한 기술과 전문성을 갖춘 조사관 또는 자원이 가용하는 경우 조사팀을 지정하는 것이다. 팀 구성원의 규모와 전문성 프로필은 조사되는 사건의 성격과 심각도에 따라 달라질 수 있다. 조사팀은 다른 전문가의 도움을 필요로 할 수 있다. 종종 한 개인이 운영 및 안전과 전문인력의 지원을 받아 내부조사를 수행하도록 지정된다.

서비스제공자의 안전조사관은 발생 또는 확인된 위해요인과 관련된 지역으로부터 조직적으로 독립적인 것이 이상적이다. 조사관이 서비스제공자의 안전조사에 대해 잘 이해하고(훈련된) 숙련(경험이 있는)되어 있다면 보다 나은 결과를 얻을 수 있다. 조사관은 지식, 기술 및 종합성, 객관성, 논리적 사고, 실용주의 및 수평적 사고를 포함하는 성격에 따라 이상적으로 선정된다.

(3) 조사프로세스 (The investigation process)

조사는 어떤 일이 발생하였는가와 그 원인을 확인해야 하며, 조사의 일부로 근본원인분석을 적용해야 하는 경우도 있다. 이상적으로는, 사건에 관계된 사람들에 대하여 사건직후 가능한 한 조기에 인터뷰를 실시하여야 한다. 조사는 다음을 포함하여야 한다.

- 관련된 사람들의 행동을 포함한 주요사건의 일정수립
- 활동과 관련된 정책 또는 절차에 대한 검토
- 사건과 관련된 모든 결정에 대한 검토
- 사건의 발생을 예방하기위해 취해졌어야 하는 위험통제의 확인
- 이전 또는 유사한 사건에 대한 안전성데이터 검토

안전조사는 식별된 위해요인 및 안전위험과 개선의 기회에 초점을 맞추어야하며 비난이나 처벌에 초점을 맞추어서는 안 된다. 조사가 수행되는 방식에서 가장 중요한 것은 보고서를 작성하는 방법이며 이는 안전영향, 조직의 미래 안전문화 및 향후 안전계획의 효과에 영향을 미치게 된다.

조사는 안전결함을 제거 또는 완화시키기 위하여 명확하게 정의된 지적사항과 권고로 결론이 내려져야 한다.

3) 안전위험평가 및 경감 (Safety risk assessment and mitigation)

서비스제공자는 안전위험평가모델 및 절차를 개발하여 안전위험평가를 위한 일관되고 체계적인 접근을 허용해야 한다. 여기에는 어떤 안전위험이 수용가능하거나 수용할 수 없는지를 결정하고 조치의 우선순위를 정하는 데 도움이 되는 방법이 포함되어야 한다.

안전위험관리도구는 서비스제공자의 운영환경에 적합한 지를 확인하기위해 주기적으로 검토되고 맞춤화되어야 한다. 서비스제공자는 안전관리시스템이 성숙함에 따라 운영에 필요한 요구를 보다 잘 반영하는 보다 정교한 접근방식을 찾을 수 있다. 서비스제공자와 민간항공당국은 방법론에 대하여 동의해야 한다.

안전위험분류에 대한 보다 정교한 접근방법이 가용하다. 서비스제공자가 안전관리 또는 위험도가 높은 환경에서의 작업에 경험이 있는 경우 이러한 방법이 더 적합할 수 있다.

안전위험평가 프로세스는 사용가능한 안전데이터와 안전정보를 활용하여야 한다. 안전위험이 평가되면 서비스제공자는 어떤 안전위험통제가 필요한지 결정하기위해 데이터-기반 의사-결정 프로세스에 참여하게 된다.

안전위험평가는 데이터가 없기 때문에 정량적 데이터가 아닌 정성적 정보(전문가판단)를 활용하여야 하는 경우가 있다. 안전위험 매트릭스를 사용하여 식별된 위해요인과 관련된 안전위험을 정량적 형식으로 표현할 수 있다. 이는 확인된 안전위험들 사이에서 직접적인 규모의 비교를 가능하게 한다. 정량적 데이터를 이용할 수 없는 안전위험에 대해서는 "발생할 가능성이 높음" 또는 "있음직하지 않음"과 같은 정성적 안전위험 평가기준을 지정할 수 있다.

특정한 운영환경의 여러지역에서 운영하는 서비스제공자의 경우 안전위험평가 및 안전위험통제식별을 수행하기 위해 지역안전위원회를 구성하는 것이 더 효과적일 수 있다. 종종 운영영역(서비스제공자의 내부 또는 외부)의 전문가에게 조언이 요청된다. 적절한 자원이 제공될 수 있도록 고위급으로부터 최종결정 또는 통제의 수용이 요구된다.

서비스제공자가 안전위험평가의 우선순위를 어떻게 정하고 안전위험통제를 어떻게 채택하지는 자신이 결정해야 한다. 서비스제공자는 다음을 참고하여 우선순위를 정하는 프로세스를 찾아야 한다.

- 안전위험이 높은 사항에 대한 평가 및 통제
- 안전위험이 높은 곳에 자원의 배분
- 안전의 효과적인 관리 또는 개선
- 제시 및 합의된 안전목표 및 안전성과목표의 달성
- 안전위험통제 관련 국가규정의 요구사항충족

안전위험을 평가한 후 적절한 안전위험통제를 이행할 수 있다. 적절한 안전위험통제를 결정할 때 "최종사용자"및 주제에 대한 전문가를 참여시키는 것이 중요하다. 적절한 인력이 투입되도록 함으로써 안전위험에 대하여 선택된 경감조치의 실용성을 극대화할 수 있다. 의도하지 않은 결과의 결정, 특히 새로운 위험요인의 도입은 안전위험통제를 수행하기 전에 이루어져야 한다.

안전위험통제가 합의되고 이행되면, 안전위험을 제어하기위해 안전성능을 모니터링하여야 한다. 이는 운영조건 하에서 새로운 안전위험제어의 종합성, 효율성 및 유효성을 검증하는 데 필요하다.

SMR 결과는 반드시 문서화되어야 한다. 여기에는 위해요인 및 결과, 안전위험평가 및 안전위험통제조치가 포함되어야 한다. 이들은 흔히 레지스터에 캡처되어 추적되고 모니터링될 수 있다. 이러한 안전위험관리문서는 안전결정을 내리고 안전정보를 교환할 때 참조자료로 사용할 수 있는 조직안전지식의 역사적 자료원이 된다. 이러한 안전지식은 안전동향분석, 안전교육 및 소통을 위한 자료를 제공한다. 또한 내부감사는 안전위험통제 및 조치가 이행되고 효과가 있는지 여부를 평가하는 데 있어 유용하다.

9.5 구성요소 3: 안전보증

(COMPONENT 3: SAFETY ASSURANCE)

부속서 19, 부록은 서비스제공자가 조직의 안전성과를 검증하고 안전위험통제의 유효성을 검증하는 수단을 개발하고 유지할 것을 요구한다. 서비스제공자의 안전관리시스템 안전성보증 구성요소는 이러한 기능을 제공한다.

안전보증은 안전관리시스템의 기대와 요건에 따라 작동하는지의 여부를 결정하기 위해 수행되는 프로세스와 활동으로 구성된다. 이는 새롭게 부상하는 안전위험을 초래할 수 있는 변화 또는 편차를 탐지하기위한 프로세스 및 운영환경을 지속적으로 모니터링하거나 기존의 안전위험제어의 낙후 등이 포함된다. 이러한 변화 또는 편차는 안전위험관리 프로세스를 통해 처리될 수 있다.

안전보증활동에는 잠재적인 안전에 영향을 미치는 잠재적으로 확인된 문제에 대응하기 위하여 취해지는 조치의 개발 및 이행이 포함되어야 한다. 이러한 조치는 서비스 제공자의 안전관리시스템 성능을 지속적으로 개선시킨다.

1) 안전성능의 감시 및 측정 (Safety performance monitoring and measurement)

안전성능을 검증하고 안전위험통제의 유효성을 확인하려면 내부감사와 안전성과지표의 수립 및 모니터링을 함께 사용해야 한다. 안전위험통제의 효과를 평가하는 것은 응용프로그램이 항상 의도한 결과를 달성하지 못할 수도 있기 때문에 중요하다. 이는 올바른 안전위험통제가 선택되었는지 여부를 확인하고 다른 안전위험제어전략을 적용할 수 있도록 도와준다.

(1) 내부감사 (Internal audit)

내부감사는 안전관리시스템의 효과성을 평가하고 잠재적 개선영역을 확인하기 위하여 수행된다. 대부분의 항공안전규정은 일반적인 안전위험통제수단으로서 국가에 의하여 수립된 것이다. 내부감사를 통한 규정준수에 대한 확인은 안전보증의 주요한 측면이 된다.

또한 모든 안전위험통제가 효과적으로 이행되고 감시되도록 확인하는 것이 필요하다. 부적합 및 기타 문제들이 확인된 경우 원인 및 기여요인을 조사하고 분석하여야 한다. 내부감사의 주요 초점은 안전위험통제에 대한 정책, 프로세스 및 절차에 있다.

내부감사는 감사를 받는 대상의 기능과는 독자적인 개인이나 부서에 의하여 수행될 때 가장 효과적이다. 이러한 감사는 최고책임자 및 고위급관리자에게 다음과 같은 상황에 대한 피드백을 제공하여야 한다.

- 규정의 이행
- 정책, 프로세스 및 절차의 이행
- 안전위험통제의 효용성
- 수정조치의 효용성
- 안전관리시스템의 효용성

일부조직에서는 내부감사의 적절한 독립성을 보장할 수 없는 경우가 있으며 이러한 경우, 서비스제공자는 외부감사원(예: 독립적 감사원 또는 다른 조직의 감사원)의 활용을 고려하여야 한다.

내부감사계획은 프로세스의 안전중요성, 이전에 실시된 감사 및 평가의 결과(모든 자료원으로 부터) 및 이행된 안전위험통제를 고려해야 한다. 내부감사는 규정 및 정책, 프로세스 및 절차를 준수하지 않는 사항을 파악해야 한다. 또한 시스템결함, 안전위험통제의 효용성 부족 및 개선의 기회 등을 확인하여야 한다.

적합성과 유용성에 대한 평가는 안전성능달성에 필수적인 요소이다. 내부감사프로세스는 이행 및 효용성을 결정할 때 사용될 수 있다.

각 프로세스 또는 절차의 이행 및 효율성을 평가하기 위해 다음과 같은 질문을 할 수 있다.

① 이행의 결정

- 필요한 프로세스 또는 절차가 존재하는가?
- 프로세스 또는 절차가 문서화되어 있는가(입력, 활동, 인터페이스 및 출력의 정의)?
- 프로세스 또는 절차가 요건을 충족하는가?
- 프로세스 또는 절차가 사용되고 있는가?
- 해당 직원 모두 프로세스 또는 절차를 일관되게 준수하는가?
- 정의된 결과가 만들어지고 있는가?
- 프로세스 또는 절차의 변화는 문서화되고 이행되고 있는가?

② 효용성 평가

- 사용자들이 프로세스 또는 절차를 이해하고 있는가?
- 프로세스 또는 절차의 목적이 일관되게 달성되고 있는가?
- 프로세스 또는 절차의 결과가 "소비자"가 원하던 것인가?
- 프로세스 또는 절차가 주기적으로 검토되고 있는가?
- 프로세스 또는 절차의 변화가 있을 때 안전위험평가를 실시하고 있는가?
- 프로세스 또는 절차가 개입된 결과에서 기대되는 편익이 발생하였는가?

이에 추가하여, 내부감사는 이전에 확인된 미 이행에 대한 마감과정을 모니터링해야 한다. 이는 근본원인 분석과 수정 및 예방조치 계획의 개발 및 이행을 통해 조치되어야 한다. 미 이행에 대한 원인 및 기여요소에 대한 분석결과는 서비스제공자의 안전위험관리 프로세스에 반영되어야 한다.

내부감사프로세스의 결과는 안전위험관리 및 안전보증기능에 대한 다양한 입력중 하나가 된다. 내부감사는 서비스제공자의 경영진에게 조직내이행수준, 안전위험통제가 효과적인 정도, 수정 또는 예방조치가 요구되는 정도를 알려준다.

민간항공당국은 규정의 준수상태 및 서비스제공자가 조직 및 프로세스를 감사하기 위해 선택한 안전관리시스템 및 산업계 또는 기타 제3자의 효율성에 대한 추가 피드백을 제공할 수 있다. 이러한 2차 및 3차 감사의 결과는 안전보증기능에 대한 입력으로, 서비스제공자에게 내부감사프로세스의 효과 및 안전관리시스템 개선기회의 표시를 제공한다.

(2) 안전성능 모니터링 (Safety performance monitoring)

안전성능 모니터링은 일반적으로 조직에서 사용할 수 있는 다양한 자료원으로부터의 안전데이터 및 안전정보수집을 통해 수행된다. 정보에 입각한 의사결정을 지원하기 위한 데이터 가용성은 안전관리시스템의 가장 중요한 측면의 하나이다. 안전성능 모니터링 및 측정에 이러한 데이터를 사용하는 것은 안전위험결정에 필요한 정보를 생성하는 필수활동이다.

안전성능 모니터링 및 측정은 몇 가지 기본원칙을 준수하는 가운데 수행되어야 한다. 달성된 안전성능은 조직의 행동을 나타내는 지표이며 또한 안전관리시스템의 유효성을 측정하는 척도이기도 하다. 이는 조직이 다음을 정의할 것을 요구한다.

- 조직의 운영환경과 관련된 안전문제와 직결된 전략적 성과 또는 바람직한 결과를 반영하기 위해 먼저 수립되어야하는 안전목표
- 안전목표와 관련된 전술적 변수이며 따라서 데이터수집을 위한 참고자료인 안전성과지표
- 안전목표를 달성하기 위한 진전내용을 모니터링하는 데 사용되는 전술적 변수인 안전성과목표

안전성과지표가 광범위한 지표를 포괄하고 있다면 서비스제공자의 안전성능에 대한 보다 완전하고 사실적인 그림을 그릴 수 있다. 이는 다음을 포함한다.

- 낮은 확률/높은 심각도 사건(예: 사고 및 중대한 준사고)
- 높은 확률/낮은 심각도 사건(예: 사건이 발생하지 않은 운영상 이벤트, 부적합보고서, 편차 등)
- 프로세스성능(예: 교육, 시스템의 개선 및 보고서의 처리)

안전성과지표는 서비스제공자의 운영상 안전성능과 안전관리시스템 성능을 측정하는 데 사용된다. 안전성과지표는 안전보고시스템을 비롯한 다양한 자료원의 데이터 및 정보의 모니터링에 의존한다. 이들은 개별 서비스제공자에게 구체적이어야 하며, 기존에 수립된 안전목표에 연결되어야 한다.

안전성과지표를 수립할 때 서비스제공자는 다음을 고려해야 한다.

- 적절성의 측정: 조직이 안전목표를 달성하기에 적절하다는 것을 보여주는 최고의 안전성과지표를 결정. 또한 조직이 직면한 가장 큰 안전문제와 안전위험요소가 무엇인지 고려하고 효과적인 통제를 나타내는 안전성과지표를 확인
- 데이터의 가용성: 조직에서 측정하고자 하는 데이터와 일치하는 데이터가 있는가? 그렇지 않다면 추가적인 데이터수집 자료원을 수립할 필요가 있음. 제한된 수량의 데이터만 있는 소규모 조직의 경우, 데이터세트 풀링은 추세파악에 도움이 될 수 있으며 여러 조직에서 안전데이디를 수집할 수 있는 산업계의 협회에 의해 지원받을 수 있음
- 데이터의 신뢰성: 데이터는 주관적 또는 불완전하다는 이유로 신뢰할 수 없을 수도 있음

- 산업계 공통안전성과지표: 유사한 조직들과의 공통안전성과지표에 동의하면 조직간 비교가 가능하게되어 유용. 규제기관 또는 산업계협회는 이를 가능하게 할 수도 있음

안전성과지표가 설정되면 서비스제공자는 안전성과목표 및 경고수준을 식별하는 것이 적절하게 진행되고 있는 지를 고려하여야 한다. 안전성과목표는 안전향상을 이끌어 내는데 유용하지만, 저조한 실행으로 인해 개인이나 부서가 목표달성에 너무 집중되어 달성목표를 잃어버리는 등의 바람직 하지 않은 행동으로 이어지는 것으로 알려져 있다. 그러한 경우 안전성과지표추세를 모니터링하는 것이 더 적절할 수 있다.

안전성능을 모니터링하고 측정할 수 있는 자료원을 제공할 수 있는 다음 활동

- 안전성연구는 안전문제에 대한 더 깊은 이해를 얻거나 안전성능의 추세를 보다 더 심도 깊게 이해하기 위한 분석이다.
- 안전데이터 분석은 안전성보고데이터를 사용하여 추가적인 조사가 필요할 수 있는 일반적인 문제 또는 추세를 밝힌다.
- 안전조사는 특정작업과 관련된 절차 또는 프로세스를 검사한다. 안전조사는 체크리스트, 설문지 및 비공식적 기밀인터뷰의 사용을 포함할 수 있다. 안전조사는 일반적으로 정성적인 정보를 제공한다. 수정조치가 필요한지를 결정하기 위하여 데이터수집을 통한 유효성 검사가 필요할 수 있다. 그럼에도 불구하고 설문조사는 저렴하고 가치있는 안전정보의 자료를 제공할 수 있다. 안전감사는 서비스제공자의 안전관리시스템 및 지원시스템의 종합성을 평가하는 데 초점을 맞춘다. 안전감사는 설치된 안전위험통제의 효율성을 평가하거나 안전규정준수를 모니터링하는 데 사용할 수도 있다. 독립성과 객관성을 확보하는 것은 안전감사의 도전과제이다. 독립성과 객관성은 정책, 절차, 역할, 소통 프로토콜과 같은 보호장치를 부여하는 가운데 외부기관 또는 내부감사를 실시하여 달성될 수 있다.
- 안전조사에 따른 지적사항 및 권고사항은 다르게 수집된 안전데이터에 대하여 분석할 수 있는 유용한 안전정보를 제공할 수 있다.
- FDA와 같은 운영상 데이터수집시스템, 레이더정보는 이벤트 및 운영성과에 대한 유용한 데이터를 제공할 수 있다.

안전성과지표의 개발은 안전목표와 연결되어야하며 이용가능하거나 획득가능한 데이터분석을 기반으로 하여야 한다. 모니터링 및 측정프로세스에는 선택된 안전성과지표, 해당 안전성과목표 및 안전트리거의 사용이 포함된다.

조직은 안전성능의 비정상적 변화를 확인하기 위하여 수립된 안전성과지표 및 안전성과목표의 성능을 모니터링하여야 한다. 안전성과목표는 조직 및 관련 항공분야에서 사용할 수 있는 자원을 고려할 때 현실적이고 상황에 적절하게 구현할 수 있어야 한다.

주로, 안전성능모니터링 및 측정은 안전위험제어의 유효성을 검증하는 수단을 제공한다. 이에 추가하여 안전관리시스템 프로세스 및 활동의 종합성 및 효율성을 측정할 수 있게 한다.

국가는 지켜야만 할 안전성과지표 및 안전성과목표의 수락을 위한 구체적인 절차를 가질 수 있다. 따라서 안전성과지표 및 안전성과목표개발 중에 서비스제공자는 해당조직에 대한 규제당국 또는 국가가 게시한 관련정보를 참조하여야 한다.

안전성능관리에 대한 자세한 내용은 제4장을 참조하라

2) 변화관리 (The management of change)

서비스제공자는 다음을 포함한 여러 가지 요인으로 인한 변화를 경험하게 된다.

- 조직의 팽창 또는 수축
- 안전에 영향을 미치는 사업의 개선, 이로 인해 제품 및 서비스의 안전한 인도를 지원하는 내부시스템, 프로세스 또는 절차로 변화발생
- 조직의 운영환경변화
- 외부조직과의 안전관리시스템 인터페이스 변화
- 외부의 규제변화, 경제적 변화 및 새롭게 부상하는 위험

변화는 기존 안전위험통제의 효과에 영향을 미칠 수 있다. 또한 변화가 발생할 경우에는 새로운 위험 및 연관된 안전위험이 의도하지 않게 운영에 도입될 수 있다. 조직의 기존 위해요인확인 또는 안전위험관리절차에 정의된대로 위해요인을 식별하고 관련 안전위험을 평가하고 제어해야 한다.

조직의 변화프로세스 관리는 다음 고려사항을 고려하여야 한다.

- 중요성 변화가 얼마나 중요한가? 서비스제공자는 조직의 활동에 미치는 영향과 다른 조직 및 항공시스템에 미치는 영향을 고려하여야 한다.
- 해당문제에 대한 전문가의 가용성. 항공커뮤니티의 주요 구성원이 변화관리활동에 참여하는 것이 중요하다. 여기에는 외부조직에 속한 개인이 포함될 수 있다.
- 안전성능데이터 및 정보의 가용성. 상황에 대한 정보를 제공하고 변화사항을 분석하는 데 사용할 수 있는 데이터 및 정보를 사용

작은 점진적 변화는 종종 눈에 띄지 않지만 누적효과가 상당할 수 있다. 크고 작은 변화는 조직의 시스템설명에 영향을 미칠 수 있으며 개정필요성을 초래할 수 있다. 따라서 대부분의 서비스제공자가 정기적으로 또는 지속적으로 변화를 경험할 경우 시스템에 대한 설명의 유효성을 지속적으로 판단하기 위해서 정기적으로 검토해야 한다.

서비스제공자는 공식적인 변화프로세스의 트리거를 정의해야 한다. 공식적인 변화관리를 유발할 수 있는 변경사항은 다음과 같다.

- 새로운 기술 또는 장비의 도입
- 운영환경의 변화
- 핵심인력의 변화
- 직원직급의 중대한 변화
- 안전규정요건의 변화
- 조직의 중요한 재구성
- 물리적 변화(새로운 시설 또는 본부, 공항의 배치변화 등)

또한 서비스제공자는 인력변화에 따른 영향도 고려해야 한다. 이는 영향을 받은 사람들이 변화를 받아들이는 방식에 영향을 줄 수 있다. 조기소통 및 참여는 일반적으로 변화가 감지되고 실행되는 방식을 향상시킨다.

변화관리프로세스는 다음 활동이 포함되어야 한다.

- 변화내용을 이해하고 정의하며, 변화내용에 대한 설명과 이행되어야 하는 이유를 포함해야 한다.
- 누가, 무엇에 영향을 미칠지를 이해하고 정의해야 하는데, 조직내의 개인, 다른 부서 또는 외부인 또는 조직일 수 있다. 장비, 시스템 및 프로세스 또한 영향을 받을 수 있다. 시스템에 대한 설명 및 조직 인터페이스에 대한 검토가 필요할 수도

있다. 이는 변화에 있어 누가 참여해야 하는지를 결정할 수 있는 기회가 된다. 변화는 이미 존재하는 위험통제에 영향을 미쳐 다른 위험을 경감시킬 수 있으며, 따라서 변화는 즉시 알수 없는 영역의 위험을 증가시킬 수도 있다.

- 변화와 관련된 위해요인을 확인하고 안전위험평가를 수행해야하며, 특히 변화와 직접적으로 관련된 위해요인을 확인하여야 한다. 변화로 인해 영향을 받을 수 있는 기존의 위해요인 및 안전위험통제에 대한 영향도 검토하여야 한다. 이 단계에서는 기존 조직에 대한 안전위험관리 프로세스를 사용하여야 한다.
- 행동계획을 수립하고, 언제, 누가 무엇을 해야할지를 정의하여야 한다. 변화가 어떻게 이행될 것인지, 누가 어떤 조치에 책임이 있는지 및 각 임무의 순서와 스케줄링을 설명하는 명확한 계획이 있어야 한다.
- 변화에 대하여 승인한다, 이는 변화의 이행 시 안전하다는 것을 확인하는 것이다. 변화를 이행하기 위한 전반적인 책임과 권한을 가진 개인은 변화계획에 서명하여야 한다.
- 계획을 확정한다. 이는 어떤 후속조치가 필요한지를 결정하는 것이다. 변화를 소통하는 방법과 변화의 도중 또는 완료후에 추가조치(예: 감사)가 필요한지를 고려하라. 어떤 가정이라도 테스트할 필요가 있다.

3) 안전관리시스템의 지속개선 (Continuous improvement of the SMS)

부속서 19, Appendix 2에서는 “서비스제공자는 안전관리시스템의 전반적인 효과를 유지하거나 지속적으로 개선하기 위해 안전관리시스템 프로세스를 모니터하고 평가한다.”를 요구한다. 검증 및 후속조치, 내부감사프로세스를 포함하는 안전보증활동에 의해 서비스제공자의 안전관리시스템 효율성에 대한 유지 및 지속적인 개선이 지원된다. 안전관리시스템을 유지하고 지속적으로 개선하는 것은 조직자체와 운영환경이 끊임없이 변화함에 따라 지속적으로 이루어져야 하는 여정으로 인식하여야 한다.

내부감사는 조직의 의사결정프로세스에 유용한 정보를 제공할 수 있는 서비스제공자의 항공활동에 대한 평가와 관련된다. 내부감사기능은 조직전반에 걸쳐 모든 안전관리기능에 대한 평가를 포함한다.

안전관리시스템 효과는 안전성과지표만을 기반으로만 해서는 안 된다. 서비스제공자는 효율성을 결정하고 프로세스의 결과뿐만 아니라 결과를 측정하고 이러한 활동을 통해 수집된 정보를 평가하기 위한 다양한 방법을 이행하는 것을 목표로 해야 한다. 그러한 방법에는 다음을 포함할 수 있다.

- 감사: 내부감사 및 다른 조직에 의하여 수행된 감사를 포함
- 평가: 안전문화 및 안전관리시스템 효용성에 대한 평가를 포함
- 발생에 대한 모니터링: 사고 및 준사고는 물론 실수 및 규칙의 위반상황을 비롯한 안전이벤트의 재발여부를 모니터링
- 안전조사: 안전관리시스템을 통한 직원참여에 대한 유용한 피드백을 제공하는 문화적 조사를 포함. 또한 조직의 안전문화에 대한 지표를 제공할 수도 있음.
- 관리검토: 안전목표가 조직에 의해 달성되고 있는지 여부를 검토하고 사용가능한 모든 안전성능정보를 검토하여 전반적인 추세를 파악할 수 있는 기회. 고위경영진이 안전관리시스템의 유효성을 검토하는 것이 중요. 이는 최상위급 안전위원회의 기능중 하나로 수행될 수 있음
- 안전성과지표 및 안전성과목표평가: 가능한 경우, 관리상검토의 일부로 추세를 고려하고 적절한 데이터를 사용할 수 있을 때 다른 서비스제공자 또는 국가 또는 글로벌데이터와 비교할 수 있음
- 교훈에 대한 조치: 안전보고시스템 및 서비스제공자의 안전조사에서 얻은 교훈. 이들은 안전개선이 이행되도록 인도해야 한다.

요약하자면, 안전성능 및 내부감사프로세스를 모니터링하면 서비스제공자가 안전성능을 지속적으로 향상시킬 수 있는 능력에 기여할 수 있다는 것이다. 안전관리시스템의 지속적인 모니터링, 관련 안전위험의 통제 및 지원시스템은 서비스제공자와 국가가 안전관리프로세스로 추구하는 안전성과목표를 달성하고 있음을 보증한다.

9.6 구성요소 4: 안전진흥

(SAFETY PROMOTION)

안전증진은 긍정적 안전문화를 장려하고 교육 및 훈련, 효과적인 소통 및 정보공유를 통해 지속적으로 강화된 기술역량의 결합을 가지고, 서비스제공자의 안전목표를 달성하는 데 도움이 된다. 고위급관리자는 조직전체의 안전문화를 장려하기 위한 리더십을 제공한다.

효과적인 안전관리는 위임 또는 정책 및 절차의 엄격한 준수만으로는 달성할 수 없다. 안전증진은 개인 및 조직행동 모두에 영향을 미치며, 조직의 정책, 절차 및 프로세스를 보완하고 안전노력을 지원하는 가치체계를 제공한다.

서비스제공자는 조직의 모든 수준에서 효과적인 양방향 의사소통을 용이하게 하는 프로세스와 절차를 수립하고 이행하여야 한다. 여기에는 조직상부의 명확한 전략적 방향성과 함께 모든 직원으로부터의 개방적이고 건설적인 피드백을 장려하는 "상향식(bottom－up)" 의사소통이 가능해야 한다.

1) 교육 및 훈련 (Training and education)

부속서 19는 "서비스제공자는 안전관리시스템 업무를 수행할 수 있도록 훈련되고 유능한 인력을 확보할 수 있는 안전교육 프로그램을 개발 및 유지관리해야 한다."를 요구하고 있다. 또한 "안전교육프로그램의 범위는 각 개인의 안전관리시스템 참여에 적합하여야 한다."도 요구하고 있다. 안전관리자는 적절한 안전교육프로그램이 마련되어 있는지를 확인해야 할 책임이 있다. 이는 조직이 직면하는 특정 안전문제와 관련된 적절한 안전정보제공이 포함된다. 조직내에서의 직급에 관계없이 직원은 안전관리시스템 업무수행에 필요한 교육을 이수하고 경쟁력이 있어야 하며, 이는 효과적인 안전관리시스템에 대한 경영진의 의지를 나타낸다. 교육프로그램은 경쟁력 유지를 위한 초기 및 정기 교육요구사항을 포함하여야 한다. 초기안전교육은 최소한 다음 사항을 고려해야 한다.

- 조직의 안전정책 및 안전목표

- 안전과 관련된 조직의 역할 및 책임
- 안전위험관리 기초원칙
- 안전보고시스템
- 조직의 안전관리시스템 프로세스 및 절차
- 인적요소

주기적 안전교육은 안전관리시스템 정책, 프로세스 및 절차의 변화에 초점을 맞추어야하며 조직 또는 교훈과 관련된 구체적인 안전문제를 강조해야 한다.

훈련프로그램은 안전관리시스템 내의 개인의 역할에 적합하게 조정되어야 한다. 예를 들어, 조직의 안전위원회에 관여된 관리자의 교육수준과 깊이는 조직의 제품 또는 서비스의 제공과 직접적으로 관련된 인력보다 높게 된다. 한편 운영에 직접 관여하지 않는 인원은 조직의 안전관리시스템에 대한 상위수준의 개요에 대한 교육만이 요구될 수 있다.

(1) 훈련요구분석 (Training needs analysis)

대부분의 조직에서는 운영, 직원의 안전의무 및 가능한 교육을 명확하게 이해하기 위해 공식적인 교육요구분석(TNA)[7]을 필요로 한다. 전형적인 TNA는 일반적으로 다음 단계를 포함하는 청중분석을 수행함으로써 시작되게 된다.

- 서비스제공자의 모든 직원은 안전관리시스템 이행으로 인해 영향을 받지만, 동일한 방식 또는 동일한 수준으로 영향을 받지는 않는다. 각각의 직원그룹을 확인하고 그들이 안전관리프로세스, 입력 및 출력, 특히 안전업무와 어떤 방식으로 상호작용하는지를 식별하라. 이러한 정보는 직위/역할기술서로부터 활용할 수 있어야 한다. 유사한 학습요구가 있는 사람들의 그룹이 드러나게 된다. 서비스제공자는 외부 인터페이스 조직의 직원에게까지 분석을 확장하는 것이 가치가 있는지를 고려하여야 한다.
- 각각의 안전업무를 수행하고 각 직원그룹에 의하여 요구되는 지식과 경쟁력을 확인하라.

---

7) TNA: Training Needs Analysis

- 직원전반에 걸쳐 현재의 안전기술 및 지식과 할당된 안전업무를 효과적으로 수행하는 데 필요한 기술과 지식간의 격차를 확인하기 위한 분석을 수행하라.
- 각 개인 또는 그룹의 안전관리참여에 적합한 교육프로그램을 개발할 목적으로 각 그룹별 적절한 기술 및 지식을 개발하는 접근법을 확인하라. 훈련프로그램은 직원의 지속적인 안전지식과 경쟁력 요구를 고려하여야 하며, 이러한 요구는 일반적으로 정기 훈련프로그램 요건을 충족할 필요가 있다.

또한 훈련의 실시를 위한 적절한 방법을 확인하는 것도 중요하다. 중요한 사실은 훈련이 끝나면 개인이 안전관리시스템 업무를 수행할 경쟁력이 있냐는 것이다. 경쟁력 있는 강사에 대한 가장 중요한 고려사항인 헌신, 교수기법 및 안전관리 전문지식은 제공된 교육의 효용성에 중요한 영향을 미친다. 안전교육프로그램은 교육내용 및 일정에 대한 개발은 물론 교육 및 경쟁력 기록에 대한 책임도 명시하여야 한다.

조직은 누가 훈련을 받아야 하는지, 그리고 어떤 심도있는 훈련을 받아야 하는지를 결정하여야 하며, 이는 그들이 안전관리시스템에 개입하는 내용에 달려있다. 조직에서 근무하는 대부분의 사람들은 항공안전과 직접 또는 간접적 관련이 있으므로 안전관리시스템에 일정의 의무가 있게 된다. 이는 조직의 안전위원회에 관련된 인원과 제품 및 서비스의 인도에 직접적으로 관련된 모든 직원들에게 적용된다. 이에 추가하여 일부행정 및 지원담당자는 여전히 항공안전에 간접적인 영향을 미치고 안전관리시스템 교육이 일부 필요할 수 있기 때문에 제한적인 안전관리시스템 임무를 갖게 된다.

서비스제공자는 직원의 안전관리시스템 의무를 확인해야하며 안전교육프로그램의 범위를 지정하고 각 개인이 안전관리시스템과 관련하여 훈련을 이수할 수 있도록 하여야 한다. 안전교육프로그램은 지원부서 직원, 운영요원, 관리자 및 감독자, 고위급관리자 및 최고책임자에 대한 안전교육내용을 명시하여야 한다.

최고책임자 및 고위급관리자를 위한 구체적인 안전교육이 있어야 하며 다음 주제들이 포함된다.

- 안전관리시스템 책무 및 책임에 대한 새로운 최고책임자 및 게시자를 위한 구체적 인식교육
- 국가 및 조직상의 안전요구준수의 중요성
- 관리상의 약속
- 자원의 배분

- 안전정책 및 안전관리시스템의 진흥
- 긍정적 안전문화의 진흥
- 효과적인 부서간 안전소통
- 안전목표, 안전성과목표 및 경고수준
- 처분정책

안전교육프로그램의 주요목적은 조직의 모든 수준에서 직원들이 안전역할을 수행할 수 있는 경쟁력을 유지하도록 보장하는 것이다. 그러므로 직원들의 경쟁력은 정기적으로 검토되어야 한다.

2) 안전소통 (Safety communication)

서비스제공자는 조직의 안전관리시스템 목표 및 절차를 모든 적절한 인원에게 전달해야 한다. 개인의 역할과 안전과 관련된 정보를 받을 필요성에 근거하여, 가장 적절한 방법으로 안전소통을 가능하게 할 수 있는 소통전략이 있어야 한다. 이는 안전뉴스레터, 공지, 게시판, 브리핑 또는 교육과정을 통해 수행될 수 있다. 안전관리자는 내부 및 다른 조직의 조사 및 사례기록이나 경험으로부터 얻은 교훈이 널리 배포되도록 하여야 한다. 따라서 안전소통은 다음을 목표로 한다.

- 직원이 안전관리시스템을 완전히 인식하고 있는지 확인하라; 이는 조직의 안전정책 및 안전목표를 진흥시키는 좋은 방법이다.
- 안전에 필수적인 정보의 전달; 안전에 중요한 정보는 안전문제 및 조직을 안전위험에 노출시킬 수 있는 안전위험과 관련된 구체적 정보를 말한다. 이는 교훈이나 안전위험통제와 관련된 내부 또는 외부소스에서 수집한 안전정보로부터 나올 수 있다. 서비스제공자는 어떤 정보가 안전에 중요하고 소통의 적시성이 있는지를 판단한다.
- 새로운 안전위험통제 및 수정조치에 대한 인식을 제고; 서비스제공자가 직면한 안전위험은 시간이 지남에 따라 변화될 것이며, 이것이 새로운 안전위험인지 또는 안전위험 제어변화인지 여부가 해당직원에게 소통되어야 할 필요가 있음을 의미한다.

- 신규 또는 개정된 안전절차에 관한정보를 제공; 안전절차가 업데이트되면 적절한 사람들에게 이러한 변화를 알리는 것이 중요하다.
- 긍정적 안전문화를 장려하고 직원이 위해요인을 식별하고 보고하도록 권장; 안전소통은 양방향이어야 한다. 모든 직원이 안전보고시스템을 통해 조직에 안전문제를 소통하는 것이 중요하다.
- 확인된 우려사항을 해결하기 위해 어떤조치가 취해졌는지를 안전보고서를 제출하는 직원에게 피드백으로 제공한다.

서비스제공자는 위에서 나열된 안전정보가 외부조직에 전달되어야 하는지 여부를 고려하여야 한다.

서비스제공자는 배포된 안전에 중요한 정보를 직원이 받고 이해했는지 확인하여 안전소통의 효율성을 평가해야 한다. 이는 내부감사활동의 일부로 또는 안전관리시스템 효과를 평가할 때 수행될 수 있다.

안전진흥활동은 초기 뿐만이 아니라 안전관리시스템의 수명주기 동안 수행되어야 한다.

9.7 이행계획

(IMPLEMENTATION PLANNING)

1) 시스템 설명 (System description)

시스템 설명은 안전관리시스템의 범위를 정의하는 인터페이스를 포함하여 조직프로세스를 식별하는 데 도움이 된다. 이는 서비스제공자의 안전관리시스템 구성요소 및 요소와 관련된 격차를 식별할 수 있는 기회를 제공하며 조직 및 운영상의 위험요소를 파악하는 출발점 역할을 할 수 있다. 시스템설명은 제품, 서비스 또는 활동의 기능을 식별하여 안전위험관리 및 안전보증이 효과적일 수 있도록 한다.

대부분의 조직은 서로 다른 내부부서 및 조직의 안전한 운영에 기여하는 다양한 외부조직과 관련된 복잡한 인터페이스 및 상호작용 네트워크로 구성된다. 시스템 설명을 사용하면 조직에서 다양한 상호작용 및 인터페이스를 보다 명확하게 파악할 수 있다. 이를 통해 안전위험 및 안전위험의 제어를 설명하는 경우 이를 보다 잘 관리할 수 있으며 안전관리시스템 프로세스 및 절차변경의 영향을 이해하는 데 도움이 된다.

시스템 설명을 고려할 때 "시스템"은 상호연결 네트워크의 일부로 함께 작동하는 일련의 작업임을 이해하는 것이 중요하다. 안전관리시스템에서는 조직의 항공안전활동과 관련이 있으며, 영향을 줄 수 있는 조직의 제품, 사람, 프로세스, 절차, 시설, 서비스 및 기타 측면(외부요인 포함)중 하나이다. 종종 "시스템"은 서브시스템이 있는 시스템으로 볼 수 있는 시스템중의 하나인 시스템이다. 이러한 시스템들은 서로 상호작용하여 위해요인의 자료원이 되며 안전위험제어에 기여한다. 중요한 시스템은 항공안전에 직접적인 영향을 줄수 있는 시스템과 효과적인 안전관리를 수행하는 조직의 능력이나 역량에 영향을 미치는 시스템을 모두 포함한다.

시스템 설명 및 안전관리시스템 인터페이스에 대한 개요는 안전관리시스템 문서에 포함되어야 한다. 시스템 설명에는 정책 및 절차에 대한 참조가 있는 목록이 포함될 수 있다. 일부조직에서는 프로세스 흐름도 또는 주석이 달린 조직도와 같은 그래픽묘사로 충분할 수 있다. 조직은 해당조직에서 작동하는 방법과 형식을 사용하여야 한다.

각 조직은 고유하기 때문에 안전관리시스템 이행을 위한 "모든 사이즈에 적합한" 방법은 없다. 각 조직은 고유한 상황에 적합한 안전관리시스템을 이행할 것으로 예상된다. 각 조직은 기본적인 요구사항을 충족시키는 방법을 스스로 정의해야 한다. 이를 달성하기 위해서는 각 조직이 안전관리기능에 중요하다고 생각되는 조직구조, 프로세스 및 사업배치를 식별하는 시스템 설명을 준비하는 것이 중요하다. 시스템 설명에 기초하여 조직은 자체안전관리요구 사항을 수립하는 정책, 프로세스 및 절차를 식별하거나 개발하여야 한다.

조직이 시스템 설명에서 확인된 프로세스를 실질적으로 변경하기로 결정한 경우 변경사항은 잠재적 안전성 위험평가에 영향을 미칠 수 있는 것으로 간주되어야 한다. 따라서 시스템 설명은 변화관리 프로세스의 일부로 검토되어야 한다.

2) 인터페이스관리 (Interface management)

서비스제공자가 직면한 안전위험은 인터페이스의 영향을 받는다. 인터페이스는 내부(예: 부서 간) 또는 외부(예: 다른 서비스제공자 또는 계약된 서비스)가 될 수 있다. 이러한 인터페이스를 식별하고 관리함으로써 서비스제공자는 인터페이스와 관련된 모든 안전위험을 보다 효과적으로 제어할 수 있다. 이러한 인터페이스는 시스템 설명내에 정의되어야 한다.

3) 안전관리시스템 인터페이스의 확인 (Identification of SMS interfaces)

초기에는 서비스제공자는 비즈니스활동과 관련, 인터페이스에 집중하여야 한다. 이러한 인터페이스의 확인은 안전관리시스템의 범위를 설명하고 내부 및 외부인터페이스를 포함해야하는 시스템 설명에 상세하게 명시되어야 한다.

<그림 9-3>은 서비스제공자가 안전관리시스템 인터페이스를 식별하기 위해 상호 작용하는 여러 조직을 어떻게 도식화할 수 있는지에 대한 예이다. 이러한 검토의 목

그림 9-3 항공교통 서비스제공자의 안전관리시스템 인터페이스의 예(Example of air traffic service provider SMS interfaces)

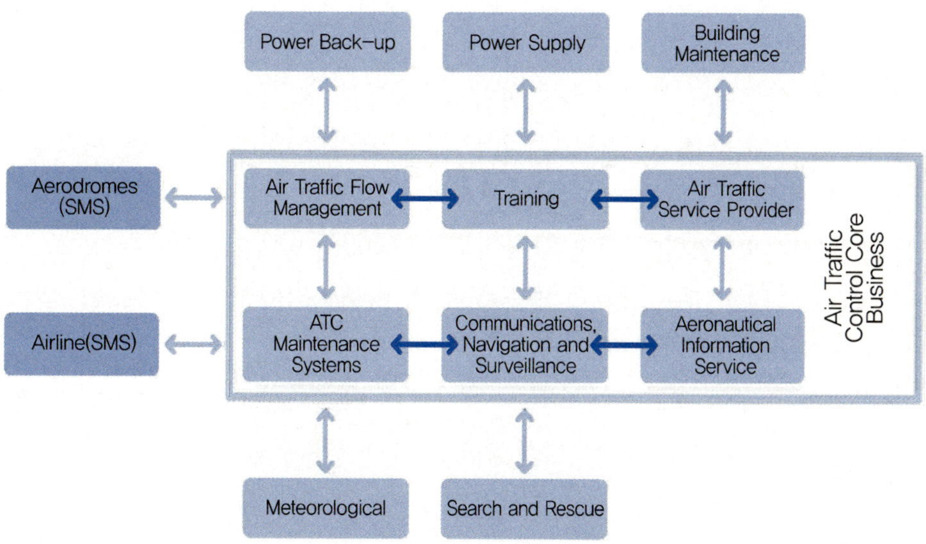

적은 모든 인터페이스를 포괄적 목록으로 작성하는 것이다. 이러한 실행의 근거는 조직이 완전하게 인식하지 못하는 안전관리시스템 인터페이스가 있을 수 있기 때문이다. 정형적인 협약이 없는 인터페이스가 있을 수 있다. 전원공급 또는 건물의 유지보수가 좋은 예가 된다.

일부 내부 인터페이스는 마케팅, 재무, 법무 및 인적자원과 같이 안전과 직접 관련이 없는 비즈니스 영역이 될 수 있다. 이러한 영역은 외부기관과의 협약 및 계약 뿐만 아니라 내부자원 및 투자에 영향을 미치는 결정을 통해 안전에 영향을 줄 수 있으며, 안전을 고려하지 않을 수도 있다.

안전관리시스템 인터페이스가 확인되면 서비스제공자는 상대적인 중요성을 고려해야 한다. 이를 통해 서비스제공자는 보다 중요한 인터페이스 및 잠재적 안전위험에 대한 관리를 우선시 할 수 있다. 이때 고려해야 할 사항은:

- 무엇이 제공되어 왔는지
- 왜 필요한지
- 관련조직이 안전관리시스템 또는 다른 관리시스템을 갖추고 있는지 여부
- 인터페이스가 안전데이터/정보의 공유를 포함하는지 여부

(1) 인터페이스의 안전영향에 대한 평가 (Assessing safety impact of interfaces)

서비스제공자는 인터페이스와 관련된 위험을 식별하고 기존의 위험확인 및 안전위험평가프로세스를 사용하여 안전위험평가를 수행하여야 한다.

확인된 안전위험을 기반으로 서비스제공자는 적절한 안전위험 제어전략을 결정하고 정의하기 위해 다른 조직과 협력하는 것을 고려할 수 있다. 다른 조직을 참여시킴으로써, 위험을 식별하고 안전위험을 평가하며 적절한 안전위험 제어를 결정하는 데 기여할 수 있다. 안전위험에 대한 인식이 각 조직에 동일하지 않을 수 있으므로 공동노력이 필요하다. 위험통제는 서비스제공자 또는 외부조직에 의해 수행 될 수 있다.

또한 각 조직이 자신의 조직에 영향을 미치는 위험을 식별하고 관리할 책임이 있음을 인식하는 것이 중요하다. 이는 서로 다른 안전위험분류를 적용할 수 있고(안전성능, 자원, 시간 등의 측면) 서로 다른 안전위험 우선순위를 가질 수 있기 때문에 인터페이스의 중요한 특성이 각 조직마다 서로 다를 수 있음을 의미한다.

(2) 인터페이스의 관리 및 모니터링 (Managing and monitoring interfaces)

서비스제공자는 서비스 및 제품의 안전한 제공을 위해 인터페이스를 관리하고 모니터링하여야 한다. 이는 인터페이스가 효과적으로 관리되고 최신 상태로 유지되고 객관적인지를 확신하게 한다. 정식협약의 체결은 인터페이스 및 관련책임을 명확하게 정의할 수 있으므로 이를 달성하는 효과적인 방법이다. 인터페이스 및 관련영향의 변화는 관련조직에 전달되어야 한다.

인터페이스 안전위험을 관리하는 서비스제공자의 능력과 관련된 문제는 다음과 같다.

- 한 조직의 안전위험통제는 다른 조직과 호환되지는 않는다.
- 양 기관이 자체프로세스 및 절차에 대한 변화를 수락하려는 의지
- 인터페이스를 관리하고 모니터하는 데 사용할 수 있는 자원 또는 기술적 전문성의 부족
- 인터페이스 장소의 수량

인터페이스와 관련된 조직 간 조정의 필요성을 인식하는 것이 중요하다. 효과적인 조정은 다음을 포함한다.

- 각 조직의 역할 및 책임의 명확화
- 취할행동 관련 결정에 대한 합의(예: 안전위험통제조치 및 일정)
- 어떤 안전정보가 공유되고 전달되어야 하는지에 대한 확인
- 언제 어떻게 조정이 이루어져야 하는가(작업반, 정기회의, 임시 또는 전문회의)
- 두 조직 모두에게 이익이 되지만 안전관리시스템의 효율성을 저해하지 않는 솔루션에 동의

인터페이스와 관련된 모든 안전문제 또는 안전위험은 문서화되어야 하며 공유 및 검토를 위해 각 조직에서 접근할 수 있어야 한다. 이는 교훈을 공유하고 두 조직 모두에게 유용할 안전데이터를 수집할 수 있게 한다. 안전위험과 책임의 공유된 소유의 결과로 각 조직이 도달하고자 하는 안전을 강화시킴으로써 운영상 안전혜택을 얻을 수 있다.

4) 안전관리시스템 척도 (SMS Scalability)

정책, 프로세스 및 절차를 포함하는 조직의 안전관리시스템은 조직 및 활동의 규모와 복잡성을 반영하여야 한다. 고려해야 할 사항은 다음과 같다.

- 자원의 조직구조 및 가용성
- 조직의 규모와 복잡성 (여러 사이트와 기지를 포함)
- 활동의 복잡성 및 외부조직과의 인터페이스.

서비스제공자는 안전관리시스템 관리를 위한 적절한 수준의 자원을 결정하기 위한 활동분석을 수행하여야 한다. 여기에는 안전관리시스템을 관리하는 데 필요한 조직구조를 결정하여야 한다. 안전관리시스템의 관리 및 유지책임자, 안전위원회가 필요한 경우, 특정 안전전문가의 필요성에 대한 고려가 포함된다.

(1) 안전위험의 고려 (Safety risk considerations)

서비스제공자의 규모에 관계없이 척도는 서비스제공자 활동의 고유한 안전위험과 관련된 기능이여야 한다. 소규모 조직일지라도 항공안전에 심각한 위험을 초래할 수 있는 활동에 참여할 수 있다. 따라서 안전관리능력은 관리해야 할 안전위험에 비례하여야 한다.

(2) 안전데이터 및 안전정보와 그 분석 (Safety data and safety information and its analysis)

소규모 조직의 경우 데이터분량이 적을 경우 안전성능의 추세 또는 변화사항을 식별하기가 더 어려워 질 수 있다. 적절한 전문지식을 갖춘 전문가들이 안전문제를 제기하고 논의하기 위해 회의가 필요할 수 있다. 이는 정량적인 것보다 정성적일 수 있지만 서비스제공자의 위해요인 및 위험을 식별하는 데 도움을 줄 수 있다. 다른 서비스제공자 또는 산업계협회와의 협업은 서비스제공자가 보유하지 않은 데이터가 있을 수 있으므로 도움이 될 수 있다. 예를 들어, 소규모 서비스제공자는 유사한 조직 / 작업과 교환하여 안전위험정보를 공유하고 안전성능 추세를 확인할 수 있다. 서비스제공자는 비록 제한적 일지라도 내부데이터를 적절히 분석하고 처리하여야 한다.

많은 상호작용 및 인터페이스가 있는 서비스제공자의 경우 여러 조직에서 안전데이터 및 안전정보를 수집하는 방법을 고려하여야 한다. 이로 인해 대용량의 데이터가 수집되면 추후 조회되고 분석될 수 있다. 이러한 서비스제공자는 데이터를 관리하는 적절한 방법을 사용해야 한다. 수집된 데이터의 품질과 데이터분석에 도움이 되는 분류법의 사용에 대해서도 고려하여야 한다.

5) 안전관리시스템의 통합 (Integration of management systems)

안전관리는 관리시스템의 일부로 간주되어야 한다(격리되지는 않음). 따라서 서비스제공자는 안전관리시스템이 포함된 통합관리시스템을 이행할 수 있다. 통합관리시스템은 여러 승인을 획득하거나 품질, 보안, 산업보건 및 환경관리시스템과 같은 다른 비즈니스관리시스템을 포괄하는 데 사용될 수 있다. 이는 중복을 제거하고 다양한 활동에서 안전위험을 관리하여 시너지효과를 발굴하기 위한 것이다. 예를 들어, 서비스제공자가 여러 승인을 받은 경우, 단일 관리시스템을 구현하여 모든 활동을 담당하게 할 수 있다. 서비스제공자는 비즈니스 또는 조직의 요구에 맞게 안전관리시스템을 통합하거나 분리하는 가장 좋은 방법을 결정해야 한다.

전형적인 통합관리시스템은 다음을 포함한다.

- 품질관리시스템(QMS)[8)]
- 안전관리시스템(SMS)
- 보안관리시스템(SeMS)[9)]에 대해서는 항공보안매뉴얼 (Doc 8973)에서 추가지침을 찾을 수 있다.
- 환경관리시스템(EMS)[10)]
- 직장보건 및 안전관리시스템(OHSMD)[11)]
- 재무관리시스템(FMS)[12)]

---

8) QMS: Quality Management System
9) SeMS: Security Management System
10) EMS: Environmental Management System
11) OHSMS: Occupational Health and Safety Management System
12) FMS: Financial Management System

- 문서관리시스템(DMS)[13]
- 피로위험관리시스템(FRMS)[14]

서비스제공자는 고유한 요구에 따라 이러한 관리시스템을 통합하도록 선택할 수 있다. 위험관리프로세스 및 내부감사프로세스는 대부분의 이러한 관리시스템에서 필수적인 기능이다. 이러한 시스템에서 개발된 위험 및 위험통제는 다른 시스템에 영향을 줄 수 있음을 인식하여야 한다. 이에 추가하여, 공급자관리, 시설관리 등과 같이 통합될 수 있는 비즈니스활동과 관련된 다른 운영시스템이 있을 수 있다.

서비스제공자는 현재 안전관리시스템에 대한 규제요건이 없는 다른 영역에도 안전관리시스템을 적용하는 것을 고려할 수 있다. 서비스제공자는 비즈니스모델, 운영환경, 규정 및 법적요구사항은 물론 항공커뮤니티의 기대에 맞게 관리시스템을 통합하거나 분리하는 가장 적합한 방법을 결정해야 한다. 어느 옵션을 선택하든 안전관리시스템 요건을 충족하는지 확인하여야 한다.

(1) 경영시스템 통합의 이점 및 과제(Benefits and challenges of management system integration)

단일 관리시스템에 여러 영역을 통합하면 다음을 통하여 효율성을 향상시킬 것이다.

- 프로세스 및 자원의 중복 및 중첩의 감소
- 책임성과 관계성의 잠재적 충돌의 감소
- 모든 활동에 걸쳐 위험과 기회의 광범위한 영향을 고려
- 모든 활동에 걸쳐 성능의 효과적 모니터링과 관리를 허용

관리시스템 통합에 있어 가능한 도전은 다음을 포함한다.

- 기존 시스템에 충돌을 일으킬 수 있는 통합에 저항하는 다양한 기능적 관리자의 존재
- 더 큰 협력과 조정이 필요하기 때문에 통합에 영향을 받는 인원에 의한 변화에 대한 저항이 있을 수 있음

13) FMS: Financial Management System
14) FRMS: Fatigue Risk Management System

- 갈등을 야기하는 각 시스템에 대한 문화가 상이할 수 있으므로 조직내의 전반적인 안전문화에 대한 영향
- 규제가 통합을 방해하거나 다른 규제기관과 표준기관의 요구사항을 충족해야하는 방법에 대한 기대치가 다를 수 있음
- 서로 다른 관리시스템(예: QMS 및 SMS)을 통합하면 별도의 요구사항이 충족되고 있음을 입증할 수 있는 추가작업을 만들어 낼 수 있음

통합의 이점을 극대화하고 관련과제를 해결하기 위해서 변화를 효과적으로 관리하기위한 고위급경영진의 헌신과 리더십은 필수적이다. 통합관리시스템에 대한 전반적인 책임을 지는 사람을 확인하는 것도 중요하다.

6) SMS 및 QMS의 통합 (SMS and QMS integration)

일부 서비스제공자는 안전관리시스템과 QMS 모두를 보유하고 있다. 이들은 때로는 단일관리시스템에 통합되기도 한다. QMS는 일반적으로 제품 또는 서비스를 인도하는 동안 지속적인 품질보증 및 개선시스템을 수립하고 촉진하는 데 필요한 조직구조 및 관련책임, 자원, 프로세스 및 절차로 정의된다.

두 시스템 모두 상호보완적이다. 안전관리시스템은 안전위험 및 안전성과를 관리하는 데 중점을 두는 반면, QMS는 규범적 규정 및 요구사항을 준수하여 고객의 기대 및 계약상의 의무를 충족시키는 데 중점을 둔다. 안전관리시스템의 목적은 위험을 식별하고, 관련 안전위험을 평가하며 효과적인 안전위험 제어를 구현하는 것이다. 이와 대조적으로, QMS는 관련규격을 충족하는 제품 및 서비스의 일관된 제공에 중점을 둔다. 그럼에도 불구하고 안전관리시스템 및 QMS 모두

- 계획되고 관리되어야 한다.
- 항공제품 및 서비스의 인도와 관련된 모든 조직기능을 포함한다.
- 프로세스 및 절차의 효용성을 확인한다.
- 지속적인 개선을 추구한다.
- 소비자에게 안전하고 신뢰성 있는 제품을 제공한다는 공통의 목표를 가진다.

안전관리시스템은 다음에 초점을 둔다.

- 조직에 직면한 안전-관련 위해요인의 확인
- 안전위험관련 평가
- 안전위험경감을 위한 효과적인 안전위험통제의 이행
- 안전성능의 측정
- 안전성능요건을 충족하기 위한 적절한 자원배분의 유지

QMS는 다음에 초점을 둔다.

- 규정 및 요건에 대한 이행
- 제품 및 서비스인도에 있어 일관성
- 구체적 성능표준의 충족
- "목적에 부합"하고 결함이나 오류가 없는 제품 및 서비스의 인도

규제의 이행을 모니터링하는 것은 규정의 형태로 적용되는 안전위험통제가 서비스 제공자에 의해 효과적으로 이행되고 모니터링 되도록 하기위해 필요하다. 모든 불이행의 원인과 기여요인도 분석되고 조치되어야 한다.

안전관리시스템 및 QMS의 보완적인 측면을 감안할 때 각 기능을 손상시키지 않고 두 시스템을 통합할 수 있다. 이는 다음과 같이 요약할 수 있다.

- 안전관리시스템은 감사, 검사, 조사, 근본원인의 분석, 프로세스의 설계 및 예방조치와 같은 QMS 프로세스에 의해 지원된다.
- QMS는 안전위험통제에서 안전문제 또는 약점을 식별할 수 있다.
- QMS는 조직의 표준 및 규격준수에도 불구하고 존재하는 안전문제를 예측할 수 있다.
- 품질원칙, 정책 및 관행은 안전관리목표와 부합되어야 한다.
- QMS 활동은 내부감사의 계획 및 수행을 위해 식별된 위해요인 및 안전위험통제를 고려하여야 한다.

결론적으로 통합목표와 의사결정을 통해 모든 활동전반에 미치는 영향을 고려한 통합관리시스템에서는 품질관리 및 안전관리프로세스가 전반적으로 보완적이며 궁극적인 안전목표달성을 지원할 것이다.

7) 안전관리시스템 격차분석 및 이행 (SMS gap analysis and implementation)

안전관리시스템을 이행하기 이전에 서비스제공자는 격차분석을 수행하여야 한다. 이는 서비스제공자의 기존 안전관리프로세스 및 절차를 국가가 결정한 안전관리시스템 요구사항과 비교하게 된다. 서비스제공자는 이미 일부 안전관리시스템 기능을 갖추고 있을 가능성이 크다. 안전관리시스템의 개발은 기존의 조직적 정책과 프로세스를 기반으로 구성하여야 한다. 격차분석은 완전한 기능 및 효과적인 안전관리시스템을 구현하는데 필요한 조치를 정의하는 안전관리시스템 이행계획을 통해 해결되어야 할 격차를 식별한다.

안전관리시스템 이행계획은 안전관리시스템 이행에 필요한 자원, 작업 및 프로세스에 대한 명확한 그림을 제공하여야 한다. 이행계획의 타이밍 및 순서는 다음과 같이 각 조직에 고유한 다양한 요소에 따라 달라질 수 있다.

- 법규적 소비자 및 법적요건
- 보유하고 있는 여러 인증서(시행날짜가 상이할 수 있음)
- 안전관리시스템이 기존의 구조와 과정에 기반하여 구성될 수 있는 정도
- 자원과 예산의 가용성
- 서로 다른 단계간 상호 의존성(데이터분석시스템을 구축하기 전에 보고시스템을 이행하여야 함).
- 기존의 안전문화

안전관리시스템 이행계획은 최고책임자 및 기타 고위급관리자와 협의하여 개발되어야하며, 일정과 함께 해당조치의 책임자를 포함하여야 한다. 이 계획은 해당되는 경우 외부조직 또는 계약자와의 조정을 다루어야 한다.

안전관리시스템 이행계획은 간단한 스프레드 시트에서 전문화된 프로젝트관리 소프트웨어에 이르기까지 다양한 형태로 문서화될 수 있다. 이 계획은 정기적으로 모니터링하고 필요에 따라 업데이트 해야 한다. 또한 특정 요소가 언제 성공적으로 이행된 것으로 간주될 수 있는지를 명확히 해야 한다.

국가 및 서비스제공자는 효과적인 안전관리시스템을 달성하는 데 수년이 걸릴 수 있음을 인식하여야 한다. 서비스제공자는 안전관리시스템 이행을 위한 단계별 접근방식에 대한 요구사항이 있을 수 있으므로 해당국가와 협의하여야 한다.

정의(DEFINITIONS)

주. 다음 정의는 신규부속서 19 - 안전관리의 초안이 작성되는 중 개발되었다. 부속서 19가 2013년 11월 적용되면서 부속서와 정의부문에서 차이점이 있는 경우 부속서 19가 우선한다.

감독(Surveillance)

국가가 항공증명, 증명서, 승인 또는 승인보유자들이 국가가 요구하는 역량 및 안전수준에서 확립된 요구사항 및 기능을 지속적으로 충족하는지 검사 및 감사를 통해 사전에 검증하는 국가활동

국가안전프로그램(State safety programme)

안전개선을 목표로 하는 일련의 통합된 규제 및 활동

방어기재(Defence)

구체적인 경감조치로서 예방조절 또는 복구방법을 통하여 위해요인의 실질적 발생 또는 원치않는 결과로의 확산을 예방하는 것

변화관리(Change management)

변화를 관리하는 공식적인 프로세스로서, 조직내에서 이러한 변화를 이행하기 이전에 확인된 위해요인에 영향을 미치며 위험경감전략을 수립하게 하는 시스템적 방법

시스템(System)

상호작용하고 상호 의존적인 요소와 구성요소, 특정활동을 수행하거나 문제를 해결하기 위해 만들어진 관련정책, 절차 및 관행으로 구성된 조직적이고 목적이 있는 구조

실수(Errors)

운영요원의 행동 또는 무행동으로 조직 또는 운영요원의 의도 또는 기대로부터 벗어나게 만드는 것

안전(Safety)

항공활동과 연관되거나 또는 항공기의 직접적인 운항과 관련되어 경감 또는 수용가

능한 수준의 위험관련된 상태

안전감독(Safety oversight)

항공활동을 수행하는 개인 및 조직이 안전관련 국내법령 및 규정을 준수하는지를 보장하기 위해 국가가 수행하는 기능.

안전관리시스템(Safety management system)

안전을 관리하기 위하여 필요한 조직구조, 책임감, 정책 및 절차를 포함하는 시스템적 접근

안전데이터(Safety date)

정의된 사실의 집합 또는 다양한 항공관련 자료원으로부터 수집된 안전값들의 조합으로서 안전의 관리 또는 개선에 사용되는 집합

注. 이러한 안전데이터는 다음과 같은 적극적 또는 수동적 관련활동으로부터 수립된다.

- 사고 또는 준사고조사
- 안전보고
- 지속감항보고
- 운영성능감시
- 점검, 감사, 조사 또는(inspections, audits, surveys; or)
- 안전연구 및 검토

안전목표(Safety objective)

국가안전프로그램 또는 서비스제공자의 안전관리시스템에 의해 수행되는 간단한 또는 높은 수준의 안전성취 또는 원하는 결과

注. 안전표는 조직의 최고 안전위험으로부터 개발되며, 이후 안전성과지표 및 목표의 개발중에 고려되어야 한다.

안전성과목표(Safety performance target)

안전목표와 일치하는 주어진 기간 동안의 안전성과지표에 대한 국가 또는 서비스제

공자의 계획 또는 의도된 목표

안전성과지표(Safety performance indicator)

안전성능을 감시하고 측정하기 위하여 사용되는 데이터기반 안전파라미터

안전성능(Safety performance)

국가 또는 서비스제공자의 자체 안전성과목표 및 안전성과지표에 의하여 정의된 안전성취

안전위험(Safety risk)

위해요인의 결과 또는 결과에 대한 예상확률 및 심각도

안전정보(Safety information)

안전관리목적에 유용하도록 만들어진 처리되고 구성되고 또는 분석된 안전데이터

위해요인(Hazard)

항공기 준사고 또는 사고발생의 원인 또는 이에 기여하는 잠재성이 있는 상황 또는 대상

위험경감(Risk mitigation)

위해요인의 예견된 결말에 대한 심각성 또는 발생가능성을 낮추기 위한 방어기재의 적용 또는 예방조절 프로세스

적정안전성과목표(ALoSP; Acceptable level of safety performance)

한 국가에 있어 민간항공의 최소수준 안전성과로서 국가안전프로그램 또는 서비스제공자 안전관리시스템의 안전성과목표 및 안전성과지표형태로 표현되는 성과

최고책임자(Accountable executive)

국가의 국가안전프로그램 또는 서비스제공자의 안전관리시스템에 대하여 효과적이고 효율적인 성과를 책임지도록 확인된 단일인물

트리거(Trigger)

필요한 조치(예: 평가, 조정 또는 개선조치)를 시작하는 역할을 하는 특정 안전성과 지표에 대해 설정된 수준 또는 기준값

용어의 정의 (GLOSSARY)
축어 및 약어 (ACRONYMS AND ABBREVIATIONS)

ADREP(Accident/incident data reporting(ICAO)) 사고 / 준사고데이터 보고

사고조사기관(Accident investigation authority) 사고조사기관

ALoSP(Acceptable level of safety performance) 적정안전성과목표

AOC(Air operator certificate) 운항증명

ATS(Air traffic service(s)) 항공교통서비스

CAA(Civil aviation authority) 민간항공당국

Cir(Circular) 회보

D3M(Data−driven decision−making) 데이터기반 의사결정

Doc(Document) 문서

ERP(Emergency response plan) 비상대응계획

FDR(Flight data recorder) 비행자료기록장치

FMS(Financial management system) 재무관리시스템

FRMS(Fatigue risk management systems) 피로위험관리시스템

GASP(Global Aviation Safety Plan) 글로벌 항공안전계획

HF(Human factors) 인적요소

IAW(in accordance with)에 의하면

ICAO(International Civil Aviation Organization) 국제민간항공기구

iSTARS(Integrated Safety Trend and Reporting System) 통합안전추세 및 보고시스템

LOSA(Line operations safety audit) 항공사 운항안전감사

OHSMS(Occupational health and safety management system) 직장보건안전관리시스템

OSHE(Occupational safety, health and environment) 직장보건안전환경

PIRG(Planning and Implementation Regional Group) 계획 및 이행지역그룹

QM(Quality management) 품질관리

QMS(Quality management system) 품질관리시스템

RASG(Regional Aviation Safety Group) 지역항공안전그룹

RSOO(Regional safety oversight organization) 지역안전감독기구

SAG(Safety action group) 안전실행그룹

SARPs(Standards and Recommended Practices(ICAO) ICAO 표준 및 권고

Standard deviation 표준편차

SDCPS(Safety data collection and processing system) 안전데이터 수집 및 처리시스템

SeMS(Security management system) 보안관리시스템

SM(Safety Management) 안전관리

SMM(Safety Management Manual) 안전관리매뉴얼

SMP(Safety Management Panel) 안전관리패널

SMS(Safety Management System(s)) 안전관리시스템

SPI(Safety performance indicator) 안전성과지표

SPT(Safety performance target) 안전성과목표

SRB(Safety review board) 안전평가위원회

SRBS(Safety risk-based surveillance) 안전위험-기반감독

SRM(Safety risk management) 안전위험관리

SSO(Safety services office) 안전서비스과

SSP(State safety programme) 국가안전프로그램

STDEVP(Population standard deviation) 인구표준편차

TNA(training needs analys) 교육요구분석

USOAP(Universal Safety Oversight Audit Progremme(ICAO) ICAO 항공안전종합평가 프로그램

PUBLICATIONS

(referred to in this manual)

The following documents are referred to in this manual or may provide additional guidance material

ICAO DOCUMENTS

Annexes to the Convention on International Civil Aviation

Annex 1 Personnel Licensing

Annex 6 Operation of Aircraft

Part I International Commercial Air Transport — Aeroplanes

Part II International General Aviation — Aeroplanes

Annex 8 Airworthiness of Aircraft

Annex 13 Aircraft Accident and Incident Investigation

Annex 14 Aerodromes

Volume I Aerodrome Design and Operations

Annex 18 The Safe Transport of Dangerous Goods by Air

Annex 19 Safety Management

PANS

Procedures for Air Navigation Services (PANS) — Aerodromes (Doc 9981)

Procedures for Air Navigation Services — Air Traffic Management (PANS—ATM, Doc 4444)

Manuals

Airport Services Manual (Doc 9137), Part 3 — Bird Control and Reduction

Air Traffic Services Planning Manual (Doc 9426)

Airworthiness Manual (Doc 9760)

Global Aviation Safety Plan (GASP) (Doc 10004)

Manual of Aircraft Accident and Incident Investigation (Doc 9756)

Part I Organization and Planning

Part I Procedures and Checklists

Part III Investigation

Part IV Reporting

Manual for the Oversight of Fatigue Management Approaches (Doc 9966)

Manual on Laser Emitters and Flight Safety (Doc 9815)

Manual on Remotely Piloted Aircraft Systems (RPAS) (Doc 10019)

Manual on the Competencies of Civil Aviation Safety Inspectors (Doc 10070)

Manual on the ICAO Bird Strike Information System (IBIS) (Doc 9332)

Manual on Protection of Safety Information (Doc 10053)

Part I Protection of Accident and Incident Investigation Records

Safety Oversight Manual (Doc 9734)

Part A The Establishment and Management of a State's Safety Oversight System

Part B The Establishment and Management of a Regional Safety Oversight Organization

Technical Instructions for the Safe Transport of Dangerous Goods by Air (Doc 9284)

참고 01

부속서 19 안전관리

제1장 | 정 의

제2장 | 적 용

제3장 | 국가의 안전관리책임

제4장 | 안전관리시스템

제5장 | 안전데이터 및 안전정보의 수집, 분석, 보호, 공유 및 교환

부록 1 | 국가안전감독시스템 핵심요소

부록 2 | 안전관리시스템의 틀

부록 3 | 안전데이터, 안전정보 및 관련자료의 보호 원칙

약어 (ABBREVIATIONS)

ADREP: 사고/준사고 데이터보고(Accident/incident data reporting)

ATS: 항공교통서비스(Air traffic services)

CVR: 조종실 음성기록장치(Cockpit voice recorder)

RAIO: 지역사고 및 준사고조사기구(Regional Accident and Incident Investigation Organization)

RSOO: 지역안전감독기구(Regional Safety Oversight Organization)

SARPS: 국제표준 및 권고(Standards and Recommended Practices)

SDCPS: 안전데이터 수집 및 처리절차(Safety data collection and processing systems)

SMM: 안전관리매뉴얼(Safety management manual)

SMP: 안전관리패널(Safety management panel)

SMS: 안전관리시스템(Safety management system)

SSO: 국가안전감독(State safety oversight)

SSP: 국가안전프로그램(State safety programme)

관련문헌(PUBLICATION)

국제민간항공협약(Convention on International Civil Aviation (Doc 7300)

국제민간항공협약 부속서(Annexes to the Convention on International Civil Aviation)

부속서 1 자격관리 (Annex 1 – Personnel Licensing)
부속서 6 항공기 운항 (Annex 6 – Operation of Aircraft)
  Part I International Commercial Air Transport – Aeroplanes
  Part II International General Aviation – Aeroplanes
  Part III International Operations – Helicopters
부속서 8 항공기감항 (Annex 8 – Airworthiness of Aircraft)
부속서 11 항공교통서비스 (Annex 11 – Air Traffic Services)
부속서 13 항공기사고 및 준사고조사 (Annex 13 – Aircraft Accident and Incident Investigation)
부속서 14 비행장 (Annex 14 – Aerodromes)
  Volume I Aerodrome Design and Operations)

매뉴얼 (Manuals)

세계항공안전계획(Global Aviation Safety Plan (Doc 10004)
민간항공의학 매뉴얼(Manual of Civil Aviation Medicine (Doc 8984))
운항검사, 인증 및 지속감독 절차매뉴얼(Manual of Procedures for Operations In–spection, Certification and Continued Surveillance(Doc 8335))
국제민간항공협약 제83 bis 조항의 이행관련 매뉴얼(Manual on the Implementation of Article 83 bis of the Convention on International Civil Aviation (Doc 10059)

제 1 장 정　의

안전관리관련 국제표준 및 권고에서 다음 용어가 사용되는 경우에는 다음과 같은 의미를 갖는다.

사고(Accident)유인 항공기의 경우에는 어떤 사람이라도 비행을 목적으로 항공기에 탑승한 때부터 하기한 시간까지, 무인항공기의 경우에는 비행을 목적으로 움직일 준비가 된 시간부터 비행을 마치고 주 동력시스템을 정지한 시간중에 항공기의 운항과 관련되어 발생한 사건으로서

a) 다음으로 인한 사망 또는 중상
- 항공기내부에 있거나
- 항공기로부터 떨어져 나온 부품을 포함하여 항공기부품과의 직접적인 접촉
- 제트후류에 직접 노출

부상이 자연적인 원인, 스스로 자초 또는 다른 사람에 의하거나, 밀항을 하기 위하여 승객 또는 승무원에게 정상적으로 제공되지 않은 지역에서 발생한 경우는 제외한다.

b) 항공기의 손상 또는 기체손상
- 항공기 기체의 강도, 성능 또는 비행특성에 부정적 영향을 주는 경우
- 대수리 또는 해당 부분품의 교환이 요구되는 경우

엔진의 고장인 경우 한 개 엔진에 제한되는 경우(엔진덮개 또는 보기를 포함), 프로펠러, 날개끝, 안테나, 탐측침, 회전날개, 타이어, 브레이크, 바퀴, 훼어링, 판넬, 착륙장치도어, 앞유리, 항공기 동체(작은 흠집 또는 천공), 주회전날개, 꼬리회전날개, 착륙장치의 경미한 고장, 우박 또는 조류충돌(레이돔의 천공포함)로 인한 손상은 제외한다.

c) 항공기의 위치를 확인할 수 없거나 항공기에 접근이 불가능한 경우

주 1. 통계학적 통일을 기하기 위하여 ICAO는 사고발생일로부터 30일 이내에 사망에 이르는 부상을 사망부상이라 한다.

주 2. 공식적인 수색이 종료될때까지 잔해가 발견되지 않는 경우를 항공기 실종으로 간주한다.
주 3. 무인형식항공기에 대한 사고조사는 부속서 13의 5.1에 따른다.
주 4. 항공기손상에 대한 결정관련 안내지침은 부속서 13의 첨부 E에 따른다.

- 비행기(Aeroplane): 주어진 비행조건에서 고정된 표면의 항공역학적인 반작용에 의하여 주로 양력을 발생시키는 공기보다 무거운 동력비행장치
- 항공기(Aircraft): 지구표면에 대한 반발력을 제외한 공기의 반발력으로 공중에 떠 있을 수 있는 장치
- 위해요인(Hazard): 항공기 준사고 또는 사고에 기여할 수 있는 잠재적인 조건 또는 대상
- 헬리콥터(Helicopter): 수직축으로부터 받는 동력으로 움직이는 한 개 또는 여러 개의 회전날개로 주로 발생되는 공기의 반작용에 의하여 지지되는 공기보다 무거운 항공기

주. 어떤 국가는 헬리콥터 (helicopter) 대신 회전익항공기 (rotorcraft)라는 표현을 사용한다.

- 준사고(Incident): 운항안전에 영향을 주거나 영향을 줄 수 있는 항공기의 운항과 관련된 사고 이외의 사건

주. 안전관련 연구의 관점에서 준사고의 형태는 부속서 13의 첨부 C에 기술되어 있다.

- 산업계규약(Industry codes of practice): 특정 항공산업분야가 국제민간항공기구의 표준 및 권고, 기타 항공안전요건 및 적절한 모범실무의 요건에 부합하기 위하여 산업계에 의하여 개발된 안내지침

주. 어떤 국가는 부속서 19의 요건을 충족하기 위한 규정을 개발함에 있어 산업계규약을 참조하고 수용하며, 그 자료원은 물론 획득방법도 고시한다.

- 운영요원(Operational personal): 안전정보를 보고할 수 있는 위치에 있는 항공활동에 관련된 요원

주. 이러한 운영요원은 조종사, 관제사, 비행장 운영자, 정비사, 항공기설계 및 제작관련자, 객실승무원, 운항관리사, 지상관제 및 지상조업요원을 포함한다.

- 안전(Safety): 항공활동과 관련되거나 항공기운영에 직접적인 지원에 필요한 위험

이 수용할 만한 수준으로 줄어들거나 관리되는 상태

- 안전데이터(Safety data): 다양한 자료원으로부터 수집된 안전을 관리하거나 개선하기 위하여 사용되는 사실의 조합 또는 안전가치의 조합

주. 안전데이터는 다음을 포함한 능동적 또는 수동적 안전관련활동으로부터 수집된다.

- 사고 또는 준사고조사
- 안전보고
- 지속감항보고
- 운항성능감시
- 검사, 평가, 조사 및
- 안전학습 및 평가

- 안전정보(Safety information): 안전관리목적으로 유용하도록 처리, 구성 또는 분석된 안전데이터
- 안전관리시스템(Safety management system): 안전을 관리하기 위하여 필요한 조직구조, 책무, 책임, 정책 및 절차를 포함한 시스템적 접근방법
- 안전감독(Safety oversight): 항공활동을 실시하는 개인 또는 조직이 안전관련 국가의 법률 및 법규를 충족하고 있음을 확인하는 정부가 실시하는 기능
- 안전성능(Safety Performance): 안전성능목표 및 안전성능지표에 따라 정의된 국가 또는 서비스제공자의 안전성취
- 안전성능지표(Safety performance indicator): 안전성능을 감시하고 평가하기 위하여 사용되는 데이터베이스
- 안전성능목표(Safety performance target): 안전목표에 부합하기 위하여 일정기간 동안 국가 또는 서비스제공자에 의하여 계획되거나 의도된 안전성능 지표의 목표
- 안전위험(Safety risk): 위해요인의 결과로 예견되는 발생률 및 심각도
- 중상(Serious injury): 다음과 같은 사고에 의하여 지속되는 부상
- 부상이 발생한지 7일 이내에 48시간 이상 입원치료를 요하는 경우
- 골절(손가락, 발가락 코뼈의 단순골절 제외)
- 심각한 출혈, 신경, 근육 또는 힘줄 손상의 원인이 되는 열상
- 내부장기의 손상

- 2도 또는 3도 화상, 피부의 5퍼센트 이싱에 영향을 주는 화상
- 감염물질노출 또는 방사선 피폭

- 설계국가(State of Design): 형식설계에 책임이 있는 조직을 관할하는 국가
- 제작국가(State of Manufacture): 항공기의 최종조립에 책임이 있는 조직을 관할하는 국가
- 운영국가(State of Operator): 운영자의 주 사무소 또는 운영자의 영구주소가 있는 국가
- 국가안전프로그램(State Safety Programme): 안전증진을 목적으로 하는 법규와 활동의 집합
- 감독(Surveillance): 항공관련자격, 증명, 인증 또는 인가 소지자들에 대하여 수립된 요건 및 기능이 국가에 의하여 요구되는 역량 및 안전수준에 부합하는지를 국가가 검사와 평가를 통하여 적극적으로 확인하는 활동

제 2 장 적 용

본 부속서에 포함된 국제표준 및 권고는 안전관리기능과 관련된 사항 또는 항공기의 안전운항을 간접지원함에 적용되어야 한다.

주 1. 국가의 안전관리조항은 제3장에 포함되어 있으며 국가안전프로그램과 관련된다.

주 2. 본 부속서의 내용에 포함되는 "서비스제공자" 용어는 제3장의 3.3.2에 열거된 조직들을 말하며 국제일반항공 사업자는 포함하지 않는다.

주 3. 특정 서비스제공자 및 사업자를 위한 안전관리 조항은 제4장에 포함되어 있으며 안전관리시스템 (SMS[1])과 관련된다.

주 4. 본 부속서에 포함된 어떤 조항도 국가의 책임을 항공서비스제공자 또는 사업자에 전가하지 않는다. 이는 항공기의 안전운항에 관련된 기능 또는 간접지원도 포함한다.

주 5. 본 부속서의 내용 중 "책임 (단수)"은 "국가의 책임"으로 간주되며 시카고협약에 대한 국제적인 준수를 의미하고, "책임들(복수)"은 일반적인 의미(기능과 활동이 위임될 수 있는 사항)를 말한다.

1) SMS : Safety Management System

제 3 장 국가의 안전관리책임

주 1. 국가의 안전감독(SSO[2]) 시스템의 핵심요소(CE[3])는 부록 1에서 찾을 수 있으며 SSP의 기본을 형성한다.

주 2. 특정형태의 항공활동에 대한 안전관리조항은 해당 부속서에서 찾을 수 있다.

주 3. 자격증명 소지자에 대한 의학적 평가절차에 적용되는 기본적인 안전관리원칙은 부속서 1에 포함되어 있다. 관련 안내지침은 민간항공의학 매뉴얼 (Doc 8984)에 나와있다.

3.1 국가안전프로그램

국가는 해당 국가의 민간항공시스템의 규모 및 복잡성에 적합한 국가안전프로그램을 수립하고 유지하여야 하나, 안전관리관련 기능 및 활동을 다른 국가, 지역안전감독기구(Regional Safety Oversight Organization) 또는 지역사고 및 준사고조사기구(Regional Accident and Incident Investigation Organization)에 위임할 수도 있다.

주 1. 국가가 다른 국가, 지역안전감독기구, 지역사고 및 준사고조사기구에 위임한 경우에도 안전관리관련 기능과 활동에 대한 책임은 해당국가에 있다.

주 2. SSP 및 안전관리관련 기능 및 활동의 위임에 대한 내용은 안전관리매뉴얼(SMM[4])(Doc 9859)에 나와있다.

3.2 국가안전정책, 목표 및 자원

3.2.1 기본항공법령(SSP: State safety programme)

3.2.1.1 국가는 부록 1.의 Section 1.에 따라 기본항공법령을 수립하여야 한다.

3.2.1.2 권고– 국가는 해당 SMS내에서 안전과 관련된 이슈에 대한 이벤트를 다루고

2) SSO: State Safety Oversight
3) CE: Critical Elements
4) SMM: Safety Management Manual

해결할 수 있도록 적절한 수준에서 국가기관이 만족할 수 있도록 조건과 환경을 특정하는 행정처분정책을 수립하여야 한다.

3.2.2 운영규정

3.2.2.1 국가는 부록 1.의 Section 2.에 따라 운영규정을 수립하여야 한다.

3.2.2.2 국가는 운영규정, 안내지침 및 이행정책이 객관적이고 적정하게 유지되고 있는지를 주기적으로 검토하여야 한다.

3.2.3 국가시스템 및 기능

3.2.3.1 국가는 부록 1의 Section 3.에 따라 국가시스템 및 기능을 수립하여야 한다.

3.2.3.2 권고: 국가는 SSP의 수립과 유지에 대하여 국가의 안전목표를 충족시키기 위한 방법에 있어 SSP의 기획, 조직, 개발, 유지, 관리 및 지속개선을 포함한 SSP를 수립하고 유지함에 필요한 요건, 책임, 기능 및 활동에 대하여 확인하고 정의하고 문서화하여야 한다.

3.2.3.3 권고: 국가는 항공커뮤니티 내에서 국가의 안전에 대한 책무 및 긍정적인 안전문화의 진흥을 반영한 안전정책과 안전목표를 수립하여야 한다.

3.2.3.4 권고: 안전정책 및 안전목표는 국가에 객관적이고 적절하게 유지되도록 고시되고 주기적으로 검토되어야 한다.

3.2.4 전문기술인력

국가는 부록 1의 Section 4에 따라 전문기술인력의 요건을 수립하여야 한다.

주. "기술인력"이란 안전관련기능을 국가를 대신해서 실시하는 사람을 말한다.

3.2.5 기술지침, 도구 및 안전–핵심 정보관련 조항

국가는 부록 1.의 section 5.에 따라 기술지침 및 도구. 안전–핵심정보를 수립하여야 한다.

3.3 국가안전위협관리(State safety risk management)

3.3.1 자격, 증명, 인증 및 승인책임

국가는 부록 1.의 section 6에 따라 자격, 증명, 인증 및 승인책임을 충족시켜야 한다.

3.3.2 안전관리시스템의 책임

3.3.2.1 국가는 SMS의 이행에 관한 권한을 가지고 서비스제공자에게 다음을 요구하여야 한다.

- 서비스를 제공하는 동안 항공기의 운영과 관련된 안전위협에 노출되는 부속서 1에 따라 인가된 훈련기관
- 부속서 6, Part I 또는 Part III, Section II,에 따라 국제상업 항공운송을 실시하도록 인가된 항공기 또는 헬리콥터의 운영자

주. 정비활동이 부속서 6, Part I, 8.7 에 따라 인가 정비조직에 의하여 실시되지 않고 부속서 6, Part I, 8.1.2 또는 Part III, Section II, 6.1.2 에 따른 동등 시스템으로 실시되는 경우 이들은 모두 운영자의 SMS범위에 포함된다.

- 부속서 6, Part I 또는 PartIII, Section II에 각가 따라 국제상업항공운송에 사용되는 항공기 또는 헬리콥터를 운영하는 운영자에게 서비스를 제공하는 인가정비조직
- 부속서 8에 따라 항공기, 엔진 또는 프로펠러의 형식설계 또는 제작에 대한 책임이 있는 조직
- 부속서 11에 따른 항공교통서비스 (ATS)[5] 제공자

- 부속서 14, Volume I에 따른 인가된 비행장 운영자

주. 서비스제공자의 SMS 이행과 관련된 추가조항들은 제4장에서 찾을 수 있다.

3.2.2.2 권고: 국가는 서비스제공자 및 운영자가 수립한 안전성능지표 및 목표가 국가에 적합한지를 확인하여야 한다.

주. 적절한 안전성능지표 및 목표의 확인에 대한 안내지침은 안전관리 매뉴얼 (SMM) (Doc9859)에 포함되어 있음

3.3.2.3 항공기 등록국은 부속서 6, Part II, Section 3에 따라 대형 또는 터보제트 항공기를 이용한 국제일반 항공운영자의 SMS이행요건을 수립하여야 한다.

주. 국제일반항공 사업자의 SMS이행과 관련된 추가적인 조항은 제4장에서 찾을 수 있다.

3.3.2.4 3.3.2.3에 따라 항공기등록국에서 수립한 요건은 부록 2에 포함된 SMS의 틀과 요소들을 포함하여야 한다.

주. 국제일반 항공사업자를 위한 SMS의 이행을 위한 요건을 수립하기 위한 안내지침은 안전관리 매뉴얼 (SMM)(Doc9859)에 포함되어 있다.

3.3.3 사고 및 준사고조사

국가는 국가내에서 안전관리를 지원하기 위하여 부속서 13에 따라 사고 및 준사고조사 프로세스를 수립하여야 한다.

3.3.4 위해요소 확인 및 안전위협평가

3.3.4.1 국가는 수집된 안전데이터를 통해 위해요소를 확인하는 프로세스를 수립하고 유지하여야 한다.

---

5) ATS: Air Traffic Service

주 1. 안전데이터의 수집, 분석 및 안전정보의 공유, 교환에 대한 추가적인 정보는 제5장에서 찾을 수 있다.

주 2. 재발방지의 기본이 되는 위해요소 및 안전이슈를 확인하기 위한 추가적인 정보는 사고 및 준사고 최종보고서에 포함될 수 있다.

3.3.4.2 국가는 확인된 위해요인과 관련된 안전위험에 대한 평가프로세스를 개발하고 유지하여야 한다.

3.3.5 안전위험의 관리

3.3.5.1 국가는 부록 1. section 8에 따라 안전이슈에 대한 해결방안을 마련하는 메카니즘을 수립하여야 한다.

3.3.5.2 권고: 국가는 안전위협을 관리하기 위한 프로세스를 개발하고 유지하여야 한다.

주 1. 수락, 해결, 회피 또는 전이 등을 포함하는 안전위협관리를 위한 조치가 취해져야 한다.

주 2. 안전위협 및 안전이슈들은 종종 주의 깊은 평가를 필요로 하는 잠재요소를 포함하고 있다.

3.4 국가안전보증(State safety assurance)

3.4.1 감독의무

3.4.1.1 국가는 부록 1의 section 7에 따라 감독의무를 충족하여야 한다.

주. 서비스제공자에 대한 감독은 안전성능은 물론 항공제품 및 서비스의 규모와 복잡성을 고려하여야 한다.

3.4.1.2 권고: 국가는 보다 심각한 안전우려 또는 요구분야에 대한 검사, 감사 및 관찰의 우선순위를 정하는 절차를 수립하여야 한다.

주. 조직적인 위험프로파일, 위해요인의 확인 및 위험평가의 결과, 감독 결과 등은 검사, 감사 및 관찰의 우선순위에 필요한 정보를 제공할 수도 있다.

3.4.1.3 권고: 국가는 각 서비스제공자의 안전성능을 주기적으로 검토하여야 한다.

3.4.2 국가안전성능

3.4.2.1 국가는 SSP를 통하여 달성하고자 하는 수용가능한 수준의 안전성능을 수립하여야 한다.

주 1. 국가의 수용가능한 수준의 안전성능은 SSP의 이행 및 유지는 물론이고 기존의 국제표준과 권고의 이행기반 내에서 안전이 효과적으로 관리되는지를 보여주는 안전성능지표 및 목표를 통하여 달성할 수 있다.

주 2. 안전성능지표 및 목표의 수립과 수용가능한 수준의 안전성능에 대한 안내지침은 안전관리 매뉴얼 (SMM)(Doc 9859)에 나와있다.

3.4.2.2 권고: 국가는 안전위험을 관리하고 안전이슈를 해결하기 위한 조치의 유효성을 평가하는 절차를 개발하고 유지하여야 한다.

주. 안전평가결과는 안전위험관리를 위한 조치의 우선순위 선정을 지원하기 위해 사용될 수 있다.

3.4.2.3 권고: 국가는 개별SSP가 전반적인 수준의 안전성능을 유지하거나 또는 지속적으로 개선함에 있어 효과적인지를 평가하여야 한다.

3.5 국가안전진흥(State safety promotion)

3.5.1 내부소통 및 안전정보의 배포

권고: 국가는 안전에 대한 인식 및 국가항공조직을 지원하기 위한 안전정보의 공유와 교환 및 긍정적인 안전문화의 개발을 통한 SSP의 효과적인 강화 등을 진흥하여야 한다.

3.5.2 외부소통 및 안전정보의 배포

권고: 국가는 안전의 관리 및 개선을 강화하고 긍정적인 안전문화개발을 지원하기 위하여 항공사회에서 안전에 대한 인식 및 안전정보의 공유 및 교환을 진흥하여야 한다.

주 1. 안전정보의 공유 및 교환에 대한 자세한 내용은 제5장 5.4를 참조하라.
주 2. 안전인식의 진흥은 항공사회를 위한 안전교육의 접근성을 확인함을 포함한다.

제 4 장 안전관리시스템

주 1. 안전관리시스템 이행에 대한 안내지침은 안전관리매뉴얼 (SMM)(Doc 9859)에 나와있다.
주 2. 복수의 서비스제공자 활동에 하나의 SMS조직을 선택할 수 있다.

4.1 일 반

4.1.1. 서비스제공자의 SMS는 다음을 충족하여야 한다.

a) 부록 2.에 포함된 프레임워크 요소에 따라 수립되어야 한다.

b) 서비스제공자의 규모 및 항공제품 또는 서비스의 복잡성에 적합하여야 한다.

4.1.2 국가는 서비스제공자가 SMS이행을 촉진하기 위한 계획을 수립하는지를 확인하여야 한다.

4.1.3 서비스를 제공하는 동안 항공기운항과 관련된 안전위험에 노출되는 부속서 1에 따라 인가된 교육기관의 SMS는 해당 조직의 인가에 책임이 있는 국가에 적합하도록 작성되어야 한다.

4.1.4 국제상업 항공운송으로 인가된 비행기 또는 헬리콥터 운영자의 SMS는 각각 부속서 6, Part I, 또는 Part III, Section II에 따라 운영자가 소속된 소속국가에 적합하도록 구성되어야 한다.

주. 정비활동이 부속서 6, Part I, 8.7에 따른 인가된 정비조직에 의하여 이루어지지 않고 부속서 6, Part I, 8.1.2 또는 Part III, Section II, 6.1.2에 따라 이루어지는 경우, 이러한 정비활동은 운영자의 SMS 범위에 포함되어야 한다.

4.1.5 국제상업 항공운송에 사용되는 비행기 또는 헬리콥터 운영자에게 서비스를 제공하는 인가된 정비조직의 SMS는 부속서 6, Part I, 또는 Part III, Section II에 따라 해당조직의 인가에 책임이 있는 국가에 적합하게 만들어져야 한다.

4.1.6 항공기, 엔진 또는 프로펠러의 형식설계에 책임이 있는 조직의 SMS는 부속서 8에 따라 해당국가에 적합하게 만들어져야 한다.

4.1.7 항공기, 엔진 또는 프로펠러의 제작에 책임이 있는 조직의 SMS는 부속서 8에

따라 해당국가에 적합하게 만들어져야 한다.

4.1.8 항공교통 서비스제공자의 SMS는 부속서 11에 따라 서비스제공자를 지정하는 책임이 있는 해당국가에 적합하게 만들어져야 한다.

4.1.9 비행장운영자에 대한 SMS는 부속서 14 Volume 1에 따라 비행장인가에 책임이 있는 해당국가에 적합하게 만들어져야 한다.

4.2 국제일반항공-비행기

주. 국제일반항공의 SMS 이행에 대한 안내지침은 안전관리메뉴얼 (SMM)(Doc9859) 및 산업계실무지침에서 찾을수 있다.

부속서 6, Part II, Section 3에 따라 대형 또는 터보제트 항공기를 이용한 국제일반항공 사업자의 SMS는 운항의 규모 및 복잡성에 적합하여야 하며 등록국가에서 수립한 요건을 충족하여야 한다.

주 1. 등록국가에서 수립해야 하는 요건과 관련된 추가적인 조항들은 제3장에서 찾을 수 있다.
주 2. 임차, 부정기 및 교환운항과 관련, 등록국의 책임관련 안내지침은 "Manual of Procedures for Operations Inspection, Certification and Continued Surveillance (Doc 8335)에 나와 있다.

83bis 조항에 따라 항공기운영자의 주사무소 또는 영구주소가 있는 등록국의 책임 이전에 대한 안내지침은 "Manual on the Implementation of Article 83bis of the Convention on International Civil Aviation (Doc 10059)에 나와 있다.

제 5 장 안전데이터 및 안전정보의 수집, 분석, 보호, 공유 및 교환

주. 본장의 목적은 안전관리활동을 지원하기 위한 안전정보데이터와 안전정보의 지속적인 가용성을 확보함에 있다.

5.1 안전데이터의 수집 및 처리시스템

5.1.1 국가는 안전데이터 및 안전정보의 획득, 저장, 종합 및 분석이 가능하도록하는 안전정보의 수집 및 처리시스템(Safety Data Collection and Processing System; SDCPS)을 수립하여야 한다.

주 1. SDCPS는 다음과 같은 안전 데이터베이스 정보의 교환 및 처리보고시스템을 참고한다.

- 사고 및 준사고조사와 관련된 데이터 및 정보
- 국가의 항공당국 또는 항공서비스 제공자가 실시한 안전조사 관련 데이터 및 정보
- 5.1.2에 따른 의무안전보고시스템
- 5.1.3에 따른 자발적 안전보고시스템
- 부속서 6, Part I, Chapter 3에서 설명된 자동데이터 수집은 물론 수동데이터 수집시스템을 포함한 자발적 보고시스템

주 2. SDCPS와 관련된 안내지침은 안전관리매뉴얼 (Doc9859)에 나와있음

주 3. "안전데이터베이스" 표현은 단수 또는 복수의 데이터베이스 모두에 사용될 수 있음

주 4. SDCPS는 국가의 산업계 및 공공의 근원의 입력을 포함할 수 있다. 또한 안전데이터 및 안전정보수집의 수동적, 능동적 방법에 근거할 수 있다.

주 5. 부문 별 안전보고규정은 다른 부속서, PANS 및 SUPPs에 포함되어 있다. 모든 출처의 안전데이터 및 안전정보를 수집하고 분석하기 위한 통합된 접근방법을 사용하는 SSP의 효과적인 이행에 대한 인지된 편익이 있게 된다.

5.1.2 국가는 준사고에 대한 보고를 포함하는 의무보고시스템을 수립하여야 한다.

5.1.3 국가는 의무보고시스템에 의해 수집되지 않는 안전데이터 및 안전정보를 수집하기 위한 자발적 안전보고시스템을 수립하여야 한다.

5.1.4 권고: SSP의 이행에 대한 책임이 있는 국가당국은 부록 3의 원칙에 따라 안전책임을 지원하기 위하여 5.1.1에 명시된 SDCPS에 접근할 수 있어야 한다.

주. SSP의 이행에 책임이 있는 국가의 당국은 사고조사기관을 포함한다.

5.1.5 권고: 안전데이터베이스는 안전정보의 공유 및 교환을 위하여 표준화된 분류체계를 사용하여야 한다.

주. 국가는 ADREP 등 시스템의 사용이 권고된다. ADREP에 관한 보다 자세한 정보는 부속서 13 제7장을 참고하라.

5.2 안전데이터 및 안전정보의 분석

5.2.1 국가는 반드시 SDCPS 및 관련 안전데이터베이스로부터 안전데이터 및 안전정보의 분석을 위한 프로세스를 수집하고 관리하여야 한다.

주 1. 안전위험관리 및 안전보증절차의 일부분으로 위해요소의 확인을 위한 구체적인 조항은 제3장에서 찾을 수 있음

주 2. 국가에 의하여 시행되는 안전데이터 및 안전정보분석의 목적은 개별서비스 제공자 또는 항공사의 안전데이터 분석권자에 의해 확인되지 않는 구조적이고 cross-cutting 위해요소를 확인함에 있다.

주 3. 그 절차는 안전데이터 분석의 예측적 방법을 포함할 수 있다.

5.3 안전데이터 및 안전정보의 보호

5.3.1 국가는 부록 3에 따라 반드시 자발적 안전보고시스템 또는 유사한 자료원으로부디 수집된 안전데이터 및 안전정보를 보호하여야 한다.

주. 자료원은 개인 및 조직을 포함한다.

5.3.2 권고: 국가는 5.3.1에 명시된 의무안전보고 시스템 및 관련 자료원으로부터 생성된 안전데이터 또는 파생된 안전정보보호의 범위를 확대하여야 한다.

주 1. 보고환경은 직원 또는 운영자가 그들의 교육 또는 숙련도에 적합한 행동 또는 실수가 처벌되지 않는다는 믿음이 있을 때 안전보고의 기반이 된다.

주 2. 의무 및 자발적 보고시스템에 대한 안내지침은 안전관리매뉴얼(Doc 9859)에 나와 있다.

5.3.3 5.3.1 및 5.3.2에 대하여 국가는 적정한 기관이 부록 3에 따라 예외의 원칙이 적용된다고 판단하지 않고서는 5.1 또는 5.2에 따라 안전을 유지 또는 개선하는 이외의 목적으로 수집, 저장 또는 분석된 안전데이터 또는 안전정보를 사용하거나 사용하게 해서는 안된다.

5.3.4 5.3.3.에도 불구하고 국가는 안전데이터 및 안전정보를 항공안전의 관리 또는 개선에 필요한 예방 또는 수정 또는 치유조치를 취함에 있어 사용을 금지해서는 안된다.

주. 부속서 13에 따른 조사기록의 보호와 중복을 방지하기 위한 구체적인 조항은 부록3의 1.2에 나와있다.

5.3.5 국가는 5.1.2 및 5.1.3에 언급된 긍정적인 안전문화의 증진을 포함한 안전보고를 장려하기 위하여 필요한 조치를 반드시 취해야 한다.

주. 긍정적 안전문화와 관련된 안내지침은 안전관리매뉴얼(Doc 9859)에 나와있다.

5.3.6 권고: 국가는 필요시 법령 및 규정, 정책을 개정해서 안전보고를 촉진하고 장려하여야 한다.

5.3.7 권고: 5.3.3에 따른 결정을 지원하기 위하여 국가는 항공안전과 관련된 국가기관 및 사법부를 포함하여 국가기관 및 기관에 적절한 업무협조 체계를 사전에 수립하고 작동되도록 하여야 한다. 그러한 업무체계는 부록 3에 명시된 원칙을 염두에 두어야 한다.

주. 그러한 업무협조체계는 법률, 프로토콜, 협정 또는 협약으로 정형화할 수 있다.

5.4 안전정보의 공유 및 교환

주. 공유는 주는 것을 의미하고 교환은 주고 받음을 의미한다.

5.4.1 SDCPS에 포함된 정보를 분석할 때 다른 국가가 관심을 갖는 것으로 간주되는 안전문제를 확인한 국가는 가능한 한 신속하게 그러한 안전정보를 전달해야 한다. 그러한 정보를 공유하기 전에 국가는 안전정보가 공유되는 보호 및 조건의 수준에 합의해야 한다. 보호의 수준 및 조건은 부록 3에 따른다.

5.4.2 국가는 항공시스템 이용자 간의 안전정보공유 또는 교환네트워크의 수립장려하고 국내법에 달리 규정하지 아니하는 한 안전정보의 공유 및 교환을 촉진하여야 한다.

주. 안전정보의 공유와 관련된 정보는 "ICAO Code of Conduct on the Shareing and Use of Safety Information in the Global Aviation Safety Plan (Doc10004)"에 나와 있음

부록 1. 국가안전감독시스템 핵심요소

주 1. 국가가 안전감독책임을 다할수 있도록 하는 시스템의 핵심요소 (CEs)에 대한 안내지침은 안전감독매뉴얼 Part A "The Establishment and Management of a State's Safety Oversight System"(Doc 9734)에 포함되어 있다.

주 2. "해당 당국 또는 기관"이란 표현은 일반적으로 항공안전관리 및 감독책임을 위하여 국가가 구성한 각각의 민간항공청, 공항공사, 항공관제기관, 항공사고조사기관 및 기상청 등 모든 당국을 포함하여 사용된다.

주 3. 안전감독시스템의 핵심요소는 안전감독기능을 수행하는 기관은 물론 사고 및 준사고조사기구 또는 기타 국가의 안전관리활동에 적절하게 적용된다.

주 4. 항공사에 대한 구체적인 안전감독조항은 부속서 6, Part I의 부록 5 및 부속서 6, Part III의 부록 1을 참조하라

1. 기본법령(Primary aviation legislation (CE-1))

1.1 국가는 국제민간항공협약에 포함된 요건과 맥락을 같이 하도록 민간항공안전의 감독과 관리를 가능하게하고 행정처분을 위해 설치된 관련당국 또는 기관이 기능을 할 수 있도록 해당국가의 항공활동의 규모와 복잡성에 적합한 종합적이고 효과적인 항공법을 제정하여야 한다.

주. 항공법은 해당국가의 형편에 적절하고 적합하여야 한다.

1.2 항공법은 안전감독기능을 수행하는 인력이 항공기, 운항현장, 시설, 인력은 물론 항공활동을 수행하는 개인과 조직의 관련기록에 접근할 수 있게 하여야 한다.

2. 운영규정(Specific operating regulations (CE-2))

국가는 국제민간항공조약 부속서에 적합한 표준운영절차, 생산품, 서비스, 장비 및 기반시설에 대한 국가의 최소요건을 명시한 규정을 제정하여야 한다.

주. "규정"이란 용어는 지침, 규칙, 고시, 명령, 법률의 조합, 요건, 정책 및 지시를 포함한다.

3. 국가시스템 및 기능(State system and functions (CE-3))

3.1 국가는 안전관리를 위하여 적절한 예산과 함께 자격이 있는 인력이 충분한 당국 또는 기관을 적절하게 갖추어야 한다.

3.2 국가의 당국 또는 기관은 안전관리책임을 다하기 위하여 성문화된 안전기능 및 목표를 구비하여야 한다.

주. 이는 국가내에서 안전관리와 관련된 역할, 책임, 관계의 수립과 조직들 사이에서의 관계등 구체적인 활동에 있어 국가항공조직의 참여를 포함한다.

3.3 권고: 국가는 안전감독기능을 수행하는 유자격인력이 채용되고 유지될 수 있도록 급여 및 근무조건 등 필요한 조치를 취하여야 한다.

3.4 국가는 안전감독기능을 수행하는 인력이 공적인 임무를 수행함에 있어 윤리지침을 제공하고 이해의 상충을 피할 수 있도록 조치하여야 한다.

3.5 권고: 국가는 해당국가의 항공활동의 규모 및 복잡성을 염두에 두고 안전감독기능을 수행하는 인력의 채용요건을 결정하기 위한 기법을 사용하여야 한다.

주. 이에 추가하여 부속서 6, Part I 부록 5 및 부속서 6, Part III 부록 1은 운영국이 검사인력을 결정하는 기법을 사용할 것을 요구한다. 검사관은 안전감독기능을 수행하는 인력의 부분집합을 말한다.

4. 유자격인력(Qualified technical personnel (CE-4))

4.1 국가는 안전관련기능을 수행하는 기술인력을 위한 최소 자격요건을 수립하여야 하며 그 경쟁력이 필요한 수준을 유지하고 강화할 수 있도록 적절한 초기 및 정기훈련을 제공하여야 한다.

4.2 국가는 기술인력에 대하여 교육훈련기록을 관리하는 시스템이 작동되도록 하여야 한다.

5. 안전–핵심정보에 대한 기술지침, 도구(Technical guidance, tools and provision of safety–critical information (CE–5))

5.1 국가는 기술인력들이 안전감독 기능을 효과적으로 수행할 수 있도록 표준화된 방법으로 수립된 절차에 따라 종합적이고 최신의 기술지침 및 절차, 안전핵심정보, 도구 및 장비, 적절한 교통수단을 제공하여야 한다.

5.2 국가는 관련규정을 이행함에 있어 항공산업계에 기술안내지침을 제공하여야 한다.

6. 자격, 증명, 인증 및 인가책임(Licensing, certification, authorization and approval obligations (CE–6))

국가는 항공활동을 하는 개인 또는 조직이 관련 항공활동을 실시하도록 자격, 증명, 인증 및 인가에 명시된 권한을 행사함에 있어 수립된 요건에 부합하는지를 확인하는 문서화된 프로세스 및 절차를 이행하여야 한다.

7. 감독책임(Surveillance obligations (CE–7))

국가는 항공자격, 증명, 인증 및 인가소유자들이 지속적으로 수립된 요건을 충족하면서 검사, 평가 및 감시활동을 할수 있도록 문서화된 감독프로세스를 이행하여야 한다. 이는 당국에 의하여 안전감독을 대신 수행하도록 지정된 감독인력을 포함한다.

8. 안전이슈의 해결(Resolution of safety issues (CE–8))

8.1 국가는 확인된 안전이슈를 해결하기 위하여 행정처분을 포함한 적절한 조치가 가능하도록 하는 문서화된 프로세스를 사용하여야 한다.

8.2 국가는 안전이슈를 해결하기 위하여 항공활동을 수행하는 개인 또는 조직이 취하는 활동을 포함하여 확인된 안전이슈들의 진행사항을 감시하고 기록하는 시스템을 통하여 적기에 해결됨을 확인하여야 한다.

부록 2. 안전관리시스템의 틀

주 1. 안전관리시스템 틀의 이행에 대한 안내지침은 안전관리 매뉴얼 (Doc 9859)에 나와 있다.
주 2. 서비스제공자와 다른 조직과의 인터페이스는 제품 또는 서비스의 안전도에 상당한 기여를 할 수 있다. 안전관리시스템과 관련된 인터페이스 관리에 대한 안내지침은 안전관리매뉴얼 (Doc 9859)에 나와있다.
주 3. 본 부록에 포함된 내용중 서비스제공자와 관련된어 "책무 (accountability)"는 위임될 수 없는 "obligation"을 말하며 "책임 (responsibility)"은 위임될 수 있는 기능을 의미한다.

본 부록은 안전관리시스템의 이행과 유지를 위한 틀을 정의한다. 그 틀은 안전관리시스템의 이행을 위한 최소 요건으로 4개 부문과 12개의 요소로 구성된다.

1. 안전정책 및 목표(Safety policy and objective)

1.1 관리의 의무(Management commitment)

1.1.1 서비스제공자는 국제 및 국내요건에 따른 안전정책을 정의하여야 한다. 안전정책은 다음을 포함하여야 한다.

- 긍정적 안전문화의 진흥을 포함한 안전관련 조직의 의무를 반영할 것
- 안전정책의 이행을 위한 필요자원에 대한 공급과 관련 명확한 성명을 포함할 것
- 안전보고절차를 포함할 것
- 서비스제공자의 항공활동관련 어떤 형식의 행태가 부적절한 것인지를 명확하게 표시하고 처분조치가 부적절한 것은 어떤 상황인지를 포함할 것
- 조직의 최고책임자에 의하여 서명될 것
- 조직전체를 통하여 가시적인 지지가 알려질 것
- 서비스제공자에게 적합하고 적절하게 유지되고 있는지가 주기적으로 검토될 것

1.1.2 안전정책에 대한 설명에서 서비스제공자는 안전목표를 정의하여야 한다. 안전목표는

- 3.1.2항에서 요구되는 안전성과감시 및 측정의 기반을 형성할 것
- 안전관리시스템의 전반적인 효용성을 유지하거나 또는 지속적으로 개선하기 위한

서비스제공자의 의무를 반영할 것
- 조직전반에 걸쳐 소통되도록 할 것
- 서비스제공자에게 적합하고 적절하게 유지되고 있는지 주기적으로 검토될 것

주. 안전목표를 설정하기 위한 안내지침은 안전관리매뉴얼 (Doc 9859)에 나와있다.

1.2 안전책무 및 책임(Safety accountability and responsibility)

서비스제공자는
- 다른 기능과는 별도로 조직을 대표하여 안전관리시스템의 효과적인 이행과 유지를 담당하는 최고책임자를 확인한다.
- 안전에 직접적인 책임이 있는 고위급을 포함하여 조직전체에서 안전책임 라인을 명확하게 정의
- 다른 기능과는 별도로 조직의 안전성과와 관련된 모든 관리계층의 책임을 정의
- 조직전체를 통한 안전책무, 책임 및 기관에 대한 문서 및 소통
- 안전위험의 감내와 관련된 의사결정권한이 있는 관리수준의 정의

1.3 핵심 안전관리자의 지정(Appointment of key safety personnel)

서비스제공자는 안전관리시스템의 이행과 유지에 책임이 있는 안전관리자를 지정하여야 한다.

주. 서비스제공자의 규모 및 항공제품 또는 서비스의 복잡성에 따라 안전관리시스템의 이행과 유지책임은 전담 또는 다른 임무와 병행하되 이해의 충돌이 발생하지 않는 범위에서 한명 또는 그 이상의 안전관리자 역할을 하는 사람에게 지정될 수 있다.

1.4 비상대응 계획의 협조(Coordination of emergency response planning)

항공기운영 및 기타 항공비상사태 시 사고 및 준사고에 대한 비상대응계획을 수립하고 유지관리해야 하는 서비스제공자는 비상대응 계획이 해당항공제품 및 서비스 제공중에 상호작용해야 하는 조직의 비상대응계획들과 적절히 조화되도록 해야 한다.

1.5 SMS 문서 (SMS documentation)

1.5.1 서비스제공자는 안전관리시스템 매뉴얼을 다음 내용을 포함하여 개발하고 유지하여야 한다.

- 안전정책 및 목표
- 안전관리시스템 요건
- 안전관리시스템 프로세스 및 절차
- 책무, 책임 및 권한

1.5.2 서비스제공자는 안전관리시스템 문서의 일환으로 안전관리시스템 운영기록을 개발하고 유지하여야 한다.

주. 서비스제공자의 규모 및 항공제품 또는 서비스의 복잡성에 따라 안전관리시스템 매뉴얼 및 안전관리시스템 운영기록은 단독문서의 형태 또는 조직내 다른 문서와의 조합형태로 서비스제공자에 의하여 유지되어야 한다.

2. 안전위험관리(Safety risk management)

2.1 위해요인확인 (Hazard identification)

2.1.1 서비스제공자는 항공제품 또는 서비스와 관련된 위해요소를 확인하는 프로세스를 개발하고 유지하여야 한다.

2.1.2 위해요인확인은 수동적 및 능동적 방법의 조합에 기초하여야 한다.

2.2 안전위험평가 및 경감 (Safety risk assessment and mitigation)

서비스제공자는 확인된 위해요소와 관련된 안전위험의 분석, 평가, 및 관리 프로세스를 개발하고 유지하여야 한다.

주. 그러한 프로세스는 안전데이터 분석의 예측적 기법을 포함할 수 있다.

3. 안전보증(Safety assurance)

3.1 안전성과 감시 및 측정(Safety performance monitoring and measurement)

3.1.1 서비스제공자는 조직의 안전성능을 확인하고 안전위험조절의 효용성을 진단하는 수단을 개발하고 유지하여야 한다.

주. 초기 평가프로세스는 안전관리시스템의 생성을 근거로하는 안전규정에 대한 이행을 감시하고 안전위험관리와 안전관리시스템의 효용성을 평가하는 하나의 방안이 된다. 내부평가프로세스의 범주에 대한 안내지침은 안전관리매뉴얼(Doc 9859)에 나와있다.

3.1.2 서비스제공자의 안전성능은 조직의 안전목표를 지원하기 위한 안전관리시스템의 안전성능지표 및 안전성능목표에 따라 진단되어야 한다.

3.2 변화관리(The management change)

서비스제공자는 항공제품 또는 서비스와 관련된 안전위험 수준에 영향을 미치는 변화를 확인하는 프로세스를 개발하고 유지하여야 하며 그러한 변화로부터 발생되는 안전위험을 확인하고 관리하여야 한다.

3.3 안전관리시스템의 지속개선(Continuous improvement of the SMS)

서비스제공자는 안전관리시스템의 전반적인 효과성을 유지하거나 또는 지속적으로 개선시키는 해당 안전관리시스템을 감시하고 평가하여야 한다.

4. 안전진흥(Safety promotion)

4.1 훈련 및 교육 (Training and education)

4.1.1 서비스제공자는 인력이 훈련되고 안전관리시스템의 수행에 경쟁력이 있도록 안전훈련프로그램을 개발하고 유지하여야 한다.

4.1.2 안전훈련프로그램의 범위는 안전관리시스템에 관련된 개인에게 적합하여야

한다.

4.2 안전소통(Safety communication)

서비스제공자는 안전소통을 위한 정식절차를 개발하고 유지하여야 한다.

- 소속인력들이 각 직위에 적합한 수준의 안전관리시스템을 인식하도록 하여야 한다.
- 안전-핵심정보를 전달한다.
- 안전개선을 위하여 특정 조치가 왜 취해졌는지를 설명한다.
- 안전절차가 왜 도입되거나 변경되었는지를 설명한다.

부록 3. 안전데이터, 안전정보 및 관련자료의 보호원칙

주 1. 안전데이터 및 안전관련 정보의 보호는 안전성 유지 및 개선 이외의 목적을 위한 안전데이터 및 안전정보의 사용은 안전에 악영향을 미치며 그러한 데이터 및 정보의 향후 가용성을 저해할 수 있기 때문에 지속적인 가용성을 보장하는 것이 중요하다.

주 2. 각기 다른 법률체계를 고려하여 국가는 정책과 관행에 따라 법률과 규정을 작성할 때 하는 유연성을 가진다.

주 3. 이 부록에 포함된 원칙은 국가가 안전데이터 수집 및 처리시스템 (SDCPS) 뿐만 아니라 항공안전을 유지하거나 개선하기 위한 적절한 사법 및 필요한 조치를 허용하면서 관련자료원에서 수집 한 안전데이터 및 안전정보를 보호하기 위한 국내법률, 규정 및 정책을 제정하고 채택하도록 지원하는 것을 목표로 하고 있다.

주 4. 목표는 항공안전을 유지 또는 개선하는 것 이외의 용도로 사용을 제한함으로써 안전 데이터 및 안전정보의 지속적인 가용성을 보장하는 것이다.

1. 일반원칙(General principles)

1.1 국가는 안전데이터, 안전정보 및 관련출처를 보호하는 국내법규, 규정 및 정책을 통해 다음을 확인하여야 한다.

- 항공안전을 유지 또는 개선하기 위한 안전데이터, 안전정보 및 관련자료의 필요성과 적절한 사법행정의 필요성 사이에서 균형이 이루어짐
- 안전데이터, 안전정보 및 관련자료원은 이 부록에 따라 보호됨
- 안전데이터, 안전정보 및 관련자료원에 대하여 보호대상인 조건을 명시해야 함
- 안전데이터 및 안전정보는 항공안전을 유지 또는 향상시킬 목적으로 계속 사용할 수 있어야 함

주. 안전데이터, 안전정보 및 관련자료원의 보호는 적절한 사법행정을 방해하거나 안전을 유지 또는 향상시키려는 의도가 아니다.

1.2 부속서 13에 따라 조사가 이루어질 때, 부속서 13의 5.12에 열거된 사고 및 준사고조사 기록은 본 부속서가 부여한 보호조치 대신에 보호조치의 적용을 받는다

2. 보호의 원칙(Principles of protection)

2.1 국가는 안전데이터 또는 안전정보가 다음 용도로 사용되지 않도록 보장해야 한다.

- 직원, 운영요원 또는 조직에 대한 처분, 민사, 행정 및 형사소송
- 대중에게 공개
- 예외원칙이 적용되지 않는 한 안전유지 또는 개선이외의 목적

2.2 국가는 다음을 보장함으로써 안전데이터, 안전정보 및 관련자료를 보호해야 한다.

- 보호는 안전데이터 및 안전정보의 성격에 따라 지정됨
- 안전데이터, 안전정보 및 관련 자료원에 대한 보호를 제공하는 공식절차가 수립됨
- 안전자료 및 안전정보는 예외원칙이 적용되지 않는 한 수집된 목적과 다른 방식으로 사용되지 않음
- 예외의 원칙이 적용되는 범위내에서 처분, 민사, 행정 및 형사소송에서 안전데이터 및 안전정보의 사용은 예외적 보호의 원칙하에서만 수행됨

주 1. 정식절차에는 안전데이터 또는 안전정보의 공개를 원하는 사람이 공개에 대한 정당성을 제공할 것을 포함할 수 있음

주 2. 신뢰할 수 있는 보호수단에는 보호명령, 폐쇄절차, 카메라검토, 사법 또는 행정절차에서 안전정보의 사용 또는 공개에 대한 데이터의 식별취소와 같은 법적 또는 행정적 제한이 포함됨

3. 예외의 원칙(Principles of exception)

안전데이터, 안전정보 및 관련출처의 보호에 대한 예외는 권한있는 당국에 의하여 다음의 경우에만 부여되어야 한다.

- 사건이 중대한 과실, 비필적 고의에 의한 과실 또는 범죄행위로 구성되는 행위로 간주되는 행위 또는 부작위에 기인한 것일 수 있음을 합리적으로 나타내는 사실 및 상황이 있다고 판단하는 경우
- 안전데이터 또는 안전정보를 검토 한 후, 해당사안이 적절한 사법행정을 위해 필요하다고 결정하고 그 사안의 공개의 이점이 그러한 공개가 장래의 안전수집 및 가용성에 미칠 수 있는 국내 및 국제적 영향의 불리한 면을 능가할 경우

- 안전데이터 또는 안전정보를 검토한 후 안전을 유지 또는 향상시키기 위해 공개가 필요하며 공개의 이점이 안전데이터의 미래 수집 및 가용성에 미칠 수 있는 국내 및 국제영향의 불리한 점보다 크다고 결정할 경우

주 1. 결정을 관리함에 있어 관할 당국은 안전데이터 및 안전정보의 출처에 대한 동의를 고려한다.

주 2. 상이한 관할당국이 상이한 상황을 위해 지정될 수 있다. 권한있는 당국은 사법당국 또는 국내법에 따라 지정된 항공책임을 위임받은 사람을 포함할 수 있지만 이에 국한되지는 않는다.

4. 일반공개(Public disclosure)

4.1 알 권리에 관한 법을 가진 국가는 공개를 위한 요청의 맥락에서 자발적으로 제공된 안전데이터 및 안전정보의 기밀유지를 보장하기 위해 공개에 대한 예외를 만들어야 한다.

주. 일반적으로 알 권리에 관한 법률(정보의 자유, 기록의 공개 또는 공개에 관한 법률) 규정 및 정책은 국가가 보유한 정보에 대한 대중의 접근을 허용한다.

4.2 제3항에 따라 공개가 이루어지는 경우, 각국은 다음을 보장해야 한다.

- 안전데이터 또는 안전정보에 포함된 관련 개인정보의 공개는 해당개인에 대한 정보보호 법률을 준수
- 안전데이터 또는 안전정보의 공개는 비식별, 요약 또는 집합형태로 이루어짐

5. 안전데이터 및 안전정보보관 담당자의 책임(Responsibility of the custodian of safety data and safety information)

각 SDCPS는이 부록의 해당조항에 따라 안전데이터 및 안전정보에 대한 보호를 적용할 수 있는 지정된 관리자를 확보해야 한다.

주. “관리인”은 개인 또는 조직을 지칭할 수 있다.

6. 기록된 데이터의 보호(Protection of recorded data)

주 1. 예를 들어 조종실 음성녹음장치 (CVR) 또는 배경통신 및 항공교통관제 작업장의 배경음에 관한 기록과 같은 국내법률에 의해 요구되는 작업장 기록은 다른 전문직이 아닌 운영요원에게 사생활침해로 간주될 수 있다.

주 2. 부속서 13에 따라 조사가 진행되는 동안 비행자료기록장치 및 항공교통관제 녹음에 관한 보호조항은 여기에 포함됨. 정상운영 중 비행기록장치 기록의 보호에 관한 규정은 부속서 6에 포함되어 있다.

6.1 국가는 국내법령 및 규정을 통해 일반작업장 녹음에 대한 비밀 및 접근에 관한 구체적인 보호조치를 제공하여야 한다..

6.2 국가는 국내법령 및 규정에 따라 국내법령 및 규정에서 요구하는 작업장 주변기록을 이 부록에 규정된 보호 및 예외원칙에 따라 특별하게 보호되는 자료로 취급해야 한다.

참 고 02

국가항공안전프로그램

항공안전관리에 관한 기본방침

항공교통의 안전확보는 국토교통부의 주요 임무중의 하나이며, 최고의 가치이다. 국토교통부는 국제민간항공기구(ICAO)의 기준과 국내항공법규 요건을 준수하고 최고 수준의 안전도를 유지하기 위하여 필요한 전략과 프로세스를 수립 · 시행하며, 이를 지속적으로 개선하기 위하여 노력한다.
서비스제공자는 안전관리능력의 향상과 선진안전문화 조성을 위하여 시스템적인 안전관리기법을 적용하고 본래의 취지대로 제반기능이 구현되도록 노력하여야 한다.
정부 및 항공산업계의 모든 안전관계 임 · 직원들은 최고수준의 안전도 유지를 위해 적극 노력하여야 하며, 다음 사항을 위하여 최선을 다한다.

1. 항공교통시스템의 특성에 맞는 안전관리원칙을 정하고, 필요한 규칙과 절차를 수립한다.
2. 항공안전 규제사항에 대하여 모든 항공산업계의 의견을 적극 수렴한다.
3. 항공안전보고제도와 자유로운 정보교환 여건을 조성하여 효율적인 안전관리실현을 지원한다.
4. 안전문제를 해결하는 과정에서 서비스제공자와 상호협력한다.
5. 항공안전활동을 위하여 적절한 자원을 배정하고 직원의 전문교육 · 훈련을 통해 안전관리에 관한 기량을 유지시킨다.
6. 안전감독은 안전목표의 달성도 평가 및 위험도 평가와 같은 성과기반의 점검과 안전기준 · 절차 이행점검방식을 병행한다.
7. 안전관리의 개념과 원리에 관하여 항공산업계에 대한 교육 · 홍보를 적극 전개한다.
8. 안전감독활동을 통해 최상의 안전기준 이행상태를 유지시킨다.
9. 안전관리시스템(SMS)의 이행실태를 효과적으로 관리 · 감독한다.
10. 항공안전정보의 수집 · 관리 · 분석을 위한 시스템을 개발하고, 관련정보의 보호를 위해 노력하며, 서비스제공자와 정보교환을 위해 노력한다.
11. 명확한 항공안전지표 · 목표를 정하여 항공안전프로그램의 이행수준을 합리적으로 측정 · 관리한다.
12. 고의 또는 중과실인 경우를 제외하고, 항공안전프로그램 또는 안전관리시스템(SMS)의 운용과정에서 수집된 안전정보를 행정처벌을 위한 목적으로 악용하지 아니한다.

이 방침은 국토교통부 항공정책실 산하의 안전활동을 담당하는 모든 직원들이 잘 숙지하고 따라야 한다.

항공정책실장 서 훈 택 (서명)

제 1 장 일반사항

제1조(목적) 항공안전프로그램은 「항공안전법」 제58조 및 같은 법 시행규칙 제130조부터 제132조까지의 규정에 따라 항공사고를 예방하고 안전을 확보하기 위한 국가의 항공안전활동과 안전관리시스템(SMS: Safety Management System) 운용자의 안전증진활동을 위한 기본방향과 운용절차를 정함을 목적으로 한다.

제2조(정의) 이 프로그램에서 사용하는 용어의 뜻은 다음과 같다.

1. “안전(Safety)”이란 지속적인 위해요인(hazard)의 발굴과 위험관리(risk management)를 통하여 인명피해나 재산손실을 야기할 수 있는 위험(risk)이 수용가능한 수준이하로 유지되는 상태를 말한다.
2. “항공안전프로그램(ASP, Aviation Safety Programme)”이란 항공안전을 확보하고, 안전목표를 달성하기 위한 항공관련 제반 법규정, 기준, 절차 및 안전활동을 포함한 종합적인 안전관리체계를 말한다.
3. “안전관리시스템(Safety Management System)”이란 서비스제공자(SP: Service Provider)가 정부의 항공안전프로그램에 따라 자체적인 안전관리를 위하여 요구되는 조직, 책임과 의무, 안전정책, 안전관리절차 등을 포함하는 안전관리체계를 말한다.
4. “안전성과지표(SPI: Safety Performance Indicator)”란 서비스제공자의 안전목표 달성도측정을 위한 척도 또는 기준값을 말한다.
5. “안전성과목표(Safety Performance Target)”란 서비스제공자의 안전성과지표를 감안하여 달성하려는 정량적인 목표값을 말한다.
6. “안전요건(Safety Requirement)”이란 안전성과지표 및 안전성과목표의 달성을 위한 기준, 방법, 수단 및 절차 등을 말한다.
7. “안전지표(Safety Indicator)”란 항공교통 전체 또는 운항 · 정비 · 관제 · 공항 · 항행안전시설 등 각 분야별 안전수준이나 실태의 측정을 위한 척도 또는 기준값을 말한다.
8. “안전목표(Safety Target)”란 항공안전프로그램의 운용을 통하여 달성하려는 항공안전수준을 나타내는 것으로 안전지표를 이용한 정량적인 목표값을 말한다.
9. “서비스제공자(SP: Service Provider)”란 항공운송사업자, 항공기정비업자, 항공교통업무제공자, 공항운영자, 항행안전시설의 설치 및 관리자 등 항공관련 서비스를 제공하는 자 또는 기관을 말한다.

10. “항공안전의무보고(Aviation Safety Mandatory Report)”란 「항공안전법」(이하 “법”이라 한다) 제59조에 따른 보고제도를 말한다.
11. “항공안전자율보고(Aviation Safety Voluntary Report)”란 법 제61조에 따른 보고제도를 말한다.
12. “안전보고시스템(ASMRS: Aviation Safety Mandatory Reporting System)”란 온라인을 이용하여 항공안전의무보고정보를 수집하기 위하여 국토교통부가 개발 · 운영 중인 전산프로그램을 말한다.
13. “항공기사고(Accident)”란 사람이 항공기에 비행을 목적으로 탑승한 때부터 탑승한 모든 사람이 항공기에서 내릴 때까지(무인항공기 운항의 경우에는 비행을 목적으로 움직이는 순간부터 비행이 종료되어 발동기가 정지되는 순간까지를 말한다.) 항공기의 운항과 관련하여 발생한 것으로서 법 제2조 제6호에 따른 것을 말한다.
14. “항공기준사고(Serious Incident)”란 항공기사고 외에 항공기사고로 발전할 수 있었던 것으로서 「항공안전법 시행규칙」(이하 “시행규칙”이라 한다) 제9조 및 별표 2에 따른 것을 말한다.
15. "항공안전장애(Incident)"란 항공기사고, 항공기준사고 외에 항공기운항 및 항행안전시설과 관련하여 항공안전에 영향을 미치거나 미칠 우려가 있는 것으로서 시행규칙 제10조 및 별표 3에 따른 것을 말한다.
16. “항공안전위해요인”란 항공기사고, 항공기준사고 및 항공안전장애 외에 항공안전을 해치거나 해칠우려가 있는 경우로서 시행규칙 제135조에 따른 것을 말한다.
17. “안전정보(Safety Information)”란 항공안전의무 · 자율보고내용을 포함하여 위험관리에 활용될 수 있는 일체의 자료를 말한다.
18. “위험평가(Risk Assessment)”란 위험(Risk)의 발생가능성과 심각도의 수준을 분석하여 위험의 정도를 도출하는 과학적 · 체계적 평가기법 등을 말한다.
19. “PHA(Preliminary Hazard Analysis)”란 인명의 부상 사망 등 피해, 시스템 · 장비 · 재산 등의 손실을 초래할 수 있는 현존하거나 잠재적인 원인 또는 요인을 분석하기 위한 초도분석을 말한다.
20. “위해요인(Hazard)”이란 인명의 부상 사망 등 피해, 시스템 · 장비 · 재산 등의 손실을 초래할 수 있는 현존하거나 잠재적인 원인 또는 요인을 말한다.
21. “위해요인목록(Hazard List)”이란 위해요인 분석결과를 기록한 목록을 말한다.
22. “위험(Risk)”이란 위해요인으로 인한 잠재적인 영향으로 심각도(Severity)와 발생가능성(Probability)으로 측정되는 위험의 정도를 말한다.
23. “위험대장(Risk Register)”이란 위험평가결과를 기록한 목록을 말한다.

제3조(적용범위) ① 이 고시는 항공교통안전에 영향을 미칠 수 있는 자격관리(ICAO Annex1), 운항

(ICAO Annex6), 감항(ICAO Annex8), 항공교통업무(ICAO Annex11), 항공사고조사(ICAO Annex13), 공항(ICAO Annex14) 부문의 안전활동에 대하여 적용한다.

② 이 고시는 법 제58조제2항 및 제3항에 따라 항공안전관리시스템을 운용하는 항공운송사업자, 항공기정비업자, 항공교통관제기관, 공항운영자 및 항행안전시설의 설치자·관리자 등에 적용한다.

제4조(항공안전프로그램의 성격과 위상) ① 이 고시는 「ICAO 안전관리부속서(Annex19)」와 「ICAO 안전관리지침서(Doc9859)」에 따른 항공안전관리에 필요한 제반지침을 반영하며, 국가항공안전관리를 위한 기본적인 사항과 안전관리시스템(SMS) 운용자가 준수해야 할 세부적인 요건을 정한다.

② 국토교통부장관(항공정책실장을 말한다. 이하 같다)은 이 고시의 기준과 절차에 따라 항공안전활동에 관한 업무 및 각 분야의 안전관리시스템(SMS) 시행자에 대한 관리업무를 수행한다.

<항공안전프로그램의 구성도>

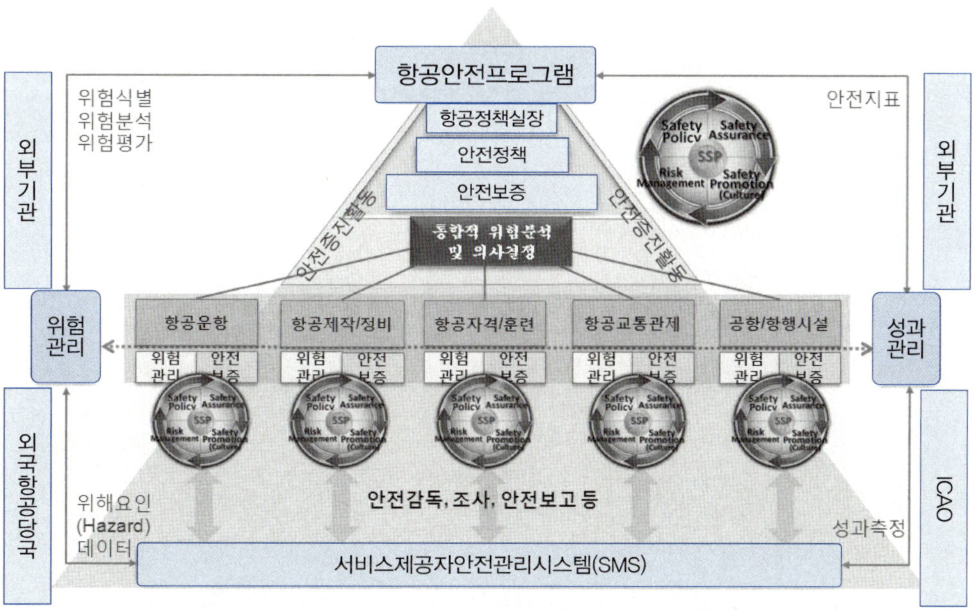

제5조(항공안전프로그램의 기본 구성요소) ① 항공안전프로그램은 법 제58조 제1항에 따라 다음 각 호와 같은 기본적인 구성요소가 포함되어야 한다.

1. 국가의 항공안전목표
2. 항공안전목표를 달성하기 위한 항공기운항, 항공기정비, 항공교통업무, 공항운영 및 항행시설

운영 등 세부분야별 활동에 관한 사항

3. 항공기사고, 항공기준사고 및 항공안전장애 등 보고체계에 관한 사항
4. 항공안전을 위한 조사활동 및 안전감독에 관한 사항
5. 잠재적인 항공안전위해요인의 식별 및 개선조치의 이행에 관한 사항
6. 지속적인 자체감시와 정기적인 안전평가에 관한 사항

제6조(국가항공안전프로그램과 안전관리시스템의 관계) ① 항공안전프로그램은 국가의 정량적인 안전지표 · 목표에 따른 안전관리체계를 구축하기 위하여 적정안전성과목표(ALoSP: Acceptable Level of Safety Performance)을 설정하고 이를 달성하기 위한 위험관리, 안전보증, 안전증진활동을 정의한다.

② 서비스제공자의 안전관리시스템(SMS)은 제27조의 요건을 충족해야 하고, 국가의 적정안전성과목표(ALoSP)를 달성하기 위한 안전성과지표(SPI)의 설정 및 안전정보의 제공 등에 관하여 이 고시의 절차에 따른다.

<항공안전프로그램과 안전관리시스템 간의 관계>

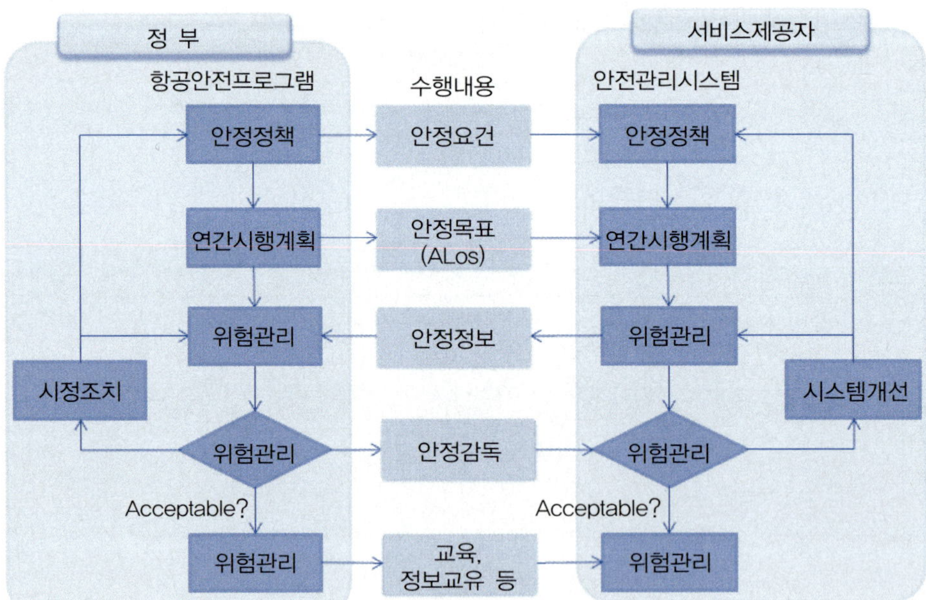

제7조(다른 법령 및 안전계획과의 관계) 법에 따른 항공안전활동과 국가교통안전기본계획에 따른 국가의 모든 항공안전활동에 대하여는 이 고시에 따른다. 다만 항공기사고 및 준사고에 대한 조사, 수색구조, 비상대응계획(Emergency Response Plan) 등은 다음 각 호와 같이 관계법령에 따

른다.

1. 정부 및 민간부문의 영역을 포함하여 항공기사고·준사고의 예방과 재발방지를 위한 근본적인 발생원인 및 기여요인의 규명에 대한 사항은 「항공·철도사고조사에 관한 법률」에 따른다.[1)]
2. 비상대응계획(Emergency Response Plan) 및 항공기 수색구조에 대한 사항은 「재난 및 안전관리기본법」, 「수상에서의 수색·구조 등에 관한 법률」에 따른다.

제 2 장 국가항공안전체계

제8조(항공안전업무에 관한 기본방침) ① 국토교통부 항공정책실장은 항공안전에 관한 정책과 관련조직의 운영을 총괄하며, 분야별 안전관리에 관한 업무는 해당 정책관 및 소관부서에서 담당한다.

② 항공안전프로그램(ASP)의 구축과 원활한 운영을 위하여 다음 각 호의 사항을 정하여 관리한다.

1. 항공안전프로그램의 관리와 안전감독에 관한 부서별· 상하위 직원간 사무분장과 책무
2. 항공안전관리를 위한 법령의 제·개정
3. 항공교통안전수준의 지속적인 향상을 위한 연구
4. 국가의 적정안전성과 목표(Acceptable Level of Safety Performance)설정
5. 안전목표의 설정과 분석을 위한 지침서 제공
6. 위해요인에 대한 체계적인 관리
7. 안전도 향상을 위한 내·외부의 제안 등 자유로운 의견개진 여건조성
8. 위험유발행위의 처분 등을 위한 판단기준
9. 항공안전프로그램의 문서화 및 항공정책실장의 서명
10. 항공안전프로그램의 배포
11. 항공안전프로그램에 대한 주기적인 검토

제9조(항공안전 법규체계) ① 항공안전프로그램은 「국제민간항공조약과 부속서(Annex)」 및 항공안전법에 따른 기준과 절차를 준수하며, 그밖에 항공안전관리에 필요한 사항은 항공관계법규 및

---

1) 항공·철도사고조사에 관한 법률 제1조 및 관련 운영규정 제21조에 따라 사고조사는 정확한 사고원인규명을 통한 사고의 예방과 재발방지이며 사고의 책임이나 비난대상을 확인하는 것이 아니다. 또한 비난이나 책임의 대상을 규명하기 위한 사법적·행정적 절차와 분리되어야 하며 항공·철도사고조사에 관한 법률 제30조에 따라 민·형사상 책임과 관련된 사법절차, 행정처분절차 또는 행정쟁송절차와 분리·수행되어야 한다.

행정규칙 등에 규정한다.

② 항공안전에 관한 법령체계 및 항공안전프로그램과 관련된 법령 · 규정에 관한 내용은 별표 1과 같다.

③ 항공안전에 관한 법령 등은 항공안전관리의 실효성을 보장하기 위하여 지속적으로 검토 · 보완되어야 하며, 항공안전프로그램의 개정관리는 제13조에 따른다.

제10조(항공안전프로그램의 수립 · 운영) ① 항공안전프로그램의 시행 및 항공안전목표를 달성하기 위한 안전관리조직과 업무분장은 다음 각 호와 같다.

1. 최고관리자(Accountable Executive)는 항공정책실장으로 하며, 다음 각 목의 업무를 총괄한다.
   가. 항공안전프로그램 시행에 관한 총괄
   나. 항공안전증진 기본전략의 총괄
   다. 조직의 안전활동에 관한 자원의 배분(예산, 인력 등)
2. 중간관리자는 항공안전정책관으로 하며, 다음 각 목의 업무를 총괄한다.
   가. 항공안전프로그램의 연간시행계획 총괄
   나. 항공안전목표 · 지표설정총괄
   다. 안전대책시행에 따른 개선조치에 대한 총괄
3. 총괄파트는 운항정책과장이 담당하며, 다음 각 목의 업무를 수행한다.
   가. 적정안전성과 목표(ALoSP)를 분석하여 적정수준의 안전목표수립, 성과분석 및 연간시행계획 수립
   나. 항공분야의 위해요인(Hazard)식별, 위험평가 및 위험경감을 포함하는 위험관리체계의 종합관리
   다. 안전활동, 위험경감을 위한 안전대책시행에 따른 개선조치확인 · 관리
   라. 안전목표 달성도에 관한 분석 및 주기적인 보고
   마. 항공안전프로그램과 관련된 안전규정 · 문서에 관한 관리
   바. 직원의 안전교육
   사. 안전정보의 전파 및 공유
4. 서브파트는 항공안전프로그램의 적용을 받는 소관부서의 장이 담당하며, 다음 각 목의 업무를 수행한다.
   가. 소관분야 안전목표 · 지표설정 및 관리
   나. 소관분야 위해요인(Hazard)식별, 위험평가 및 위험경감을 포함하는 위험관리체계관리
   다. 소관분야 안전활동, 위험경감을 위한 안전대책시행에 따른 개선조치확인 · 관리

라. 소관분야 안전목표 달성도에 관한 분석 및 주기적인 보고

마. 분야별 위험관리, 안전보증활동에서 수집된 자료공유

바. 서비스제공자의 SMS 승인 및 운영상태에 대한 감독

5. 항공안전협의회(SMS Coordination Committee)의 위원장은 항공정책실장(부: 항공안전정책관)으로 하며, 소관업무는 제46조에서 정한 바에 따른다.

6. 위험평가그룹(Risk Evaluation Group)은 총괄파트 및 서브파트로 구성되며, 다음 각 목의 사항을 담당한다.

가. 항공안전협의회에서 수립된 항공안전증진전략의 구체실행방안협의

나. 정기적인 안전목표달성도 분석결과가 위험도가 높은 것으로 나타난 경우 위험경감대책 검토

다. 중요이벤트 발생시 긴급한 위험경감대책 검토

라. 일반적인 안전목표·지표의 개선필요여부 검토

마. 안전감독의 효율성 증진에 관한 검토

바. 그 밖의 항공안전프로그램의 개선에 관한 사항 등

<항공안전프로그램 운영조직 체계도>

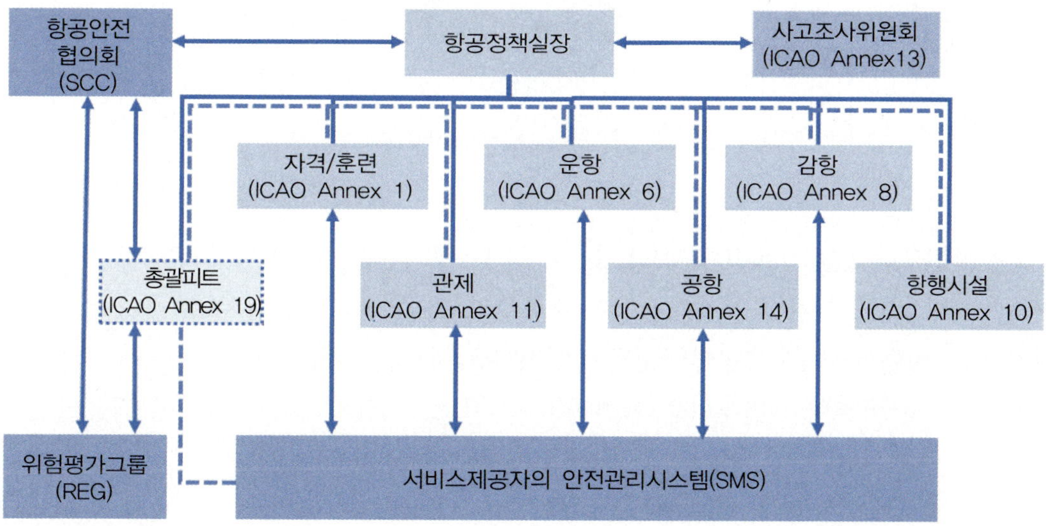

② 항공안전프로그램은 다음 각 호의 절차를 거쳐 수립·운영되며 국가교통안전기본계획[2] 및 그 밖의 안전계획들과 연계된다.

2) 국가교통안전기본계획은 민간항공 국가교통체계의 다양한 이해당사자가 참여하는 범부처 국가기본계획으로 본 프로그램에서 수립하는 연간시행계획의 목표설정, 안전계획, 자원배분 및 범부처 협력의 기초가 된다.

1. ICAO 안전관리매뉴얼(Doc 9859) 상의 Gap Analysis Template를 활용하여 국가항공안전관리프로그램의 구성요소들에 대한 적합성을 진단
2. 항공안전프로그램 관계자를 위한 교육프로그램의 수립
3. 서비스제공자들의 SMS 수립 · 이행을 위한 규정 및 지침의 마련
4. 행정처분에 관한 기본방침 검토

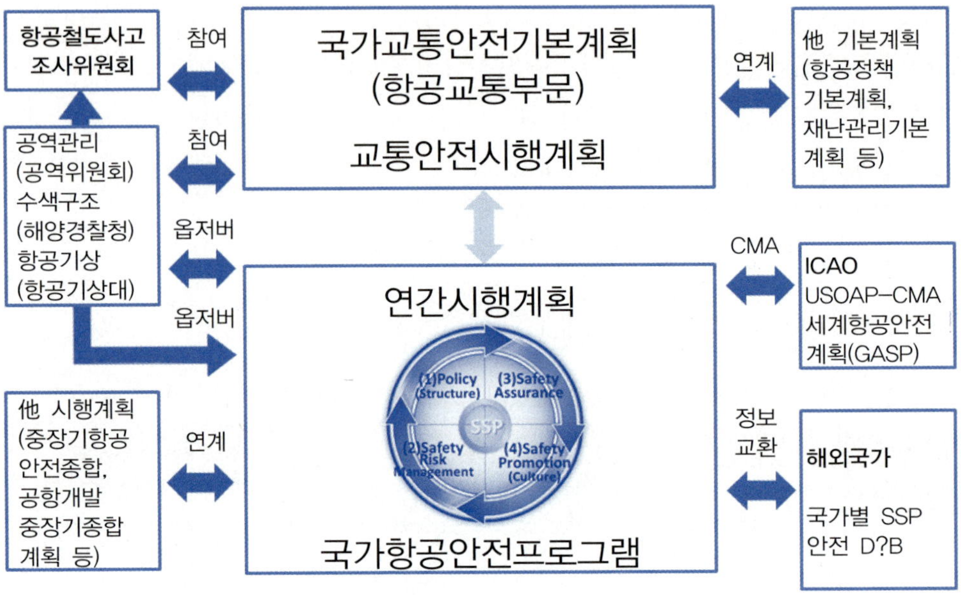

제11조(항공안전프로그램의 목표 · 지표) ① 국토교통부장관은 항공안전프로그램의 운용을 통한 안전성과를 측정하기 위하여 적정안전성과 목표(ALoSP: Acceptable Level of Safety Performance)를 설정하고, 이를 국가의 항공안전성과지표 및 목표관리에 적용한다.

② 총괄파트는 서브파트의 소관분야별 안전관리 및 서비스제공자의 안전관리에 적용할 수 있는 지표체계를 수립한다. 이 경우, 사고리스크 관리 및 안전활동의 목표와 성과를 명확히 하기 위하여 정량적인 목표 · 지표를 설정하여 관리한다.

③ 목표 · 지표는 5개년 장기목표인 종합관리지표와 1년 단위의 단기목표인 분야별 성과지표를 관리한다.

<목표·지표관리체계>

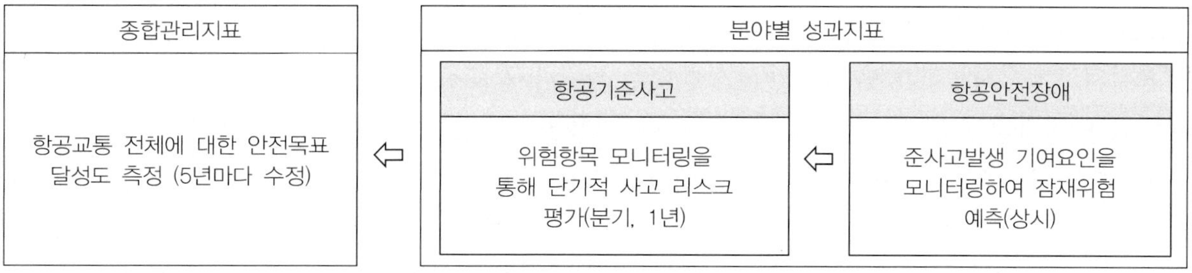

1. 종합관리지표: 사망사고율 및 사고·준사고율을 이용하여 장기목표로 관리
2. 분야별 성과지표: 항공기준사고 및 항공안전장애 발생율 등을 관리

④ 국토교통부장관은 서비스제공자들이 공통적인 지표체계로 활용하기 위한 표준화된 공통안전지표(Common Safety Indicator)[3]를 추출하여 제공할 수 있다.

⑤ 적정안전성과 목표(ALoSP)은 국토교통부장관과 서비스제공자가 긴밀히 협의하여 설정하며, 항공안전프로그램과 서비스제공자의 안전관리시스템의 안전목표·지표체계는 상호연동되어야 한다.

제12조(안전관리시스템(SMS)의 성과목표·지표) ① 서비스제공자는 매년 국토교통부장관이 제시한 안전목표를 달성하기 위하여 안전목표와 활동을 계획하고, 공통안전지표를 기반으로 안전성과지표(SPI: Safety Performance Indicator)를 설정하여 관리하여야 한다. 다만, 필요할 경우 자체 관리중인 지표를 활용할 수 있다.

② 서비스제공자는 소관 안전관리시스템(SMS)의 기준에 따라 자체적으로 국가의 안전목표달성을 위한 성과관리를 수행해야 한다.

③ 서비스제공자의 안전성과목표는 제 각기 특수한 운영환경과 위험에 대응되는 자원의 가용성을 고려하여 결정되어야 한다. 이 때 안전관리시스템(SMS)의 성과를 표현하는 안전성과지표(SPI)는 정부와 각각의 서비스제공자가 협의하여 결정한다.

④ 서비스제공자가 안전성과목표를 설정하는 경우 현재 항공교통부문의 위험도 수준, 시스템향상 비용 및 이익분석, 항공산업의 안전에 대한 국민적 기대와 같은 다양한 요소들을 고려해야 한다.

제13조(항공안전프로그램 개정관리 및 문서화) ① 총괄파트는 항공안전프로그램의 일부 또는 전체의 수정이 필요한 상황이 있는 경우 기본방침, 안전목표·지표, 위험관리절차, 위험보증절차 등 전반적인 내용에 대해 정기적으로 개정필요성을 검토하여야 한다.

---

3) 공통안전지표는 별표3에 따른다.

② 서브파트는 소관분야 서비스제공자의 안전관리시스템(SMS)이 적합하게 운영되고 있는지를 확인하기 위한 모니터링절차를 지속보완·개선하여야 한다.

③ 총괄파트 및 서브파트는 항공안전프로그램 시행과 관련된 내용에 대하여 문서화하여야 한다. 이 경우 전자적인 방법 등의 적절한 수단을 이용할 수 있다.

제14조(항공안전조직의 구성, 기능 및 임무) ① 항공안전조직의 구성과 임무는 다음 각 호와 같다.

1. 국토교통부는 별표 2와 같이 항공안전을 위한 조직체계를 갖춘다. 항공정책실장은 민간항공교통을 위한 안전정책과 그와 관련된 행정 및 안전감독의 책임을 가지며, 상세한 조직체계는 「국토교통부와 그 소속기관 직제 시행규칙」에 따른다.
2. 항공기사고발생 시 독립적이고 전문적인 사고조사, 원인분석 및 재발방지를 위한 안전권고업무 수행을 위하여 국토교통부장관 직속으로 '항공·철도사고조사위원회'를 둔다.

② 그밖의 기관들의 임무는 다음 각 호와 같다.

1. 해양경찰청장은 인천비행정보구역(Flight Information Region)의 해상에서 비행 중 조난을 당한 항공기에 대한 수색 및 구조업무를 담당한다.
2. 안전행정부장관은 대한민국 영역에서 재난의 예방·대비·대응·복구 그밖에 재난 및 안전관리를 총괄한다.
3. 소방방재청장은 인천비행정보구역의 내륙지역에서 비행 중 조난을 당한 항공기에 대한 수색 및 구조업무를 담당한다.
4. 국방부장관은 군비행장을 사용하는 민간항공기에 대한 안전지원과 비행장관제탑 및 접근관제소운영을 포함한 항공교통업무 등 항행서비스 지원을 담당한다.
5. 항공기상청장은 항공교통관제기관에 대하여 비행장, 항공로상의 기상 등의 항공기상정보제공을 담당한다.

제15조(사고 및 준사고조사) ① 항공기사고·준사고의 조사는 「항공·철도사고조사에 관한 규정」에 따른다.

② 항공·철도사고조사위원회는 다음 각 호를 위하여 항공기사고·준사고에 대한 조사를 실시한다.

1. 정부 및 민간부문의 영역을 포함하여 항공기사고·준사고의 예방과 재발의 방지를 위한 근본적인 발생원인 및 기여요인(Contributing factor) 규명
2. 정부, 항공사 등 관련업계에 대하여 근본적인 발생원인, 기여요인에 근거한 안전권고 발행

제16조(비상대응계획(ERP)) ① 국토교통부장관은 위험관리절차를 통해 수립된 안전계획이 실패할 가능성에 대비하여 비상대응계획을 수립하며, 사후조치를 통해 수집된 정보를 이용하여 위험을

재평가하고, 새로운 안전계획에 이를 반영할 수 있어야 한다.

② 안전관리시스템(SMS)을 운용하는 서비스제공자는 법 제58조 제4항 제2호 및 시행규칙 제131조에 따라 비상대응계획 및 협의절차를 설정해야 한다.

③ 항공법령상의 비상대응관련 규정은 다음 각 호와 같다.

1. 항공운송사업자

가. 시행규칙 제258조: 운항증명검사기준(비상훈련)

나. 시행규칙 제266조: 운항규정(비상절차)

다. 시행규칙 제218조: 비상대응절차와 승무원 간의 협조에 관한 교육

라. 「항공사업법」 제11조: 항공기사고 지원계획서

2. 항공교통업무기관

가. 시행규칙 제234조: 비상항공기에 대한 지원

나. 시행규칙 제243조: 경보업무의 수행절차

3. 공항운영자

가. 「공항시설법 시행규칙」 제20조: 비행장 비상계획 수립

제17조(행정처분에 관한 기본방침) 항공법규위반행위에 대한 행정처분은 관계법령과 국토교통부 훈령 「행정처분업무처리에 관한 지침」에 따른다.

제3장 위험관리(SRM)

제18조(위험관리개념) ① "위험관리"란 항공안전프로그램을 통해 발견되는 위해요인을 식별하고 위험을 분석, 평가함으로써 운영환경에서 존재하는 특정위험을 경감하거나 항공안전프로그램을 개선하는 일련의 활동을 말한다.

② 위험관리절차에는 최소한 다음 각 호의 사항을 포함한다.

1. 시스템분석(System Analysis)
2. 위해요인식별(Hazard Identification)
3. 위험분석(Risk Analysis)
4. 위험평가(Risk Assessment)
5. 위험경감(Risk Mitigation)

③ 총괄파트와 서브파트는 다음 각 호의 위험관리절차를 수행한다.

1. 항공교통전체의 위험(종합관리지표) 또는 분야별위험(분야별 성과지표)의 내재여부를 평가하고 필요시 위험경감조치를 수행
2. 서비스제공자의 위험관리절차수행결과 나타나는 위험을 경감하기 위한 조치를 수행
3. 안전목표달성을 위해 필요한 항공안전프로그램의 개선

제19조(위험관리체계) ① 총괄파트는 이 장에서 정한 바에 따라 위험관리체계를 운용하며 위험관리를 위하여 항공안전보고체계의 운영, 위험평가그룹의 관리, 위험정보관리 등의 업무를 수행한다.

② 총괄파트는 국가위험정보의 통합관리, 위험평가 등의 업무를 수행할 때 서브파트와 원활한 업무협조가 이루어 질 수 있도록 다음의 각 호의 조치를 취할 수 있다.

1. 위험정보분석 및 평가 등에 필요한 자료요청
2. 해당 분야의 위해요인 초도분석 및 위험평가 등에 필요한 안전조사의 요청
3. 위험평가그룹(REG) 운영을 위해 필요한 조치
4. 위험경감조치에 따른 이행성과 및 위험경감조치에 따른 후속 위험분석에 필요한 조치

<위험관리 프로세스>

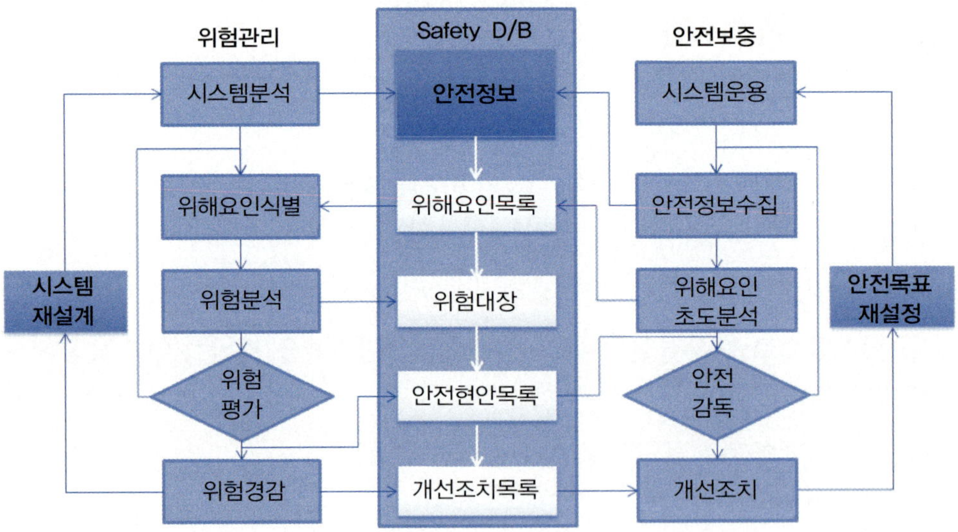

③ 서브파트는 소관분야의 자체적인 위험관리업무를 수행하며, 주요업무는 다음 각 호와 같다.

1. 소관분야의 안전활동을 통해 발견된 위해요인초도분석 및 위해요인목록관리
2. 위험경감을 위한 조치와 관련된 시정조치목록(Corrective action list)관리

3. 총괄파트에 제1호 및 제2호의 내용을 통보
4. 총괄파트에서 요청한 항공안전보고서의 위해요인초도분석
5. 총괄파트에서 요청한 해당분야 안전조사
6. 위험평가그룹(REG)에서 요청한 분야의 위험평가
7. 위험경감조치에 따른 이행성과 및 위험경감조치에 따른 후속위험분석

④ 소관 분야별 수집, 분석된 위험정보는 별도의 사유가 있지 않는 한 해당 위해요인을 인지한 때부터 14일 이내에 총괄파트에 통보되어야 하며, 총괄파트는 필요시 위험평가그룹(REG)을 통해 위험을 분석하고 평가한다.

제20조(위험평가그룹(Risk Evaluation Group)의 구성·운영) ① 위험평가 그룹은 항공안전 프로그램과 관련된 총괄파트 및 서브파트로 구성한다. 위험평가는 최소 3명의 해당 분야위원의 평가로 이루어진다.

② 위험평가를 하는 경우 객관적인 의견수렴을 위하여 해당 분야의 외부전문가를 평가위원으로 참가시킬 수 있으며, 외부위험평가위원의 자격은 다음 각 호와 같다.

1. 안전관리업무 또는 운항·관제·정비·공항안전·항행시설안전 분야의 전문적인 지식이 있거나 5년 이상의 실무경력이 있는 자
2. 안전관리교육 또는 위험관리와 관련된 교육을 이수한 자
3. 그밖에 안전관리에 대한 전문적인 지식이나 연구경험이 있는 자

③ 총괄파트는 다음 각 호와 같이 위험평가그룹을 운영한다.

1. 발견된 위해요인의 상시분석 및 평가
2. 위험평가정기회의

④ 총괄파트는 위험평가회의를 개최 시 다음 각 호의 내용을 포함한 위험평가회의 계획을 수립하여야 한다.

1. 위험평가회의 제목
2. 위험평가회의 일시 및 장소
3. 위험평가회의 평가위원선정 및 참석자 범위설정

⑤ 위험평가회의는 분기 1회 개최하는 것을 원칙으로 하나, 필요한 경우 서브파트의 요청에 의해 수시로 개최할 수 있으며 위험평가회의 실시 최소 3일 전에 위험평가위원에게 위험평가회의 계획을 통지하여야 한다. 다만, 부득이한 경우 유선, 서면으로 통지할 수 있다.

제21조(시스템분석: System Analysis) ① 서브파트는 위험관리를 위한 사전준비로 다음 각 호의 시스템분석절차를 확립해야 한다.

1. 해당 부서의 직무 및 안전활동의 분석
2. 위험관리에 문제가 발견되었을 경우 이를 총괄파트에 통보

② 서브파트는 위험관리에 필요한 시스템분석을 수행하며 서브파트별 시스템분석은 다음 각 호의 어느 하나로 이루어져야 한다.

1. 비정상적 활동을 판별하기 위한 기준설정
2. 위해요인을 식별하고 위험을 평가하기 위한 운영환경의 비정상상태분석
3. 항공안전프로그램의 안전활동이 서비스제공자에게 준 영향을 분석

③ 시스템분석을 위한 상세한 기준은 "안전관리시스템 승인 및 운용지침"에 따른다.

제22조(위해요인 식별: Hazard Identification) ① 위해요인식별은 시스템분석 또는 운영단계에서 발견된 위해요인을 분석하는 과정으로 위해요인은 다음 각 호의 안전활동에서 수집된 정보로부터 식별된다.

1. 항공안전의무보고
2. 항공안전자율보고
3. 사고조사
4. 준사고조사
5. 안전조사
6. 안전감독 또는 기타 특별점검
7. 안전평가 등

② 서브파트는 다음 각 호의 절차에 따라 위해요인 초도분석을 수행한다.

1. 발생한 위험사건 및 위험사건에서 발견된 문제점(위해요인) 검토
2. 직접 · 간접원인과 원인사건들과 위해요인과의 인과관계 검토
3. 위해요인이 통제되지 않을 경우의 상황 및 사고시나리오의 검토
4. 발생가능한 잠재결과 검토
5. 일반적인 위해요인이 위험사건에 이르기까지 통제되지 않은 요인 및 위해요인에 대한 통제방안 검토
6. 위험사건이 어떤 단계에서 차단되었고 정상적으로 작동된 방어기재는 무엇이며, 만약 방어기재가 작동되지 않을 경우 발생할 수 있는 잠재결과들과 그것들의 심각성에 대한 검토

③ 서브파트는 제2항의 위해요인 초도분석결과를 별지 제1호의 서식과 작성요령에 따라 기록한다.

④ 발견된 위해요인이 다음 각 호의 하나에 해당되는 경우, 서브파트는 별도의 사유가 있지않는 한 제19조 제4항에 따라 위해요인을 인지한 때로부터 14일 이내에 위해요인 초도분석결과를 총괄파

트에 제출해야 한다. 다만, 위험도가 허용수준을 넘는다고 판단되는 경우 이를 즉시 총괄파트에 통보한다.

1. 사고 및 준사고, 사건조사과정에서 허용수준을 초과한 위험이라고 판단되는 경우
2. 안전감독 및 안전점검과정에서 발견된 위해요인
3. 총괄파트의 요청에 따른 항공안전보고서의 분석
4. 위험평가를 위해 요청된 안전조사
5. 그밖의 위험분석 및 경향성 분석을 통해 발견된 사항 등

제23조(위험분석: Risk Analysis) ① 총괄파트는 다음 각 호의 분석과정을 통해 운항환경에 내재된 잠재적 위험을 분석하고 정량화한다.

1. 위해요인(Hazard) 분석
2. 발생가능성(Probability) 분석
3. 심각도(Severity) 분석

② 위해요인(Hazard) 분석은 서브파트로부터 제출된 위해요인 초도분석결과를 기존의 위해요인목록의 내용과 비교·분석하여 신규 위해요인여부를 확인하는 절차이며 분석결과 새로운 위해요인으로 확인된 경우, 이를 위해요인 목록에 새로운 번호를 부여하여 추가하고 이미 존재하는 위해요인인 경우, 기존 위해요인에 이벤트 관련 정보만을 추가한다.

③ 발생가능성(Probability) 분석은 위해요인으로 인한 잠재결과의 발생가능성을 결정하는 절차이며 다음 각 호와 같이 한다.

1. 발생가능성을 분류하는 기준은 다음과 같다.

<잠재결과의 발생가능성 분류기준[4)]>

구분	발생 가능성	정량적 판정 기준	
5	매우 높음 (Frequent)	비행시간당 1~10−4	주간단위로 발생(빈번히 발생)
4	높음 (Occasional)	비행시간당 10−4~10−5	월간단위로 발생(경미한 장애 발생빈도)
3	보통 (Remote)	비행시간당 10−5~10−6	연간단위로 발생(장애 발생빈도)
2	낮음 (Improbable)	비행시간당 10−6~10−7	10년 단위로 발생(준사고 발생빈도)
1	아주 낮음 (Extremely Improbable)	비행시간당 10−7 미만	10년에서 100년 기간에 1회 미만 발생(사고 발생빈도)

4) FAA 항공교통관제 SRM 기준을 국내 연간 비행시간(2010년 기준 771,451 hours)에 맞게 준용

2. 발생가능성 결정은 항공안전의무보고를 통하여 수집된 데이터를 바탕으로 하며 항공안전의무보고에서 수집되지 않은 정보의 경우 해외 통계자료를 참고하거나 위험평가그룹의 전문가판단을 통해 추정할 수 있다. 위험평가그룹의 전문가판단을 통해 발생가능성을 추정하는 경우에는 전문가를 대상으로 설문조사를 시행하고 결과는 델파이기법을 사용하여 산출한다.

④ 심각도(Severity) 분석은 위해요인의 잠재결과(Potential Consequence)에 따라 예상되는 사상자 발생, 장비의 파괴, 안전한계의 저하 등 피해의 정도를 결정하는 절차이며 다음 각 호와 같이 한다.

1. 심각도를 분류하는 기준은 다음과 같다.

<잠재결과의 심각도 분류기준[5]>

구분	위험 구분	정의
A	매우심각 (Catastrophic)	• 장비의 파괴(Destroyed) • 사상자발생
B	위 험 (Hazardous)	• 안전한계(Safety Margin)가 심각하게 저해되거나, 육체적 피로 또는 업무부담으로 인하여 운영자가 자신의 업무를 정확하고 안전하게 수행할 수 없는 경우 • 중상자 발생 • 주요 장비의 손상(Damage)
C	중 요 (Major)	• 안전한계가 현저하게 저해되거나, 업무부담 또는 효율저하로 인하여 운영자가 부정적인 운영환경에 대처할 수 있는 능력이 감소되는 경우 • 준사고발생 • 경상자발생
D	경 미 (Minor)	• 운영제한 상황이 발생 • 비상절차의 사용 • 항공안전장애 발생 • 기타 업무수행장애 발생
E	매우경미 (Negligible)	• 사소한 영향

2. 심각도의 판단은 과거 항공사고의 통계 및 항공안전의무보고를 통하여 수집된 데이터를 바탕으로 하며 과거 사고사례나 항공안전의무보고에서 수집되지 않은 정보의 경우 해외통계자료를 참고하거나 위험평가그룹의 전문가판단으로 추정할 수 있다. 위험평가그룹을 통해 발생가능성을 추정하는 경우에는 전문가를 대상으로 설문조사를 시행하고 결과는 델파이기법을 사용하여 산출한다.

제24조(위험평가: Risk Assessment) ① 총괄파트는 위험분석이 완료된 후 위험평가를 실시하며 다음 각 호의 절차에 따른다.

5) ICAO Doc 9859 Chap.5 “Safety Risks” 5.5.4

1. 위험평가매트릭스를 활용하여 잠재결과의 발생빈도와 심각도를 조합한 값을 산출한다.

<위험평가매트릭스>

구 분			심각도				
			Catastrophic A	Hazardous B	Major C	Minor D	Negligible E
발생가능성	Frequent	5	5A	5B	5C	5D	5E
	Occasional	4	4A	4B	4C	4D	4E
	Remote	3	3A	3B	3C	3D	3E
	Improbable	2	2A	2B	2C	2D	2E
	Extremely Improbable	1	1A	1B	1C	1D	1E

2. 제1호에서 산출된 값을 위험도 및 조치수준 매트릭스에 대입하여 위험도를 결정하며 위험도별 조치수준은 다음과 같다.

<위험도 및 조치수준 매트릭스>

위험도			위험경감을 위한 조치수준	보고 범위
Risk Level 1 (심 각)	Intolerable region	5A, 5B, 5C, 4A, 4B, 3A	① 현재 상태로 수용불가 ② 문제점 개선되지 않으면 운영중단	실장
Risk Level 2 (경 계)	Tolerable region	5D, 5E, 4C, 4D, 3B, 3C, 2A, 2B, 1A	① 위험경감조치를 통해 수용가능 ② 의사결정 검토후 조치수행	정책관
Risk Level 3 (주 의)	Tolerable region	4E, 3D, 2C, 1B	① 위험경감조치를 통해 수용가능 ② 의사결정 검토후 조치수행	정책관
Risk Level 4 (경 미)	Acceptable region	3E, 2D, 2E, 1C, 1D, 1E	① 별다른 조치가 필요치 않음	담당관

3. 발견된 위해요인에 대한 위험도 결정 및 경감대책이행을 위하여 위험평가그룹(REG)을 소집하고, 항공안전협의회의 정기 또는 임시회의에서 경감대책과 관련한 의사결정을 한다.

② 총괄파트는 별지 서식 제2호에 따라서 위험평가기록을 작성하여 보관한다.

제25조(위험경감: Risk Mitigation) ① 위험경감은 위험평가단계에서 위험수준경감조치가 필요하다고 평가된 위해요인을 통제·예방하고 합리적으로 실행이 가능한 낮은 수준(ALARP: As Low As Reasonably Practicable)으로 위험을 경감시키기 위한 전략과 조치를 말한다.

② 위험이 허용될 수 없는 수준이라고 판단될 경우 다음 각 호의 위험경감조치를 검토한다.

1. 위험회피(Avoidance): 운영을 제한하거나 금지하여 관련위험을 완전히 회피하도록 규정 제·

개정, 허가 및 승인취소, 업무회수 등

2. 위험저감(Reduction): 잠재결과의 피해를 줄이거나 발생가능성을 감소시키는 안전방호장치, 경보장치도입 및 운용시스템 기준강화 등
3. 노출위험과의 격리(Segregation of exposure): 운영을 제한하거나 노출시간을 감소하여 위험을 부분적으로 회피하도록 운용기준 강화
4. 위험도결정 및 경감대책 이행을 통해서도 Risk Level 1을 하위수준으로 경감하지 못한 경우 해당 업무를 즉각중지하고, 필요한 대책을 강구해야 한다.

③ 위험경감조치의 효율성 검토는 다음 각 호와 같이 한다.

1. 서브파트는 위해요인 초도분석에서 1차적 위험경감조치를 제시한다.
2. 총괄파트는 위험평가그룹(REG)을 통해 위험과 위험경감조치에 대한 비용편익분석을 하고, 별지 제3호 서식의 안전현안 및 개선조치 목록을 작성한다.
3. 최고관리자는 비용효과분석에 근거하여 합리적인 의사결정을 내려야 한다.

<위험경감 프로세스>

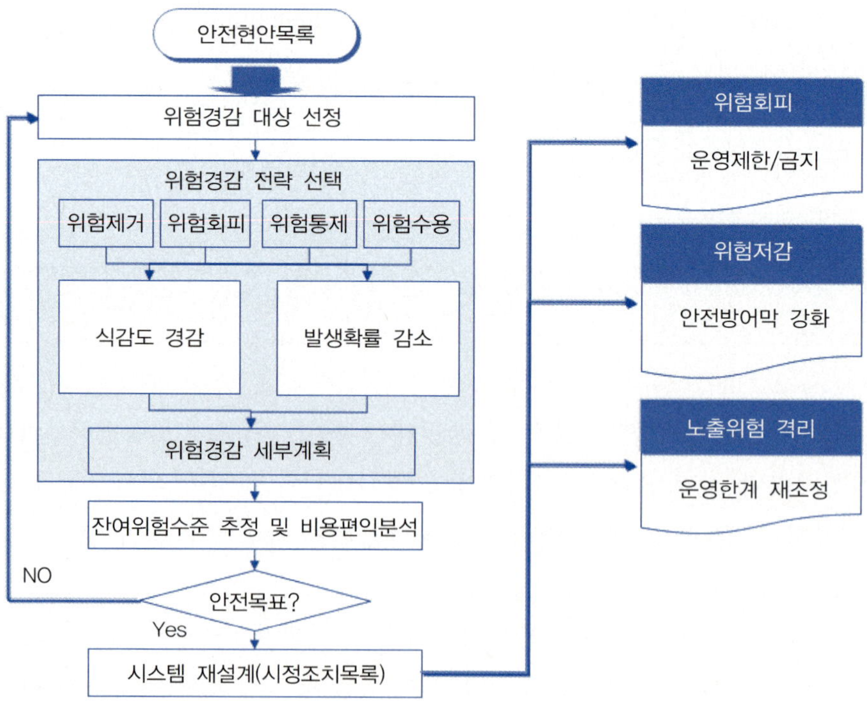

제26조(항공안전프로그램의 운영시스템 변경) ① 총괄파트는 위험경감과정에서 안전요건 또는 항

공안전프로그램이 운영시스템을 변경할 필요가 있을 경우 위험평가그룹(REG)을 통해 검토한다.

② 항공안전프로그램의 운영시스템은 다음 각 호와 같다.

1. 안전관리체제, 위험관리, 안전보증, 안전증진 등의 모든 안전활동
2. 안전기준·규정, 안전조직, 안전활동절차 등과 관련된 일련의 체계

③ 특정위험을 경감하기 위하여 다음 각 호와 같이 안전기준 및 규정 등 안전요건을 변경할 수 있다.

1. 위험을 회피하기 위한 운영제한 및 금지
2. 위험을 경감하기 위한 조치로 안전방어막 강화
3. 노출위험을 경감하기 위한 운영한계조정 등

④ 총괄파트는 항공안전프로그램의 원활한 운영을 위해 분야별 안전활동이 서비스제공자에 어떠한 영향을 주었는지 상시적으로 정보를 수집하고 성과를 분석해야 한다. 항공안전프로그램의 운영에 문제가 되는 원인이 발견될 경우 총괄파트는 지체없이 위험평가그룹(REG)을 통해 항공안전프로그램의 개정 필요성을 검토해야 한다.

제27조(서비스제공자가 준수할 안전관리시스템(SMS) 요건) ① 서비스제공자는 시행규칙 제130조부터 제132조까지의 규정에 따라 자체의 안전관리시스템을 수립·운영해야 하며 시행규칙 별표 20 및 이 고시별표 9를 참조한다.

② 항행안전시설의 설치자·관리자는 제1항의 규정과 함께 「항행안전시설 및 항공통신업무 안전관리프로그램에 관한 규정」(국토교통부 고시)에 따라 안전관리시스템을 수립·운영해야 한다.

③ 공항운영자는 제1항의 규정과 함께 「공항안전운영기준」(국토교통부 고시)에 따라 안전관리시스템을 수립·운영해야 한다.

④ 서비스제공자는 자사의 안전관리시스템을 수립·운영하기 위한 안전관리매뉴얼을 작성하여 당국의 승인을 받아야 한다. 안전관리매뉴얼에 포함되어야 할 사항은 이 고시외에 별도로 정한 "안전관리시스템 승인 및 운용지침"을 함께 준수해야 한다.

⑤ 총괄파트 및 서브파트는 서비스제공자가 준수할 안전관리시스템(SMS) 요건에 대해 정기적으로 개정 필요성을 검토하여야 한다.

제28조(서비스제공자의 안전관리시스템(SMS) 승인절차) ① 법 제58조 제2항에 따른 국제항공운송사업자, 공항운영자, 항행안전시설의 설치자·관리자는 이 고시 별지 제4호 서식의 항공안전관리시스템 승인신청서를 국토교통부장관(항공정책실 소관부서를 말한다. 이하 이 조에서 같다)에게 제출한다.

② 법 제58조 제2항에 따른 국내항공운송사업자, 소형항공운송사업자 및 항공기 정비업자의 경우는 별지 제4호 서식의 항공안전관리시스템 승인신청서를 지방항공청장에게 제출한다.

③ 법 제58조 제3항에 따른 항공교통업무기관은 별지 제7호 서식의 항공안전관리시스템 승인신청서를 국토교통부장관에게 제출한다.

④ 항공안전관리시스템의 안전목표, 안전조직 등 중요사항을 변경하려는 경우 별지 제5호 및 제8호(항공교통업무기관의 경우) 서식의 항공안전관리시스템 변경승인 신청서를 국토교통부장관 또는 지방항공청장에게 제출한다.

⑤ 국토교통부장관 또는 지방항공청장은 서비스제공자로부터 항공안전관리시스템 승인신청이 있는 경우, 「항공안전관리시스템 승인기준」(국토교통부 훈령)에 따라 서류심사와 현장심사를 실시하고 적합하다고 인정되는 경우, 별지 제6호 및 제9호(항공교통업무 기관의 경우) 서식의 항공안전관리시스템 승인서를 교부한다.

② 서브파트는 소관분야 서비스제공자의 안전관리시스템(SMS)을 승인시 개별조직의 안전성과를 모니터링하기 위한 방법으로 해당 안전성과지표(SPI) 설정과 운영에 대한 사항을 해당 서비스제공자와 협의한다.

제29조(서비스제공자의 안전관리시스템(SMS) 이행 및 확인) ① 서비스제공자는 안전관리시스템의 이행 시 조직의 운영환경과 자원의 가용성을 고려하여 단계별[6]로 SMS 이행수준을 높여야 한다.

② 서브파트는 서비스제공자의 안전관리매뉴얼 등 안전규정의 이행여부와 안전성과에 대해 연 1회 이상 확인하여야 한다.

제30조(변화 관리) ① 서브파트는 소관분야의 서비스제공자의 SMS 운영환경에 잠재적인 영향을 줄 수 있는 다음 각 호의 중요한 변화가 발생하거나 예상되는 경우 안전요건 및 안전감독방식의 보완 등의 변화관리조치를 취하여야 한다. 이 경우, 변화관리의 특성과 내용을 확인하기 위하여 안전조사, 안전진단 등의 활동을 수행할 수 있다.

1. 안전관리조직 · 기능의 변화
2. 안전운영을 위한 신장비도입 등 기술적인 변화
3. 파산이나 기타 재무악화, 노사관계 등 운영환경의 변화
4. 업무서비스의 외부위탁 등 계약환경의 변화
5. 업무규모 또는 운영방식의 중대한 변화(항공운송사업자의 경우는 항공기기종 · 대수, 운영노선의 변화 등을 포함)
6. 그밖의 조직의 안전관리에 중대한 영향을 미치는 변화

② 서비스제공자의 변화관리에 대하여는 "안전관리시스템 승인 및 운용지침"을 따른다.

---

6) ICAO Doc 9859 Chap.10 "Phased Approach to SMS Implementation" 참조

제 4 장 안전보증

제31조(안전보증의 개념) "안전보증활동"이란 새로운 위해요인을 식별하고, 위험관리체계가 제 기능대로 작동하는지 여부를 평가하며, 국가허용안전기준의 달성과 항공안전프로그램과 관련된 법규·기준·절차의 준수를 보장하기 위하여 행하는 제반활동을 말한다.

제32조(안전보증체계) ① 총괄파트는 항공안전프로그램이 수립된 기준 및 절차에 따라 적합하게 운영되는 지를 확인하기 위하여 다음 각 호의 절차를 수행한다.

1. 항공안전프로그램과 서브파트별 안전감독계획과의 효율적인 연계여부
2. 항공안전정보 데이터베이스를 통한 분야별 위험관리활동 모니터링
3. 위험경감(Risk Mitigation)조치의 효과측정
4. 항공안전정보의 데이터품질관리(Data Quality Management)
5. 새로운 위해요인식별
6. 항공안전프로그램의 이행에 관한 법규요건 준수여부
7. 조직의 안전관리 기본방침이 관련절차와 부합되는 지 여부

② 서브파트는 서비스제공자의 안전관리시스템(SMS)이 관련법규와 기준을 준수하는지를 확인하기 위한 다음 각 호의 절차를 수행한다.

1. 항공안전프로그램 연간시행계획에 따른 분야별 안전감독계획의 수립
2. 항공안전정보 데이터베이스 및 분야별 안전활동을 통한 서비스제공자의 안전정보수집
3. 수집된 정보에서 새로운 위해요인의 발견 및 초도분석
4. 중요한 안전현안에 따른 서비스제공자 안전감독 및 개선조치

제33조(시스템운영) ① 총괄파트는 위험관리절차를 통해 수립한 안전현안목록 및 개선조치목록을 반영하여 연간시행계획을 수립·운영하여야 한다.

1. 항공안전프로그램의 연간시행계획은 위험관리에 따른 우선순위에 따라 안전보증에 대한 자원을 할당해야 한다.
2. 총괄파트는 서브파트와 협의하여 다음 각 목을 포함하여 항공안전프로그램의 연간시행계획을 수립한다.

   가. 전년도의 국가항공안전관리 목표대비실적 등 성과분석

   나. 전년도의 서비스제공자의 안전성과지표(SPI)의 목표 대비 실적분석

   다. 전년도의 안전현안(SIL) 및 개선조치목록분석

라. 당해연도의 국가항공안전관리지표 · 목표

② 서브파트는 연간시행계획에 따라 자체안전감독계획을 수립하여 안전감독(Safety Oversight)과 개선조치(Corrective Action) 등의 안전활동을 수행한다.

1. 서브파트 소관분야의 안전감독계획은 다음 각 목을 포함하여 매년 초에 수립한다.

가. 당해 연도의 국가항공안전관리 지표 · 목표를 고려하여 해당분야의 안전지표 · 목표를 설정

나. 전년도의 서비스제공자의 안전성과지표(SPI)의 목표 대비 실적분석

다. 전년도의 안전현안(SIL) 및 개선조치목록 분석

라. 당해연도의 서비스제공자 안전성과지표(SPI) · 목표

마. 당해연도의 안전감독활동프로그램

2. 서브파트는 다음 각 목을 포함하여 서비스제공자의 안전관리시스템(SMS)이 정상적으로 운영되는 지를 확인하기 위하여 안전감독을 수행한다. 서비스제공자에 대한 정기적인 안전감독은 서브파트 자체계획에 따라 수행한다.

가. 위험관리체계가 제기능대로 작용하는 지 여부점검

나. 서비스제공자의 안전관리시스템의 안전성과평가

다. 안전관계 법규 · 기준 · 절차이행여부점검

라. 위해요인(Hazard) 또는 위험(Risk)내재여부확인

3. 제2호의 안전감독과정에서 서비스제공자의 정상적인 위험관리프로세스를 통해 제대로 관리되지 않는 위해요인 또는 위험이 발견되었을 경우, 서브파트는 제3장의 위해요인식별, 위험평가, 위험경감조치단계를 포함한 위험관리절차를 적용한다.

제34조(안전정보의 수집 등) ① 총괄파트는 위험관리 각 단계마다의 위해요인 목록(Hazard List), 위험대장(Risk Register), 안전현안 및 개선조치목록 등의 안전정보데이터베이스를 관리한다.

② 총괄파트는 항공안전프로그램의 정상적인 운영을 확인하기 위하여 필요하다고 판단될 경우 분야별 항공안전활동에서 수집되는 정보를 분석할 수 있으며, 서브파트는 총괄파트의 정보분석에 필요한 협조를 해야한다.

③ 총괄파트는 안전정보의 수집, 분석을 위하여 서브파트에 통합항공안전정보시스템을 통한 정보입력을 요청할 수 있다.

제35조(사고 및 준사고정보) 총괄파트는 사고 및 준사고의 위해요인과 사고 시나리오를 분석하기 위하여 항공 · 철도사고조사위원회의 사고조사보고서 및 데이터베이스를 활용할 수 있다. 이 경우 적극적인 위해요인 식별과 원인을 분석하기 위하여 추가적인 안전조사를 서브파트에 요청할 수 있다.

제36조(항공안전 의무보고제도 운영을 통한 정보) ① 서브파트는 항공안전장애 보고서의 초도위험 분석을 통해 발견된 위해요인을 총괄파트에 제출하여야 하며 총괄파트는 이를 위해요인목록에 기록해야 한다.

② 총괄파트는 정기적으로 위험평가그룹을 운영하여 발견된 위해요인의 위험을 평가하고 이를 위험대장에 등록해야 한다.

③ 총괄파트는 위해요인식별과 원인을 분석하기 위하여 서브파트에 대하여 제38조에 따른 안전조사를 요청할 수 있다.

제37조(항공안전자율보고제도 운영을 통한 정보) 교통안전공단 이사장은 항공안전자율보고에 접수된 보고서에 대하여 위해요인이 식별된 경우 위해요인 초도분석을 통해 이를 국토교통부의 총괄파트에 보고해야 한다. 이 경우 보고시한 및 보고방법에 대한 자세한 사항은 「항공안전자율보고제도운영에 관한 규정」에 따른다.

제38조(분야별 안전활동을 통한 정보) ① 항공자격과장(ICAO Annex1)은 항공안전프로그램의 일부분으로써 비행훈련전문교육기관 및 신체검사증명결과에서 발견된 위해요인을 분석하여 총괄파트에 통보한다.

② 운항안전과장(ICAO Annex 6)은 항공운송사업자에 대한 안전감독과정에서 발견된 위해요인을 분석하여 총괄파트에 통보한다.

③ 항행안전팀장(ICAO Annex 11)은 항공교통관제기관에 대한 안전감독과정에서 발견되는 위해요인을 분석하여 총괄파트에 통보한다.

④ 공항안전환경과장(ICAO Annex 14)은 공항안전검사과정, 조류퇴치, 항공등화 및 전력시설의 안전관리과정에서 발견되는 위해요인을 분석하여 총괄파트에 통보한다.

⑤ 항행시설과장(ICAO Annex 10)은 항행안전시설기준 및 비행검사과정에서 발견되는 위해요인을 분석하여 총괄파트에 통보한다.

⑥ 지방항공청장은 국내항공운송사업자, 소형항공운송사업자 및 항공기 정비업자에 대한 안전감독과정에서 발견된 위해요인을 분석하여 총괄파트에 통보한다.

제39조(품질관리) 총괄파트는 항공안전프로그램이 본래의 기능대로 작동되는지 여부를 다음 각 호를 통해 정기적으로 확인하고 국토교통부 품질관리시스템에 따른 문서화 등의 관리원칙이 안전프로그램에 반영될 수 있도록 한다.

1. 항공안전프로그램에 따른 적정안전성과 목표(ALoSP)의 달성여부
2. 안전요건 이행도
3. 그밖의 위험 또는 잠재적 위해요인내재

제40조(안전조사) ① 총괄파트는 다음 각 호의 경우에 해당분야에 대한 안전조사를 서브파트에 요청할 수 있다.

1. 안전성과 모니터링결과 위험이 비정상적으로 높은 상태가 지속되는 경우
2. 안전성과 모니터링결과 정보의 진위가 의심되는 경우
3. 사고·준사고 조사, 안전감독을 통해 수집된 정보에서 위해요인을 추가발견하기 위해 필요한 경우
4. 항공안전보고를 통해 접수된 안전장애 등의 위해요인식별 및 위험을 평가하기 위해 추가적인 정보가 필요한 경우

② 서브파트는 안전감독과 별도로 위해요인식별 및 조직의 안전문화를 측정하기 위한 방법으로 안전조사를 수행할 수 있다.

제41조(안전정보의 품질관리) ① "안전정보의 품질"이란 항공안전프로그램에서 수집한 정보가 원래의 상태와 일치여부를 보증하는 것이며, 이러한 품질관리활동은 안전총괄조직의 안전보증프로세스이다. 정보품질관리활동은 다음 각 호로 구성된다.

1. 동일사건에 대해 서로 다른 보고자의 보고내용 일치여부 확인
2. 동일사건에 대해 서로 다른 조직의 사건정보기록의 일치여부 확인
3. 국가 또는 서비스제공자의 품질관리시스템에서 정한 문서관리 원칙준수여부 확인
4. 항공안전보고자의 원본보고서와 코딩데이터의 일치여부 확인

제 5 장 안전증진

제42조(안전증진의 개념) ① "안전증진"이란 직원의 훈련, 안전관리임무를 수행하는 숙련도, 조직 내 안전문제에 관한 소통이 잘 되고 있는지 확인하는 수단, 프로세스 및 절차를 말한다.

② 안전증진의 목적은 서비스를 제공하는 동안 안전위험의 효율적인 통제가 이루어질 수 있도록 지원하는 것이다.

제43조(안전교육) ① 항공안전프로그램 관계자를 위한 교육은 "항공안전공무원교육훈련규정"을 따르며 교육내용에는 다음 각 목의 사항을 포함한다.

1. 조직의 안전정책, 항공안전법령·규정
2. 항공안전프로그램 및 안전관리시스템 기본이론

3. 안전지표 및 목표관리
4. 위험관리이론
5. 품질관리이론
6. 안전보증절차
7. 그 밖에 안전관리에 필요한 사항

② 서비스제공자의 안전교육에 대한 기준은 이 고시외에 별도로 정한 "안전관리시스템승인 및 운용지침"을 따른다.

제44조(안전정보 소통체계 및 전파) ① 항공안전정보의 원활한 전파를 위하여 다음 각 목의 소통체계를 운영한다.

1. 항공안전데이터베이스
   가. 항공안전정보시스템(나르미)을 통한 통상적인 항공정보
   나. 항공안전의무보고접수 및 통계관리
   다. 위해요인목록
   라. 위험대장
   마. 안전현안목록
   바. 개선조치목록 등 위험정보
2. 조사보고서
   가. 안전동향보고서(Safety Review)
   나. 항공안전감독백서
   다. 항행안전감독백서
   라. 항공・철도사고조사위원회 사고조사보고서
3. 자율보고제도 항공안전정보시스템
   가. 항공안전자율보고제도 운영현황
   나. 운항환경위해요인목록
   다. 해외항공안전정보
   라. 항공안전자율보고제도 월간정보지(GYRO) 우편물 및 이메일홍보
4. 항공안전프로그램에 따른 안전계획
   가. 연간시행계획
   나. 분야별 안전감독계획
   다. 안전세미나 및 워크숍 등

<항공안전정보 운영체계>

제45조(안전문화) ① 안전문화[7]는 조직내에서 안전이 인식되고, 가치와 우선순위가 매겨지는 방법을 의미한다. 안전문화는 조직내 각 구성원에게 안전에 관한 책무가 부여되어 조직이 어떻게 행동하는지를 확인할 수 있는 집단적 의식과 조직문화의 척도를 나타낸다.

② 서비스제공자는 자사의 안전문화수준을 확인하고, 긍정적인 안전문화로 발전시키기 위한 목적으로 안전문화를 측정·관리체계를 수립하여야 한다.

③ 서브파트는 안전감독 등의 목적으로 서비스제공자의 안전문화 데이터를 사용해서는 아니되며, 오직 서비스제공자의 자발적인 안전문화측정 · 관리체계가 정상적으로 작동하는지 여부만 관리한다.

④ 서브파트는 서비스운영자의 안전문화측정 · 관리체계를 감독할 때 객관성과 공정성이 보장되는지 여부를 확인하여야 한다. 주요 고려사항은 다음 각 목과 같다.

1. 익명성
2. 조직에 대한 기밀
3. 독립성(특정그룹에 편향되지 아니함)

---

7) 안전문화는 조직문화, 직업문화 그리고 종종 국가문화의 효과가 혼합된 것으로써 긍정적, 부정적, 또는 중립적으로 측정된다. 안전문화를 측정하는 목적은 이해관계자가 안전의 중요성을 신뢰하기 위한 것이다. 서비스제공자에 대한 안전문화측정은 조직의 안전관리 프로세스를 개선하는데 활용할 수 있다.

第46조(항공안전협의회: SMS Coordination Committee) ① 항공정책실장은 항공안전프로그램의 효율적인 운영을 위하여 항공안전협의회(이하 "협의회"라 한다)를 구성·운영한다.

② 협의회는 상위 의사결정기구인 운영위원회와 심의사항에 대한 실무적 검토를 담당하는 실무작업반으로 다음 각 호와 같이 구성한다.

1. 운영위원회의 위원장은 항공정책실장으로 하고, 부위원장은 항공안전정책관이 맡는다.
2. 운영위원회위원은 서브파트관련 정책관·과장, 지방항공청 담당국장 등 당연직위원과 다음 각 목의 민간위원으로 구성한다. 운영위원회 위원의 수는 30인 이내로 하며 민간위원의 임기는 3년으로 한다.
   가. 항공사, 공항공사, 정비업체 등 서비스제공자의 SMS최고책임자
   나. 그밖에 위원장이 필요하다고 인정하는 관계전문가
3. 실무작업반의 반장은 운항정책과장으로 하고, 부반장은 총괄파트 담당사무관이 맡는다.
4. 실무작업팀은 다음 각 목의 인원으로 구성한다.
   가. 서브파트의 과장이 지정한 자
   나. 지방항공청 담당국장이 지정한 자
   다. 항공사, 공항공사, 정비업체 등 서비스제공자의 SMS 최고책임자가 지정한 자
   라. 그밖에 실무작업반장이 필요하다고 인정하는 관계전문가

③ 운영위원회와 실무작업반의 임무와 심의내용은 다음 각 호와 같다.

1. 운영위원회
   가. 법 제49조에 따른 국가항공안전프로그램 및 항공안전관리시스템의 효율적 이행을 위한 민·관간 의견조정·협의
   나. 국가항공안전증진을 위한 기본전략에 관한 사항
   다. 그밖에 항공안전프로그램 운영을 위하여 협의회의 장이 필요하다고 인정하는 사항
2. 실무작업반
   가. 운영위원회의 주요 결정사항에 대한 세부사항
   나. 안전목표·지표설정 및 목표달성대책에 관한 사항
   다. 분야별 운영상황분석·평가 및 개선방안에 관한 사항
   라. 안전문화조성에 관한 사항
   마. 그밖에 반장이 필요하다고 인정하는 사항

④ 회의주기는 운영위원회의 경우는 연1회, 실무작업반의 경우는 반기별 1회를 개최하되, 필요한 현안이 있는 경우에는 수시로 개최할 수 있다.

⑤ 회의소집은 최소한 개최 3일전에 하여야 하고, 회의안건 등을 배포한다. 다만, 시급한 안건의 협의를 위해 위원장 또는 반장이 인정하는 경우에는 그러하지 아니하다.

제47조(재검토기한) 국토교통부장관은 「훈령 · 예규 등의 발령 및 관리에 관한 규정」에 따라 이 고시에 대하여 2017년 7월 1일 기준으로 매 3년이 되는 시점(매 3년째의 6월 30일까지를 말한다)마다 그 타당성을 검토하여 개선 등의 조치를 하여야 한다.

부 칙

제1조(시행일) 이 고시는 발령한 날부터 시행한다.

【별표 1】 항공안전관계 법령현황

구분	책임 기관	법령위계	내 용	ICAO Annex
항공안전 예방관리	국토 교통부	법률	• 항공안전법 • 항공보안법	Annex1 Annex2 Annex3 Annex4 Annex5 Annex6 Annex7 Annex8 Annex10 Annex11 Annex12 Annex14 Annex15 Annex16 Annex18 Annex19
		대통령령	• 항공안전법 시행령 • 항공보안법 시행령	
		국토교통부령	• 항공안전법 시행규칙 • 항공보안법 시행규칙 • 공항시설관리규칙 • 항공기등록규칙 • 항공운송사업자감독규칙 • 항공정보간행물발간규정	
		고시	• 운항기술기준 등 다수	
		기타 행정규칙	• 훈령(항공기형식증명승인절차 등 다수) • 예규(운항자격심사관 업무교범 등 다수) • 지침(비행장치안전기준 인정절차 등 다수) • 지방항공청 훈령 등	
항공사고 조사관리	항공·철도 사고 조사 위원회	법률	• 항공·철도사고조사에 관한 법률	Annex13
		대통령령	• 항공·철도사고조사에 관한 법률 시행령	
		국토교통부령	• 항공·철도사고조사에 관한 법률 시행규칙	
		기타 행정규칙	• 항공·철도사고조사위원회 운영규정 등 다수	
안전관리 (SMS)	국토 교통부	고시	• 항공안전프로그램	Annex19
		기타 행정규칙	• 안전관리시스템 승인 및 운용지침	

【별표 2】 국토교통부 항공안전 조직체계

구분	대분류	소분류	주요 임무
	항공정책	항공정책	• 항공정책업무 총괄(법제, 조직 및 예산)
		국제항공	• 국제항공업무 총괄 • 국가 항공협정, 운수권 배분
		항공산업	• 항공운송정책수립 항공산업 등 육성 • 항공우주산업 연구개발(R&D) 총괄
		항공보안	• 항공안전 및 보안에 관한 기본계획, 국가항공보안계획 등 수립 • 항공화물, 상용화주, 항공보안장비 관련 안전활동
		항행안전	• 항공교통관제 및 항공통신업무의 안전관리시스템(SMS) 이행실태 감독에 관한 사항 • 항공교통업무의 안전관리시스템(SMS)의 수립 및 시행

항공 정책실	항공안전 정책	안전정책	• 중장기 항공안전종합계획의 수립 • 항공운항증명 및 항공안전프로그램 기준의 수립
		항공운항	• 정기항공운송사업 운항증명 교부를 위한 평가 및 적합성 확인 • 정기항공운송사업자 및 외국항공운송사업자에 대한 안전감독
		항공기술	• 항공기 등의 형식증명 · 제작증명 및 안전성에 관한 정책의 수립 • 항공기소음 및 배출물 등 환경보호의 기준수립
		항공관제	• 항공교통업무 항공정보 항공지도 관련 운영규정의 제정 · · 개정 • 항공교통업무 안전관리시스템(SMS)의 수립 및 시행
	공항항행 정책	공항정책	• 공항개발 중장기종합계획 및 공항개발기본계획의 수립 • 경 · 수상비행장개발계획
		공항안전환경	• 항공기소음감소, 조류충돌방지, 항공등화시설에 관한 정책의 수립 • 공항운영자의 공항운영증명 교부를 위한 평가 및 적합성 확인 • 공항안전운영기준의 수립 및 공항운영자에 대한 안전감독
		항행시설	• 항행안전시설의 설치 및 기술기준의 수립 • 항행안전시설에 대한 관리검사
지방 항공청/ 항공교통 센터	서울지방 항공청	안전운항국	• 소형항공운송사업자, 사용사업, 자가용, 초경량비행장치 운영자, 항공기 정비수리사업자에 대한 안전감독
		관제통신국	• 서울접근관제공역을 입출항하는 항공기에 대한 접근관제서비스 제공 • 관할공항을 이착륙하는 항공기에 대한 관제서비스 제공
	부산지방 항공청	안전운항국	• 소형항공운송사업자, 사용사업, 자가용, 초경량비행장치 운영자, 항공기 정비수리사업자에 대한 안전감독
		항공관제실	• 관할공항을 입출항하는 항공기에 대한 접근관제서비스 제공 • 관할공항을 입출항하는 항공기에 대한 비행정보의 제공
	제주지방 항공청	안전운항과	• 국내운송사업자, 소형항공운송사업자, 사용사업, 자가용, 초경량비행장치 운영자, 항공기 정비수리사업자에 대한 안전감독
		항공관제과	• 관할공항을 이착륙하는 항공기에 대한 관제서비스 제공 • 관할공항을 입출항하는 항공기에 대한 비행정보의 제공
	항공교통 센터	관제과 항공정보과	• 항공로 상을 비행하는 계기비행항공기에 대한 항로관제서비스 제공 • 인천 FIR내의 항공기에 대한 비행정보업무 및 경보업무 제공
항공 · 철도 사고조사위원회		사무국	• 항공기사고 · 준사고에 대한 조사 및 원인의 명확한 규명을 통한 유사사고의 재발방지 및 국민의 생명과 재산보호

【별표 3】 서비스제공자의 안전성과지표를 구성하는 공통안전지표

■ 공통지표로 사용되는 위험사건

위험사건(72개)	위험도(발생빈도×심각도)			비율
	수용 (Acceptable)	유의 (Tolerable)		
	낮은위험 (Minor)	중간위험 (Low Risk)	높은위험 (High Risk)	
OE－05 － Fire / smoke / fumes warning	0.0%	0.0%	100.0%	0.28%
OE－04 － Engine fail / malfunction / fire	0.0%	0.0%	100.0%	0.11%
OE－09 － Over weight landing	0.0%	0.0%	100.0%	0.06%
OE－39 － Cabin pressure abnormal	0.0%	0.0%	100.0%	0.06%
OE－03 － Bird strike	0.0%	4.5%	95.5%	8.64%
OE－01 － In－flight engine shutdown	0.0%	33.3%	66.7%	0.17%
OE－31 － Execute emergency procedure	0.0%	33.3%	66.7%	0.17%
TE－19 － Part missing	0.0%	50.0%	50.0%	0.22%
OE－44 － A / C in－flight fire	0.0%	50.0%	50.0%	0.11%
TE－07 － Fuel system	5.9%	58.8%	35.3%	1.91%
TE－12 － Avionics	2.6%	64.1%	33.3%	2.19%
OE－17 － Fuel shortage	33.3%	33.3%	33.3%	0.17%
TE－04 － Equipment / furnishings	5.3%	63.2%	31.6%	1.07%
TE－05 － Fire protection	36.4%	36.4%	27.3%	1.23%
TE－01 － Air conditioning	13.3%	60.0%	26.7%	1.68%
GS－05 － Cargo / ULD shift by incorrect restraint	12.5%	62.5%	25.0%	0.45%
TE－16 － Doors / Window related event	19.4%	55.6%	25.0%	2.02%
TE－08 － Hydraulic system	18.8%	62.5%	18.8%	0.90%
GS－07 － Ground collision	33.3%	50.0%	16.7%	0.67%
TE－15 － Auxiliary Power Unit (APU)	66.7%	16.7%	16.7%	0.67%
OE－45 － A / C system warning	53.3%	33.3%	13.3%	0.84%
TE－10 － Gear & tire	19.5%	68.3%	12.2%	2.30%
TE－02 － Autopilot / FMS	75.0%	16.7%	8.3%	0.67%
OE－53 － Takeoff configuration warning	60.0%	33.3%	6.7%	0.84%
TE－17 － Engine related event	36.1%	57.4%	6.6%	3.42%
TE－03 － Electrical power	88.0%	8.0%	4.0%	1.40%
OE－60 － Weather encounter	73.2%	24.4%	2.4%	9.42%
TE－06 － Flight control	44.2%	53.5%	2.3%	2.41%
OE－42 － ACAS / TCAS triggered(RA)	31.3%	66.7%	2.1%	2.69%
TE－13 － Oxygen related event	0.0%	100.0%	0.0%	0.28%
OE－50 － Communication facility deficiency	0.0%	100.0%	0.0%	0.22%

위험사건(72개)	위험도(발생빈도×심각도)			비율
	수용 (Acceptable)	유의 (Tolerable)		
	낮은위험 (Minor)	중간위험 (Low Risk)	높은위험 (High Risk)	
OE－29 － Tire flat	0.0%	100.0%	0.0%	0.11%
GS－06 － Cargo related event by incorrect build－up	0.0%	100.0%	0.0%	0.06%
GS－13 － Weight and balance related event	0.0%	100.0%	0.0%	0.06%
OE－25 － Failure to comply SID	0.0%	100.0%	0.0%	0.06%
OE－51 － Abrupt maneuver	0.0%	100.0%	0.0%	0.06%
TE－14 － Pneumatic system fail	28.6%	71.4%	0.0%	0.79%
GS－14 － Ground Personnel Hazardous situation	33.3%	66.7%	0.0%	0.17%
GS－19 － Fuel Spill out	33.3%	66.7%	0.0%	0.17%
OE－37 － Exceeding the A/C operational limitations	40.0%	60.0%	0.0%	0.56%
TE－09 － Ice & rain protection	45.5%	54.5%	0.0%	0.62%
OE－47 － Aerodrome sys malfunction (NAV Aids)	50.0%	50.0%	0.0%	0.22%
CS－08 － In－flight Cabin crew illness/incapacitation	50.0%	50.0%	0.0%	0.11%
OE－41 － Cockpit window crack	50.0%	50.0%	0.0%	0.11%
OE－55 － Ground collision during A/C operation	50.0%	50.0%	0.0%	0.11%
OE－61 － Documents & manuals	57.1%	42.9%	0.0%	0.39%
OE－43 － GPWS/EGPWS	65.4%	34.6%	0.0%	1.46%
TE－11 － Light related event	66.7%	33.3%	0.0%	0.34%
CS－01 － Cabin crew－hazardous situation	71.4%	28.6%	0.0%	0.39%
OE－52 － Deviation(by ATC instructions & procedures)	80.0%	20.0%	0.0%	0.28%
OE－63 － FOD(Foreign Object Damage)	90.0%	10.0%	0.0%	0.56%
OE－08 － Hard landing	94.4%	5.6%	0.0%	1.01%
CS－04 － In－flight Pax illness	98.7%	0.0%	1.3%	4.43%
CS－03 － In/voluntary pax deplane	97.6%	1.2%	1.2%	4.71%
CS－05 － Pax disturbance	97.2%	2.2%	0.6%	9.98%
CS－06 － Pax－hazardous Situation	97.4%	2.6%	0.0%	4.37%
CS－02 － Exit/entry door related	100.0%	0.0%	0.0%	0.45%
OE－48 － Airport operation facility	100.0%	0.0%	0.0%	0.45%
DG－02 － Incorrect loading	100.0%	0.0%	0.0%	0.11%
OE－32 － Airport close	100.0%	0.0%	0.0%	0.11%
OE－49 － Airspace _ ATS incident & communication error	100.0%	0.0%	0.0%	0.11%

위험사건(72개)	위험도(발생빈도×심각도)			비율
	수용 (Acceptable)	유의 (Tolerable)		
	낮은위험 (Minor)	중간위험 (Low Risk)	높은위험 (High Risk)	
TE-18 – Oil leak	100.0%	0.0%	0.0%	0.11%
DG-05 – Non-declaration	100.0%	0.0%	0.0%	0.06%
GS-01 – A/C engine suction	100.0%	0.0%	0.0%	0.06%
GS-02 – A/C floor parts damage	100.0%	0.0%	0.0%	0.06%
GS-04 – A/C wall damage	100.0%	0.0%	0.0%	0.06%
GS-08 – Ground near collision	100.0%	0.0%	0.0%	0.06%
OE-02 – Ground engine shutdown	100.0%	0.0%	0.0%	0.06%
OE-27 – Taxiway excursion	100.0%	0.0%	0.0%	0.06%
OE-46 – A/C navigation related event	100.0%	0.0%	0.0%	0.06%
OE-57 – Taxiway incursion	100.0%	0.0%	0.0%	0.06%
*SE-01 – Baggage reconciliation failure	33.3%	66.7%	0.0%	0.17%
*SE-02 – Watch list/no-fly/selectee irregularity	0.0%	0.0%	100.0%	0.06%
*SE-04 – Firearms handling irregularity	50.0%	50.0%	0.0%	0.11%
*SE-06 – Unauthorized person onboard	100.0%	0.0%	0.0%	0.17%
*SE-08 – No sealing on the catering carts or vehicles	100.0%	0.0%	0.0%	0.22%
*SE-09 – Air Taser related event	100.0%	0.0%	0.0%	0.34%
*SE-12 – Bomb threat	100.0%	0.0%	0.0%	0.06%
*SE-14 – Others	60.0%	40.0%	0.0%	0.28%
*OE-61 – Documents & manuals	57.1%	42.9%	0.0%	0.39%
*OE-62 – Miscellaneous	0.0%	100.0%	0.0%	0.11%
*OE-64 – Safety & Security Inspection	99.2%	0.8%	0.0%	6.84%
*OE-65 – Other operational event	9.1%	72.7%	18.2%	1.85%
*TE-20 – Other technical event	0.0%	85.7%	14.3%	1.18%
*GS-17 – Foreign CAB Inspection	15.5%	14.6%	69.9%	5.78%
*GS-18 – Other ground safety event	100.0%	0.0%	0.0%	0.50%
*CS-09 – Other cabin safety event	73.1%	23.1%	3.8%	1.46%

* 표시된 항목은 미적용

■ 위해요인(Hazard) 분류코드

위해요인	위험사건(Hazard Event)	분류코드
OE－01－00	OE－01 － In－flight engine shutdown	－
OE－02－00	OE－02 － Ground engine shutdown	－
OE－03－00	OE－03 － Bird strike	－
OE－04－00	OE－04 － Engine fail / malfunction / fire	－
OE－05－00	OE－05 － Fire / smoke / fumes warning	－
OE－06－00	OE－06 － Stall warning(stick shaker)	－
OE－07－00	OE－07 － Wrong flap setting takeoff / landing	－
OE－08－00	OE－08 － Hard landing	－
OE－09－00	OE－09 － Over weight landing	－
OE－10－00	OE－10 － Gear－up landing	－
OE－11－00	OE－11 － Crab landing	－
OE－12－00	OE－12 － Forced landing(Intentional)	－
OE－13－00	OE－13 － Landing on beside landing surface	－
OE－14－00	OE－14 － Landing gear gravity extension	－
OE－15－00	OE－15 － Landing gear extended operation	－
OE－16－00	OE－16 － Takeoff on non－designated area	－
OE－17－00	OE－17 － Fuel shortage	－
OE－18－00	OE－18 － Incorrect fuel balance	－
OE－19－00	OE－19 － Overweight takeoff / incorrect CG(W&B)	－
OE－20－00	OE－20 － Overrun	－
OE－21－00	OE－21 － Undershoot	－
OE－22－00	OE－22 － Overshoot	－
OE－23－00	OE－23 － Tail skid / strike	－
OE－24－00	OE－24 － Near miss	－
OE－25－00	OE－25 － Failure to comply SID	－
OE－26－00	OE－26 － Runway excursion	－
OE－27－00	OE－27 － Taxiway excursion	－
OE－28－00	OE－28 － Apron excursion	－
OE－29－00	OE－29 － Tire flat	－
OE－30－00	OE－30 － Tire missing	－
OE－31－00	OE－31 － Execute emergency procedure	－
OE－32－00	OE－32 － Airport close	－
OE－33－00	OE－33 － Crash	－
OE－34－00	OE－34 － Computer Flight Plan / ATS Flight Plan	－

위해요인	위험사건(Hazard Event)	분류코드
OE－35－00	OE－35 － Aircraft over－stress damage	－
OE－36－00	OE－36 － Exceeding approach & landing minima(CAT II, III & RVR)	－
OE－37－00	OE－37 － Exceeding the A/C operational limitations	－
OE－38－00	OE－38 － Explosive decompression damage	－
OE－39－00	OE－39 － Cabin pressure abnormal	－
OE－40－00	OE－40 － Flight crew incapacitation/illness	－
OE－41－00	OE－41 － Cockpit window crack	－
OE－42－00	OE－42 － ACAS/TCAS triggered(RA)	－
OE－43－01	OE－43 － GPWS/EGPWS	1. Glide slope
OE－43－02	OE－43 － GPWS/EGPWS	2. Sink rate
OE－43－03	OE－43 － GPWS/EGPWS	3. Landing gear
OE－43－04	OE－43 － GPWS/EGPWS	4. Flap
OE－43－05	OE－43 － GPWS/EGPWS	5. Terrain
OE－43－06	OE－43 － GPWS/EGPWS	6. Obstacle
OE－43－07	OE－43 － GPWS/EGPWS	7. Bank angle
OE－43－08	OE－43 － GPWS/EGPWS	8. Too low gear
OE－44－01	OE－44 － A/C in－flight fire	1. Cockpit
OE－44－02	OE－44 － A/C in－flight fire	2. Cabin
OE－44－03	OE－44 － A/C in－flight fire	3. Cargo compartment
OE－44－04	OE－44 － A/C in－flight fire	4. Others
OE－45－01	OE－45 － A/C system warning	1. Fuel system related warning
OE－45－02	OE－45 － A/C system warning	2. Landing gear system related warning
OE－45－03	OE－45 － A/C system warning	3. Air system related warning
OE－45－04	OE－45 － A/C system warning	4. Hydraulic system related warning
OE－45－05	OE－45 － A/C system warning	5. Avionics related warning
OE－45－06	OE－45 － A/C system warning	6. Flight control system related warning
OE－45－07	OE－45 － A/C system warning	7. Navigation system related warning
OE－45－08	OE－45 － A/C system warning	8. Cockpit/Cabin door System warning
OE－45－09	OE－45 － A/C system warning	9. Other system warning
OE－46－01	OE－46 － A/C navigation related event	1. Wrong aerodrome selected
OE－46－02	OE－46 － A/C navigation related event	2. Wrong runway selected
OE－46－03	OE－46 － A/C navigation related event	3. Wrong taxiway selected
OE－46－04	OE－46 － A/C navigation related event	4. Navigation track error
OE－46－05	OE－46 － A/C navigation related event	5. Others
OE－47－01	OE－47 － Aerodrome sys malfunction(NAV Aids)	1. Instrument landing sys

위해요인	위험사건(Hazard Event)	분류코드
OE－47－02	OE－47 － Aerodrome sys malfunction(NAV Aids)	2. Global positioning sys
OE－47－03	OE－47 － Aerodrome sys malfunction(NAV Aids)	3. Marker beacon
OE－47－04	OE－47 － Aerodrome sys malfunction(NAV Aids)	4. Non－directional beacon
OE－47－05	OE－47 － Aerodrome sys malfunction(NAV Aids)	5. DME
OE－47－06	OE－47 － Aerodrome sys malfunction(NAV Aids)	6. VOR
OE－47－07	OE－47 － Aerodrome sys malfunction(NAV Aids)	7. PAPI / VASI
OE－47－08	OE－47 － Aerodrome sys malfunction(NAV Aids)	8. Precision approach radar
OE－48－01	OE－48 － Airport operation facility	1. VDGS
OE－48－02	OE－48 － Airport operation facility	2. Taxiway light
OE－48－03	OE－48 － Airport operation facility	3. Runway light
OE－48－04	OE－48 － Airport operation facility	4. Others
OE－49－01	OE－49 － Airspace _ ATS incident & communication error	1. Failure to comply STAR
OE－49－02	OE－49 － Airspace _ ATS incident & communication error	2. Failure to comply noise abatement procedure
OE－49－03	OE－49 － Airspace _ ATS incident & communication error	3. Airspace infringement (controlled / restricted / military)
OE－49－04	OE－49 － Airspace _ ATS incident & communication error	4. ATS Communications (crews, maint, controller, etc.)
OE－49－05	OE－49 － Airspace _ ATS incident & communication error	5. Incorrect clearance / instruction
OE－49－06	OE－49 － Airspace _ ATS incident & communication error	6. RVSM airspace incident
OE－49－07	OE－49 － Airspace _ ATS incident & communication error	7. Others
OE－50－01	OE－50 － Communication facility deficiency	1. HF communications
OE－50－02	OE－50 － Communication facility deficiency	2. VHF communications
OE－50－03	OE－50 － Communication facility deficiency	3. SATCOM
OE－50－04	OE－50 － Communication facility deficiency	4. Others
OE－51－01	OE－51 － Abrupt maneuver	1. Flight control
OE－51－02	OE－51 － Abrupt maneuver	2. Environment
OE－51－03	OE－51 － Abrupt maneuver	3. Crew
OE－51－04	OE－51 － Abrupt maneuver	4. Others
OE－52－01	OE－52 － Deviation(by ATC instructions & procedures)	1. Deviation－taxi
OE－52－02	OE－52 － Deviation(by ATC instructions & procedures)	2. Deviation－en－route
OE－52－03	OE－52 － Deviation(by ATC instructions & procedures)	3. Deviation－holding
OE－52－04	OE－52 － Deviation(by ATC instructions & procedures)	4. Deviation－runway crossing
OE－52－05	OE－52 － Deviation(by ATC instructions & procedures)	5. Deviation－clearance limit
OE－52－06	OE－52 － Deviation(by ATC instructions & procedures)	6. Deviation－flight level
OE－52－07	OE－52 － Deviation(by ATC instructions & procedures)	7. Deviation－assigned details

위해요인	위험사건(Hazard Event)	분류코드
OE－52－08	OE－52 － Deviation(by ATC instructions & procedures)	8. Deviation－specified speed
OE－52－09	OE－52 － Deviation(by ATC instructions & procedures)	9. Deviation－time restriction
OE－53－01	OE－53 － Takeoff configuration warning	1. Flap
OE－53－02	OE－53 － Takeoff configuration warning	2. Speed brake
OE－53－03	OE－53 － Takeoff configuration warning	3. Stabilizer trim
OE－53－04	OE－53 － Takeoff configuration warning	4. Parking brake
OE－54－01	OE－54 － Collision during flight	1. to Aircraft (Mid－air collision)
OE－54－02	OE－54 － Collision during flight	2. to Vehicle
OE－54－03	OE－54 － Collision during flight	3. Equipment
OE－54－04	OE－54 － Collision during flight	4. Airport facility
OE－54－05	OE－54 － Collision during flight	5. Others
OE－55－01	OE－55 － Ground collision during A/C operation	1. to Aircraft
OE－55－02	OE－55 － Ground collision during A/C operation	2. to Vehicle
OE－55－03	OE－55 － Ground collision during A/C operation	3. to Equipment
OE－55－04	OE－55 － Ground collision during A/C operation	4. to Facility
OE－55－05	OE－55 － Ground collision during A/C operation	5. to Animal
OE－56－01	OE－56 － Near collision during A/C operation	1. to Aircraft
OE－56－02	OE－56 － Near collision during A/C operation	2. to Vehicle
OE－56－03	OE－56 － Near collision during A/C operation	3. to Equipment
OE－56－04	OE－56 － Near collision during A/C operation	4. to Facility
OE－56－05	OE－56 － Near collision during A/C operation	5. to Animal
OE－57－01	OE－57 － Taxiway incursion	1. By an aircraft
OE－57－02	OE－57 － Taxiway incursion	2. By a vehicle/equipment
OE－57－03	OE－57 － Taxiway incursion	3. By a person
OE－57－04	OE－57 － Taxiway incursion	4. By an animal
OE－58－01	OE－58 － Runway incursions	1. By an aircraft
OE－58－02	OE－58 － Runway incursions	2. By a vehicle/equipment
OE－58－03	OE－58 － Runway incursions	3. By a person
OE－58－04	OE－58 － Runway incursions	4. By an animal
OE－59－01	OE－59 － Apron incursion	1. By an aircraft
OE－59－02	OE－59 － Apron incursion	2. By a vehicle/equipment
OE－59－03	OE－59 － Apron incursion	3. By a person
OE－59－04	OE－59 － Apron incursion	4. By an animal
OE－60－01	OE－60 － Weather encounter	1. WX－Turbulence (include CAT)
OE－60－02	OE－60 － Weather encounter	2. WX－Lightning strike
OE－60－03	OE－60 － Weather encounter	3. WX－Thunderstorm

위해요인	위험사건(Hazard Event)	분류코드
OE−60−04	OE−60 − Weather encounter	4. WX−Icing
OE−60−05	OE−60 − Weather encounter	5. WX−Vortex / Wake Turbulence
OE−60−06	OE−60 − Weather encounter	6. WX−Windshear
OE−60−07	OE−60 − Weather encounter	7. WX−Microburst
OE−60−08	OE−60 − Weather encounter	8. WX−Crosswind
OE−60−09	OE−60 − Weather encounter	9. WX−Tailwind
OE−60−10	OE−60 − Weather encounter	10. WX−Fog
OE−60−11	OE−60 − Weather encounter	11. WX−Hail
OE−60−12	OE−60 − Weather encounter	12. WX−Unexpected weather
OE−60−13	OE−60 − Weather encounter	13. Volcanic ash
OE−61−01	OE−61 − Documents & manuals	1. Required Documents
OE−61−02	OE−61 − Documents & manuals	2. Checklists
OE−61−03	OE−61 − Documents & manuals	3. Airway Manual (Jeppesen Chart)3. Airway Manual (Jeppesen Chart)
OE−61−04	OE−61 − Documents & manuals	4. Flight Operations Manual(FOM)
OE−61−05	OE−61 − Documents & manuals	5. AFM, FCOM, POM, QRH, ODM
OE−61−06	OE−61 − Documents & manuals	6. COM
OE−61−07	OE−61 − Documents & manuals	7. MEL
OE−61−08	OE−61 − Documents & manuals	8. NOTAM
OE−61−09	OE−61 − Documents & manuals	9. Load sheet
OE−61−10	OE−61 − Documents & manuals	10. DG / NOTOC
OE−61−11	OE−61 − Documents & manuals	11. Flight & Maintenance Log
OE−61−12	OE−61 − Documents & manuals	12. GD(General declaration)
OE−62−01	OE−62 − Miscellaneous	1. Crew coordination(Cockpit / Cabin)
OE−62−02	OE−62 − Miscellaneous	2. Crew rest seat
OE−62−03	OE−62 − Miscellaneous	3. Crew lay−over hotel
OE−62−04	OE−62 − Miscellaneous	4. Crew meal
OE−62−05	OE−62 − Miscellaneous	5. Crew schedule
OE−62−06	OE−62 − Miscellaneous	6. Crew Transition problem
OE−63−01	OE−63 − FOD(Foreign Object Damage)	1. Ice ball
OE−63−02	OE−63 − FOD(Foreign Object Damage)	2. Part from equipment
OE−63−03	OE−63 − FOD(Foreign Object Damage)	3. Part from aircraft
OE−63−04	OE−63 − FOD(Foreign Object Damage)	4. Stone
OE−63−05	OE−63 − FOD(Foreign Object Damage)	5. Other debris
OE−64−01	OE−64 − Safety & Security Inspection	−
OE−65−01	OE−65 − Other operational event	−

위해요인	위험사건(Hazard Event)	분류코드
TE−01−01	TE−01 − Air conditioning	1. Cabin pressure all(Auto, manual) system
TE−01−02	TE−01 − Air conditioning	2. Cabin press auto control system
TE−01−03	TE−01 − Air conditioning	3. Air conditioning system
TE−01−04	TE−01 − Air conditioning	4. Air conditioning IND system
TE−01−05	TE−01 − Air conditioning	5. Others
TE−02−01	TE−02 − Autopilot / FMS	1. Auto pilot system both
TE−02−02	TE−02 − Autopilot / FMS	2. Autopilot / FMS components
TE−02−03	TE−02 − Autopilot / FMS	3. Autopilot / FMS IND system
TE−02−04	TE−02 − Autopilot / FMS	4. Others
TE−03−01	TE−03 − Electrical power	1. Emergency power
TE−03−02	TE−03 − Electrical power	2. Battery
TE−03−03	TE−03 − Electrical power	3. IDG / GEN
TE−03−04	TE−03 − Electrical power	4. External power
TE−03−05	TE−03 − Electrical power	5. Electrical power system
TE−03−06	TE−03 − Electrical power	6. Electrical power IND System
TE−03−07	TE−03 − Electrical power	7. Others
TE−04−01	TE−04 − Equipment / furnishings	1. Emergency equipment lose
TE−04−02	TE−04 − Equipment / furnishings	2. Emergency equipment damage
TE−04−03	TE−04 − Equipment / furnishings	3. Emergency equipment inop.
TE−04−04	TE−04 − Equipment / furnishings	4. Emergency equipment IND system
TE−04−05	TE−04 − Equipment / furnishings	5. Cockpit seat
TE−04−06	TE−04 − Equipment / furnishings	6. Lavatory system
TE−04−07	TE−04 − Equipment / furnishings	7. Galley system
TE−04−08	TE−04 − Equipment / furnishings	8. Escape slide unpack
TE−04−09	TE−04 − Equipment / furnishings	9. Others
TE−05−01	TE−05 − Fire protection	1. Fire bottle discharge
TE−05−02	TE−05 − Fire protection	2. Fire loop sys
TE−05−03	TE−05 − Fire protection	3. Fire IND sys
TE−05−04	TE−05 − Fire protection	4. Fire / smoke warning system components
TE−05−05	TE−05 − Fire protection	5. Fire / smoke warning system indication inop.
TE−05−06	TE−05 − Fire protection	6. Air / electric system fire / smoke false warning
TE−05−07	TE−05 − Fire protection	7. Others

위해요인	위험사건(Hazard Event)	분류코드
TE-06-01	TE-06 - Flight control	1. Flap & slat asymmetry or jamming.
TE-06-02	TE-06 - Flight control	2. FLT control system actuator inop
TE-06-03	TE-06 - Flight control	3. FLT control system
TE-06-04	TE-06 - Flight control	4. FLT control IND system
TE-06-05	TE-06 - Flight control	5. Others
TE-07-01	TE-07 - Fuel system	1. Fuel leak
TE-07-02	TE-07 - Fuel system	2. Fuel spill out
TE-07-03	TE-07 - Fuel system	3. Fuel system unbalance
TE-07-04	TE-07 - Fuel system	4. Fueling sys
TE-07-05	TE-07 - Fuel system	5. Fuel contamination
TE-07-06	TE-07 - Fuel system	6. Fuel sys components
TE-07-07	TE-07 - Fuel system	7. Others
TE-08-01	TE-08 - Hydraulic system	1. HYD leak
TE-08-02	TE-08 - Hydraulic system	2. HYD tube chafing or damage
TE-08-03	TE-08 - Hydraulic system	3. HYD contamination
TE-08-04	TE-08 - Hydraulic system	4. HYD system
TE-08-05	TE-08 - Hydraulic system	5. HYD IND system
TE-08-06	TE-08 - Hydraulic system	6. Others
TE-09-01	TE-09 - Ice & rain protection	1. Pitot / static system
TE-09-02	TE-09 - Ice & rain protection	2. Pitot / static IND system
TE-09-03	TE-09 - Ice & rain protection	3. Engine cowl anti-ice system
TE-09-04	TE-09 - Ice & rain protection	4. Engine cowl anti-ice IND system
TE-09-05	TE-09 - Ice & rain protection	5. Windshield wiper system
TE-09-06	TE-09 - Ice & rain protection	6. Anti / De ice system components
TE-09-07	TE-09 - Ice & rain protection	7. Anti / De ice system indication
TE-09-08	TE-09 - Ice & rain protection	8. Others
TE-10-01	TE-10 - Gear & tire	1. Landing gear system
TE-10-02	TE-10 - Gear & tire	2. Landing gear IND system
TE-10-03	TE-10 - Gear & tire	3. Tire / brake system
TE-10-04	TE-10 - Gear & tire	4. Brake overheat
TE-10-05	TE-10 - Gear & tire	5. Auto brakes system inop
TE-10-06	TE-10 - Gear & tire	6. Tire fuse plugs melting
TE-10-07	TE-10 - Gear & tire	7. Anti-skid system
TE-10-08	TE-10 - Gear & tire	8. L / G steering system
TE-10-09	TE-10 - Gear & tire	9. Not remove - Ground lock pins
TE-10-10	TE-10 - Gear & tire	10. Others

위해요인	위험사건(Hazard Event)	분류고드
TE－11－01	TE－11 － Light related event	1. Light system
TE－11－02	TE－11 － Light related event	2. Light IND system
TE－11－03	TE－11 － Light related event	3. Emergency exit light system
TE－11－04	TE－11 － Light related event	4. Cockpit light system
TE－11－05	TE－11 － Light related event	5. Cabin light system
TE－11－06	TE－11 － Light related event	6. Landing, Taxi, NAV light Inop.
TE－11－07	TE－11 － Light related event	7. A/C External Position Light Inop.
TE－11－08	TE－11 － Light related event	8. Others
TE－12－01	TE－12 － Avionics	1. Avionic system
TE－12－02	TE－12 － Avionics	2. Avionics IND system
TE－12－03	TE－12 － Avionics	3. Others
TE－13－01	TE－13 － Oxygen related event	1. Crew oxygen system
TE－13－02	TE－13 － Oxygen related event	2. PAX oxygen system
TE－13－03	TE－13 － Oxygen related event	3. Oxygen bottle press low
TE－13－04	TE－13 － Oxygen related event	4. Portable oxygen bottle press low
TE－13－05	TE－13 － Oxygen related event	5. Others
TE－14－01	TE－14 － Pneumatic system fail	1. Pneumatic system duct puncture/damage
TE－14－02	TE－14 － Pneumatic system fail	2. Pneumatic duct clamp damage
TE－14－03	TE－14 － Pneumatic system fail	3. Pneumatic system air leak
TE－14－04	TE－14 － Pneumatic system fail	4. Pneumatic system components
TE－14－05	TE－14 － Pneumatic system fail	5. Pneumatic system indication
TE－14－06	TE－14 － Pneumatic system fail	6. Others
TE－15－01	TE－15 － Auxiliary Power Unit (APU)	1. APU auto shut down
TE－15－02	TE－15 － Auxiliary Power Unit (APU)	2. APU bleed system
TE－15－03	TE－15 － Auxiliary Power Unit (APU)	3. APU generator system
TE－15－04	TE－15 － Auxiliary Power Unit (APU)	4. APU system components
TE－15－05	TE－15 － Auxiliary Power Unit (APU)	5. APU system indication
TE－15－06	TE－15 － Auxiliary Power Unit (APU)	6. Others
TE－16－01	TE－16 － Doors/Window related event	1. Pax door system
TE－16－02	TE－16 － Doors/Window related event	2. Pax door system IND
TE－16－03	TE－16 － Doors/Window related event	3. CGO door system
TE－16－04	TE－16 － Doors/Window related event	4. CGO door system IND
TE－16－05	TE－16 － Doors/Window related event	5. Cockpit Window
TE－16－06	TE－16 － Doors/Window related event	6. Others
TE－17－01	TE－17 － Engine related event	1. Engine surge

위해요인	위험사건(Hazard Event)	분류코드
TE－17－02	TE－17 － Engine related event	2. Engine vibration system
TE－17－03	TE－17 － Engine related event	3. Engine fuel system components
TE－17－04	TE－17 － Engine related event	4. Engine oil system components
TE－17－05	TE－17 － Engine related event	5. Engine bleed air system components
TE－17－06	TE－17 － Engine related event	6. Engine control system components
TE－17－07	TE－17 － Engine related event	7. Engine starting system components
TE－17－08	TE－17 － Engine related event	8. Engine reverser system components
TE－17－09	TE－17 － Engine related event	9. Engine ignition system components
TE－17－10	TE－17 － Engine related event	10. Engine components
TE－17－11	TE－17 － Engine related event	11. Engine IND system components
TE－17－12	TE－17 － Engine related event	12. Others
TE－18－00	TE－18 － Oil leak	－
TE－19－00	TE－19 － Part missing	－
TE－20－00	TE－20 － Other technical event	－
CS－01－01	CS－01 － Cabin crew－hazardous situation	1. Contact with hot items(oven, beverage, etc.)
CS－01－02	CS－01 － Cabin crew－hazardous situation	2. Struck by objects(cart, baggage, etc.)
CS－01－03	CS－01 － Cabin crew－hazardous situation	3. Slip, trip, fall
CS－01－04	CS－01 － Cabin crew－hazardous situation	4. Non－standard surface(wet floor, step, etc.)
CS－01－05	CS－01 － Cabin crew－hazardous situation	5. Unstable Equipment handling
CS－01－06	CS－01 － Cabin crew－hazardous situation	6. Conduct with heavy－weight items
CS－01－07	CS－01 － Cabin crew－hazardous situation	7. Firm / hard landing
CS－01－08	CS－01 － Cabin crew－hazardous situation	8. Unexpected turbulence
CS－01－09	CS－01 － Cabin crew－hazardous situation	9. Other hazardous situation
CS－02－01	CS－02 － Exit / entry door related	1. Slide deployment (Mis－operation)
CS－02－02	CS－02 － Exit / entry door related	2. Improper door handling by pax
CS－02－03	CS－02 － Exit / entry door related	3. Inappropriate pax in exit row
CS－02－04	CS－02 － Exit / entry door related	4. Opened without cabin approval
CS－02－05	CS－02 － Exit / entry door related	5. Other door related event
CS－03－01	CS－03 － In / voluntary pax deplane	1. Refusal boarding
CS－03－02	CS－03 － In / voluntary pax deplane	2. Unexpected patient
CS－03－03	CS－03 － In / voluntary pax deplane	3. Personal reasons
CS－03－04	CS－03 － In / voluntary pax deplane	4. Other reasons
CS－04－01	CS－04 － In－flight Pax illness	1. Digestion disease
CS－04－02	CS－04 － In－flight Pax illness	2. Heart disease

위해요인	위험사건(Hazard Event)	분류코드
CS−04−03	CS−04 − In−flight Pax illness	3. Fainting
CS−04−04	CS−04 − In−flight Pax illness	4. Respiratory disease
CS−04−05	CS−04 − In−flight Pax illness	5. Allergy(food poisoning)
CS−04−06	CS−04 − In−flight Pax illness	6. Other illness
CS−05−01	CS−05 − Pax disturbance	1. Smoking
CS−05−02	CS−05 − Pax disturbance	2. Verbal Abuse / Violent language
CS−05−03	CS−05 − Pax disturbance	3. Physical
CS−05−04	CS−05 − Pax disturbance	4. Drunken
CS−05−05	CS−05 − Pax disturbance	5. Sexual harassment
CS−05−06	CS−05 − Pax disturbance	6. Personal electronic devices
CS−05−07	CS−05 − Pax disturbance	7. Suspicious PAX
CS−05−08	CS−05 − Pax disturbance	8. Violent Yelling / Rage Expression
CS−05−09	CS−05 − Pax disturbance	9. Aircraft Illegal Occupation
CS−05−10	CS−05 − Pax disturbance	10. Violation of General Regulation
CS−05−11	CS−05 − Pax disturbance	11. Other pax disturbance
CS−06−01	CS−06 − Pax−hazardous Situation	1. Contact with hot items(beverage, etc.)
CS−06−02	CS−06 − Pax−hazardous Situation	2. Struck by objects(cart, falling baggage, etc.)
CS−06−03	CS−06 − Pax−hazardous Situation	3. Slip, trip, fall
CS−06−04	CS−06 − Pax−hazardous Situation	4. Non−standard surface(wet floor, step, etc.)
CS−06−05	CS−06 − Pax−hazardous Situation	5. Firm / hard landing
CS−06−06	CS−06 − Pax−hazardous Situation	6. Unexpected turbulence
CS−06−07	CS−06 − Pax−hazardous Situation	7. Other hazardous situation
CS−07−01	CS−07 − Safety duty related	1. Cabin crew / cabin not prepared for takeoff / landing
CS−07−02	CS−07 − Safety duty related	2. Pax not prepared for takeoff / landing
CS−07−03	CS−07 − Safety duty related	3. Other failure to perform safety duty
CS−08−00	CS−08 − In−flight Cabin crew illness / incapacitation	−
CS−09−00	CS−09 − Other cabin safety event	−
DG−01−01	DG−01 − Container / package breakage	1. Mishandling
DG−01−02	DG−01 − Container / package breakage	2. Incorrect B / UP
DG−02−01	DG−02 − Incorrect loading	1. CAO / MAG / Radioactive load to prohibited position
DG−02−02	DG−02 − Incorrect loading	2. Segregation violation
DG−02−03	DG−02 − Incorrect loading	3. Load unallowable DG to Pax flight

위해요인	위험사건(Hazard Event)	분류코드
DG－03－01	DG－03 － Incorrect packaging	1. Shipper's mistake
DG－03－02	DG－03 － Incorrect packaging	2. Check error
DG－04－01	DG－04 － Miss－declaration	1. Shipper's mistake
DG－04－02	DG－04 － Miss－declaration	2. Check error
DG－05－01	DG－05 － Non－declaration	1. Shipper's mistake
DG－05－02	DG－05 － Non－declaration	2. Screening / MSDS check mistake
DG－06－01	DG－06 － Spill or leakage	1. Radiation
DG－06－02	DG－06 － Spill or leakage	2. Except radiation
DG－06－03	DG－06 － Spill or leakage	3. Mishandling
DG－06－04	DG－06 － Spill or leakage	4. Incorrect B / UP
DG－07－00	DG－07 － Other dangerous goods event	－
SE－01－00	SE－01 － Baggage reconciliation failure	－
SE－02－00	SE－02 － Watch list / no－fly / selectee irregularity	－
SE－03－00	SE－03 － Failure of baggage security inspection	－
SE－04－00	SE－04 － Firearms handling irregularity	－
SE－05－00	SE－05 － Failure of individual baggage check－in	－
SE－06－00	SE－06 － Unauthorized person onboard	－
SE－07－00	SE－07 － Improper security measures on passenger deplaning	－
SE－08－00	SE－08 － No sealing on the catering carts or vehicles	－
SE－09－01	SE－09 － Air Taser related event	1. No load due to ferry flight connection
SE－09－02	SE－09 － Air Taser related event	2. Malfunction of Air Taser box
SE－09－03	SE－09 － Air Taser related event	3. Other Air Taser handling irregularity
SE－10－00	SE－10 － Hijacking	－
SE－11－00	SE－11 － Unauthorized access to security controlled areas	－
SE－12－00	SE－12 － Bomb threat	－
SE－13－00	SE－13 － Suspicious items found	－
SE－14－00	SE－14 － Others	－
GS－01－01	GS－01 － A / C engine suction	1. Human
GS－01－02	GS－01 － A / C engine suction	2. Materials
GS－02－01	GS－02 － A / C floor parts damage	1. Incorrect shoring
GS－02－02	GS－02 － A / C floor parts damage	2. Incorrect weight balance inside ULD
GS－02－03	GS－02 － A / C floor parts damage	3. Use unserviceable ULD
GS－02－04	GS－02 － A / C floor parts damage	4. Violation of loading instruction
GS－02－05	GS－02 － A / C floor parts damage	5. Inexperience and mistake by G / H agent

위해요인	위험사건(Hazard Event)	분류코드
GS-02-06	GS-02 - A/C floor parts damage	6. Leakage of salt water
GS-03-00	GS-03 - A/C tipping	1. Violation of loading/unloading Instruction
GS-04-01	GS-04 - A/C wall damage	1. Inexperience and mistake by G/H agent
GS-04-02	GS-04 - A/C wall damage	2. Skip Information from origin station
GS-04-03	GS-04 - A/C wall damage	3. B/UP height/length over than allowable contour
GS-04-04	GS-04 - A/C wall damage	4. Incorrect B/UP and restraint
GS-04-05	GS-04 - A/C wall damage	5. Shortage of 16ft & 20ft ULD
GS-05-01	GS-05 - Cargo /ULD shift by incorrect restraint	1. Improper locking
GS-05-02	GS-05 - Cargo /ULD shift by incorrect restraint	2. Mistake by G/H agent
GS-05-03	GS-05 - Cargo /ULD shift by incorrect restraint	3. Overlook at final check
GS-06-01	GS-06 - Cargo related event by incorrect build-up	1. Mistake by W/H loader
GS-06-02	GS-06 - Cargo related event by incorrect build-up	2. Lack of training
GS-06-03	GS-06 - Cargo related event by incorrect build-up	3. Shortage of authorized tie-down equipment
GS-06-04	GS-06 - Cargo related event by incorrect build-up	4. Violation of B/UP instruction
GS-07-01	GS-07 - Ground collision	1. Aircraft to equipment/vehicle/facility
GS-07-02	GS-07 - Ground collision	2. Aircraft to aircraft while towing or pushback
GS-07-03	GS-07 - Ground collision	3. Vehicle to vehicle/equipment/facility
GS-07-04	GS-07 - Ground collision	4. Equipment to equipment/facility
GS-07-05	GS-07 - Ground collision	5. Others
GS-08-01	GS-08 - Ground near collision	1. Aircraft to equipment/vehicle/facility
GS-08-02	GS-08 - Ground near collision	2. Aircraft to aircraft while towing or pushback
GS-08-03	GS-08 - Ground near collision	3. Vehicle to vehicle/equipment/facility
GS-08-04	GS-08 - Ground near collision	4. Equipment to equipment/facility
GS-08-05	GS-08 - Ground near collision	5. Others
GS-09-01	GS-09 - Ground fire	1. Aircraft
GS-09-02	GS-09 - Ground fire	2. Equipment/vehicle
GS-09-03	GS-09 - Ground fire	3. Facilities

위해요인	위험사건(Hazard Event)	분류코드
GS－10－01	GS－10 － Jet blast damage	1. Human
GS－10－02	GS－10 － Jet blast damage	2. Aircraft
GS－10－03	GS－10 － Jet blast damage	3. Vehicle
GS－10－04	GS－10 － Jet blast damage	4. Equipment
GS－10－05	GS－10 － Jet blast damage	5. Facility
GS－10－06	GS－10 － Jet blast damage	6. Others
GS－11－01	GS－11 － Pushback deficiency	1. Aircraft
GS－11－02	GS－11 － Pushback deficiency	2. Equipment
GS－11－03	GS－11 － Pushback deficiency	3. Human
GS－12－01	GS－12 － Towing deficiency	1. Aircraft
GS－12－02	GS－12 － Towing deficiency	2. Equipment
GS－12－03	GS－12 － Towing deficiency	3. Human
GS－13－01	GS－13 － Weight and balance related event	1. Weighing mistake
GS－13－02	GS－13 － Weight and balance related event	2. Weight misinformation from origin station
GS－13－03	GS－13 － Weight and balance related event	3. Mistype ULD number
GS－13－04	GS－13 － Weight and balance related event	4. Miscommunication between loader master and loader
GS－13－05	GS－13 － Weight and balance related event	5. Misread loading position
GS－13－06	GS－13 － Weight and balance related event	6. Load wrong ULD due ground handling agent error
GS－13－07	GS－13 － Weight and balance related event	7. Skip final check of weight and balance
GS－13－08	GS－13 － Weight and balance related event	8. Overload
GS－13－09	GS－13 － Weight and balance related event	9. Over the a/c lateral imbalance weight
GS－13－10	GS－13 － Weight and balance related event	10. Over the a/c center of gravity zone
GS－13－11	GS－13 － Weight and balance related event	11. Over the a/c max structural limitations
GS－13－12	GS－13 － Weight and balance related event	12. Mis－input fuel data
GS－14－01	GS－14 － Ground Personnel Hazardous situation	1. hot items
GS－14－02	GS－14 － Ground Personnel Hazardous situation	2. Struck by objects (vehicle/equipment/facility etc)
GS－14－03	GS－14 － Ground Personnel Hazardous situation	3. Slip, trip, fall
GS－14－04	GS－14 － Ground Personnel Hazardous situation	4. Non－standard surface(wet floor, step, etc.)
GS－14－05	GS－14 － Ground Personnel Hazardous situation	5. Unstable Equipment handling

위해요인	위험사건(Hazard Event)	분류코드
GS−14−06	GS−14 − Ground Personnel Hazardous situation	6. Conduct with heavy−weight items
GS−14−07	GS−14 − Ground Personnel Hazardous situation	7. Others
GS−15−01	GS−15 − Maintenance deficiency	1. Aircraft
GS−15−02	GS−15 − Maintenance deficiency	2. Engine
GS−15−03	GS−15 − Maintenance deficiency	3. Equipment
GS−15−04	GS−15 − Maintenance deficiency	4. Others
GS−16−01	GS−16 − Sabotage	−
GS−17−01	GS−17 − Foreign CAB Inspection	−
GS−18−01	GS−18 − Other ground safety event	−
GS−19−01	GS−19 − Fuel S+A23pill out	−

* OE: Operational Event
* TE: Technical Event
* CS: Cabin Safety Event
* DG: Dangerous Goods Event
* SE: Security Event
* GS: Ground Safety Event

【별표 4】 서브파트 분야별 안전성과지표

분야	고유지표
관제 (15)	► **10만 관제량당 항공안전장애 발생률** 1. 항공기사고/준사고 2. 항공기간 분리최저치 미확보 3. 통제공역과의 분리최저치 미확보 4. 유도로침범 5. 다른 항공기운항에 영향을 주지 않은 활주로침범 6. 항공기가 최저유도고도(MVA) 미만으로 강하 7. 안전운항에 영향을 끼친 항공교통관제절차 오류 또는 항공교통관제업무 제공의 중단 8. ACAS RA 발생 (장비오작동, 군VFR항공기접근제외) 9. 관제사간 협조절차 미준수 10. 관제장비 운영미숙에 의한 비정상상황 발생 11. 관제사와 조종사간 의사소통 오류 12. 악기상 요인을 고려하지 않은 관제업무수행 13. 관제업무 불만족 보고 14. 항공교통관제규정 위반
공항 (7)	► **등록차량 · 장비 1천대당 지상안전사고** 1. 주기중인 항공기와 차량(장비) 또는 물체 등이 충돌한 경우(운항 중인 항공기는 제외) 2. 이동지역 내에서 차량과 차량, 장비, 사람이 충돌하거나 장비와 사람이 충돌하여 사람이 다치거나 또는 차량 · 장비가 손상된 경우 ► **전 공항 비행장 시설 기능장애 건수** 3. 활주로, 유도로 및 계류장이 항공기 운항에 지장을 줄 정도로 중대한 손상을 입은 경우 4. 항공기 이동지역 내에서 항공기 운항에 지장을 줄 정도의 화재가 발생한 경우 5. 항공기 이동지역에서 운항 중인 항공기의 안전에 지장을 준다고 판단되는 항공기의 부품 · 구조물 또는 위험물 등이 발견된 경우 6. 항공기 급유 중 항공기 정상 운항을 지연시킬 정도의 기름이 유출된 경우 7. 항공등화시설의 운영이 중단된 경우
항행시설 (3)	► **항행안전시설 장애**(장애시간/전체운영시간) ► **항공통신시설 운영중단**(장애시간/전체운영시간) ► **항공통신 전문오류 발생건수**

【별표 5】 주요 항공사고 유형

그룹	항공사고 유형	약어
1차 유형 (Primary, 15종)	Abnormal runway contact	ARC
	Birdstrike	BIRD
	Controlled flight into or toward terrain	CFIT
	Collision with obstacle(s) during take－off and landing	CTOL
	Fire / smoke (non－impact)	F－NI
	Ground Collision	GCOL
	Loss of control－inflight	LOC－I
	Airprox / ACAS alert / loss of separation / (near) midair collisions	MAC
	Ground Handling	RAMP
	Runway excursion	RE
	Runway－wildlife presence	RI－A
	Runway incursion－vehicle, aircraft or person	RI－VAP
	System / component failure or malfunction [non－powerplant]	SCF－NP
	Powerplant failure or malfunction	SCF－PP
	Undershoot / overshoot	USOS
2차 유형 (Secondary, 18종)	ATM / CNS	ATM
	Loss of control－ground	LOC－G
	Turbulence encounter	TURB
	Fuel related	FUEL
	Aerodrome	ADRM
	Low altitude operations	LALT
	Fire / smoke (post－impact)	F－POST
	Windshear or thunderstorm	WSTRW
	Icing	ICE
	Evacuation	EVAC
	Security related	SEC
	Cabin safety events	CABIN
	Abrupt manoeuvre	AMAN
	Loss of lifting conditions en－route	LOTI
	Unintended flight in IMC	UIMC
	Glider towing related events	GTOW
	External load related occurrences	EXTL
	Unknown or undetermined	UNK

출처: ICAO Occurrence 분류기준(http://www.skybrary.aero/index.php/Occurrence_Category_Taxonomy)

【별표 6】 사고원인 분류표

A. 직접원인(Causal Factor)

분류	세부원인
A.1 – Aircraft Systems	A.1.1 System failure – affecting controllability A.1.2 System failure – flight deck information A.1.3 System failure – other
A.2 – ATC / Ground Aids	A.2.1 Incorrect or inadequate instruction / advice A.2.2 Misunderstood or missed communication A.2.3 Failure to provide separation – air A.2.4 Failure to provide separation – ground A.2.5 Ground aid malfunction or unavailable
A.3 – Environmental	A.3.1 Structural overload A.3.2 Wind shear, upset or turbulence A.3.3 Icing A.3.4 Wake turbulence – aircraft spacing A.3.5 Volcanic ash, sand, precipitation, etc. A.3.6 Birds A.3.7 Lightning A.3.8 Runway condition unknown to crew
A.4 – Flight Crew	A.4.1 Lack of positional awareness – in air A.4.2 Lack of positional awareness – on ground A.4.3 Lack of awareness of circumstances in flight A.4.4 Incorrect selection on instrument or navaid A.4.5 Action on wrong control or instrument A.4.6 Slow or delayed action A.4.7 Omission of action or inappropriate action A.4.8 "Press – on – itis" A.4.9 Failure in CRM(cross – check / co – ordinate) A.4.10 Poor professional judgement or airmanship A.4.11 Disorientation or visual illusion A.4.12 Fatigue A.4.13 State of mind A.4.14 Interaction with automation A.4.15 Fast and / or high on approach A.4.16 Slow and / or low on approach A.4.17 Loading incorrect A.4.18 Flight handling A.4.19 Lack of / inadequate qualification, training or experience A.4.20 Incapacitation, medical or other factors reducing crew performance A.4.21 Failure in look – out A.4.22 Deliberate non – adherence to procedures

분류	세부원인
A.5– Engine	A.5.1 Engine failure or malfunction A.5.2 Propeller failure A.5.3 Damage due to non–containment A.5.4 Fuel contamination A.5.5 Engine failure simulated
A.6– Fire	A.6.1 Engine fire or overheat A.6.2 Fire due to aircraft systems A.6.3 Fire – other cause A.6.4 Post crash fire
A.7– Maintenance Ground Handling	A.7.1 Failure to carry–out due maintenance A.7.2 Maintenance or repair error, oversight or inadequacy A.7.3 Ground staff or passenger(s) struck by aircraft A.7.4 Loading error A.7.5 Bogus parts
A.8– Aircraft Structure	A.8.1 Corrosion or fatigue A.8.2 Overload failure A.8.3 Flutter
A.9– Infrastructure	A.9.1 Incorrect, inadequate or misleading information to crew A.9.2 Inadequate aerodrome support A.9.3 Inadequate or incorrect performance of ancillary equipment A.9.4 Inadequate or incorrect airport departure or arrival procedure design
A.10– Aircraft Design	A.10.1 Design shortcomings A.10.2 Unapproved modification A.10.3 Manufacturing defect
A.11– Aircraft Control / Performance	A.11.1 Unable to maintain speed / height or achieve scheduled performance A.11.3 Aircraft becomes uncontrollable
A.12– Other	A.12.1 Caused by other aircraft or vehicle A.12.2 Non–adherence to cabin safety procedures A.12.3 Unsafe action by other personnel

B. 간접원인(Circumstantial Factor)

분류	세부원인
B.1− Aircraft Systems	B.1.1 Non−fitment of presently available ariscraft safety equipment(e.g. TAWS, TCAS, etc.) B.1.2 Failere or inadequacy of aircraft safety equipment B.1.3 Inoperative aircraft system
B.2− ATC / Ground Aids	B.2.1 Lack of ATC B.2.2 Lack of ground aids B.2.3 Non−presision approach flown
B.3− Environmental	B.3.1 Poor visibility or lack of external visual reference B.3.2 Other weather B.3.3 Runway or taxiway condition(e.g. ice, slippery, standing water, debris, etc.) B.3.4 Aerodrome design or location
B.4− Flight Crew	B.4.1 Training inadequate B.4.2 Presented with situation beyond training or experience B.4.3 Failure in CRM(cross−check / co−ordinate)
B.5− Infrastructure	B.5.1 Incorrect or inadequate procedures B.5.2 Company management failure B.5.3 Inadequate regulation B.5.4 Inadequate regulatory oversight
B.6− Other	B.6.1 Illegal, unauthorised or drug smuggling flight B.6.2 Low fuel state B.6.3 Carriage of dangerous goods B.6.4 Non−safety related restrictions

출처: 영국 CAP776 Appendix5 참조

참 고 03

미국의 국가항공 안전프로그램

1. | State Safety Policy and Objectives
2. | 국가안전위험관리
3. | 국가안전보증
4. | 국가안전진흥

1. State Safety Policy and Objectives

국가안전전정책 및 목표의 구성요소는 미국이 항공시스템 전반에 걸쳐 안전을 관리하는 방법을 정의한다. 이는 국가항공 안전프로그램과 관련된 여러 국가기관의 책임과 책무에 대한 결정 뿐만 아니라 국가항공안전프로그램에 의해 달성될 광범위한 안전목표의 결정이 포함된다. 국가안전정책 및 목표는 국가 및 민간항공당국, 기타 국가기관들의 안전관리노력을 일정수준 이상 유지하도록 관리자들에게 명백한 정책, 지시, 절차, 관리통제, 문서화 및 시정조치 프로세스를 제공한다. 이를 통해 미국은 점차 복잡해지고 지속적으로 변화하는 항공운송시스템에서 안전에 대한 리더십을 제공할 수 있게 된다. 다음은 미국의 안전목표들이다.

- 미국의 안전시스템이 전체적으로 효과적으로 작동하고 핵심요원들이 안전을 위해 함께 노력하고 있는지 확인
- 미국의 안전규제 및 조사기관이 세계 최고수준을 보유하고 안전을 유지할 수 있는 기술과 역량을 갖추고 있는지 확인
- 새로운 도구 및 매트릭스를 채택하여 사고의 사전징후 및 기여요소를 식별하고 경감할 수 있는 잠재적인 위험의 요인을 예측하고 비용대비 효과적인 방식으로 최대의 안전개선을 위해 안전관련자원을 전략적으로 관리함으로써 현대적인 능동적 사고예방프로그램을 구축
- 산업계 및 글로벌 이해관계자들과 함께 미국항공 당국에 보다 스마트하고 체계적인 위험-기반 의사결정을 내리기위해 일관되고 데이터에 기반한 접근방식을 사용하여 새롭게 부상하는 안전위험에 능동적으로 대응하는 안전관리원칙을 수립
- 국내외 이해관계자들과 협력하여 안전문제에 대한 보고의 공개를 위한 협력을 장려
- 안전데이터의 가용성증가와 추가적인 분석기능개발을 활용하여 안전위험관리를 체계적으로 의사결정에 통합함으로써 안전 및 효율을 증진
- 위험이 높은 영역에 대한 안전관리활동에 중점을 두고 안전감독모델을 수정하여 위험 기반 안전검사노력의 우선순위를 설정
- 국제항공 산업계와의 협력을 통해 지속가능한 항공을 달성하기 위한 안전 및 비용에 효율적인 방법에 대한 스마트한 규정을 제정

State Safety Program Policy Statement

미연방항공청 (FAA: Federal Aviation Administration)은 미국의 항공안전을 장려하고 규제한다. FAA는 미국의 민간항공이 가능한 한 최고수준의 안전을 확보할 수 있도록 전략과 프로세스를 개발, 실행하고 지속적으로 개선하기 위해 노력한다.

이를 위해 FAA는,

특정한 운영목적 또는 더 높은 수준의 안전성이 요구되어 미국에서 다른 표준이 필요한 경우를 제외하고는 ICAO 표준 및 권고와 절차에 부합하는 국가표준을 설정한다.

- 적절한 안전규제 및 산업계 감독활동에 대한 데이터-기반 및 성과-기반 접근방식을 채택
- 항공산업 내에서의 안전추세를 파악하고 보다 큰 안전관심내용 또는 필요사항을 다루기 위해 위험기반 접근방식을 채택
- 미국의 종합안전지표와 서비스제공자의 안전성과지표를 통해 항공시스템의 안전성과를 지속적으로 모니터링하고 측정
- 안전문제를 해결하고 항공안전을 지속적으로 강화하기 위해 항공산업계와 협력하고 협의
- 건전한 안전관리원칙에 입각하여 산업계 및 미국의 정부기관에서 우수한 안전실무와 긍정적인 조직안전문화를 장려
- 정보가 안전관리목적으로만 사용될 것이라는 의도로 모든 관련산업조직 및 서비스제공자 간의 안전정보수집, 분석 및 교환을 장려
- 안전관리 및 감독을 위한 충분한 재정적, 인적자원의 우선순위설정
- 안전감독 및 관리책임을 유능하게 수행할 수 있는 적절한 기술과 전문성을 갖춘 직원을 고용

국가교통안전위원회(NTSB: National Transportation Safety Board)는 ICAO 부속서 13(항공기사고 및 준사고조사)에 따른 미국의 의무이행을 보증한다. NTSB는 미국의 모든 민간항공사고를 독립적으로 조사하고 향후 사고예방을 위한 안전권고를 발표하기 위해 노력한다.

이를 위해 NTSB는

그림 1 Title 14 of the Code of Federal Regulations

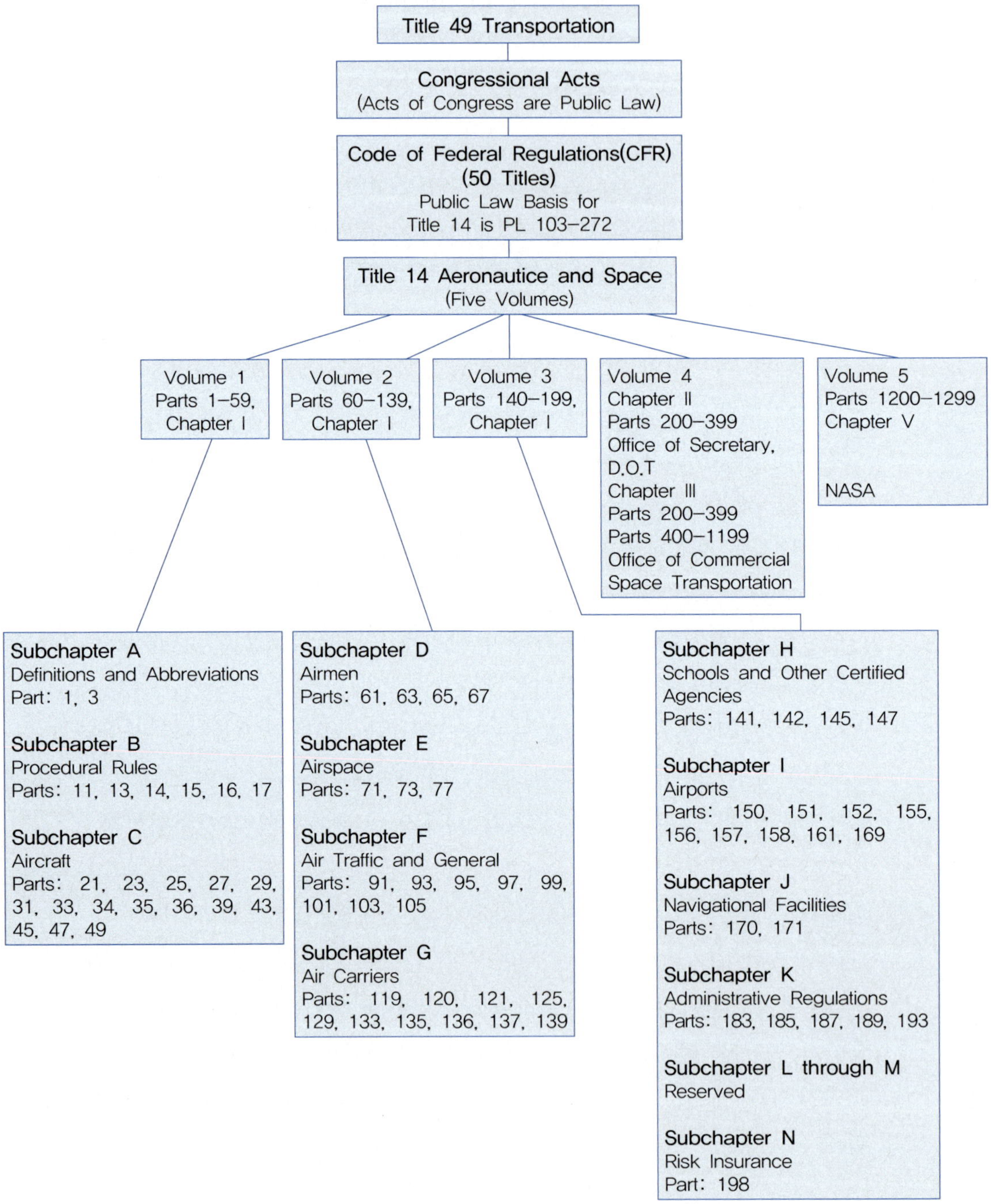

- 항공산업계와 협력하여 안전문제를 해결하고 항공안전을 지속적으로 향상시킴
- 건전한 안전관리원칙을 바탕으로 산업계에서 우수한 안전실천과 긍정적인 조직안전문화를 장려
- 사고 및 준사고조사를 위해 충분한 재정 및 인적자원확보를 우선순위에 둠
- 사고와 준사고조사 책임을 효과적으로 수행할 수 있도록 적절한 기술과 전문지식을 직원에게 제공

FAA 청장은 미국명의의 약속에 대해 미국을 대표하는 최고책임자이지만, 미국 SSP 문서는 FAA청장과 NTSB의장이 함께 서명한다. 본 문서는 FAA와 NTSB가 서명한 미국 SSP정책이다. 이 정책은 FAA와 NTSB 전반에 걸쳐 가시적인 위임을 통해 소통되며, 미국항공시스템에 적절하고 적합하게 유지되도록 주기적으로 검토될 것이다.

국가안전법령 프레임워크

미국은 미국내에서 항공안전관리를 수행하는 방법을 정의하는 국제 및 국내표준을 준수하는 국가안전입법체계와 구체적인 규정을 보유하고 있다. 안전입법체계와 구체적인 규정은 미국에 적절하고 적합하게 유지되도록 주기적으로 검토된다.

현재 항공기를 규제하는 FAA규정은 그림 1과 같이 Code of Federal Regulations(14 CFR) Aeronautics and Space에서 찾을 수 있다. FAA는 14 CFR part 1－199 및 400－499에 대한 책임이 있다.

국가의 안전책임 및 책무

미국 민간항공안전시스템은 구체적인 기능과 책임이 있는 여러 정부기관을 포함한다. 본 문서의 소개부분에서 설명한 것처럼 여러 미국 정부기관이 미국 SSP에 기여하지만 본 문서는 FAA 및 NTSB의 역할에 중점을 두는데, 두 조직이 미국의 SSP관련 기능을 대부분 수행하기 때문이다. 그림 2. 는 FAA내의 부서와 LOB 및 ICAO 부속서 x와의 관계를 보여준다.

그림 2 U.S. State Safety Program

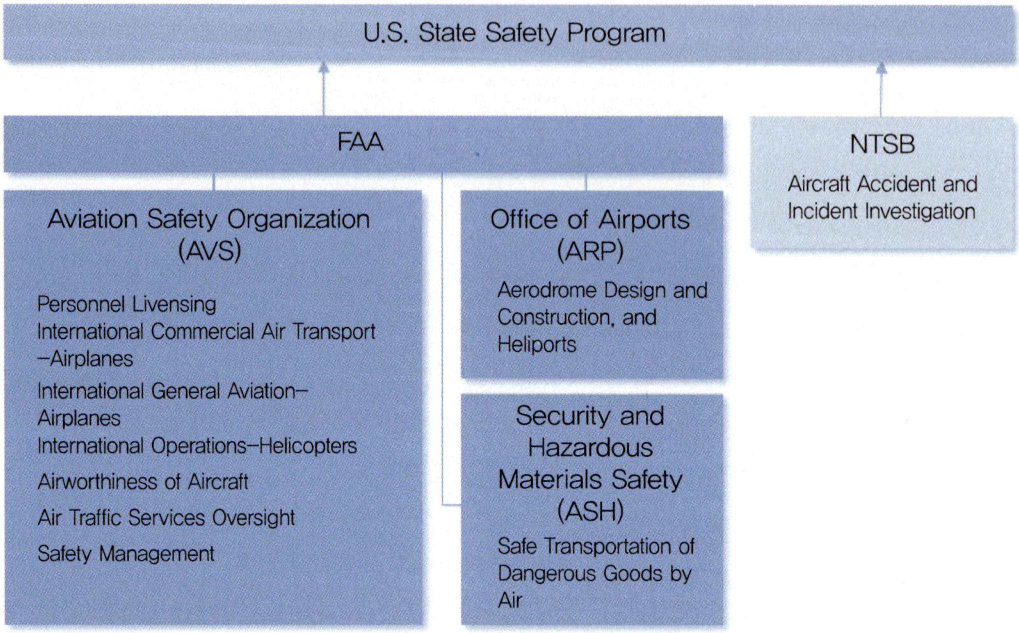

사고 및 준사고조사

미국은 현재 독립적이고 강력하며 성숙한 사고 및 준사고조사 기능을 보유하고 있다. NTSB는 1967년 미국의 모든 민간항공사고와 기타 운송수단의 주요사고에 대한 독립적인 조사를 수행하기 위해 설립되었다. 의회는 1974년 독립안전위원회법 (49 USCA app. § 1901 [1982])을 통과시켜 NTSB를 독립위원회로 만들었다. 동 법안은 NTSB가 항공기사고에 대한 조사책임을 부여하였다. NTSB의 임무는 주요 교통사고의 가능한 원인을 파악하고 재발하지 않도록 안전권고를 하는 것이다. NTSB에는 규제 또는 집행권한이 없다. NTSB조사가 교통안전향상에만 초점을 맞추기 위해 사실정보의 분석 및 가능한 원인에 대한 결정은 법원에 증거로 제시될 수 없도록 되어있다. NTSB 보고서는 미래에 사고가 발생하지 않게하려는 것이며, 따라서 대중에게 공개된다. NTSB와 FAA간의 관계는 49 USC Chapter 11 Section 1131, General Authority, 30 and Section 1132, Civil Aircraft Accident Investigations에 잘 정립되어 있다. NTSB와 FAA는 항공의 안전을 증진하고 항공기사고를 각각의 법정책임범위 내에서 예방하는 공통된 목표를 가지고 있다. 사고가 발생하면 FAA는 NTSB조사에 참여하여 유사한 사고의 재발을 방지하고 NTSB에 기술지원을 제공하기 위해 어떤 사고예방조치를 취해야 하는지를 파악한다. NTSB는 사고를 조사하여 가능한 원인을 판별하고 유사한 사고의 재발가능성을 줄이기 위한 관할권을 갖고 있다. 적기에 주의를 기울여 모든 NTSB안전권고 사항에 대한 충분한 고려를 하는 것이 FAA정책이다. NTSB 안전권고사항은 우선순위에 따라 작성되며 접수 후 90일 이내에 정식으로 서면으로 응답하여야 한다 (긴급한 것으로 간주되는 응답은 더 일찍처리된다). NTSB 안전권고 사항은 NTSB에 실질적인 응답이 오기전에 각 영향을 받는 조직구성요소들과 충분하게 조정된다. 적절한 조치가 완료되고 안전권고가 NTSB에 의해 "완료"로 분류 될 때까지 NTSB 안전권고사항은 활성화된 것으로 간주되며 우선적인 주의를 기울여야한다.

행정처분정책

FAA의 핵심임무는 민간항공의 안전을 촉진하는 것이다. 이를 달성하기 위해 FAA는 49 USC subtitle VII 33의 법적인 권한하에 14 CFR part 1－199에따라 규제표준 및 요건을 설정한다. 49 USC § 40113에 따라, FAA 청장은 조사의 실시, 규정, 표준 및 절차의 제정 및 지시의 발행 등을 포함하여 항공상업운송의 안전과 관련된 법적책임 및 권한을 수행하는 데 필요한 조치를 취할 수 있는 광범위한 권한을 가지고 있다. FAA는 또한 교통부장관이 FAA에 위임한 상업적 우주공간을 규제하는 표준 및 요건을 수립한다. 이에 추가하여, 장관은 FAA청장에게 DOT Hazardous Materials rules, 49 CFR parts 100－185 에 따른 위반에 대한 조사 및 처분권을 위임하였다. 규정이 수립되면 해당행정처분정책도 시행되게 된다. 항공제품/서비스제공자는 자사제품 및 서비스의 안전성에 대해 법적 및 기능적 주요 책임이 있고, FAA가 제정한 안전규정 및 표준을 준수하여야 한다. 항공제품/서비스제공자는 위험에 직접 노출된 사람들의 자원과 활동을 통제하며 그러한 위험과 관련된 위해요인을 직접 통제할 수 있는 위치에 있다. 법규 및 규제요구사항을 준수하지 않는 제품/서비스제공자의 문제가 발생하는 경우 FAA의 규정준수 및 이행프로그램을 사용하여 시정조치를 취하게 된다.

2. 국가안전위험관리

미국의 안전관련 기관들은 안전하고 효율적인 항공시스템을 만들 수 있는 많은 프로세스와 시스템을 갖추고 있다. 한 단계 높은 수준의 안전을 달성하기 위해서는 잠재적인 위험의 원천을 보다 정밀하게 예상하기 위해 도구 및 지표를 채택하여 사고 또는 준사고의 원인을 분석하는 기존의 방법을 보완해야 한다. 이를 통해 미국은 사고의 전조와 기여자를 확인하고 조치할 수 있으며 비용대비 효율적인 방식으로 최대한의 안전향상을 위해 안전자원을 전략적으로 관리할 수 있다. FAA 안전관리시스템은 미국의 항공시스템에서의 위험을 관리할 수 있게 한다.

2.1 서비스제공자의 안전관리시스템 안전요건

미국은 서비스제공자가 SMS를 이행할 것을 요구하는 규정을 국가가 마련하도록 요구하는 요건을 이해하고 있다. 그러나 미국은 미국의 규칙제정과정의 복잡성으로 인해 차이점을 통보한 바 있으며 대중에게 편익이 비용보다 더 크다는 것을 확신하게 해야하는 부담이 있었다.

2.2 서비스제공자의 안전성과 관련협약

서비스제공지의 안전성과는 규제를 통해 이루어지며 서비스제공자의 SMS승인의 일부로 간주된다. 서비스제공자가 SMS를 이행함에 따라 FAA는 규제기관으로서 서비스제공자의 안전성과 지표 및 해당 목표수준이 수용가능한지 여부를 결정한다. 그런다음 서비스제공자는 수락된 지표/목표에 대한 안전성과를 평가한다. 합의된 안전성과 목표는 정기적으로 검토되어 서비스제공자에게 적절하고 적합하게 유지되도록 한다. FAA Order 1100.161, Air Traffic Safety Oversight 은 ATO가 안전데이터를 수집, 추적 및 분석하여 NAS (National Airspace System)안전에 미치는 영향을 평가해야 한다. AOV는 ATO에게 표준분리의 훼손, 활주로 준사고, 공중충돌위험, 누락된 장비예방유지보수 및 만료된 장비인증과 같은 보고가능한 항공교통사건에 대한 조치를 요구한다.

3. 국가안전보증

SMS원칙을 기반으로 한 안전감독은 서비스제공자가 조직 및 운영환경전반에 걸쳐 안전에 집중할 책임을 강화한다. 미국정부와 항공관련 기관들은 광범위한 안전시스템의 품질보증을 유지하는 데 중요한 역할을 한다. 이는 안전감독 및 데이터수집, 분석 및 교환을 포함한다. 미국항공당국은 다양한 항공안전데이터를 수집, 분석 및 보고한다. 이러한 데이터는 미국안전시스템 내에서 항공안전추세를 모니터링하고 해결해야 할 안전문제가 있는 분야를 식별하는 데 사용된다.

3.1 안전감독

미국내 안전보증은 항공산업의 모든 부문에 걸친 서비스제공자의 성숙한 감독을 통해 이루어진다. 데이터에 대한 정보가 제공되므로 위험이 가장 높거나 안전성이 가장 우려되는 분야에 자원을 집중시키고 우선순위를 정한다.

미국은 안전감독의 여덟 가지 핵심요소를 효과적으로 모니터링할 수 있는 메커니즘

그림 3 U.S. USOAP Review Results - 2008

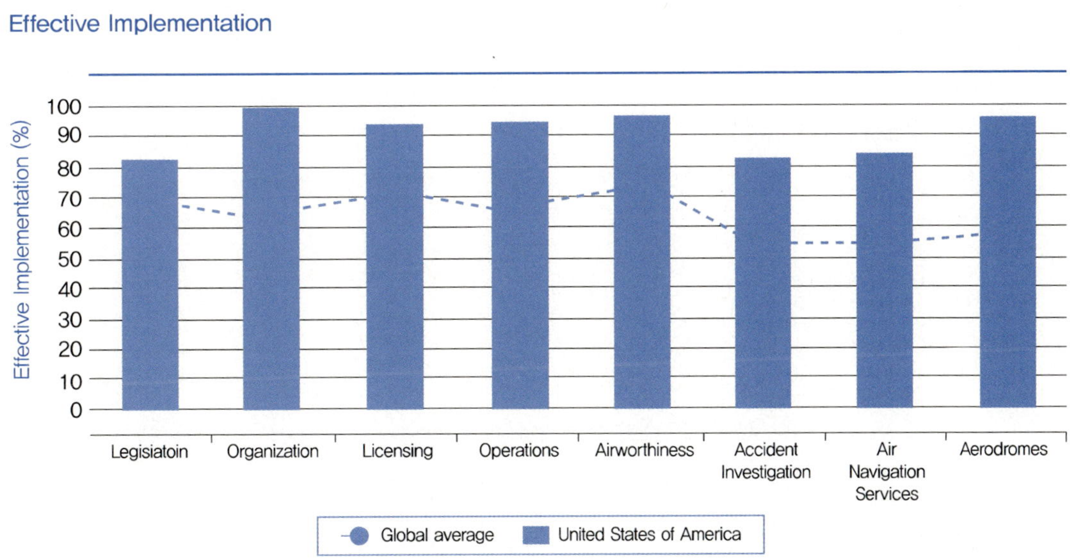

을 마련했다. 미국은 또한 미국산업의 다양한 분야에 대한 견고하고 성숙한 감시메커니즘을 보유하고 있으며 이는 2008년 실시된 미국항공시스템에 대한 ICAO 항공안전종합평가프로그램 (USOAP; Universal Safety Oversight Audit Program) 검토결과에 의해 입증된다. 그림 3은 2008년 USOAP 평가에서 미국은 평가된 모든 범주에서 세계평균을 훨씬상회한 결과를 보여준다. 미국은 평가에서 발견된 결함을 해결하기 위해 2008년 ICAO에 수정조치계획(CAP: Corrective Action Plan)을 제출했다. 각 개별 FAA LOB 또는 미국정부기관은 자체 CAP을 책임지고 모든 CAP은 ICAO에 제출하기 전에 FAA국제업무 사무소(API)를 통해 조정된다.

3.2 안전데이터의 수집, 분석 및 교환

미국은 현재 감독프로세스 및 자발적 보고프로그램을 비롯한 여러 자료원으로 부터 항공안전데이터를 수집한다. 이러한 데이터는 국가차원을 포함하여 다양한 수준에서 분석되며 AVS 감독활동 및 항공우주시스템의 안전에 관한 결정을 알리는 데 사용된다. FAA는 항공안전데이터를 보다 더 교환하고 분석할 수 있도록 프로세스를 개선하고 있다.

3.3 보다 큰 관심 또는 필요가 있는 분야에 대한 안전데이터 기반 목표설정

미국은 위험에 대한 데이터분석, 운영의 결과 및 평가된 데이터의 분석에서 확인된 바와 같이 보다 다양한 안전문제 또는 필요가 있는 분야에 대한 검사, 감사 및 설문조사의 우선순위를 정하기 위해 업계의 다양한 분야에 대한 위험기반감독시스템을 개발했다.

4. 국가안전진흥

효과적인 안전진흥프로그램은 미국 SSP의 핵심 운영목표를 지원하는 데 필수적이다. 그들의 임무와 책임의 일환으로 FAA와 NTSB는 다양한 유형의 안전관련교육을 제공하고 효과적이고 효율적인 SSP를 육성하는 문화의 발전을 지원하기 위해 직원들과 안전정보를 적극적으로 소통한다. 또한 교육서비스를 제공하고 안전관련정보를 전달하여 항공서비스 제공자들 사이에서 긍정적인 안전문화를 지원한다.

4.1 안전정보의 소통 및 배포관련 내부교육

FAA와 NTSB는 현재 직원들에게 다양한 종류의 안전관련교육을 제공하고 직원들에게 안전정보를 적극적으로 전달하고 있다. SSP개발의 결과로 추가적인 개선이 이루어질 것이다.

4.2 안전정보의 소통 및 배포관련 외부교육

미국은 교육을 제공하고 안전위험에 대한 인식 및 안전관련정보의 양방향소통을 제공하여 서비스제공자 간에 효과적이고 효율적인 안전관리원칙을 촉진하는 조직문화의 개발을 지원한다. 미국은 산업계에 안전교육을 제공하고 다양한 방법과 매체를 통해 안전정보를 전달한다. 국가 및 산업계회의/세미나; 의회브리핑 및 사실자료; 프레젠테이션, 워크숍 및 패널토론; 비디오메시지; 공공 FAA 웹사이트의 SMS내용; FAA 소셜미디어; 인쇄물(포스터, 전단지, 팜플릿); 외부청중을 위한 FAA 출판물. 섹션 3.2.3, 항공안전정보교환은 미국정부, 업계 및 다른 국가 간의 안전정보공유를 설명하고 있다.. 이 절에서는 그러한 의사소통에 대해 자세히 설명한다.

참 고 04

영국의 국가항공 안전프로그램

제 1 장 영국항공법령 시스템

본 장의 목적은 유럽연합 (EU) 회원국일 뿐만 아니라 ICAO 체약국인 영국의 다양한 요소에 대한 안전감독체제를 설명하는 데 있다. 이러한 요소들과 영국정부 그리고 궁극적으로는 ICAO와 EU 간의 관계를 설명한다.

ICAO 회원국으로서의 영국

1947년 3월에 영국이 국제민간항공협약 (시카고 협약)을 비준할 당시에 존재했던 다양한 식민지, 보호령 및 부속국가를 대신하여 영국은 국제민간항공협약을 비준하였다. 오늘날 시카고협약에 대한 영국의 준수의무는 영국 및 북아일랜드 (UK 'Main'), 영국의 해외영토 (Overseas Territories) 및 Crown Dependencies를 포함한다.

아래 그림 1은 회원국인 영국과 ICAO의 다양한 요소 간 관계를 보여준다.

그림 1 The relationship with the UK and ICAO

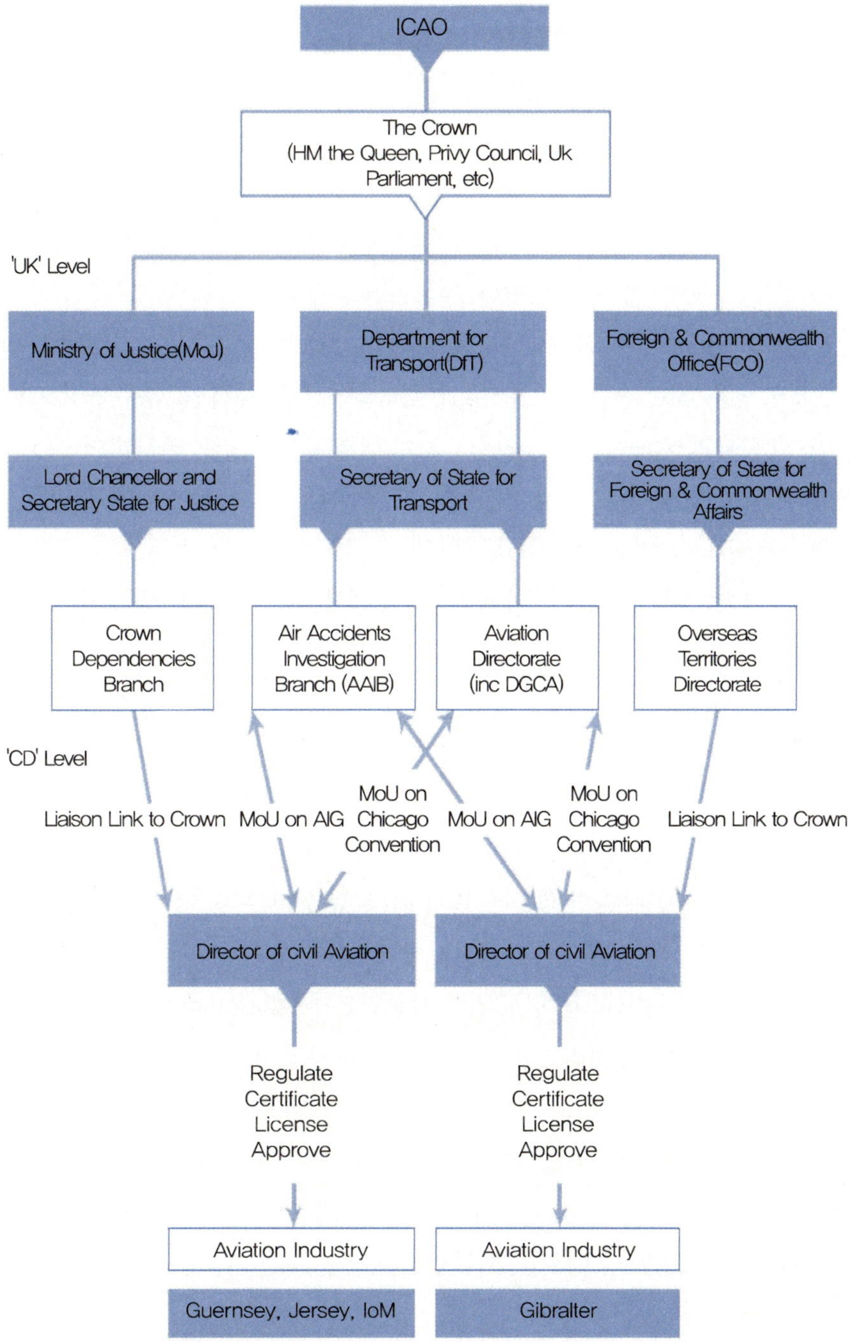

제 2 장 영국항공안전정책 및 목표

유럽개념하의 영국안전법령 프레임워크

주요법령 (Primary legislation)

영국의 'Main'에서 항공문제를 다루는 주요법령은 1982년 민간항공법(Civil Aviation Act 2012년 마지막 업데이트)이다. 이 민간항공법은 2000년 교통법, 1986년 공항법 및 2003년 철도 및 교통안전법과 같은 다른 주요법령의 구체적 조항에 의하여 보완되었다. 주요법령은 국무장관과 민간항공청(CAA)에 보완적인 임무를 부여한다. CAA의 구체적인 안전규제 기능은 영국법령 및 유럽법령 2.1.3에 명시되어 있다

일반적으로 항행서비스 및 비행장은 영국정부가 National Air Traffic Service (NATS) (영국의 항로교통서비스 및 주요공항에서 항공교통관제 서비스를 제공)의 지분을 보유하고는 있지만 민간부문에서 제공하고 있으며 일부 군용비행장이 국제민간항공교통에 제공된다.

보조법령(Subsidiary legislation)

Basic EASA Regulations 216/2008과 그 하부에 만들어진 시행규칙 (EASA Regulations)에는 유럽대부분의 민간항공기에 적용되는 규정이 포함되어 있다. 이러한 규정은 항공기의 규제에 대하여 회원국의 관련당국에 권한을 부여한다.

그러나 일부항공기(국가 항공기와 Basic EASA Regulations Annex II 에 서술된 항공기는 non－EASA 항공기라 한다)는 EASA 규정의 적용을 받지않으며 해당국가의 규정을 적용 받는다.

The Air Navigation Order 2009(article 246) 는 EASA 규정의 목적상 민간항공 당국을 영국의 관련기관으로 지정한다. 이 Air Navigation Orders는 또한 non－EASA 항공기를 위한 영국의 국가법령도 포함한다.

영국의 안전책임 및 책임

영국의 국가안전프로그램개발

영국의 SSP에 대한 주요책임은 DfT DGCA에 있다. 그러나 CAA는 특수 항공안전규제 기관이며 DfT지침에 따라 많은 안전관련기능을 수행하기 때문에 DfT는 CAA가 영국의 SSP문서생산을 조정해야 한다는 점에 동의했다.

SSP 문서는 영국이 SSP하에서 ICAO가 제기한 항목을 어떻게 처리하는지를 설명한다.

안전감독을 위한 EC 및 EASA의 역할과 책임은 유럽항공안전프로그램에 자세히 설명되어 있다. 많은 안전감독기능이 국가기관에 남아 있지만 EASA의 역할과 책임은 확대되고 있으며 따라서 영국의 SSP문서는 필요시 개정될 것이다.

영국의 국가안전프로그램 책임 및 자원

안전감독책임의 대부분은 CAA의 Safety and Airspace Regulation Group (SARG)에 있다. 비록 1982년 민간항공법(Civil Aviation Act 1982)이 '높은 안전기준'달성을 요구하고 있지만 SARG는 '전 세계 안전표준을 개선하기 위해 다른 사람들과 계속협력하고 성공적으로 행동할 수 있는 새로운 방법을 찾는다.' 로 그 역할을 추가적으로 정의하였다.

지속적인 개선을 위한 추진은 특히 확장 또는 수축시 달성하기 어려운 목표가 된다.

영국의 안전정책

높은 수준의 안전성을 달성하기 위해 CAA는 Strategic Plan 2011－2016의 일환으로 다음과 같은 목표를 개발하였다.

- CAA는 EASA의 지원, ICAO의 참여 및 CAAi 및 국가안전 파트너십을 통해 국제적으로 안전개선교육을 제공함으로써 전 세계의 안전결과에 영향을 주어 영국소비자에게 위해를 가할 위험을 줄여나갈 것이다.
- 영국의 항공산업계는 SSP 및 항공운항서비스에 대한 국가성과계획에 표현된 CAA

와의 계약에 따라 항공안전위험을 현재수준으로부터 감소시킬 예정이다.

- 안전규정은 '더 나은 규정' 및 효율성과 완전히 일치하여 영국의 시민과 산업계의 예산에 대한 가치를 증가시킬 것이다.
- 영국의 항공산업과 CAA는 안전관리, 인적요소 및 문화에 대한 역량과 성과를 측정가능한 수준으로 향상시킬 것이며 위험의 감소측면에서 편익을 입증할 것이다.
- FAS(Future Airspace Strategy)의 제공을 통해 CAA는 ATM과 관련된 현재 및 미래의 안전위험을 감소시킬 것이다.
- 영공안전계획은 '외부통제영공' 환경에서 모든 영공사용자를 위한 확실한 안전향상을 제공할 것이다.

이러한 목표를 달성하기 위해 CAA는 안전계획을 개발하기 위한 포괄적인 안전모니터링 및 계획 프로세스를 수립했다. 또한 SMS를 위한 모든 ICAO 조항을 준수하기 위해 노력할 것이다.

영국은 ICAO 국제표준 및 권고를 준수하기 위하여 가능한 안전정책을 개발하여 왔다. 그러나 영국은 ICAO 규정을 영국법령으로 대체하는 것이 실용적이지 않거나 부적절하다고 판단하는 경우 시카고협약 제38조에 따라 ICAO와의 차이점을 통보하거나 AIP에 게재하기 전에 장관에게 통보하도록 하고 있다.

영국의 수용가능한 수준의 안전성과

ICAO 조항은 국가가 ALoSP를 달성하기 위한 안전프로그램을 수립하도록 요구한다. 그들은 달성할 수 있는 안전수준이 관련 국가에 의해 수립되어야 한다고 요구한다. 영국의 ALoSP는 다음 세 가지 안전성과 목표로 구성된다.

① 사망사고율 5년 평균은 5% 이내 최고국가수준

② 안전성과 지표(SPI)는 사망사고의 잠재적 전조로 여겨지는 운항사건의 빈도를 추적하고 이러한 위험을 줄이기 위한 지속적인 개선을 나타냄

③ ICAO 표준 및 권고 (SARP)와 절차를 최소한 90% 준수하고 차이점을 통보하는 경우에는 건전하고 합리적인 근거가 있어야 함

영국의 사고 및 준사고조사(UK accident and incident investigation)

영국본토 사고조사 (UK mainland accident investigation)

2010년 10월 20일 유럽의회와 유럽평의회의 규정 (EU) No 996/2010은 민간항공사고 및 준사고조사 및 예방에 관하여 다음과 같이 규정하였다.

각 회원국은 자체적으로 또는 다른 안전조사기관과의 협의를 통해 독립적으로 완전한 안전조사를 수행할 수 있는 영구민간항공안전조사 당국이 외부의 간섭없이 안전조사를 수행하거나 감독하도록 하여야 한다.

국무장관은 1982년 민간항공법 제75조에 따라 규정을 제정하였다. 민간항공 (항공사고 및 준사고조사) 규정 1996은 항공사고조사관 및 수석조사관을 임명하고 민간항공기와 관련된 사고 및 준사고에 대해 독립적인 조사를 수행할 수있는 적절한 권한을 제공한다. 이 규정은 또한 AAIB의 설립을 규정하여 ICAO 부속서 13과 관련하여 영국의 의무를 이행하도록 한다.

AAIB는 독립적인 사고 및 준사고에 대한 조사절차를 수행한다. 이러한 프로세스의 유일한 목적은 사고 및 준사고의 예방이며, 비난 또는 책임을 묻기위한 것은 아니다. AAIB는 DfT내에서 항공국과 분리되어 있으며 CAA와는 별도로 설립되었다. 수석조사관은 항공사고 및 준사고에 관한 사항을 직접 국무장관에게 보고한다.

제 3 장 영국항공 안전위험관리

영국은 SMS이행을 위하여 단계별 접근방법을 개발하였다.

그 두 단계는 다음과 같다.

1. 단계 (Phase 1): SMS평가는 SMS의 핵심요소들이 제 위치에 있는지(적기적소) 여부를 결정
2. 단계(Phase 2): SMS가 운영되고 있고 효과적인지를 평가하고 우수사례 및 우수징후를 모색

이러한 접근법은 SMS를 개발하고 이행함에 필요한 이정표를 인식할 것이며, 효과적인 운영과 성숙도를 위한 것이다.

서비스제공자의 SMS안전요건

모든 EASA 규제기관에 SMS가 확대되면서 영국 CAA는 SMS감독에 대한 공통의 접근방식을 확립했다. 여기에는 일반적인 교육, 절차 및 평가도구가 포함된다.

SMS의 발전과 관련하여 CAA는 모든 안내자료, 절차, 도구 및 교육자료의 관련성을 정기적으로 검토하고 있다. 이는 SMS 프로그램리더와 교차기능팀, SMS운영그룹에 의해 수행되고 있다. 이에 추가하여 SMS 표준화 팀이 SMS 감시활동을 모니터링하기 위해 설립되었다.

항공사 및 인가정비조직

SMS요건(SMS requirements)

영국은 SMS이행을 위한 EASA 발효일을 채택하기로 약속했다.

공항운영자의 SMS요건

기존의 ICAO 표준에 따라 CAA는 비행장인가의 일부로 공항운영자를 위한 SMS를 요구한다. EASA는 EASA Aerodromes으로 지정된 공항에 대해 SMS 요구사항을 발행하며 CAA는 일반적인 2 단계 SMS 평가도구를 사용하여 평가하게 된다.

항행서비스 제공자의 SMS요건

영국의 규제체제에서 SMS의 상태는 상당한 변화를 겪고있다. 항행서비스제공자(ANSP: Air Navigation Service Provider)용 SMS를 요구하는 기존 ICAO 표준에 대한 응답으로 CAA는 ANSP용 SMS를 요구한다.

인가교육기관의 SMS요건

영국은 SMS이행을 위한 EASA 발효일을 채택할 것을 약속했다.

제 4 장 영국의 항공안전보증

안전감독

제품 및 서비스제공자에 대한 안전감독

CAA 전문가 팀은 관련 EASA IR에 따른 감독요구사항을 반영하여 자체 감독절차를 수립하였으며, 이는 CAA의 내부안전규제 관리시스템 (SRMS)에 자세하게 설명되어 있다. 이는 CAA의 규제처분정책 (Regulatory Enforcement Policy)에 의해 뒷받침된다. CAA는 해당규정의 준수를 위해 업계와 협업방식으로 업무를 추진하지만, 작동하지 않는 경우에는 경고서한부터 검찰고발까지 적절한 조치를 취하게 된다.

예를 들어, CAA는 감사결과를 통해 확인된 안전관련단점을 해결하기 위한 시스템을 갖추고 있다. CAA가 비행안전에 중대한 위험이 있는 수준까지 이행 및 / 또는 안전성능수준이 떨어졌다고 결정하는 경우 가장 심각한 수준인 1이 부여되게 되고 우선순위에 따라 기록되게 된다. 그러한 발견은 일반적으로 항공기의 운항정지 또는 가장 심한 경우에는 검찰기소와 같은 승인의 정지 등 규제조치의 형태로 귀결될 수 있다.

또 다른 예는 CAA의 '통지 시' 절차로서, 현재 안전관리 측면에서 성능은 최소 허용수준 이상이지만, 곧 수정되지 않으면 조만간 허용할 수 없는 안전수준이 되는 추세를 보여준다. 조직이 CAA가 수용할 수 있는 계획에 따라 그리고 합의된 시간내에 행동을 취하지 않으면 추가적인 규제조치가 취해질 것이라는 점을 '통지'로 알려준다. 그러한 조치는 확인된 부적합과 관련된 승인의 중단 또는 경우에 따라 CAA가 조직에 부여한 인증서, 승인, 사용권한 또는 기타문서의 정지일 수 있다. 조직은 CAA가 수용할 수 있는 계획에 따라 그리고 합의된 시간내에 행동을 취하지 않으면 추가적인 처분조치가 취해질 것이라는 점을 통보한다.

CAA는 기존 감독시스템과 함께 이러한 조치가 운영자에게 필요한 표준을 유지할 수 있도록 하는 데 유용한 체계를 제공한다고 믿고 있다.

안전데이터의 수집, 분석 및 교환

발생보고시스템

영국의 주요 항공안전사건 보고프로세스는 MOR Scheme 이다.

MOR외에도 항공기사고 및 준사고, 공중근접, 조류충돌, 후류에 의한 난류발생, 위험물관련사건, 비밀인적요소 사건보고 프로그램 (CHIRP) 및 내부고발에 대한 개별보고 체계가 있다.

의무보고시스템

영국 CAA의 MOR Scheme 은 1976년 수립되었다. 그 목적은 안전관련 정보를 보고, 수집, 저장, 보호 및 배포함으로써 항공안전향상에 기여하는 것이다. 발생보고의 유일한 목적은 사고 및 사고예방이며 비난 또는 법적인 책임을 진술하게 하는 것이 아니다. 특정인에게 MOR을 제출하게 하는 것은 법적요구사항이다. CAA는 연간 16,000건 이상의 새로운 MOR를 접수하며, 이 보고서는 European Commission Join Research Center가 제공하는 ECCAIRS (Accident and Incident Reporting System) 사건보고 소프트웨어를 위한 European Coordination Centre를 사용하여 저장 및 분석된다.

MOR의 작동은 CAP 382에 설명되어 있다. 여기에는 CAA의 성명서가 포함되어 있는데, CAA는 자유롭고 금지되지 않은 보고를 확보하는 것이 CAA의 주된 관심사이며, 사전에 정해지지 않았거나 부주의한 법위반에 관한 소송절차를 수립하는 정책이 아님을 보증한다. 중대한 과실의 경우를 제외하고는 Scheme에 따라 보고된 것이므로 주의를 요한다.

MOR은 ICAO Annex 13, 8.1항을 준수하며 민간항공의 발생보고에 관한 EU Directive 2003 / 42 / EC의 요구사항을 완벽하게 준수한다. 제 226조에 따라 영국 ANO로 전환된 이 지침은 항공안전사고 발생보고를 저장, 보호 및 보급하기 위해 국가 시스템을 구축할 것을 요구한다.

ICAO Annex 13, 8.3항 및 EU지침에 따라 CAA는 영국민간항공 운영자의 전체 스펙트럼에 대한 MOR Scheme에 따라 자발적 사건보고를 권장한다. 보고서를 처리, 기록 및 공개하는 CAA의 조직 및 절차는 자발적 보고서와 필수 보고서를 구분하지 않는다.

ICAO Annex 13, 8.6 항에 따라 CAA는 MOR에 포함된 데이터를 분석하고 필요한 예방조치를 결정하는 방법을 개발했다. 각 MOR와 관련된 위험을 분류하는 프로세스를 개발했다. 이 MOR 데이터의 위험분류프로세스는 CAA의 안전위험관리 프로세스에 필수적인 정보를 제공한다.

이 데이터의 분석은 전문안전성능 분석팀에 의해 수행된다. 이들의 역할은 모든 주요 안전위험에 대한 안전성능지표를 개발 및 모니터링하고 추세를 확인하며 특정 안전문제에 대한 집중분석을 작성하고 결과를 홍보하는 것이다. 이러한 데이터는 감독활동을 지원하며 산업계에서 SMS의 일부로 사용하고 벤치마킹을 용이하게 한다.

매달 영국항공 산업계에 데이터가 배포되어 영국의 항공사 및 산업계가 제출한 사건에 대한 피드백을 제공하고 다른 영국내 사건도 알려준다. MOR 데이터베이스에 기여하는 조직은 SMS를 지원하기위해 이 데이터에 온라인으로 액세스할 수 있다

CAA는 많은 자료원을 통해 안전데이터 검색에 대한 수많은 요청을 받는다. 이러한 데이터는 비밀문제를 고려하여 제공된다.

영국 및 다른 모든 EU 회원국은 EC 1321/2007에 따라 유럽중앙저장소에 전국적으로 접수된 사건보고서 데이터를 제출한다. 이 저장소는 범유럽 항공안전데이터의 분석을 가능하게 하기위해 EC에 의해 관리된다.

영국 MOR 데이터베이스는 영국의 항공안전데이터베이스이며 사고, 중대한 준사고 및 사건에 대한 기록을 포함한다. 영국 사고조사기관인 AAIB는이 데이터에 대한 모든 접근권한을 가지고 있다.

주. EU 지침 2003/42/EC 및 EC 1321/2007은 민간항공분야에서의 보고, 분석 및 후속조치에 대한 새로운 EU규정에 따라 2014년에 폐지되었다. 새로운 규정을 반영하기 위해 영국 ANO가 개정될 것이며 CAA는 개정된 지침을 발표할 것이다.

자발적/비밀보고시스템

영국의 비밀인적요소사건 보고프로그램

CHIRP는 1982년 이래 운영중에 있다. 1996년 이 프로그램은 중요한 안전관련문제의 해결에 보다 효과적인 기여를 할 수 있도록 자선단체형태로 재구성되었다. 본 항공 프로그램은 CAA의 예산으로 전액지원된다. CHIRP 기업구조는 독립적인 조직을 제공

하고 독립적인 이사회가 관리 및 재정책임을 맡기위해 선정되었다.

CHIRP의 목표는 이들산업에 종사하거나 관련된 모든 개인에 대해 완전히 독립적이고 비밀 (익명이 아닌)의 보고시스템을 제공함으로써 영국의 항공안전향상에 기여하는 것이다. 이 프로그램은 조종사, 객실승무원, 관제사, 정비엔지니어 및 일반항공종사자들로부터 관련보고서를 접수한다.

CHIRP는 MOR을 포함한 다른 보고시스템을 보완한다. CHIRP보고서의 제출은 의무보고를 위한 영국 ANO의 법률적 의무를 대신하지 않는다. 그러나 CHIRP는 부속서 13, 8.3항에서 요구되는 자발적 보고체계이다.

제 5 장 영국의 항공안전진흥

내부교육, 소통 및 안전정보의 배포

내부 국가안전프로그램, SMS 및 안전교육

CAA는 소속직원을 대상으로 적절한 개발 및 교육과정을 수립했다. 개인의 개발 및 교육요구사항은 연간성과 관리검토중에 고려된다. "개인에 대한 투자" 이니셔티브에 따른 독립적인 평가는 매 3년마다 이루어 진다.

안전정보의 외부소통 및 배포

CAA는 다양한 방법으로 이해관계자들과 소통한다. 고위급수준에서 안전은 CAA의 연차보고서에 의해서 다루어진다. CAA의 안전계획은 영국의 높은 수준의 안전목표를 보다 자세하게 설명하고 향후 몇 년 동안 지속적인 안전개선을 달성하기 위한 CAA의 작업계획을 설명한다. CAA는 또한 법률적 조치를 지원하기 위한 다양한 안내지침을 발간하고 있다.

시카고협약 부속서 15에 따른 국제적 의무와, 영국 ANO가 요구하는 대로 영국은 영국의 AIP를 발간하고 있다. AIP는 AIP, AIP 보충판, AIC, NOTAM, 비행전 정보게시판 및 점검표로 구성된 통합항공정보패키지의 일부이다.

기상정보의 경우 CAA는 영국의 기상청이 된다. 비행장기상관측은 55개 영국공항에서 훈련되고 인가된 관찰자가 제공한다. 민간항공에 대한 기상예보경고 및 기후서비스는 CAA가 지정한 영국기상본부에서 제공한다.

또한 CAA는 소유자 및 운영자에게 보내는 서신 및 교육커뮤니케이션을 웹 사이트에 종종 게시한다.

CAA는 CAA가 접수한 의무발생보고(MOR)에 대하여 매달 그 목록을 게시한다. "이번 달 목록"은 영국의 보고커뮤니티에 보내지고 최근의 MOR과 SMS와 관련된 의미있는 피드백을 서비스제공자에게 제공한다.

참고문헌

ICAO Annual Report of the Council

Doran, G. T. (1981), There's S.M.A.R.T. way to write management's goals and objectives. Management Review, 70, 35

Reason J.(1990), Human Error. New York, Cambridge University Press.

Reason J.(1997), Managing the Risks of Organizational Accident. Aldershot, UK, Ashgate.

AVP300-15-U.S. State Safety Program 2015 (Version 1.0)

FAA Order 1070.1. Hotline Operations Program, published April 17, 2000

Aviation Safety Action Program (ASAP)

FAA Safety Oversight Circular 07-04, Aviation Safety Action Program for Credentialed ATO Personnel.

FAA Order VS 8000.367A, Aviation Safety (AVS) Safety Management System Requirements, Chapter 3 (SRM) paragraph 1a-d, effective November 30, 2012.

Anvari, A., Zulkifli, N. and Yusuff, R.M. (2011) 'Evaluation of approaches to safety in lean manufacturing and safety management systems and clarification of the relationship between them', World Applied Sciences Journal, Vol. 15, No. 1, pp.19-26

Australian National Audit Office (2010) Implementation and Administration of the Civil Aviation Safety Authority's Safety Management System Approach for Aircraft Operators, Audit Report No. 13.

Bayuk, A.J. (n.d.) Aviation Safety Management Systems as a Template for Aligning Safety with Business Strategy in Other Industries.

Bureau of Transport and Communications Economics (1992) Quality of Service in Australian Passenger Aviation, Research Report 80, Australian Government Publishing Service, Canberra.

Chang, Y.H. and Yeh, C.H. (2004) 'A new airline safety index', Transportation Research, Vol. B38, pp.369-383.

Chen, C.F. and Chen, S.C. (2012) 'Scale development of safety management system evaluation for the airline industry', Accident Analysis and Prevention, Vol. 47, pp.177-181,

Chiu, Y.J., Chen, H.C. and Tzeng, G.H. (2006) 'Marketing strategy based on customer behavior for the LCD－TV', International Journal of Management and Decision Making, Vol. 7, Nos. 2/3, pp.143－165.

Civil Aviation Authority (2002) Safety Management Systems for Commercial Air Transport Operations, CAP 712, Civil Aviation Authority, London.

Hersey, P.H., & Blanchard, K (1988). Management of organizational behavior. Englewood Cliffs, NJ; Prentice－Hall, Inc.

Morrison, M (2010) History of SMART objectives. Rapid Business Improvement.

Shelly E. Lowe (2012) Perceptions and Efficacy of flight Operational Quality Assurane (FOQA) Programs Among Small－scale Operators.

Andrea Scarinci (2017). Monitoring SAFETY during airline operations : A Systems Approach, MIT.

저자소개

■ 이근영

• 현) 한국교통대학교 항공운항학과 교수/비행훈련원장
• 한국항공대학교 항공기계공학 학사
• 한국항공대학교 교통학 석사
• 한국항공대학교 대학원 항공경영학 박사

• 공군 ROTC 정비장교
• ㈜아시아나항공 엔지니어
• 서울지방항공청 감항검사관
• 건설교통부 항공국 안전과
• 미국 교통안전위원회(NTSB) 사고조사/블랙박스 분석팀 근무
• 미국 연방항공청(FAA) 항공연락관 근무
• ICAO 항공안전종합평가 국가코디네이터
• 국토교통부 항공정책실 항공사무관

안전관리시스템

2019년 3월 15일 1판 1쇄 인쇄
2019년 3월 20일 1판 1쇄 발행

저 자 이근영
발행인 류재식 · 박용범
발행처 도서출판 북넷

서울시 용산구 효창원로 70길46 대신빌딩 2층
등 록 2010년 6월 7일(제2010-000069호)
전 화 (02)395-2341
팩 스 (02)395-2303

정가 28,000원

ISBN 979-11-86947-35-7 e-mail : book2341@naver.com